中国现代文学馆青年批评家丛书

丛书主编 吴义勤

刘涛 著

瞧，这些人

“70后”作家论

北京大学出版社
PEKING UNIVERSITY PRESS

图书在版编目（CIP）数据

瞧，这些人："70后"作家论 / 刘涛著．—北京：北京大学出版社，2014.6

（中国现代文学馆青年批评家丛书）

ISBN 978-7-301-24451-7

I. ①瞧… II. ①刘… III. ①作家—人物研究—中国—现代 IV. ① K825.6

中国版本图书馆 CIP 数据核字（2014）第 147958 号

书　　　名：瞧，这些人："70后"作家论

著作责任者：刘　涛　著

责 任 编 辑：黄维政

标 准 书 号：ISBN 978-7-301-24451-7/I·2795

出 版 发 行：北京大学出版社

地　　　址：北京市海淀区成府路 205 号　100871

网　　　址：http://www.pup.cn　新浪官方微博：@北京大学出版社 @培文图书

电 子 信 箱：pw@pup.pku.edu.cn

电　　　话：邮购部 62752015　发行部 62750672　编辑部 62750112

出版部 62754962

印　刷　者：三河市腾飞印务有限公司

经　销　者：新华书店

650毫米×980毫米　16开本　22.25印张　320千字

2014年6月第1版　2014年6月第1次印刷

定　　　价：46.00元

目　录

第二辑

丛书总序

中国现代文学馆是在巴金先生倡议和一大批著名作家的响应下，于1985年正式成立的国家级文学馆，也是目前世界上规模最大的文学博物馆。中国现代文学馆的主要任务是收集、保管、整理、研究中国现当代文学书籍、期刊以及中国现当代作家的著作、手稿、译本、书信、日记、录音、录像、照片、文物等文学档案资料，为文化的薪传和文学史的建构与研究提供服务。建馆二十多年以来，经过一代代文学馆人的共同努力，中国现代文学馆的事业不断发展壮大，现已成为集文学展览馆、文学图书馆、文学档案馆以及文学理论研究、文学交流功能于一身的综合性文学博物馆，并正朝着建成具有国际影响的中国现当代文学资料中心、展览中心、交流中心和研究中心的目标迈进。

为了加快中国现代文学馆学术中心建设的步伐，中国作家协会党组决定从2011年起在中国现代文学馆设立客座研究员制度，并希望把客座研究员制度与对青年批评家的培养结合起来。因为，青年批评家的成长问题不仅是批评界内部的问题，而且是一个对于整个青年作家队伍乃至整个文学的未来都具有方向性的问题。青年评论家成长滞后，特别是代际层面上“70后”“80后”批评家成长的滞后，曾经引起了文学界乃至全社会的普遍担忧甚至焦虑。因此，客座研究员的招聘主要面向“70后”“80后”批评家，我们希望通过中国现代文学馆这个学术平台为青年评论家的成长创造条件。经过自主申报、专家推荐和中国现代文学馆学术委员会的严格评审，中国现代文学馆已经招聘了两期共19名青年评论家作为客座研究员。第三批客座研究员的招聘工作也即将完成。

两年多来的实践表明，客座研究员制度行之有效，令人满意。正如中国作协党组书记李冰同志在中国现代文学馆第二批客座研究员聘任仪式上的讲话中所指出的那样，青年评论家在学术上、思想上的成长和进步非常迅速。借助客座研究员这个平台，通过参加高水平的学术例会和学术会议，他们以鲜明的学术风格和学术姿态快速进入中国当代文学批评现场，关注最新的文学现象、重视同代际作家的创作，对于网络文学、类型小说、青春文学等最有活力的文学创作进行即时研究，有力地介入和参与着中国当代文学的创作实践，在对青年作家的研究及引领方面发挥了不可替代的作用。作为"70后""80后"批评家的代表，他们的"集体亮相"，改变了中国当代文学批评的格局和结构，带动了一批同代际优秀青年批评家的成长，标志着"70后""80后"青年批评家群体的崛起。鉴于客座研究员工作的良好成效和巨大社会反响，李冰书记在第一批客座研究员到期离馆时曾专门作出了"这是一件功德无量的事情，要进一步扩大规模"的批示。

为了充分展示客座研究员这一青年批评家群体的成就与风采，中国作家协会和中国现代文学馆决定推出"中国现代文学馆青年评论家丛书"，为每一个客座研究员推出一本代表其风格与水平的评论集，我们希望这套书既能成为中国当代文学批评的重要收获，又能够成为青年批评家们个人成长道路的见证。丛书第一辑8本在2013年6月由北京大学出版社推出后引起了巨大反响，现在第二辑12本也即将付梓出版，我们对之同样充满期待。

是为序。

吴义勤

2014年春于文学馆

序

孟繁华

刘涛应该是这个时代最年轻的文学批评家。他毕业于复旦大学，就职于中国艺术研究院，曾受聘为中国现代文学馆客座研究员。1982年出生的他，目前已经出版了《通三统——一种文学史实验》《晚清民初“个人—家—国—天下”体系之变》《当下消息》等文论集或专著。在他这个年纪的学者或批评家中，刘涛的成绩已经非常了不起了。看了他的《通三统》之后，对刘涛的看法有了变化。为什么呢？很多从事当代文学批评的学者，学术视野基本在本专业范畴内，离开专业或具体文本也就没什么话可说了。刘涛则不然。他在这本书中，将晚清、民国和当下的重要人物或文学作品，分别进行解读。这些人有曾国藩、洪秀全、康有为、鲁迅、郁达夫、艾青、张爱玲、闻一多、夏衍、周汝昌、胡适、巴金、汪曾祺以及诸多当下的名角名作。当下的事情好办一些，那些晚清民国的事可不是随便说的。在“晚清民初”那本书中，刘涛又加上了黄遵宪、谭嗣同、梁启超、蔡元培、秋瑾、吴稚晖等，可见他对晚清民国思想界的熟悉。

刘涛说：“今天的诸多问题发端于晚清，欲理解现在或可回溯至晚清，欲理解晚清，亦可看现在的境况。”于是刘涛的知识背景和学术趣味以及对学术与现实关系的理解，就显得非同一般。这是刘涛的不同。我与刘涛只在会场上见过面，印象中的刘涛文质彬彬一派斯文。平时他话不多，发言也是不紧不慢、淡定从容，很是老成持重。

刘涛这次要出版的是一个专题性的文论集——《瞧，这些人：“70后”作家论》。这是一个非常重要的选题，因为“70后”作家确实是一个“被遮蔽”的作家群体。研究“70后”作家的批评家不多，更不要说集中研究了。但是，这个群体确实值得深入研究。当然，说"70后"是一个群体本身就勉为其难，这显然是一个临时性的概念。这一点刘涛非常自觉。他说："'70后'这个概念，我们又不能太当真。大的作家，开始可以有年龄，可是后来慢慢地年龄就不再重要了。'70后'作家的时代处境和自身的具体处境固然是其写作的重要资源，但是这些或许也是其局限。这些资源固然可以成就他们，他们可以藉此写出这一代人的困惑或问题，但是这些或许也会是洞穴。唯有从洞穴里走出来，一些光明才可以显现，那个时候'我相'会减少一些，年龄问题也不会再是问题。"因此，概念并没有那么重要。重要的是："'70后'作家一直在默默耕耘，埋头写作，他们日益成为文坛的中坚力量，其中的佼佼者，若鲁敏、戴来、魏微、金仁顺、朱文颖、张楚等日益显出了创作的实力。打开当下的文学期刊，当下笔耕不辍者、成绩尚有可观者，多是'70'后作家。"

大概也正是缘于刘涛对"70后"作家的这一判断，他才有集中研究他们的想法并诉诸行动。文集的文章，大多是对这代作家的具体评论，也就是作家论。虽然也有对这代作家总体性的评论，比如《文坛崛起新势力》，但也仅此而已。作家论不好写，费时又费力。多读作品虽然合乎学术伦理，但对批评家的身体和心理都是一个挑战——作家写得实在太多了。但既然选择干这个行当，就要面对这里存在的所有问题和困难。这一点我想刘涛做到了。

刘涛不仅注意到了金仁顺、卫慧等"老牌"的"70后"作家，注意到了徐则臣、鲁敏、乔叶、朱文颖、计文君、张楚、盛可以、付秀莹、东君、石一枫、黄咏梅、艾玛等"实力派"的创作，同时也注意到尚未被普遍关注的张祖文、斯继东、王凯、陈集益、鬼金、尼玛潘多等作家的创作，可见其视野之开阔，阅读之广泛。在具体评价中，我经常读到一些很受启发的看法或观点。比如他说卫慧：

> 卫慧的长、中、短篇小说写出了市场经济的时代精神，写出了市场经济时代的上海，写出了市场经济时代的新人。其笔下的新人们颓废、放荡、酗酒、放歌、纵欲，他们不"发乎情止乎

> 礼”，更不禁欲（那是“革命时代”的旧事），而是直奔性的主题。卫慧的小说从性的角度区别了新旧时代，她写出了新时代欲望的合法与合法的欲望。卫慧笔下的女主角往往是问题少年，她们有着梦魇般的童年，故如今思想也恍恍惚惚，行事也神神叨叨。她们不事生产，唯出没于酒吧、咖啡馆之中，在上海滩纵横捭阖；她们不愁生计，不知稼穑之难，也无生活之累，会有飞来横财，反正一个在上海或在异国的父母会留给她们巨额财产或遗产；她们无所事事，唯以谈情说爱、猎艳为事业；她们往往有一个外国情人，这些情人富足、浪漫、性能力很强；她们喜欢谈哲学、文学、艺术，动辄作诗画画，言必称现代派，着奇装异服，望之似乎有物。职是之故，卫慧的小说似乎不是一般意义上的色情读物，似乎有哲学思想在焉，据说这就叫“现代性”、女性主义、酷儿、前卫等。

这些概括让我们对卫慧小说的基本特点一目了然。比如他说徐则臣：“徐则臣起初似乎颇受先锋文学影响，他的一些作品隐约有先锋文学的影子，之后逐渐转向写实，小说也朴素起来，但他的故事引人入胜，往往能出其不意。”这样的评价我想作家本人也会认同的。因为刘涛确实说出了诚实的体会。类似这样的见识在文集里比比皆是，它充分证实了刘涛作为一个好的批评家的基本素质。

当然，刘涛对“70后”作家的批评也难免周全。比如，在作家选择上，遗漏的就不止阿乙、曹寇、滕肖澜、娜彧等重要作家。这些作家应属“70后”作家中的主力阵容，如果也能在批评视野里，这个“70后”作家论就更有说服力了。

读过这部文集后，深感刘涛的勤奋和努力。当然，他的西方美学知识，他对晚清以降中国问题及中国知识分子的家国情怀及其问题的理解等，决定了刘涛不可限量的学术未来。因此我对刘涛怀有很高的期待。

是为序。

2013年12月25日于北京寓所

代前言：文坛崛起新势力

——2012年中篇小说述评

文学作品若不发表，或可藏诸名山，或放在抽屉里面，待到时机成熟之际方公之于众。当前文学进入公共领域，途径不外乎三类：一是发表于传统的文学期刊；二是避开文学期刊，直接出版；三是发表于网络。本文未有能力关注直接出版者与发表于网络者，只是限定在发表于传统文学期刊的作品。即便如此，限于目力与眼光，亦会挂一漏万，忽略掉2012年度诸多重要作品，此不可不预作说明。

2012年并不是关键时刻，关键时刻譬如1911年、1919年、1949年、1978年等，世界由此变得两样。2012年并无巨变，大致一如从前，文学亦如此。浏览罢2012年发表于主要文学期刊上的中篇小说，有一个强烈的感受：新人正在崛起，他们的作品散布于大小文学期刊，日益成为文学界的中坚力量。"50后"的批评家孟繁华从内部反戈一击，大声说道，"50后"终结了，新人要崛起了[①]，一时沸沸扬扬，有反对者，有拥护者。"影响的焦虑"无论何时皆存在，但就目前的局势来看，老作家和年轻作家并没必要势如水火，老作家并未终结，他们依然创作出很多力作，但新作家确实在崛起。无论在哪一年，文学界皆有老中青三代作家同时亮相，有主宰者，有附从者，有做老师者，有做学生者。"50后"作家大都崛起于1980年代，那个时期被称为"新时期"。当前的文学格局亦奠基于1980

---

① 孟繁华：《乡村文明的变异与"50后"的境遇——当下中国文学状况的一个方面》，《文艺研究》2012年第6期。

年代，盖因时代任务已发生变化，文学模式亦须随之而变，有得时代先机者遂趁机崛起，以创作实绩破除了旧的文学规范，建立了新的文学范式。莫言是其中代表人物，2012 年莫言获得诺贝尔文学奖，即是对这一代人文学成就的肯定。不论是“重放的鲜花”，抑或是 1980 年代登上历史舞台者，依然是当下文坛执牛耳者。近几年，左翼学者有“走出 80 年代”之说，但此论似乎过于激进，一旦付诸实行，代价不菲。就当前局势而言，其依然是 1980 年代格局的延续。社会若有激烈变化，文坛才会有“断裂”，老人被出局，新人登台；社会若无激烈变化，则只能依照生命规律，老人老去，新人成长，走渐变之路。成熟的社会应该如此，“老成人”才应是社会的主导者，年轻人不可着急。

遍读 2012 年的中篇小说，只觉眼花缭乱，作家们怀瑾握瑜，各有生活与思想资源，风格多样，故难以总结、归类。然而即便如此，还是有迹可循，他们有共同之处——很多作家们的写作资源往往只是其经历，难以从“个人才能”走到“传统”之中。[①] 读罢作品，往往只是对作家本人有所了解，既然所得甚少，又何必浪费精力。只以文学家为志向者，文学生命一般较短，因为写作文学往往耗人但不养人。年轻时凭一时才情，或独特的经历，诉诸笔端，或可以感人，可迅速博得令名，但若对此没有超越，则会每况愈下，江郎才尽。北岛曾为一时之秀，但近期作品[②]令人失望，即因他不过只以经历为写作资源而已，一旦写尽，就是絮叨，于是毫无新意。相较之下，北岛的老哥们李零，越来越好，即因他的怀旧是从“王国维到孔子”，故可连绵不绝。文学界代际更新较快，即是因老而弥坚者少，昙花一现者多。

---

① 艾略特：《传统与个人才能》，收入《艾略特文学论文集》，李赋宁译，百花洲文艺出版社，1994 年，第 1—12 页。

② 譬如北岛的《城门开》（生活·读书·新知三联书店，2010 年），在此书中，北岛近乎自恋，絮絮叨叨地诉说着自己的童年、玩具、初恋、性幻想、爱好、家居、朋友、学校等等，书里充满着他的小伤感、小感动、小崇高、小寂寞、小怨恨等等，实在无足观。

一 老作家

为当前文学格局奠基的老作家们，有人早已搁笔，研究国学，画画写字，但其中不乏老而弥坚者，他们从1980年代（甚至更早）一直写到今天，以创作实绩引领着文坛，譬如王蒙、莫言、王安忆、贾平凹、张抗抗、李锐、阎连科、刘震云、叶兆言、尤凤伟等。

王蒙是文坛常青藤，1956年发表短篇小说《组织部来了个年轻人》，一时引起轩然大波，甚至受到毛泽东关注。之后，王蒙被划为"右派"，先是劳动改造，之后下放新疆十余年，1978年之后东山再起，历任主编、副主席、部长，佳作亦不断，数度引领文学潮流，可谓时代风云人物。2012年，王蒙贡献了两个中篇：《悬疑的荒芜》（《中国作家》2012年第3期）、《小胡子爱情变奏曲》（《人民文学》2012年第9期）。《悬疑的荒芜》颇似"非虚构"作品。几年之前，王蒙别墅失窃，消息传出，一度沸沸扬扬。王蒙对此三缄其口，并未正面回应。网络蓬勃而起，成为新的公共空间，消息一旦发布于此，若有兴奋点，可能会疯传，因失窃而牵出其他事端者不乏先例，故不可不慎重应对。王蒙身份特殊，且曾登作家富豪榜，故其失窃易成为公共话题。若在流传甚广之际回应，会火上浇油，非但于事无补，且情况可能恶化；若一直不回应，则显心怯，易令人生疑。几年过去，在此事逐渐被遗忘之际，王蒙《悬疑的荒芜》方发表，以文学作品的方式回应了此事。别墅属私人空间，其中有什么，如何布局，被偷了什么，对此众多网民非常好奇。王蒙以"非虚构"的方式叙述了别墅群的内部情况，失窃事件前因后果，讲述了如何坦荡应对，且描写了别墅的构造、陈设等，巨细无遗。王蒙似乎在说，诸位看官，请看，这就是失窃事件，这就是我的别墅，不过如此，流言飞语可以止矣，此事可以息矣。《小胡子爱情变奏曲》是佳作，王蒙大笔如椽，寥寥几笔勾勒出小胡子之大体及其奋斗史，塑造出改革开放时代农民的典型。小胡子不是闰土，不是杨白劳，不是赵光腚，不是梁生宝，不是赵本山饰演的农民，小胡子是受南方讲话精神鼓舞的农民，他不再扎根于土地，他在经济利益的刺激下奋起，养过鸡，开过出租，经营过旅游业，屡战屡败，屡败屡战。小胡子不安分，左冲右突，四处寻觅发财机会，人也潇洒风流，是新时代的新农民。王蒙之所以能够数度引领时代，由这篇小说亦可看出端倪，他从不拘泥，能够与时俱进，理解时代的精神与变化，并有所应对。王蒙塑造出小胡子这一文学人物，即是他对南方讲话之后时代精神的理解与提炼。

尤凤伟的《中国 1957》是佳作。2002 年，尤凤伟出版了长篇小说《泥鳅》，关注底层群体，推动了“底层文学”思潮，其后他有多部中短篇描写底层群体，可见其情怀。《魂不附体》(《中国作家》2012 年第 1 期）亦属尤凤伟“底层文学”系列，他描写了煤矿工人陈官的生活状态和情感状况，他遭遇双重困境：生活困苦，妻子有了外遇。于建嵘写过《安源实录》，通过实际调查与采访，讲述了煤矿工人从 1949 年到 1990 年代以及之后处境的变迁，煤矿工人曾似在天堂，1990 年代之后跌入地狱，朝不保夕，“底层文学”之所以备受欢迎，即因趁此潮流，盖因切中时弊。《魂不附体》构思巧妙，以算命先生一言“你只有六个月的阳寿了”掀起隐藏在陈官背后的诸多矛盾，显示了煤矿工人艰辛的生活处境与战战兢兢的心态。尤凤伟心存慈悲，对煤矿工人有美好的祝愿，陈官尽管因事入狱，却阴差阳错，躲过一劫，且另觅得佳妻。煤矿工人已从社会的“主人翁”沦为底层，尤凤伟通过偶然事件，给他们安排一个美好的结尾，亦算安慰。

王安忆幼承家学，少年成名，一直引领文学潮流，在新时期的文学史上，她有较高的地位。在知青文学、寻根文学、先锋文学等文学潮流中王安忆都贡献了重要的作品。王安忆一直在书写上海，上海是她文学的根据地，她能够触碰到上海的脉搏，其笔下的上海从不拘泥，能够随上海的变化而变化。《众声喧哗》(《收获》2012 年第 6 期）亦写上海，王安忆大手笔，小说通过一个家庭内部空间格局的变化反映出时代的变迁，寥寥几笔将上山下乡等交代得清清楚楚，但上山下乡只是这篇小说的背景，其《本次列车终点站》则详写此。《众声喧哗》意在写当下的上海，南方讲话之后的上海成为国际性大都市，确实“众声喧哗”，日益摩登，卫慧趁此而兴起，写出了声色犬马的上海。王安忆并未写声光电的上海，经过层层铺垫，小说的重心逐渐落在了中风几至失语的欧伯伯与因口吃而沉默寡言的保安身上。上海日新月异，但老弄堂中的时间似乎凝固了，期间尽管有进入者，但他们终于离开，弄堂复归于宁静；上海“众声喧哗”，但欧伯伯与保安却沉静不语。王安忆以“众声喧哗”的上海衬托出安静的、时光凝结的上海。

阿成是老作家了，虽并不大红大紫，但亦有特色，其作品表现出东北的民情、民风与民俗，对于了解彼地20世纪四五十年代生人的历史和现状，对于了解东北现实等颇有助益。《例行私事》(《芒种》2012年第6期)通过写大年廿九“我”“例行私事”拜访兄弟姐妹们，回忆了父亲和兄弟姐妹们的遭遇，也写出了当前兄弟姐妹们在城市中的状态。春节年复一年，是“时间的重复”，春节既是现在，也融合着历史，《例行私事》交织了现实与历史，时光飞逝，物非人亦非，阿成能无慨乎。

格非趁先锋文学大潮崛起，通过《追忆乌攸先生》《迷舟》《褐色鸟群》等作品奠定了先锋文学大将的地位。二十多年以来，格非佳作不断，他有变者，有不变者，变者是他随着时代的变化而变化，不变者则是他对先锋文学形式的坚持。2012年，格非贡献了中篇小说《隐身衣》(《收获》2012年第3期)。《隐身衣》试图回应时代的问题，但格非对实现的回应与其先锋手法不兼容，先锋手法阻碍了他对现实的把握和穿透。经济尽管发展了，社会也再度分层，亲情、友情在利益面前不堪一击，《隐身衣》回应了这些问题。格非写了一个音响组装者“我”的工作以及生活，“我”是一个杠杆，撬起了两个世界，“我”联系着社会的上层，唯有上层方可以组装高档音响，“我”却生活于北京的底层，只是为他人作嫁衣裳。“我”与玉芬恋爱，结婚，却因为玉芬另攀高枝而离婚；“我”与蒋颂平是发小，共同患难，但因利益起了冲突，终于还是绝了交；“我”与姐姐、姐夫本应血脉相连，但因为房子，恩断义绝。亲情、友情在利益面前不堪一击。《隐身衣》在丁采臣出场后，弥漫着一股恐怖的气息，结尾“我”忽然收到音响余款而至于顶峰。丁采臣这个角色很突兀，忽然出现，营造出恐怖的氛围。先锋文学的氛围和气息之后有一个流变，就是化为恐怖小说，《隐身衣》有此弊端。杨绛先生写过一篇散文，亦名《隐身衣》，她的意思很明白，若想苟全性命于乱世，唯有“卑微”，不为世人注意，卑微就是“隐身衣”。杨绛引张九龄的诗“草木有本心，何求美人折”，又引苏轼的诗"万人如海一身藏"，都能见出其想法。但"隐身衣"在格非小说中只是一个空洞的能指，未有实际内容，只是因为用这样的意象或可增强小说的先锋色彩和气息。格非仿佛设置了一个谜语，但他自己也没有谜底，只是请读者们来猜谜。

叶兆言喜谈往事，他谈民国往事的系列作品颇引人注目，其《一号命令》（《收获》2012 年第 5 期）亦是忆往事。"一号命令"是 1969 年珍宝岛战役时期林彪发给全军的战备命令，此令一出，举国震动。叶兆言的《一号命令》虽能见出 1969 年的民风，但意在通过赵文麟等人写民国遗老遗少们的经历、心态和生活状况等。作者仿佛在慨叹：赵文麟们 1949 年之前何其辉煌，之后却如此没落。民国范儿[①]云云近年颇为盛行，因对现状不满，故借民国批评现在，褒彼贬此，但对彼与此皆无真正了解，于是往往失之于偏颇。

蒋韵的《琉璃》（《人民文学》2012 年第 4 期）写了部分 20 世纪四五十年代出生者的经历，他们从知青变成了改革开放时代的"先富者"，处境有翻天覆地之变，期间辛苦与波折可知。海棠受文艺青年思想毒害，坚持说普通话，向往"优雅的生活"，故总不安分，独自跑到南方，丈夫背井离乡，追随而至。及至她与初恋情人再度相逢，发现他虽已过着"优雅的生活"，但已是俗不可耐的巨贾，其文艺青年梦方破灭。

刘涛是青岛的老作家，他年轻时即开始创作先锋诗歌，之后由于从事媒体工作，一度中断创作。近些年，刘涛厚积薄发，又拾起笔来创作小说，成绩斐然。刘涛做了几十年的记者，因此对城市的上中下层均有了解，他的小说就是写城市的上中下层。2012 年，刘涛致力于写作"老高"系列小说，已刊出《老高的情》（《山东文学》2012 年第 7 期）、《老高的菜》（《北京文学》2012 年第 11 期）。通过这一系列小说，刘涛塑造了"老高"形象，他是退休的单位中层干部，大致属于城市的中产阶级。刘

---

① 譬如陈丹青屡言"民国范儿"，参见《新周刊》2010 年 9 月 26 日。陈丹青最先以画西藏组画名，之后赴美，卖画之余，授业于木心先生之门，略有所得，在画家中属于散文写得不错者，也是散文家中画画不错者。

涛通过写《老高的情》《老高的菜》等，写出了城市中层退休者的现实处境，批判了当下诸多社会现象。上山下乡、"伤痕"等对于1950年代出生的这一代人俱往矣，他们在今天面临着新的现实问题，也有独特的感受和体会。《老高的情》一方面写出了老高的情感历程，另一方面也写出了时代的变迁。小说写了老高夫妇的生活和情感现状，老夫老妻，不冷不热，也回忆了老高的初恋，老高和太太的恋爱和婚姻，老高的婚外恋等。老高的婚外情人彭老师塑造得非常成功，由之大体可见外来务工人员在城市中的难处及其孤独的心境。《老高的菜》写食品安全问题。饮食乃人生基本问题，谁也不能餐风饮露，但诸多人利欲熏心，食品安全近年遂也成为重要的社会问题。老高被迫无奈，不得已只好因地制宜在自家阳台上种菜，小说也写了老高种菜之后引起的一系列反应等。

二 中年作家

1960年代出生的这一代作家，并没有承担建立新文学格局的任务，因为时代并未发生巨变，故李敬泽曾慨叹道："80年代真是个好时代，你做的事相对于以前的文学肯定会发生意义。"[①]时也，命也，作家关键亦应认清自己所处的时代，以及所应该承担起来的任务。1980年代末1990年代初，改革欲全面展开，故引起风波，时代虽有波动，但经过调整与沉淀，大致恢复到1980年代开启的格局之中。老作家是新的文学格局的奠基者，是新的文学范式的开创者，中年作家则是随其波扬其流，将已定的文学格局推向深入。虽然1998年，朱文、韩东等人发起"断裂问卷"[②]，但毕竟天不假时，故非但未获得广泛支持，反而孤立了自己，不似陈思和、莫言等作家，几乎是登高一呼，应者云集。直到今天，这些作家还保持着旺盛的创作力，是文学界的中坚力量，譬如苏童、韩东、东西、毕飞宇、迟子建、郭文斌、邓一光、陈应松、邱华栋、李洱、何顿、麦加等人。

① 参见李敬泽、李洱、邱华栋等：《集体作业》，中国广播电视出版社，1999年，第207页。
② 参见朱文：《断裂：一份问卷和五十六份答卷》，《北京文学》1998年第10期。

邓一光的短篇小说佳作颇多，他一直在写改革开放的标杆城市深圳和那个城市中人的处境。《你可以让百合生长》（《人民文学》2012 年第 5 期）是一部关于中学生成长的小说，写“我”如何从一个小太妹一步一步实现了转变。“我”的父亲在戒毒所，母亲缺乏基本生存技能，且屡屡失业，哥哥是智障，“我”沉沦在深圳的底层社会。之后，“我”通过参加合唱团，通过老师左渐将的引导与关爱，通过音乐的熏陶，渐趋于正途。“我”本是“百合花”，质本洁白，但因底层严酷的生活环境遮蔽了阳光，“我”被窒息了，但百合其实可以生长。

在“底层文学”兴盛之际，陈应松因擅写底层人物的生活与精神状态，故被推为代表人物。陈应松的《无鼠之家》（《钟山》2012 年第 2 期）写公公扒灰的故事，阎国立因儿子不能生育，为延续家族香火，故与儿媳发生关系，儿子气不能平，最终杀死了父亲。扒灰的故事在民间非常流行，陈应松的《无鼠之家》将此类原型与“底层文学”结合起来，写了底层人物的扒灰和扒灰的底层人物。

陈继明的《灰汉》（《十月》2012 年第 1 期）写以屠宰为业的银锁的故事，银锁或出生于 1960 年代，历经“文革”时期与改革开放两个时期。《灰汉》除了写银锁个人遭遇、处境之外，尚能见出“文革”时期、改革开放时代农村的风貌，亦能见出部分乡村民俗。

迟子建向以书写人性之美名世，她的小说往往显得干净、纯洁。《别雅山谷的父子》（《收获》2012 年第 1 期）共分上中下三部。上部尽管处乎“文革”时期，风雨飘摇，但迟子建笔下的家庭没有丝毫乱象，父子之间非但没有反目，反而其乐融融。书写“文革”的小说多矣，但大多凄凄惨惨，哭哭啼啼，如此温馨者甚少。《别雅山谷的父子》中部仅存目而已，迟子建直奔下部，小说依然显得完整。在小说下部，父亲已逝，母亲垂垂老矣，姐弟仨各有不同处境，新年之际一起回首童年往事，感慨万千。迟子建笔下的童年时光尽管处于“文革”时期，但依然非常美好，而她笔下的成人却大多灰头土脸。现实中迟子建的家庭曾遭遇不幸，故童年或是她的乌托邦，是其情感寄托，因此写得如此美好、纯真。

何顿的《青山绿水》（《花城》2012 年第 4 期）是佳作，写了一个警察工作情况、日常生活和情感经历，也写了社会上存在的一些黑暗现象。因警察是国家机器，故很多作家一旦涉及，或美化，或丑化，何顿取其中道，大致写出了一个真实的小警察的处境。"我"娶了一个从良的妓女为妻，婚后恩爱，但真相忽然大白，一朝破裂，"我"经过挣扎，终于和好。小说尽管时有波澜，但通篇大致"青山绿水"，风景宜人。

余一鸣是新近崛起的作家，成绩斐然。余一鸣是南京某中学的老师，故熟悉中学生状态，《愤怒的小鸟》(《人民文学》2012 年第 6 期）花开两朵，一写部分中学生现状，一写学生家长的状态。"愤怒的小鸟"是一款游戏的名字，游戏虽是虚拟，但沉溺其中却可以养成乖戾之气。一旦有触媒，可从虚拟世界走进现实世界，酿成悲剧，《愤怒的小鸟》即写此。金圣木是虚拟世界中的帮主，指挥千军万马，攻城克敌，最后他为了夺取 Ipad，杀死了表妹。《愤怒的小鸟》似亦写无穷之因果，金圣木的父亲曾是成功人士，但落入妹夫所设圈套中，在竞争中失败，沦为妹夫的司机，但阴差阳错，金圣木却杀死了姨夫的女儿，因果不昧，一报还一报。

邵丽沉浸于《红楼梦》有年矣，故其作品无论意境或语言均有《红楼梦》范儿，《阴阳虚》(《人民文学》2012 年第 10 期）是典型。《阴阳虚》写高校内幕，伍长是红学家，为了名利，一时迷失，行贿被举报，身败名裂，到头来忽然觉悟。《阴阳虚》颇似《好了歌》"世人都晓神仙好，惟有功名忘不了"，伍长从"红楼梦魇"中挣扎出来，从"好"走到"了"。

王手是温州的作家，他经历丰富，做过泥瓦匠、作坊工人，当过副厂长，下海当过商人，最后这些经历却都化为他的小说资源，他笔下的江湖、工厂、监狱、生意场等皆能反映出社会百态。《贴身人》(《收获》2012 年第 6 期）讲了一个领导的司机崔子节的故事，他为解决自己的"身份"，费尽心机，百般讨好、逢迎领导，他臆想着与领导日益接近，成为其"贴身人"，但领导对于他的处境丝毫没有察觉，他终于按捺不住，提出要求，却遭到领导训斥，其铺垫与努力一旦付诸东流。王手笔触细腻，将崔子节曲曲折折的心思展现得巨细无遗，塑造了一个生动的"贴身人"形象。

三　青年作家的崛起

“70后”作家上有老下有小，长期以来，一直处于老和小的夹缝之中。

这一代人，出生于“文革”时期，但成长在改革开放的时代。他们身上矛盾重重，既有1970年代的时代印记，又有1980年代的文学理想和文学观念，又有1990年代以来的资本逻辑。于革命、改革和资本，他们爱恨交织，这与“40后”“50后”“60后”和“80后”委实不同。2012年，他们贡献了许多优秀作品，以创作实绩证明了他们的实力。

李浩年轻时沉迷于先锋文学，《将军的部队》是典型。《驱赶说书人》（《满族文学》2012年第1期）亦是关于“我”儿时的“文革”记忆。《驱赶说书人》是批评“文革”之作，说书人说《三国演义》，在彼时是糟粕和封建迷信，故在驱赶之列。“驱赶说书人”就是驱赶“封资修”之“封”。时移世易，1990年代开始，保守主义声音强劲，当年的“封”在今天日益受到重视。《驱赶说书人》或就是站在今天这个潮流中批评当年的作为。

付秀莹擅写男女由二到三的故事，但皆发乎情止乎礼。《旧事了》（《芳草》2012年第4期）写大龄女博士和路由的爱情旧事，其间穿插着专栏女作家温小棉的故事。《旧事了》不是男女二变三的故事，而是二变一的故事，男主人公最后死去，留给女主人公无尽的回忆与悲伤。《旧事了》依然有付秀莹的特色，小说气质古典，擅用短句。

计文君是红学博士，其小说富有古典气息，行文风格独特，皆因此也。《白头吟》（《人民文学》2012年第7期）典出卓文君（也叫文君）之诗《白头吟》，据《西京杂记》记载：“相如将聘茂陵人女为妾，卓文君作《白头吟》以自绝，相如乃止。”此小说藉男女情感纠葛写女性成长，类似其另外一部小说《天河》。

陈集益年轻时生活曲折，辗转于温州、杭州等地打工。《哭泣事件》（《花城》2012年第4期）从将军要来村子里过年写起，将军之来引发了一系列问题和连锁反应，父亲被非法拘留，遭受侮辱，之后欲讨回公道，故寻思到北京上访。“我”只是混迹于北京的“屌丝”，爱莫能助，由于父亲的问题，“我”经济上陷入困境，接着与女友分手。一个美好的家庭变得一团乱麻，源头就是因为将军来到村子中过年。这样的故事多见于微博之中，陈集益的灵感或来源于此，他要以《哭泣事件》批判现实中的黑暗。

鬼金是工厂吊车司机，他深知工厂状况与工人生活情况，其小说是以先锋文学的形式讲述在岗、下岗工人的生活情况。《长在天上的树》（《北方文学》2012年第6期）先锋性很强，写一位杀人犯在狱中写作里回忆了杀人的前因后果。"我"姐姐在城市中被侮辱，愤而自杀，"我"因此与小伙伴们起了争吵，怒而杀人。"长在天上的树"意象很好，可以见出农民工在城市的境遇，树欲长，但因在"天上"，故无根基，无本之木尚不可活，遑论"长在天上的树"。

东君早年颇受现代派影响，后来其创作有了大调整，开始从中国古典作品汲取资源。《苏薏园先生年谱》（《人民文学》2012年第11期）以年谱的形式讲述了苏薏园先生从1944年到2011年的经历，别开生面。近年来，东君创作了"东瓯"系列，《苏薏园先生年谱》是其中一篇，这篇小说体现了东君向《庄子》《世说新语》等寻求资源的努力。《在肉上》（《江南》2012年第6期）则属于东君描写现实的作品，写了冯国平的职业及其家庭生活。冯国平彷徨于肉联厂的工作与女友之间，最终选择了女友，婚后无所事事。冯国平居家百无聊赖，喜欢上了SM，之后竟趁妻子醉酒，"强奸"了她，以此宣泄屈辱与苦闷。其妻林晨夕在政府机关工作，被升职的欲望操纵，被强奸之后，她陷入困境，展开了排查。冯国平趁妻子再次醉酒之际，欲故伎重演，但被妻子捅伤，小说至此戛然而止。《在肉上》是当下的"我们夫妇之间"，东君以家寓国，通过写这对夫妇之间的隔膜和矛盾，见出了当前时代的问题。

张锐强是河南信阳人，军校毕业之后转业到胶州小城，困居于此，不平则鸣，遂创作小说，之后"触电"，到央视"讲武堂"讲"名将之死"，颇有反响。《谁的北京》（《广州文艺》2012年第3期）原型或是电视剧《手机》的编剧宋方金，通过这篇小说张锐强写了北漂在北京的生活状态：经济上拮据，情感上孤独。北漂虽然居于北京，但只是过客，北京是别人的北京。

马笑泉的《山有灵兮》(《湖南文学》2012 年第 10 期)，塑造了一个庄子“神人”般的人物达生叔(“达生”一词亦来自《庄子》)，他是国家级非物质文化遗产花瑶山歌传承人，为逃名利，避居树上，之后飞升，不知所终。马笑泉对于“神人”的理解有“怪力乱神”之嫌，庄子笔下的“大宗师”多言思想层面，且他们在现实中往往面临无可奈何之事，并非时常显示“神迹”。

张祖文是西藏的外省人，他以外省人的眼光写西藏的人事。《扎西德勒》(《青岛文学》2012 年第 2 期)是其长篇小说《拉萨河畔》(作家出版社，2012 年)的简写版，小说花开三枝：一枝可见援藏干部的情况，由于种种原因，这条线写得较为拘谨，不敢充分展开；一枝可见当地藏民的生活情况；一枝可见外地入藏打工者的情况。

黄咏梅少年成名，她笔下的广州呈现出与声光电的广州不同的世界。《何似在人间》(《芒种》2012 年第 1 期)写专职抹澡人廖远昆的生活状况和情感状态，也带出“文革”时期以及当前乡村社会的情况与变化。父辈之间的仇怨随着时间慢慢淡化，廖远昆和小青之间的恩爱也渐渐消逝，恩怨有穷，时间无穷，《何似在人间》或即写此。

观界愚之名可知，他在向传统寻求写作的资源，界愚是颇高的境界，以此为名，以此为志，小说应该不差。麦加《暗夜》《解密》等在海内外热销，可知读者对于此类小说的青睐。《暗夜》(《人民文学》2012 年第 4 期)是历史小说，写辛亥革命前后的历史，界愚将家与国的权术斗争写得精彩纷呈。瑞香由弃入妓院的弃儿成长为杀伐决断的民族英雄，其中几度波折，千般凶险，万般辛苦，小说对此有精彩的描述。唐汉庭名为汉奸，实为英雄，《暗夜》对其描写非常到位，颇见境界和风采。

黄孝阳喜先锋小说样式，又试图从中国古典中汲取资源。《旅人书》等是非常奇特的文本。黄孝阳的《我给父亲讲的故事》(《文学界》2012 年第 11 期)是典型的博尔赫斯式小说，这是一篇关于小说的小说，“我”给父亲讲故事，父亲随时评论故事，并责成“我”修改。父亲与“我”身兼数职，既是故事的参与者，也游离于故事之外，既在故事内，也在故事外，父亲是人物，是听众，是读者，是批评家，“我”是人物，是讲故事者，是作者。

向祚铁作品不多，《得夫记》（《人民文学》2012 年第 6 期）较有特色，小说写"得夫"的具体过程，一波三折，充满了喜剧色彩，亦让人颇感温暖。《得夫记》塑造了一个纯真的、有点傻愣的发廊妹形象和一个城市男屌丝形象。

常芳的《一日三餐》在 2009 年发表之际，颇获好评，她对下岗工人日常生活的描写给人较深的印象。《渡过楚玛尔河》（《山东文学》2012 年第 12 期）写夫妻间的情感危机，楚玛尔河流域人烟稀少，非常荒芜，"渡过楚玛尔河"就是渡过了情感危机。

裴指海是从军队中成长起来的作家，因此喜欢写军旅题材。由于军旅题材较为敏感，故写此者往往有所顾忌，裴指海写出较为真实的军旅生活和军人形象。《李雷和韩梅梅》（《山花》B 刊 2012 年第 2 期）写军人丈夫和妻子之间的情感纠葛。李雷和韩梅梅本是人民教育出版社 1990 年代初中英语教材中的人物，之后有好事者以此二人为主人公创作了漫画和歌曲，裴指海也以小说推波助澜。小说表面是写李雷与韩梅梅，李雷借钱给韩梅梅成了李雷生活中的结，但这个结其实只是表面，深层则是由于李雷的太太有了外遇，但他迫于现实，不能揭穿，只好忍气吞声。

四 "80后"作家

"80 后"本是方便的说法，孰料这个词却有强大的繁衍力，借此，又上推衍生出"70 后""60 后""50 后"等。1998 年，《萌芽》杂志举办"新概念作文大赛"，其时"80 后"最大的也不过 18 岁，尚未读大学。"新概念作文大赛"推出一批新人，韩寒等开始进入公众视野。从那时起，"80 后"已经喧腾于口，广为人知。2012 年已过去，"80 后"们已有 30 岁，或即将陆续步入 30 岁。尼采说，有的人 30 岁方诞生。希望有志向的"80 后"作家们深思此事。

"80 后"作家的领军人物，若韩寒、郭敬明等人，文学生命大致终结，成为“作家”，或市名，或市利。韩寒被指认抄袭，或并非空穴来风。韩寒自述其读书经历道，小学读科普之类的书，初中时却能彻夜读《管锥篇》。此撒谎无疑。韩寒或略有才情，但力小而名大，不堪其任，被文化商人利用，藉“韩寒”这一品牌赢利。郭敬明虽不断被指抄袭，却向来安然无恙，敬明“时哉，时哉”，推出《爵迹》，不知所写是神、是人抑或是妖，不知是武侠、动漫抑或小说。年少而暴得大名者于其本人未必是好事，李泌、张居正等人皆少显才华，但被高人保护，才华藏起，故终有大成就。

除能折腾者外，也有很多“80 后”作家们辛勤耕耘，不问收获，虽未名满天下，但近年创作势头不错，显示出优秀作家的潜质，譬如孙频、郑小驴、王威廉、且东、甫跃辉、蒋峰、飞氘等。

孙频深受张爱玲影响，其小说题材、人物、语言隐约都有张爱玲的影子。孙频小说笔下的女主人公多似白流苏或曹七巧，男主人多似佟振保或范柳原，其事则似《红玫瑰与白玫瑰》《金锁记》《倾城之恋》等。孙频在小县城中长大，之后通过高考，在兰州大学读中文系，毕业后任职于太原某文学杂志。经历尽管简单，但一路走来，或许有不少辛酸与慨叹，久积于心，于是以小说鸣之。孙频目前的状态大致是以张爱玲之笔谈她的经历、体验和对世界的认识，她笔下的世界很灰暗，人物是“黄金枷锁的奴隶”，男女之间互相算计、窥测。2012 年，孙频的中篇小说颇多，择要而言之。《骨节》（《江南》2012 年第 3 期）写了母女两代人，母亲乃弃妇，一旦失足，不得不用一生承受后果，女儿则因吸取了教训而步入正轨。夏肖丹没有父亲，母亲孔梅是卖油花者，辛苦可知，她儿时受尽同伴们嘲笑、欺辱，但在母亲所编织故事的鼓舞下悄然长大，考入大学，脱胎换骨。恋爱之际差点误入歧途，沦为第三者，这时母亲孔梅反应激烈，剁下自己的骨节，以自虐示惩戒。由此，夏肖丹洗心革面，成为老师，嫁作公务员妇。小说若就此而止，也会是一个很好的女儿吸取母亲教训的故事。但孙频竟尚有余力，再掀起高潮，她仿佛技艺高超的高音歌唱家，在大家都觉得声音不可复高之时，忽又起高亢嘹亮之声。夏肖丹暂时脱离家庭，去上海培训，一时心猿意马，约见大学追他的男生，一谈之下颇为扫兴，乘坐出租车时情绪忽然爆发。孙频的小说语言非常好，时有佳句，譬如："她有些莫名的心虚，今晚要见尹亮让她觉得自己像个从战场上退下来的残兵游勇，明明是一碰就支离破碎了，还硬要装得刀枪不入一样。可是，就算是已经粉身碎骨了，她都要把自己一块一块地缝起来，垒成一个人形。"这些句子构思精巧，也不虚空，能极妥切地传达主人公的感受。《美人》(《山花》2012年第4期)取"美人迟暮"之意，小说倒叙，从美人有积蓄之后写起。美人杨敏玉先后被两个不良人抛弃——不良人经常改换姓名、职业出现于孙频的各个小说之中，有不良人，于是就有弃妇，孙频擅于描写这两类人——之后，杨敏玉历经磨难，终于成为颇有资产的家具店老板。这时，杨敏玉碰到了愣头小伙子刘诺龙，刘误认迟暮美人尚是如花似玉的少女，杨也甘于扮演这一角色。可是，有朝一日真相忽然大白，原来美人已37岁，原来美人不是一文不名的模特，而是身价颇丰的老板。情况遂急转直下，孙频让美好的亲情、爱情、友情等一旦碰到金钱就纷纷破碎，前面刘诺龙青春萌动的美好情感忽然变味，一个雄心勃勃的油画青年忽而江郎才尽，成为吃软饭者。杨敏玉疑心重重，最终赶走了刘诺龙。孙频以《美人》追问，女人若林成宝者历尽沧桑，略有积蓄之后，是否会有爱情？若以《金锁记》为譬，孙频的追问可以表述为：七巧出人头地之后，能否和季泽或其他男人在一起？张爱玲否定，孙频亦否定。孙频擅写沧桑男和沧桑女，二者一旦相遇，故事如何？《凌波渡》(《钟山》2012年第3期)即讲此。王林考大学十年，小说写他道："这十年里我都是白天打工晚上复习高中课程，就是再累再累，累得都爬不起来了也要看书看到半夜，不然到第二天我根本不能原谅自己。深夜，我边看书边用针扎自己的手指，为了让大脑能清醒点。夏天的时候，蚊子能把人吃掉，我就用塑料布把腿和胳膊包起来。冬天的时候，我一边在灯下看书，一边把脚泡在热水里取暖。这十年时间里我经常吃不饱饭，一天就吃一顿饭是很正常的，身上最没钱的时候我一天就只喝水，把肚子灌撑了。"陈芬园本是中学老师，之后辞职读高中，然后千辛万苦才考入大学。小说花开两朵，沧桑男、沧桑女相遇于校园，沧桑男忙于早起、背单词，沧桑女忙于找男友，最后退学，不知所终。二者相交又相离，相离又相交，最后小说留下一个开放的结尾，竟不知是相交抑或相离。

郑小驴是一个很好的笔名，让人过目不忘，他出道甚早，是“80后”作家中的佼佼者。郑小驴曾自述道：“写作终究是件漫长的事情，就好比马拉松赛跑，80后这一代里，是曾有过一批人跑得很快，但是我想文学并不是百米冲刺，拼的是耐力和能否熬得住一万米过程中的寂寞。我想我还在路上，并将永远在路上，而文学，本就是一眼望不到尽头的事。”[①]由此，可知小驴之抱负与气概。2012年，郑小驴只发表了一部中篇《利物浦牌剃须刀》（《作品》2012年第4期）。《利物浦牌剃须刀》似乎在写胡须乱长之象，世界局势紧张，美伊战争爆发，家庭内部一团乱麻，哥哥、弟弟、父亲各有心事，世界局势与家庭生活皆如胡须，乱七八糟地生长。小驴似乎希冀一把“利物浦牌剃须刀”能够剃尽胡须，恢复世界的纯净。

王威廉毕业于中山大学人类学系，知识结构较为特殊，他深受先锋文学的影响，往往喜欢以小说追问艰深的哲学问题。《第二人》（《山花》2012年第1期）是魔鬼与浮士德交易的现代翻版，王威廉以魔幻主义手法写出这个故事。“我”回乡探亲，受制于昔日的伙伴、今日的大老板刘大山，经其诸般恐吓、诱惑，“我与其签订协议，出卖了身体与灵魂，通过毁容换取了巨额财产，成为刘大山的‘第二人’”。《第二人》是现代寓言，以经济利益为第一目的者皆可以放弃自己的身体与灵魂，与魔鬼签订协议。

且东这些年既写诗与小说，又编杂志，做了很多实实在在的事，也扎扎实实地写了很多作品。《你所不知道的》（《百花洲》2012年第4期）是且东2012年的一部中篇，小说如题所示，他要讲述“你所不知道的”故事，要描写“你所不知道的”世界。且东讲述了一伙处乎黑暗中群体的故事，小说通过“我”去吊唁矮胖子叔叔，遂掀动起这个黑暗的王国。苗姑姑等人是人贩子，他们有组织有纪律，贩卖人口，似乎力量强大，他们一直苦苦挣扎，费尽心机，却总不能跳出涛哥的手心。但这个在传说中无比强大的涛哥却只是某人的司机。苗姑姑背后的老板是涛哥，涛哥背后的老板是谁？小说未交代。涛哥背后的老板的老板又是谁呢？小说更未交代。

---

① 郑小驴：《一眼望不到尽头》（创作谈），《西湖》2009年第3期。

如此，《你所不知道的》只是掀起了黑暗王国的冰山一角，或许涛哥的老板有着光鲜的外表，骄人的身份，人贩子较之不过是小巫见大巫而已。

蒋峰的《六十号信箱》(《人民文学》2012 年第 7 期）是一个关于成长的故事，这几个中学生的世界中充满了阴暗、孤独的气息，他们各有私密之事，不足为外人道也。许佳明寄人篱下，无父无母，他所喜欢的房芳割腕自杀，遂计划放弃高考，欲偷渡移民加拿大，被警察救下。《六十号信箱》对于了解部分问题少年的内心世界与处境或有裨益。

飞氘本科学环境工程，大学时由于发表科幻小说，遂改行，主攻科幻专业，这些年他勤勤恳恳，写了大量科幻作品，逐渐有成。《大道朝天》(《科幻世界》2012 年第 8 期）借科幻之形式批判了人类的骄傲与自大，人类造下大业，终于自作自受，导致了灭亡。科幻小说的形式比较自由，可以放开，名言彼实则言此。

2013 年 1 月 18 日于中国艺术研究院

第一辑

魏微、张学东、安妮宝贝、朱文颖等“70后”作家成名较早，影响较大，为人熟知，他们是“70后”作家的排头兵。他们形成了独特的个人风格，代表着这一代作家的创作风貌。

先锋、成长经历、现实

——魏微小说的三个关键词

在“70后”作家群体中，魏微出道甚早。我闻魏微之名亦有年也，昔日在复旦读书时，听郜元宝老师课，彼时他热衷于南京作家研究，上课时屡屡评及他们，其中也包括魏微。之后，我来北京工作，某年曾和张楚、朱文颖等一道与魏微小聚，相谈甚欢。

揆诸魏微的作品，计有三个关键词：先锋、成长经历、现实。

一　先锋小说

魏微起步之初曾醉心于先锋文学，小说写得恍兮惚兮，朦朦胧胧。魏微自述读书倾向道：“我的趣味并不高尚，也因此，古典名著的好处我无法领略。很多朋友向我推荐《包法利夫人》，每推荐一次，我就重读一次，技法，结构，白描艺术，人物塑造……我知道她是好的，但不是我喜欢的那种好。……我读现代小说，完全是心领神会的。就像被人说中了一段隐秘，那里头的拐弯抹角处，被分析得清清楚楚——那真是可怕的，可是可怕之余，也觉得欣喜和放松。我第一次读卡夫卡是1990年，读的是短篇小说《判决》。在此前，没有人告诉我什么是现代小说，我也不知道卡夫卡是谁。我仅是把它当做短篇来读的。读完后，久久说不出话来，只是惊讶。我于其中发现了小说的另一个空间，广阔的，具有新鲜刺激的质地，就像一道豁口，隐隐露出暧昧的光亮来，然而这光是我熟悉的，也让我害怕。"[①] 魏微好像开悟者现身说法，卡夫卡让她看到了光，她从卡夫卡身上获得了"启示"。[②] 这段话，大致道尽魏微的精神及思想资源。

魏微具有先锋色彩的小说有《在明孝陵乘凉》《十月五日之风雨大作》《寻父记》等。

《在明孝陵乘凉》说的是"那年夏天，小芙和哥哥炯、女友百合去父母的单位明孝陵乘凉"的故事。"那年"是指"八十年代初，'文革'已经结束了，全民性的改革还没开始，整个城市处于一种无所事事的、青黄不接的潜伏期。女人们穿着朴素，看不出之间的不同。不多的'文革'时代标语还残留在豆浆坊和烈士陵园破落的土墙上打着盹。新时期的片言只字'张海迪'、'五讲四美'充斥于南京的街头巷尾，带着慌张和错落，同样有种不抵实的感觉"。《在明孝陵乘凉》重心并非要呈现新旧交替之际的时代氛围，而写少女和少男情感的萌动，写少女的成长经历和性意识。明孝陵乃是葬丧处，阴气弥散，但是两个少女、一个少男酷暑之际前去乘凉，为明孝陵带来了生机与生气。历史、人世就是如此，死生，生死，无穷已。小说描写道："小芙的心里不由得一动，怔怔地站在那儿再也不能够动弹。大约是从走进陵园的那一刻起，她就发觉自己的身体有些异样。……她开始燥热、心慌，心跳加速，她想那时只有男子会让她安定下来。……百合嘻嘻一笑，像变戏法一样从背后拿出一张妇用卫生纸，不怀好意地问小芙：'你猜这是什么？'小芙当然知道，女厕所常见人用过。……小芙常常艳羡着，它给了她无穷的刺激和想象。她觉得它是女性的、污秽的、妖娆的，代表着她的未来的。她才十二岁，她简直等不及这未来了。"《在明孝陵乘凉》非常精彩，写出了少女成长的特殊心理，少女情感萌动的娇羞之态。故事背景选在"明孝陵"亦好，小说由此而具历史感与厚重感。《在明孝陵乘凉》采用了先锋文学的手法，譬如作者反复诉说"那个夏天"，叙述时间亦被打散，东一榔头西一棒子，显得支离破碎。其后，魏微逐渐去掉了华而不实的枝叶，以平实的笔调写少女，反而

---

① 魏微：《通往文学之路》，收入《1988年的背景音乐》，昆仑出版社，2013年，第48—49页。

② 巴金《家》中提及琴读《新青年》中《娜拉》时，亦曾感受到光，巴金写道"灯光忽然亮了"。

收到了更好的效果。

《十月五日之风雨大作》似卡夫卡的《审判》。作者以先锋文学的笔法写“审判”，丝绸商人被误捕入狱，严刑逼供，精神、肉体受尽折磨，终于成了革命党人。革命党人如何炼成一度是显题，但魏微一反常态，不以现实主义而以先锋文学的笔调写此问题。故事发生在孤岛上，氛围大致如此：“江水浩渺泱泱，看不到尽头，仿佛永远是明天，空气里能闻到雨滴的气味，水草生得极为茂盛，它们相互缠绕，似乎有种疯狂的生命力。”审讯者不知是穷极无聊，抑或是富有使命感，难以判断；“审判”不合常规，极其蹊跷；人物亦恍惚，好似丰子恺笔下的儿童画面孔模糊。

《寻父记》所写真真假假，故事情节较少，或需要读者追寻填充，凭借想象力完成。“父亲”来路不明，“他是北京人，大学毕业，竟在这个荒僻、落后的小城生活了那么多年……我们甚至不能怀疑，他是个有档案关系和户籍的人，80年代中期还补办过身份证”。某日，父亲忽然离家出走，“我”和母亲四处找寻，但无果。“父亲”或指现实中的父亲，或因家庭矛盾出走，或父亲是知青，一旦厌倦，弃“小芳”而回城；或有政治隐喻，父亲有所象征；或有形而上的含义，父亲象征着历史……

魏微先锋文学的阶段并不长，之后逐渐扬弃先锋文学，或写成长经历，或关注现实问题，如此方逐渐显出了本色。

二　成长历程

成长经历是文学喜欢的主题，少男少女的成长过程缓慢而艰辛。在成长的路上，充满着不足为外人道的悲伤欢乐、危险与愉悦、性的萌动等。

魏微出生于1970年，幼年处乎“文革”时期，长在新时期。可是，若希望从她的小说中看到时代变迁的痕迹则难矣哉，魏微写成长的小说中有人情世事，有起落，有巨变，但都是“琐碎”的，鲜及政治与时局。张学东与魏微是同龄人，他亦喜欢以儿童视角写世事，但往往带着“文革”时期的印记，魏微的小说中则阙如。

魏微写成长历程的小说颇多：《乡村、穷亲戚和爱情》《储小宝的婚姻》《姐姐和弟弟》《姐姐》《石头的暑假》以及长篇小说《流年》（花山文艺出版社，2002年），另有一系列散文《爷爷的日常生活》《青春期轶事》《妹妹与我》《小城》《成长1984》等。这类作品构成魏微创作的主体部分，读者提及她，一般会想起她的这类作品。

《乡村、穷亲戚和爱情》或有自述传成分，小说很散，围绕着"乡村、穷亲戚和爱情"三个关键词展开。小说分为三部分，每部分写一个关键词。"我们家族"因为爷爷，离开了乡村，进驻城市，"到了我和弟弟这一代，我们已经完全地被改造了。我们开始过上富足的生活，有身份和地位。我们衣着优雅，谈吐精致，性情敏感而害羞。我们惧怕劳动，体质柔弱。""我"和乡村的联系就是"穷亲戚"，他们时常进城走动，人人有个性、自尊，通达人情世故，也家家有本难念的经。可是"我"和乡村及"穷亲戚"毕竟有了隔膜，"我"不屑于理他们，厌烦他们进家。"我"的"爱情"亦与乡村和穷亲戚有关。"无数次恋爱对于我，就像一次恋爱。"因为奶奶去世，"我"回乡村奔丧，再度遇上了穷亲戚陈平子，"我"暧暧昧昧，情不知所起，似乎爱上了他，但也就止于意念。奶奶丧事甫一结束，"我"即毅然回城，仿佛一场白日梦。

《储小宝的婚姻》写1970年代至改革开放前微湖闸居民的情况，储小宝是其中一员。小说通过"我"的眼写储小宝的婚姻情况，写一个干净的、纯洁的男子如何因为生活的艰辛一步步走向落寞，变得邋遢，也写了"我"对他情感的变化。始之，"我"是小女孩，储小宝"长得不算难看，干净，明朗，是个可爱的、讨人喜欢的青年"，他时常逗我玩，"那时候，我是多么喜欢储小宝啊，我喜欢看他跑步……我喜欢听他跑步时，发出的'啊啊'的呼喊声。"储小宝与小吴恋爱，小说以孩子之眼写他们的交往，真是美好。之后，因为储小宝和小吴做爱无节制，引发公愤，被爷爷以整治"风化"之名公开批判。再之后，储小宝结婚，离开了微湖闸。很多年之后，"我"与储小宝再次见面。这是故事的高潮，颇似鲁迅《故乡》中"我"和闰土的再次相遇。"我"情感大波动，小说写道："不知为什么，我听见了他的声音，一下子哭出来。那是一种丧心病狂的哭泣，伤心，丑陋，自暴自弃。我的鼻涕也淌下来了，它和泪水一起流过我的嘴角，一直流下去了。我感觉到一种东西，它走了，它再也不会回来了。”

《姐姐和弟弟》写姐弟关系。姐姐与弟弟在 1970 年代出生的作家中还是重要主题，但 1980 年代之后因为计划生育，此问题逐渐消失。“一对夫妇一个孩子”，儿童再也不知道如何为姐姐，如何为弟弟。小说以姐姐为主，写少女成长过程的心理变化、波动，皆反映到姐姐与弟弟的关系之中。小说写了姐弟相处美好的一面，也写了二人相处中难堪的一面，姐姐一度心情纠结，屡殴弟弟。《姐姐》亦写姐弟关系，写少女、少男的成长历程，但过滤掉灰色一面，侧重于美好。譬如，弟弟作大人状，告诫姐姐“没事不要总趴在绣楼上。走路时不要东张西望。家里来了男客，要懂得回避”；姐姐谈恋爱时，弟弟以保护者姿态出现；调皮捣蛋，打碎别人家的玻璃……

《流年》是一部非常优秀的长篇小说，是魏微写少女成长经历的集大成之作。这部小说可谓魏微的代表作，集中展现了魏微文学创作关注的重心、叙述风格等。

“流年”或取年华如流水之意，小说的主题是追忆似水年华。小说第一句为全篇定调：“那时候，我们住在微湖闸，我，爷爷，还有奶奶。我们住在水边，一个机关大院里，过着幸福而枯燥的日常生活。”《流年》中的年华几乎没有时代特色，只写一个小姑娘如何成长，写她周边的人与事，写微湖闸。小说中没有政治风波、大是大非，都是一些幸福的、枯燥的“日常生活”。微湖闸是桃花源，这里“不知秦汉，无论魏晋”，时代的变与不变没有在此留下痕迹，只有日常琐事、家长里短，生老病死。但《流年》体现出魏微极大的抱负，她不是要写一代人或某个特定时期，她要写永恒。魏微自述：“它们是日常生活。它们曾经和生命共浮沉，生命消亡了，它们脱离了出来，附身于新的生命，重新开始。远古洪荒，一代又一代的生命、生活，就止于这些吧。”这是魏微的“世界观”“价值观”，也是她的“逝者如斯夫”之叹，《流年》要写出变中的不变。

《流年》“居高临下”，从大处写起。“楔子”似《红楼梦》开篇，然后一路往下，交代时代及微湖闸的地理位置、总体环境等，然后写一个一个的人：杨婶、储小宝、叔叔、爷爷、奶奶和“我”，他们各有经历，各有性格，各有心事，各有不同的命运。"我"似有若无，参与了故事，又置身事外，懵懵懂懂。采用童年之"我"视角，可以过滤掉很多世故、市侩，可以看到生命中不变的、简单的、根本的东西。

在《流年》中，魏微的笔触是细碎的，笔调是舒缓的，情感是淡淡的，描述是细腻的，如此行文与内容极为恰切。随便引述一段话即能见出魏微的风格："我还能记得那天早晨，我静静地倚在门边，看着她周围的一切；刚刚扫完地，地上撒了清水，空气里有微微的灰尘的气味，清冽又有些刺鼻。我深深地呼吸着，觉得很满足了——我喜欢杨婶家里的很多东西，院子里的清晨，院门是洞开的，杨站长早下班了，从门口走进来；我听见了他的咳嗽声，还有沙沙的脚步声。客厅的五斗橱上有一只白瓷鼓，里面盛有我喜欢的糖果、桃酥，还有各种花色的小饼干……"

《流年》没有紧凑的结构、严密的逻辑，章节之间是松散的，人物之间的关系也是散淡的，他们都是微湖闸的一分子，他们各自独立，但也有关联。《流年》也没有通常意义上小说的开端、发展、高潮、结尾，所以一旦将其中的某些篇章抽离出来，即可单独成篇。《储小宝的婚姻》就是从《流年》中选取出来，略加改写而成，可它依然气足神完。

魏微还有一系列回忆性散文，也都舒缓如流水，对于了解她的经历、创作历程、文学志向都有裨益。《爷爷的日常生活》写爷爷的革命史、工作史，写爷爷奶奶的情感；《青春期轶事》写与弟弟、妹妹的相处，写她的童年和成长历程；《小城》写迁居小城的情况、民风民俗等；《通往文学之路》叙述她的阅读历史、文学趣味、文学志趣等问题，由之可了解魏微文学创作的大致风格；《1988年的背景音乐》写她在1980年代听音乐、追星等历程；《写给南京》写她对南京的情感、理解等……

文学写成长经历固然可以展现出大量有趣的细节，但若止于此，不能成为大作品。《五灯会元》中写高僧大德，一般分为两部分：一是成长、漫游时代，二是为师时代。《五灯会元》写高僧大德成长经历，摒弃了琐事，主要关注他们的进步路线和精神成长经历，如此写成长才可能是更大的作品。

三 现 实

之后，魏微逐渐放弃先锋文学写法，以朴素的笔调关注现实。魏微对现实的关注范围很广：南京的日常生活、男女关系、家道兴废、乡村状况等。这类小说数量较多：《薛家巷》《大老郑的女人》《化装》《家道》《姊妹》《沿河村纪事》等是典型。

《薛家巷》与《流年》类似，非写某人某事，而有着整体性的抱负，她要写一条巷子的总体情况，进而见出南京的日常生活。居巷子者是普通市民，他们在这里休养生息，没有惊天动地之事，都是家长里短。想象中，南京乃六朝古都，多少繁华，几许金粉，秦淮河的流水多么温柔啊。《薛家巷》所描写的南京则与繁华无关，都是琐碎的、柴米油盐的、尴尬的、忧愁的、欢乐的日常故事。陈三是工厂工人；隔壁姜老太是退休护士，儿孙满堂，生活富足；吴老二是烤鸭店厨师，“生活很是‘得过’”……

《大老郑的女人》虽写了改革开放之初时代风气，但重心在于写伦理问题。大老郑是“我们”家的房客，福建人。故事逐渐出现了变化，“有一天，大老郑带了一个女人回来”。这引起了家人的猜测、狐疑，但是这个女人本分大方，之后大家相处得宜，相安无事。可是，故事又起了变化。忽一日，来了一个乡下男人，自称是大老郑女人的丈夫。于是，事情水落石出，但故事没有激烈的冲突，而是不了了之。作者也没有站在捍卫道德的立场上批判大老郑或大老郑的女人，她对故事人物非常体贴，充满了同情与理解。柔石《为奴隶的母亲》亦写相似情节，只是更为惨烈，读罢让人慨叹、感动，《大老郑的女人》亦收到了同样的阅读效果。

《姊妹》写三爷有一妻一妾。在今天的法律与伦理中，一妻一妾不被允许，但小说没有渲染法律和道德问题。《姊妹》主要关注两个方面：一妻一妾之间的关系和三爷的反应。两个三娘从势不两立、殊死斗争，到可以心平气和，最后至于形同“姊妹”。小说写道：“我的两个三娘就这样服从了命运的安排，认领了妻妾的身份，从此消失于街巷。随着时间的推移，她们不再剑拔弩张；战争是需要体力的，从前，她们已经消耗了太多，都伤了，怕了，疲惫了”。三爷也经历了从心力交瘁到心平气和。三爷、妻、妾，这样的三角格局竟然维系成功。《化妆》亦写男女关系，但解构了男女之间的美好。小说写嘉丽与其情人的历史和现状。嘉丽一度是丑小鸭，大学毕业实习时与科长相恋，时过境迁，二人再度相见，嘉丽已腰缠万贯，但却"化妆"成落魄之态，二人之相见遂兴味索然。"化妆"可以通过隐藏真相而见出真相。

《家道》写家道中落与中兴。父亲在位时，声势烜赫，母亲与"我"亦得道升天；父亲一朝入狱，家道中落，如此母亲与"我"方体会到人世之冷暖。母女二人只好从头做起，历尽千辛万苦，家道中兴。家道兴衰，原因众多，要乎家人戒慎守礼。

《沿河村纪事》通过社会学考察者之眼写农村的变迁，是一部非常优秀的作品。社会学著作如果写得正儿八经，未必能够见出真相，反而一些叙述调查"琐事"的著作引人注目，譬如《林村的故事》《沿河村纪事》反其道而行之，唯冠以社会学调查之名，小说毕竟是其实。小说写了老师与学生两代人数次前往沿河村，对村庄发展了如指掌。小说重在写学生一代对沿河村沿革、变迁的了解，重中之重则写沿河村"关键时刻"几派之间的斗争与妥协。

2014年1月28日于西长安街

直面生活中的问题

——评乔叶《拆楼记》

乔叶是河南的女作家，成名较早，以散文名世。乔叶从《中国青年报》《青年文学》《读者》等报刊中走出，曾出版过多部散文集，其中多数热卖。2000年，乔叶更是形成一个出版小高潮，4家出版社出版了她的4部作品：福建人民出版社出版《迎着灰尘跳舞》，浙江人民出版社出版《爱情底片》，长江文艺出版社出版《薄冰之舞》，中国国际广播出版社出版《在喜欢和爱之间》。乔叶散文的细节颇为感人，亦蕴含着一定哲理，故在青年读者中广受欢迎。2001年之后，乔叶开始调整其创作方向，2003年她在《中国作家》上发表长篇小说《守口如瓶》，后来以《我是真的热爱你》为名出版单行本，一时好评如潮；这几年乔叶也开始创作中篇小说，比如《最慢的是活着》亦受好评，曾获第五届鲁迅文学奖。

《人民文学》2011年第9期刊发了乔叶的《拆楼记》，这篇文章与乔叶此前的散文风格两样，解析此文，可以看出乔叶这些年的变化、关怀等。2010年《人民文学》开设“非虚构小说”栏目，《拆楼记》即刊发于此栏目中。《人民文学》“非虚构”栏目自开设以来收获颇多，梁鸿的《中国在梁庄》、潇湘风的《词典：南方工业生活》、慕容雪村的《中国，少了一味药》、李娟的散文等即刊发于此。“非虚构”栏目也为文学界开了新的风气，作家们、学者们或许可以走出书斋，直接面对社会问题和生活。1990年代以来，中国社会发生了重大的变化，可是文学远远落后于时代，多数作家还沉浸在1980年代的文学理想和观念之中不能自拔，未能感受到时代的新变化和新问题。反而一些社会学家比较敏感，他们看出了社会的变化和变化中的一些巨大问题，于是他们以社会学著作或者田野调查报告的方式将问题呈现了出来。“非虚构”的提出可以使一些作家破除此前的文学观念，从二手生活当中走出来，切问而近思，感受到时代的脉搏。

如题所示，乔叶的《拆楼记》直面的问题是拆迁。据说，中国处于农村向城市的转变过程之中，据说，中国需要一次大规模的城市化运动，在此思路之下须除旧迎新，拆除旧的，建设新的，因此拆迁势在必行，如火如荼。当然，农业社会向工业社会转变乃大势所趋，顺潮流者昌，逆潮流者亡，中华民族亦不得不加入这个潮流之中，与世界各民族竞争。可是，吉凶悔吝生乎动，好事情也可能变坏，关键在于做事者如何行止。王安石变法时很清楚，他说关键在于是否得人，若君子或者仁者推行新政，一可以解决宋代的社会问题，二可以改善民生，但若小人推行新政，新政会成为一种敛财的方式，反而会恶化社会问题，民生亦会日艰（参见王安石《上皇帝万言书》）。城市化运动也是如此，成功或失败、吉与凶的关键在于所用是否得人。若所用得人，拆迁问题处理得恰到好处则会造福于民；若所用非人，用事者一任私心膨胀，那么拆迁会成为洗钱的方式，一些人由此升官发财，“土地爷”变成为“财神爷”，但最终遭殃者依然是百姓，他们不得不承受由拆迁所带来的恶果。拆迁之事非同一般，房子乃刚性需求，一日无房即可能流落街头，“家破”是极严重的问题，一旦处理失当，则会闹得百姓居无定所。因此，一旦百姓面临拆迁之事，再加上某些当事者处理不当，百姓们往往会舍身抗拒，于是会起事端和暴力事件，于是需要投入资金维稳。由于城市化进程的扩大，新闻中关于暴力抗拆的报道不绝于耳。新闻报道限于体裁和篇幅，一般只知道结果，而不知道事情的来龙去脉、具体过程和当事人的反应等。乔叶以非虚构的方式，创作了《拆楼记》，向我们展示了拆迁的过程和一些曲曲折折的细节，写出了一个活生生的拆迁案例。

若未遭遇拆迁，旁观者只会对着新闻摇头叹息一声，随口骂一句而已；但若遭遇了拆迁，由旁观者成为亲历者事情就会两样，因为经验切身，利益息息相关。乔叶就是在现实中遭遇了拆迁的问题，身心经历过拆迁的折磨，遂有此作。在文末，乔叶甚至说："我最知道的是，张庄事件之前的我，和之后的我，已不太一样。"可见乔叶所受到的影响之大，怨气之深。

《拆楼记》有一个"前情简介"，介绍了拆迁之事由何而起——"豫北焦作高新区张庄村，紧挨未来路而居的姐姐和同排住的若干村民为了赚取拆迁款，想要在即将动工的未来路绿化带上违章建房，因村支书王永正直严谨而不敢妄为。恰巧王永的弟弟王强也在这排居住，经过我的策动，在一番斗智之后，王强终于被成功引动带头盖房，一排违章建房也随之而起，静待拆迁。"由这个"前情简介"，大体可知这起拆迁事件的起因，也知道这起拆迁事件与一般拆迁事件不尽相同。拆迁是一大杯羹，人人皆欲分而尝之，村民们事先知道此地须拆迁，于是加班加点，违章盖出新房，静待拆迁，以求赔偿。违章房已建成，如何拆迁，如何处理这个问题，如何使得各方面皆能满意，就成了当地政府面临的棘手问题。当地政府以"违章建筑"之名，不顾人情，欲强行拆除，并坚决不支付拆迁费；违章建房者本意就为了获得拆迁赔偿，由于利益之争，双方不可避免地分化为两大阵营，产生了矛盾，发生了冲突。《拆楼记》的正文则是描写了这起拆迁事件的过程、进展和最终处理结果。

拆迁涉及几方面的力量：拆迁者、被拆迁者和身居省城中的"我"。这起拆迁事件在乔叶的笔下犹如一场战争，她直接用了"首战"之类的词汇。官与民不再是服务者和被服务者的关系，在拆迁的过程中转变成为敌我关系，这是极其危险的信号。拆迁就是几方面力量之间斗智斗勇、博弈、妥协的过程。这场战争的目的在于争夺利益，违章建房者意在由此获得拆迁费，拆迁者意在不支付任何费用，顺利完成拆迁，双方各执一词，于是起了争端。这几方面力量中，拆迁者是强势群体，他们有权有势有钱有力量有话语权，被拆迁者是弱势群体，他们无权无势无力量无话语权。拆迁虽似战争，但并非势均力敌，双方实力相差悬殊，拆迁者或智取或武力强攻，高歌猛进，被拆迁者始终被动，唯有勉强防守，心存侥幸，但节节败退。

乔叶将拆迁之事巨细无遗地写出，双方你进我退，我退你进，斗智斗勇，这个过程真是惊心动魄，扣人心弦。拆迁者有一整套战斗方略，先是贴告示将这些违章建筑定性，并说"将依法予以拆除，在区城乡建设拆迁中一律不予赔偿"。出于共同利益的考虑，被拆迁者通过开会结成统一战线，一致对付拆迁者。拆迁者通过各种策略逐个击破，这个统一战线松动了，瓦解了，拆迁者各个击破的策略真是让人大开眼界。统一战线瓦解之后，拆迁势如破竹，唯有几个钉子户屹然挺立。又经过几场恶斗，唯剩"东邪""西毒"。拆迁者使出"杀手锏"，"东邪"被强拆，钉子户做到底者唯有"我姐姐"一家。被拆迁者无计可施，唯有上访，然此路艰辛而漫漫，终是未能走通。作者通过铺陈细节，让我们知道了一些上访内幕，被拆迁者如何上访，当地政府如何"拦访"，信访部门如何处理，等等。事已至此，"我"只好出面"找关系"，约请当地几位领导吃饭，由此获得线索，找了当地负责拆迁的领导。领导动之以情，晓之以理，诱之以虚无缥缈的利益，终于将"我"劝回。走投无路，"我"只好请闺蜜记者帮忙，于是经过一场智斗，迫于媒体的压力，"我姐姐"的问题终于解决，当地政府答应赔偿。

在这个事件中，关键人物是"我"。"我"是事情的参与者，也是故事的讲述者，甚至可谓事件的控诉者。"我"全程参与此事，为被拆迁者出谋划策，求人找关系，"姐姐"的赔偿款最终依赖"我"得以解决。被拆迁者处于社会底层，受到不公正待遇却哭诉无门，可以写作的"我"遂挺身而出，继续战斗，将事情的整个历程笔之于书，写成《拆楼记》，发表在《人民文学》之上。《拆楼记》就是乔叶在战争结束之后再度抛出的重磅炸弹和挑战书。"我"是文人，虽在省城工作，"常去北京开会"，奈何身居闲职，有心无力。《拆楼记》中的"我"面对拆迁事件颇感无奈，几乎没有力量与之抗争。"我"站在被拆迁者一方，故知道被拆迁者群体的情况，于是以笔记录了他们的反抗、无奈、屈辱、无力、小聪明、私心等。但以"我"的身份可以接触"高层"，因此知道拆迁者的谋略、手腕、苦衷、杀手锏等，于是"我"也将在"高层"的所见所闻记录了下来，比如详细记录了"师兄"的言行举止等。由于"我"可以游走于拆迁者和被拆迁者两方，因此《拆楼记》可谓一部战争笔记，记录了战争双方的情况。就被拆迁者而言,《拆楼记》是底层笔记，记录了他们的悲欢与无奈；就拆迁者而言,《拆楼记》可谓黑幕小说，记录了拆迁者的言行与计谋。“我”的立场鲜明，始终站在被拆迁者一边，与他们并肩战斗，这部笔记，一方面谴责拆迁者们无所不用其极，另一方面同情被拆迁者们。在《拆楼记》中，乔叶抑制不住她的愤怒，在文末，她加了一个括号说：“本文情节属实，部分人名和村名虚构，如有巧合，概不意外。若有自愿对号入座者，请坐好。”一般而言，小说家都会在文末加上一句“本故事纯属虚构，若有雷同，纯属巧合，请勿对号入座。”乔叶恰恰相反，她宣布《拆楼记》情节属实，以文学作品的形式直接怒斥一些拆迁当事人，用文字的形式将他们定格。

然而，乔叶并未止于此，她还作超乎拆迁事件的“深入”思考。乔叶提到李绅，那个写“锄禾日当午，汗滴禾下土。谁知盘中餐，粒粒皆辛苦”的人，为官之后“渐次豪奢”，一餐耗费几百甚至上千贯。这些思考，对当下社会颇多隐喻，一方面能见乔叶的关怀，但另一方面也暴露了她的底子。之后乔叶虽然日接地气,《拆楼记》更是直面生活，但当她试图对时代作总体判断的时候，多少显得有些捉襟见肘，见识也不深刻。然而，就写作这一具体拆迁事件而言，乔叶还是表现出较为优秀的作家素质，她的叙事、剪裁、描述都颇到位，复现了这一拆迁事件，这是其长处。

在这起拆迁事件中，被拆迁者和拆迁者双方皆有责任，因此是非亦难以简单地断定。违章建房者当然有错误，他们的动机不够淳厚；拆迁者对于此事的处理也过于武断，直接将房屋定性为违章建筑，并宣布不支付任何费用直接拆除。在拆迁的过程中，拆迁者的作为确实触目惊心，红的白的黑的各种策略阴谋都用上了。乔叶站在被拆迁者一方将这些写下来，立此存照。到底孰是孰非，读者可以自己断定。《拆楼记》的价值在于作者提供了一些拆迁的细节，介绍了拆迁两方的情况。观风者或许可以从这个样本中提取一些信息和信号，那么需要做的则是总结此事之经验和教训，找到问题的症结，解决矛盾而不是遮盖问题。

2011 年 9 月 8 日于中国艺术研究院

张学东小说的三对关键词

张学东出道甚早，被誉为宁夏“新三棵树”之一，在世纪之交即颇受好评。张学东的小说有三对关键词：“文革”时期与当下、乡村与城市、儿童与成人。此三者纠缠在一起，大致构成了张学东小说的内容、总体风貌，也能见其视野、关注重心。张学东的立场趋向中国传统伦理，这是他理解时代的入手处，亦是其开具的药方。张学东的小说风格大致取现实主义一路，不放言高论，亦不哗众取宠，踏实朴素。

一 “文革”时期与当下

张学东尽管是“70后”作家，但他并不典型。一因“70后”作家最近几年才表现出强劲的创作力，逐渐成为文坛新生力量；二因其小说视野与“70后”作家不同，一如其名“学东”，他执着地写着“革命”往事，让人感觉他是一个沉浸在历史记忆中的“老作家”。但张学东写革命往事常立足于今天，职是之故，其小说叙事时间往往交织，或站在当下，反观“革命时期”的人情物理，或两种时间交织纠缠，忽“革命时期”，忽当下。

《在乡野间》《梅香传》《喷雾器》《火腿》《扑向黑暗中的雪》《羔皮帽子》等写“文革”的故事。张学东或描述“文革”旧人旧事，或通过一个有趣的意象，牵出一桩沉重的故事。张学东对“文革”持批判态度，他以故事见出“文革”的荒谬，见出对人的创伤。这类主题在1970年代末和1980年代曾极其流行，通过文学完成了对“文革”的批判和对新时期的迎接。张学东的这类小说与“伤痕文学”主题类似，其文学才华以及小说之精细程度亦过之。然而，张学东这类小说在今天已不合时宜，毕竟世易时移，对“文革”的批判云云已不再是时代的主要问题，故虽然颇多佳作，亦难引起较大的社会关注与反响。

《在乡野间》写几个“残疾人”，他们各有困境，由此也能见出“文革”“乡间”情况。钱喜旺乃队长钱三山之子，因是斜眼，故遭人戏弄；赵瘸腿患小儿麻痹症，不能工作，喜欢玩扑克，因反抗“破四旧”而遭批斗；孙牛是罗锅，却娶得娇妻，因其妻得钱三山“临幸”，境况改观；李翠花是哑巴，钱队长本以为她与钱喜旺乃是天生一对，但天公不作美，李翠花却被大水冲走。《在乡野间》颇似笔记小说，几篇之间既可单独观，又互相联系，形式上与《儒林外史》等类似。李队长统帅全篇，其为人也鄙，但亦有通情达理之处，亦正亦邪，小说未对之尽情丑化。

《梅香传》以传记之名，藉“我们”之眼与口，一方面写出了“梅香传”；另一方面也见出了1970年代的社会情况、民风民俗等。小说解构了“文革”的精神，梅香因有大辫子，被“我们”想象为《红灯记》中的李铁梅。但梅香不再是英雄，而成了新时代的代表人物，具有新时代的精神、气质。小说写道：“如果影片里的那个李铁梅是革命的，此刻的梅香就是反革命的；李铁梅是正义的化身，梅香就是那邪恶的代表；李铁梅装腔作势还一本正经，香梅却不，从她骨子里渗透出的是一种率性和天真。”小说又写道：“从那时起，我们县城开始流行一句话，叫作进城三件事，即下馆子，逛商店，看梅香。……我们县城时兴什么衣服裙子，总能最先在她身上一睹风采。大伙穿喇叭裤，她的裤脚是最宽的；大伙穿蝙蝠衫，她的款式是最新的；大伙穿巴拿马，她的裤缝是最笔直的；大伙还没有来得及套上石磨蓝的牛仔裤，她的屁股早已紧紧裹在那种新潮而又结实的‘劳动布’裤子里了。以至于有相当长一段时间，梅香成了小县城的流行趋势预报员。”《梅香传》也解构了雷锋。小说写道：“说实话，我们不太喜欢雷锋，总觉得这家伙是不是有点傻，但每年四月份学校要组织大伙学他上街头做点好事，无非是扫大街、铲垃圾，帮着别人擦玻璃、抹桌子，有时也装模作样修修自行车什么的，总之是些很傻的事情。”张学东对《梅香传》的故事与情节非常在意，2011年他出版长篇小说《人脉》，即将梅香的故事搬入，成为女一号，且未作大的改动。

《喷雾器》写革命时期劳模的经历，亦是解构革命时代。贱生因为奋不顾身地打农药被评为劳模，之后“提亲的媒人把门槛都快踩扁了”，他娶到了“屁股大奶子大身板结实”的媳妇，风光一时。但因其打药中毒，不能生育，故家庭生活不和谐。随着时代变迁，昔年的劳模门可罗雀，逐渐被人遗忘。张学东选取了一个极好的意象“喷雾器”，因缘和合而生于此，社会变迁亦由此可见，让人感慨。

《火腿》与《喷雾器》类似，皆选择一个看似平常却波澜起伏的意象，由此展开故事，批判了“文革”的荒诞。二轱辘是被贬的知识分子，见多识广，喜谈火腿，但这超出大伙的想象。他意外地杀了一只猪，试图悄悄地制作火腿，不料却由此伤害了无辜的妇女，他亦陷入深深的自责。小说写道：“在众目睽睽之下，那个干部开始义正词严地揭露老头和女人所犯下的滔天罪行。他说老头在公社喂猪场期间故意放跑了一头猪，然后，又极其残忍地杀害了它，还把尸体藏在树林里，他自己假装摔坏了脚腿，躺在家里养伤，却教唆他的女儿以替他喂猪为名，每天偷偷到树林里割一块猪肉拿回家去吃……社员同志们啊，你们说这算啥行为？这是标准的挖咱社会主义墙角啊！我们要时刻警惕藏在身边的敌人啊！”今日读之，或哑然失笑，但在彼时，这是真实的事情。

《羔皮帽子》以儿童视角写一个民间老艺人，小说前半部分写老艺人当下的情况，尤其突出其职业操守，让人感动。譬如“我”不小心把客人的皮子弄了一个小口子，爷爷知道后，“自己猫着腰，默默钻进耳房里，在昏暗中穿针引线，密密实实地将那破口缝好，若不仔细检查，是根本看不出来的。可是主顾上门取活的时候，爷爷却并不隐瞒，跟人家一五一十地说了，而且，他还主动提出，不收一文钱”。《羔皮帽子》若就此结束，亦是极好的小说，可以见出中国民间伦理的淳厚，见出工匠们的职业操守。可是，小说后半部分却又写到了“文革”，“羔皮帽子”实则是引子和发酵剂，牵出了“文革”的故事。爷爷一度与知青小袁交好，但小袁回城心切，出卖了爷爷，使其遭受批斗，备受折磨。《羔皮帽子》中两个故事、两段时间，似乎彼此脱节，但或暗喻了“文革”时期人心已坏，彼此出卖，平常时期则人心淳厚。

二　乡村与城市

乡村与城市是近代以来极为重要的问题，在中国的发展格局中备受关注，讨论、争论、研究一直不辍。1980 年代之后，因准许农村人口向城市流动，大量农民涌入城市，以《创业史》譬之就是“梁生宝走了改霞的路”。如此，对农村与城市皆造成了较为重要的影响，其中亦有无数可歌可泣、如怨如诉的故事。诸多作家对此潮流有所感应，笔之于书，写出了大量优秀的作品。

张学东成长于小城镇，对于乡村及城镇生活有体会，读书工作于城市中，对于城市生活亦有体会。就空间而言，张学东所写的小说涉及乡村与城市。写乡村的小说有：《一季草木》《光荣的火柴》《老万家的油瓶子》《沿山吹来的风》《半途》等；写城市的小说有：《玻璃窗前的女人》《传帮带》《绿芭蕉》《深巷》《应酬》《海绵》《左手》《工地上的女人》《司空见惯》《三万英尺的高度》《过客》《蓝色鸭蹼》等。

张学东或写农村，或展现农村经济困境、人情冷暖，或写农民工，展现他们在城市中的遭遇，或写进城的大学生，他们处乎农村和城市之间，备受煎熬。除此之外，张学东尚有形而上的诉求，他写人之可怜、可笑、可叹，往往陷于小怨愤之中，不能自拔，反复折腾，终于酿成巨祸。

《一季草木》写农村的故事。老支书出差，杨石山代理村务，村庄处于非常时期。小说即选取这个时期来写，村庄频频事发，矛盾积少成多。山丹寡居，她与二黑家产生矛盾，杨石山介入调节。但矛盾不断升级，故事也逐渐复杂化。张学东将故事写得风生水起，一波三折，最后，竟至于闹出人命，不可收拾。《一季草木》故事背景恍惚，不知发生于“文革”时期或新时期，但小说重心在于写乡村人际关系，且有形而上的关切：诸人陷在小忿之中，不能解脱，不知节制，终于酿成大祸。

《光荣的火柴》与《一季草木》类似，亦写乡村人事矛盾，但也能见出新时期农村的一些变化。牛长民是老实巴交的农民，儿子光荣因意外事故而成痴呆；牛举“可以算是牛庄最神气活现的人物，这些年靠倒羊皮贩羊绒发了，又是买汽车又是盖新房，出尽了风头”，可谓“当代英雄”。

光荣因为爬树，惹怒牛举，于是被他扣留。光荣用火柴点燃了牛举家的新房，房子烧毁，但光荣亦被烧死。眼看着他起高楼，眼看着他楼塌了。彼时，牛长民正与媒人商量为光荣娶亲。故事大开大合，喜事丧事竟在一瞬之间。

《半途》写农村小伙子携城里女友回乡，半途有所见，有所感。小说一方面见出了农村之贫困，生活之艰辛；另一方面这对恋人因门第、城乡差别，爱情经受着考验。小说写道："小伙子一直在城里读大学，连着好几个假期都没有回来过，主要是为了节省来回的路费，他上学的费用都是东拼西凑借来的。这之前刚收到家里的一封信，他的老父亲病重。有关家庭的情况，姑娘从来也不多问，像是怕伤他的自尊心，他也不想让她知道得太详细。"这对恋人乘车归乡，一波三折。公共汽车是公共空间，乘客上上下下，故能见出四面八方的消息，可见出农村的景象与境况。小说中有极富戏剧性的情节，小伙子的母亲上车卖茶叶蛋，他却装睡，未敢相认。之后，小伙子一个人无声哭泣，终于对姑娘道出实情。此细节，能展现农村小伙子的复杂心态。

张学东描写城市的光谱较为广泛：农民工、城市边缘群体、平民、白领、官员等。张学东写城市，尽管会涉及他们生活处境等，但意不在此，故与"底层文学"不同，他要通过城市写人与人之间的关系，写世间伦理。

《玻璃窗前的女人》是佳作，故事内涵丰富，既写小时工处境，展现城市底层的艰辛生活，又写女人本身的困境。张学东选取了两个关键时刻：过年时与裴新华来例假时。过年之际，家家大扫除，正是小时工最忙的时候，真是几家欢乐几家愁；女人来例假时，理应多休息，更不能碰触凉水生食，但迫于生计，裴新华却不得不坚持工作。小说写道："伴随着下身痉挛的一阵涌泄和来自腹部的一次次抽紧，她觉得自己像是快死的一个女人……她拼命咬住嘴唇，像九死一生的分娩中的产妇，又像气息奄奄的溺水者，正可怜巴巴地期盼岸上能伸下来一只有力的手臂，拉她一把，使她能够脱离这苦海。"非常时期容易出乱子、产生差错，裴新华先是被客户投诉，接着被组长批评，乘车时又丢失了福利卡。若故事就此结束，《玻璃窗前的女人》亦算佳作，孰料故事结尾处，小说又忽起高潮，柳暗花明又一村。于是，这篇小说更进一步，她的女儿蓓蓓亦来例假。小说写道：“发现女儿瑟缩在门口，样子很可怜，腰背弯得像只虾，双手叠摞着压在小肚子上，平时红扑扑的两只脸蛋全无血色，取而代之的是苍白的忧郁和那种难言的惶恐。”女孩变成了女人，在裴新华看来这是痛苦之始。

《传帮带》写城市中的妓女，写了她们的生活状态、同事关系。传帮带本指师傅提携徒弟，或先进帮助后进，小说却以“传帮带”反讽地描写两位妓女折鹃红和莎莎之间的关系。小说写道：“莎莎的确是她一手领进这个行当里的。她以一个过来人的姿态对莎莎进行着所谓的‘传—帮—带’，在这个过程里，她告诉莎莎该怎样对付那些来寻欢作乐的男人，怎样最大限度地满足他们而又不至于伤害到自己。”折鹃红传帮带了莎莎，以师傅自居，莎莎以学生或小跟班自居，但却与人合谋抢走了折鹃红的钱。《传帮带》并非如“底层文学”一样，意在突出妓女们的悲惨生活，而是描写人与人之间的关系。

《绿芭蕉》是非常好的作品，能够真实地反映当前工厂和工人情况。“绿芭蕉”绿油油、生机勃勃，但背后隐藏着故事。《绿芭蕉》描述了工厂生态，小说写道：“车间里乱糟糟的。那种无处不在的白粉尘，极像一群群狂躁不安的蚊子，在浓烈的聚乙烯及苯化物混合的气息当中肆意飞旋，在半明半暗的光线里纷纷扬扬。”《绿芭蕉》也描写了工厂女工的生活、工作和情感状况等。小说写道：“厂里还有很多条条框框，诸如，无故不得外出，不准在工作期间谈恋爱，平时工作中，晚上必须住在集体宿舍里——据说这种规定，一来是怕大伙提出交通补贴的事，二来便于让她们随时加班加点。”小说聚焦于女工郑小燕、工厂小头目小胡子和郑小燕未婚夫三者之间。郑小燕未婚夫要回家探望父亲，行前与郑小燕告别，孰料引发了事故。《绿芭蕉》固然描写了工人在城市中的情况，但还是意在突出人际关系，小胡子平常小奸小坏，但有时亦能热心助人。

《深巷》或有两层含义。一、写城市收破烂者的生活情况，写城市中人与乡下人的对比。小说描写道：“他俩整天像土老鼠似的，在街头巷尾东游西窜，在人群里把脑袋挤进挤出，发现地上一只矿泉水瓶子或易拉罐，就像看见了闪光的金元宝，会不顾一切地冲上去。”且这对夫妇不能生育，所积攒的钱都被"能说会道的江湖骗子掏空了"。二、写因果无穷，冤冤相报何时了。收破烂夫妇与城里孕妇结下仇怨，之后仇怨不断升级，孕妇的丈夫打伤了收破烂男，收破烂男为了复仇，又偷偷重创了城里孕妇，将她弃之于雪地，收破烂女发现后则将她送至医院。

《工地上的女人》主要写两个"工地上的女人"的故事，一是带着儿子打工的寡妇，二为利用假期打工赚取学费的女大学生。小说写了她们的工作情况，写了她们的艰难困苦。她们先是钩心斗角，互相竞争，之后则互相帮助，同舟共济。这篇小说一波三折，表面似乎写底层人物在城市中的困难，但深层还是写人与人之间的关系。

《三万英尺的高度》写空姐、空少的情感生活。他们衣食无虞，但或因飞在天上，缺乏踏实感和稳定感，故长觉无聊，夫妻之间、男女友之间各有心事，几乎出轨。

《过客》亦写男女之间的情感问题。小说有两条线索：一、写"我"和丈夫，"我"丈夫四方奔波，二人聚少离多，渐生异心，"我"终于出轨；二、写马丽与其丈夫，二人吵得不可开交，终至分手。

三　儿童与成人

儿童经历少，如同白纸，但污染亦少，故见万事万物皆觉新鲜，见人亦觉亲近；成人经历丰富，但易受环境宰制，故未必能见万物之醇。"能婴孩乎""童心"云云屡有人起而倡之，晚清民国社会大变革之际，亦有所谓"儿童的发现""我们如何做父亲"等说，皆是重视儿童，冀救国"从娃娃抓起"。1980年代以来，先锋文学喜用儿童视角，或因藉此能见成人所未见，发成人所未发。《透明的红萝卜》《尘埃落定》等皆如此，故小说别开生面。

张学东喜欢采用儿童视角，他往往以儿童的视角去看成人的世界。其灵感，或来源于先锋文学。张学东的小说大致走现实主义一路，只是偶尔透露出先锋文学色彩，譬如《猫命》写得鬼里鬼气，忽明忽暗，深具先锋文学特点。张学东以儿童看成人世界的小说颇多，譬如《对于一块玉的随想》《寸铁》《年味正浓》《送一个人上路》《等一个人回家》《剃了头过年》《放烟》等。

《对于一块玉的随想》有双重视角：既以儿童的视角写“我”“我父亲”与祖父张广源同志三代人的经历、遭遇和感受，也能见出时代变迁；同时小说也是成年之“我”回首往事，追溯家史。二者交织，双重证据，故小说显示出独特风貌。张广源同志经历丰富，“他年轻时曾数次远涉新疆…… 后来他骑着马穿越广袤的沙漠和险恶逶迤”，并且曾与某新疆姑娘发生过情感纠葛，之后念兹在兹，曾再度赴新疆寻找旧爱。但俱往矣，现在唯有随身佩戴的一块玉可证明彼时祖父的轰烈与浪漫。“我父亲”曾是生产队会计，随着生产队的土崩瓦解，优越感荡然无存。一个人的命运与时代息息相关，人会过气、过时，如同刍狗，用之，显赫一时，用过，弃之如敝屣。“我”则贯穿始终，儿时之“我”参与故事；成人之“我”回首往事，品味人生。

《寸铁》写儿童如何酿成了一件惨案，颇似《牯岭街少年杀人事件》，一步一步铺垫，忽然有此结果，但亦不让人觉得突兀。儿童懵懵懂懂，不懂因果，不虑得失，故易发生惨剧，“寸铁”伤人。小说以“我”之视角结构故事，“我”既旁观，亦参与故事。汪通乃火枪高手，大致十拿九稳，但毕竟有失手之时，他迁怒于人，伤及女孩小扁子。

《年味正浓》写两个家庭及两个少年之间的纠葛。年是中国最为重要的节日，中国的精神、气质在年复一年的重复中得以加强，不断深入人心。年是关键时刻，故很多作家因而用之，藉年讲述他们的故事，表达他们的立场。张学东藉过年时节一方面讲述了四喜的内心世界，他单纯、欢乐、忧愁、冲动、嫉妒、复仇；另一方面讲述了邻里关系，比邻而居，天长日久难免产生矛盾，甚至会起冲突。《年味正浓》写了两家主妇之间的攀比、竞争、吵嚷、打架等，惟妙惟肖。《剃了头过年》亦藉过年时节讲述故事，小说以儿童视角写“文革”。过年剃头是风俗，或寓意辞旧迎新，从头开始。面对年节，儿童与成人对比强烈。儿童在过年之际充满欢喜，但父母却被剃成阴阳头，在街上游斗。以儿童视角观“文革”，淡化了悲剧氛围。《剃了头过年》写出了民俗力量之大，尽管天塌地陷，游街批斗，总须欢欢喜喜过大年。小说结尾处，母亲迸发出欢笑，“一进院子，母亲就把自己头上那顶纸帽子摸下来揉成一团，她转过身看着父亲，看得非常仔细，左一眼右一眼地看着，仿佛在看一个她不认识的男人。母亲双眼盯着父亲的头看了好一会儿，突然就忍俊不禁地捂着嘴巴笑了起来。母亲笑得咯咯响，泪水都笑出来了，简直就是一只刚刚下了蛋的老母鸡”。政治力量与民俗力量二者互相较劲，此消彼长，但在民众的内心中，民俗却根深蒂固，故政治力量最好因民俗而用之。母亲的笑解构了政治，被批斗、被戴高帽子、被剃成阴阳头是室外之事，室内却其乐融融。

《送一个人上路》以儿童视角写临终者韩老七，他寄居“我”家，但非亲非故，久之难免使人厌烦。“我”家皆愿韩老七死，但唯祖父任劳任怨，悉心照顾他。作者终篇前以补记的形式写道：“韩老七，贫下中农。早年给生产队放过牲口，曾受命调驯队里的一匹暴烈的军马遭受意外伤害而永久丧失性生活能力，之后，他老婆改嫁或跟别人跑了？不详。其时，祖父尚任生产队长。”韩老七在“我”眼中是老不死的、“厚颜无耻”的怪物，祖父为韩老七送终可谓仁至义尽。陈思和评价说：“当年的乌托邦许诺都破产了，历史上许多农村伟大革命都灰飞烟灭，只留下白茫茫一片大地正干净时，只有民间的道义依然存在。”① 民间道义而不是乌托邦使鳏寡孤独老有所终。《等一个人回家》是《送一个人上路》的续篇，写“后韩老七”时期，他虽然死去，但是“阴魂不散”，一直影响着这个家庭，影响着祖父。祖父陷入深深的自责，终至离家出走，归家之后“做牛做马”，以期忏悔。《等一个人回家》主旨依然延续《送一个人上路》，写民间的伦理。

① 参见陈思和对《送一个人上路》的点评，收入《张学东短篇小说》，河南文艺出版社，2010年，第69—70页。

四 关于《人脉》

《人脉》(河南文艺出版社，2011 年)是张学东近期的长篇小说。这部小说可谓张学东集大成之作，集中体现了张学东的三对关键词：“文革”时期与当下、乡村与城市、儿童与成人；亦能清晰地反映出张学东的立场。欲了解张学东的创作，由《人脉》可得门径。

《人脉》写了三个层面的故事。一、类似“我史”，小说从“我”童年写起，一直写到当下，我历经“文革”与新时期，从幼至壮。二、讲述了其他人的故事，若乔虹、乔雨、乔云、曹大壮、上官莲等，他们性格不同，亦各有不同的命运。三、总体描述了小镇从“文革”到新时期的历史和变化，时代的讯息从中可见，故可谓小镇生活史。

“人脉”指人际关系、人之脉络，“我”处于“人脉”中心，如何与生父母、义父母、义姐妹、老师、朋友、恩人、仇人、爱人、爱恨交加的人等相处确是大问题。仁“二人也”，人就是在人际关系（人脉）中成长、自立、上升、堕落。“我”出生于“文革”时期，父母因“我”之揭发而遇难，“我”遂成流浪儿，孤苦无依。所幸，乔万金收留“我”为义子，“我”入住乔家，改名换姓，扎根异乡。“我”是闯入者，难免与乔家三姐妹有纠葛、矛盾、冲突，小说于此颇多展开，人性之复杂让人慨叹。乔虹是哑巴，但待我友善；乔雨、乔云则恶言恶语相向，二人情性不同，之后命运迥异。除了写家庭内部矛盾之外，小说也写了“我”与镇上人的恩怨情仇。曹大壮是“我”之仇人，不是冤家不聚头，“我”与他几度遭逢，几度交手，几度失败、胜利；上官莲是“我”的爱人，“我”对她经历了暗恋、失望、希望再至于失望的复杂过程；毛师傅是“我”的恩人，教我放电影，并让“我”接班工作……

张学东写《人脉》有大的抱负，他自述：“仁、义、礼、智、信、爱、恶等均相承于一脉，是人脉的根本。我始终认为，这些最本源的为人处世之道，正是经历了三十年改革开放后的国人亟待倡导和遵从的。因为，在那些特殊年代人们避之唯恐不及，而市场经济飞速发展的今天，人们又追名逐利无暇顾及。孔子说过：人而不仁，如礼何？人而不仁，如乐何？老子也有一句：天地不仁，以万物为刍狗。其实，我就是想借主人公乔雷在他乡异地扎根的故事，对人脉进行一次反思，同时，也想深入地探究一下人群排他性、共融性以及相互依存等社会心理学话题。"[1] 此为张学东自道其志之言，他试图探讨"人脉"之本，并希望人能循此而行，动之以礼，这是他为时代开具的药方；同时张学东也试图研究人与人之间的排斥与融合。

《人脉》能见出张学东的立场，他取传统文化，而且左右开弓，既批评"文革"，又批评新时期，以为皆不足道，皆有问题。《人脉》共分五部：第一部义，第二部礼，第三部情，第四部仁，第五部信，每部皆围绕着一个关键词展开。此为张学东所言五伦，相较于"仁义礼智信"，他强调了"情"，忽视了"智"。以情易智，正是小说家视野，由此也可知张学东得与失。情为文学所喜，譬如"情不知所起""为情生，为情死"，《牡丹亭》《一缕麻》等演绎出多少惊心动魄的爱情故事，父子之情、母子之情、兄弟手足之情亦在文学中得以充分表现。但哲人或具哲人素养者则求智慧，求智慧之路，虽亦上天入地求索，但变化往往只在微妙之间，所谓"人心惟危，道心惟微"，文学或难理解，或不易表现。张学东若欲求变，求新，求进，或可从此处入手。

2013 年 11 月 19 日于西长安街

① 张学东：《〈人脉〉后记》，收入《人脉》，河南文艺出版社，2011 年，第 310 页。

两次抉择，三种卫慧

今天谈论卫慧，恍如隔世。卫慧在1990年代开始发表作品，在世纪之交，一度红遍大江南北，《上海宝贝》更是洛阳纸贵。2007年，《狗爸爸》出版后，卫慧宣布封笔，逐渐淡出公众视野，以至于今。

卫慧出生于1973年，她成长在浙江余姚，1990年考入复旦大学中文系，1995年毕业后在上海四处辗转，频繁更换工作，三天两头搬家。卫慧“做过记者、编辑、电台主持、咖啡店女侍，蹩脚的鼓手，不成功的广告文案，自编自导自演过话剧”。后来，卫慧一转身，志愿当作家，于是将其在上海的经历、所见所闻等化为一篇又一篇的小说，此后一帆风顺，由“屌丝”成为当红作家，名利双收。

卫慧写作资源不外乎其成长经历、读书经历和在上海辗转的经历；其文学资源来源于现代派文学，作品中有着先锋文学的意象与特征，有着博尔赫斯等人的影子。1980年代中期以后，先锋文学席卷文坛，击退旧的文学范式，成为新的文学范式。出生于1970年代的作家，大都受过先锋文学的洗礼与给养。他们一开始写作，往往有先锋文学的腔调，在这个过程中，他们也须与先锋文学苦苦斗争。卫慧没有被笼罩在先锋文学之下，她根据时代形势，走出了自己的路。

卫慧开始写作以来，大致经历了两次重大抉择，有三种风貌，下文试论之。

一　从写坚实到写飞扬

1996年，卫慧发表了短篇小说《爱情幻觉》(《小说界》1996年第1期)。这篇小说很简单，写"女屌丝"的爱情经历，从三角恋爱逐渐走到两人世界。"女屌丝"名影，大学中文系刚毕业，分配在一家旅游局机关小报。在那里，影遇到大学师兄楠，他们之间若即若离，与此同时，一位无名的送花者悄悄参与了竞争。楠能带给影坚实的、世俗的婚姻，无名送花者似有若无，关乎浪漫与飞扬。影一时难以抉择，最终选择了坚实与日常，嫁给了楠。婚后，影对飞扬之感时有艳羡，心猿意马，一日终于拨通了那个神秘的电话号码，去了那个陌生的旅店，却发现电话成空号，旅店已拆迁，人非物亦非。影于是回家，"一推开门，一股温热的气息扑面而来，携带着食物和家具散发出的各种味道。楠正坐在餐桌边看体育新闻，一桌的菜显然已经热过了，正冒着一丝丝热气"。这就是日常生活，有屋子、食物、电视与爱人，但不飞扬，不浪漫，也不颓废。《爱情幻觉》尚有一条隐线，另有一位叫阿影的姑娘，爱情受挫，精神近乎失常，又因追踪不切实际的爱人，不知所终。《爱情幻觉》似乎在说，飞扬感只是"爱情幻觉"，需要摒弃。

写《爱情幻觉》时的卫慧，在坚实与飞扬之间，虽几经犹疑，但最终选择了坚实。彼时，卫慧还很保守，恪守着传统的道德，她尚不是争议中的卫慧。《爱情幻觉》尽管无特别出彩处，但对女性心思描写细密，语言也干净，显示出优秀作家的潜力。卫慧若延续《爱情幻觉》之路慢慢前行，或许经过努力，亦能成为名作家，不会有争议，但亦不会如此风光。

《爱情幻觉》中，影或有卫慧的影子。卫慧出生于小城市，通过升学，留在上海。刚大学毕业的单身女子，在人生地疏的大城市打拼，困顿与无奈可想而知。但物质的困顿、身体的疲惫等不是卫慧作品的重心，《爱情幻觉》关注"屌丝"的爱情，之后的作品则关注欲望。

卫慧屡引张爱玲"出名要趁早"之言，故她不能走寻常之路。《爱情幻觉》之后，卫慧重新抉择，她抛弃了坚实，选择了飞扬，反其道而行之，于是为大家熟知的"卫慧"诞生了！

1996年，卫慧的《纸戒指》（《小说界》1996年第4期）已与《爱情幻觉》截然不同。《纸戒指》也写男女三角情爱，只是故事略复杂了些，是多个三角。《纸戒指》女主角叫苏趣，她与影不同，不欲戴真金白银的戒指，而宁愿戴徒有其表的“纸戒指”。苏趣追求的是飞扬而不是坚实，或者她以为飞扬即坚实。她不愿嫁作人妇，宁愿为“小三”，与傅唯这个有妇之夫偷欢，与俞悦文这个来路不明者作乐。小说写苏趣道：“我拥有完全的自由。尽管我时不时地爱上他，但用理智权衡之下，我会更爱人生的飞扬感。”苏趣以自由之名做爱，以女性主义之名纵欲。影是保守时代的保守女性，苏趣是新时代的“新女性”。《纸戒指》已渐显卫慧小说特征：故事大背景在上海，小背景在酒吧，情节是三角恋爱。

卫慧的第一次抉择为：抛弃了坚实感，这是“旧时代”的旧道德，选择了飞扬感，这是“新时代”的新道德。在《上海宝贝》中，卫慧假小说人物之口道出她的志向与战略：“在复旦大学中文系读书的时候我就立下志向，做一名激动人心的小说家，凶兆、阴谋、溃疡、匕首、情欲、毒药、疯狂、月光都是我精心准备的字眼儿。”卫慧写出了“新时代”的新人物、新事情、新风尚、新动态，确实“激动了人心”。

“新时代”就是市场经济时代。1949年之后，上海历经几起几落。起初，上海因“十里洋场”不光彩的历史，成为被改造的对象，因此备受压抑，由《霓虹灯下的哨兵》可见一斑。“文革”时期，因为北京“针扎不进，水泼不进”，决策者于是迂道上海，从上海发动“文革”，《评〈海瑞罢官〉》等即出乎上海秀才们手笔。彼时，上海俨然是革命中心。“四人帮”倒台之后，上海由于在“革命”时期激进表现，因此遭到清算，灰头土脸。1992年，邓小平南方讲话之后，市场经济大局遂得以确立。浦东开发，上海再次腾飞，成了市场经济标兵，全国经济中心在焉。卫慧1990年入复旦大学中文系，1995年毕业，之后留居上海。卫慧经历了市场经济发展的前前后后，感受到了上海的新变化、新气象，于是趁着新风，迅速地登上了历史舞台，成为市场经济时代上海的“恶之花”。市场经济呼啸而至，有人茫然不觉，而先知先觉者却感受到了“市场经济这个怪兽”的力量，有人起而批判，遂有1993年由上海学者们提出的“人文精神大讨论"；有人为之奔走呼告，为之欢欣鼓舞，迅速投入、融入市场，成为新潮流的弄潮儿。卫慧可谓市场经济时代的先知先觉者，她不剑拔弩张地批判，也不犹豫不决地观望，她以小说家的方式加入了时代的合唱之中。

卫慧的这次抉择与转变，不是小说写法的变化，而是关乎时代之变，关乎新旧道德之变。其实，卫慧的转变并不彻底，她的中短篇小说一般留有一个尾巴，这个尾巴可谓《爱情幻觉》的化身。郜元宝尝怪卫慧何以留有一个与正文不相称的尾巴，他说："在结构上，经常应该完工的地方，她好像还不知道如何爽快地了结，总要拖延一番，留下言不尽意余音袅袅的一个尾巴，告诉读者她的慈悲，她的幻想，她的不安，她的迟疑，甚至她的忏悔，她的留念，这和她叙述中破浪直前的冲力、锋利无比的陡转是很不相称的。"① 郜元宝指出了卫慧创作的现象，但未深究原因。卫慧小说的正文确实阴郁、潮湿、残酷，充斥着性爱描写，或许她知道，不如此难以哗众，不如此难以惊世骇俗；但卫慧小说的结尾却颇光明，包含着善意的祝福，对美好的想象，这或许出乎卫慧的本心，但若如此，她只能默默无闻，鲜有人问及。于是，《爱情幻觉》悄然退场，成了一个可有可无的、与正文不协调的尾巴。

卫慧仿佛一个内心保守的演员，却疯狂地表演着声色犬马，故作前卫之态。卫慧违其本心，抉择如此，遂成为新时代的代言人，于是一举成名。卫慧小说正文前卫，结尾保守，这或许正是两个卫慧不时交战的产物。

二　一路飞扬

卫慧写就《纸戒指》之后，一发不可收拾，在飞扬的路上高歌猛进，那个不协调的尾巴时有时无，微不足道。1997年，卫慧发表了《艾夏》（《小说界》1997年第1期）；1998年，发表了《像卫慧那样疯狂》（《钟山》1998年第2期）、《爱人的房间》（《上海文学》1998年第6期）、《水

① 郜元宝：《卫慧的硬派风格》，《作家》1998年第7期。

中的处女》(《山花》1998 年第 7 期)、《蝴蝶的尖叫》(《作家》1998 年第 7 期)、《甜蜜蜜》(《人民文学》1998 年第 8 期)；1999 年，除几个中短篇之外，卫慧出版了《上海宝贝》(春风文艺出版社)，此书可谓卫慧集大成之作，充分展现了卫慧小说的特征。2000 年,《上海宝贝》被禁。禁此小说本意欲废其流行，结果却出人意料,《上海宝贝》反而迅速走红，不可遏止。2004 年，卫慧出版《我的禅》(上海文艺出版社)，此书无甚创新之处，只可谓《上海宝贝》续篇。

卫慧的长、中、短篇小说写出了市场经济的时代精神，写出了市场经济时代的上海，写出了市场经济时代的新人。其笔下的新人们颓废、放荡、酗酒、放歌、纵欲，他们不"发乎情止乎礼"，更不禁欲(那是"革命时代"的旧事)，而是直奔性的主题。卫慧的小说从性的角度区别了新旧时代，她写出了新时代欲望的合法与合法的欲望。卫慧笔下的女主角往往是问题少年，她们有着梦魇般的童年，故如今思想也恍恍惚惚，行事也神神叨叨。她们不事生产，唯出没于酒吧、咖啡馆之中，在上海滩纵横捭阖；她们不愁生计，不知稼穑之难，也无生活之累，会有飞来横财，反正一个在上海或在异国的父母会留给她们巨额财产或遗产；她们无所事事，唯以谈情说爱、猎艳为事业；她们往往有一个外国情人，这些情人富足、浪漫、性能力很强；她们喜欢谈哲学、文学、艺术，动辄作诗画画，言必称现代派，着奇装异服，望之似乎有物。职是之故，卫慧的小说似乎不是一般意义上的色情读物，似乎有哲学思想在焉，据说这就叫"现代性"、女性主义、酷儿、前卫等。

下文以《艾夏》《爱人的房间》《蝴蝶的尖叫》三篇小说为例，略作分析，以见卫慧小说的特征。

《艾夏》有题词写道，"如果我有一种激情，那么这就是想告诉你，我所有青春年少时的梦魇"，由此可见小说主题。《艾夏》写了艾夏少年时期的经历与创伤，以及青年时代的颓废、滥交等。小说采用复线叙述方式，时而讲述艾夏少年时的故事，时而讲述艾夏当前的故事。因为恋爱，艾夏引起两位少年火并，丁鹏折断肋骨两根，盲一目，王勇入狱，逃出后，死于路上。之后，艾夏到上海读大学，却因在众目睽睽之下与黑人做爱而被开除，之后，出没于上海的各色酒吧，与诸多中国的、外国的性伙伴做爱，最后不知所终。《艾夏》无甚特别之处，写成年人的性爱之外，也写了少年的性爱而已。

《爱人的房间》有一段类似诗歌形式的题词，"没人轻念我的名字，没人来摸我的膝，我独自一人太久了，我坐在床上想象无爱的日子太久了"，可见小说用意。《爱人的房间》很简单，就是写一个孤独女人的寂寞、欲望、手淫、意淫。她有"一间自己的房间"，但她却只能生活在屋子中，她在屋子中顾影自怜，展示身体，偷窥、幻想、沉沦，"外面的阳光总是让她眩晕，她几乎确定自己再也不能在太阳下愉快地行走，也无法找到自己在太阳下的影子"。她一个人窥视着对面的房子,幻想着房主是她的爱人，她甚至鬼使神差地撬门而入，睡在陌生人的屋子中，与素不相识者做爱。

《蝴蝶的尖叫》是卫慧的代表作之一，时常为人提及。这篇小说卑之无甚高论，一如往常地写三角恋、同性恋、性爱等，"蝴蝶的尖叫"之名即具有强烈的性暗示。"我"（一个饰演姨太太等的三流演员）和皮皮（一个不太成功的商人）恋爱 5 年而分手，小说就从他们在酒吧的分手仪式写起，他们饮酒，疯狂跳舞，在酒吧盥洗室做爱。皮皮婚后，"我"依然与之偷情。在酒吧，"我"巧遇孤儿朱迪，她忧郁、聪明，能写朦胧诗，画现代派画，喜欢音乐，谈女权主义，跳疯狂的舞蹈。朱迪与某乐队主唱小鱼相遇于酒吧，一见倾心，遂与之同居，不觉怀孕。后来，小鱼遗弃朱迪，与其大款前女友复合。《蝴蝶的尖叫》就是以"我"和朱迪为主，写了两场三角恋爱，还穿插了一个叫老薛的同性恋者（同性恋据说是时尚的表现）。《蝴蝶的尖叫》展现的就是声色犬马、醉生梦死的世界，男女主人公陷入爱情的、性爱的泥潭难以自拔，只有自暴自弃。

三 《上海宝贝》

卫慧这个名字与《上海宝贝》密切相关，藉此小说，卫慧逐渐走进公众视野。《上海宝贝》甫一出版，即售出 11 万余本，此后增印本、盗版本无数。《上海宝贝》充分地展现了卫慧的风格，欲理解卫慧，可由此小说。

《上海宝贝》在精神、气质上与卫慧的中短篇小说雷同，只是篇幅增加，情节复杂，人物增多，线索多头，性描写等场面更为淋漓尽致而已。

《上海宝贝》有两个关键词：上海与宝贝。上海是故事发生的大背景。自1990年代以来，上海经济腾飞，地位稳步攀升，发展备受世界瞩目。摩登的上海出现了，于是有人联想起1930年代的老上海，那时也有声光电，有异国情调，有租界，有酒吧，有跑马场，有咖啡馆，有现代派作家等。他们希望新上海认祖归宗于此，再续传统。于是，一股老上海“怀旧热”旋风般掀起，似乎1930年代的摩登上海本就是中国的发展方向，只是后来被各种因素中断而已。李欧梵的《上海摩登》恰逢其时，亦推波助澜。施蛰存、刘纳鸥、穆时英等纷纷出土，被捧为时代的先知先觉者。这股怀旧的力量是如此之大，以至于王安忆《长恨歌》这部以批判“怀旧热”为目的的小说亦被解读成“怀旧热”的代表作。

卫慧既写当前摩登的上海，也自觉地将上海的传统追溯至1930年代。在《蝴蝶的尖叫》中，“我”住在一间“弥漫着一股旧上海30年代尘香的屋子”，由此可见一斑。在《上海宝贝》中，卫慧写道：“我的本能告诉我，应该写一写世纪末的上海，这座寻欢作乐的城市，它泛起的快乐泡沫，它滋长出来的新人类，还有弥漫在街头巷尾的凡俗、伤感而神秘的情调。这是座独一无二的东方城市，从30年代起就延续着中西方互相交合、衍变的文化，现在又进入了第二波西化浪潮。天天曾用一个英文单词‘Post Colonial’（后殖民）来加以形容，绿蒂咖啡店里那些操着各国语言的客人总让我想起大兴辞藻华丽之风的旧式沙龙，时空交移，恍若一次次跨国旅行。”《上海宝贝》故事的具体场景则在酒吧、咖啡馆、party、舞会中，这些皆是摩登的符号。[①] 男女主人公唯奔波于家、酒吧、咖啡馆之间。家是私人空间，酒吧、咖啡馆是公共空间，这就是他们生活的全部。酒吧、咖啡馆等尽管是公共空间，但因为暧昧的灯光、包间的布局等，更近乎公共的私人空间或私人的公共空间。那里不关乎生产与劳作，只关乎消费、享受、作乐，在那里可以饮酒、唱歌、跳舞、调情、艳遇、做爱，呼朋引类。

---

① 包亚明等人曾在李欧梵《上海摩登》的启发下，写出了一本《上海酒吧》。

《上海宝贝》中的 CoCo 说，"上海是座寻欢作乐的城市"，即是此意。

"宝贝"是《上海宝贝》另外一个关键词。"上海宝贝"实则是上海宝贝们，卫慧写了上海的新人们，他们由"真伪艺术家、外国人、无业游民、大小演艺明星、时髦产业的私营业主、真假另类、新青年组成"。他们是摩登上海的"新人类"，是摩登精神的承载者、体现者，他们吉光片羽，弥足珍贵，是"上海"的"宝贝"。《上海宝贝》主要的宝贝们是：CoCo，一个先锋作家；天天，CoCo 的男朋友，性无能者，生活不能自理，吸毒，喜谈哲学、艺术、诗歌，他衣食无忧，因有远嫁西班牙的妈妈，最后死于吸毒；马克，有妇之夫的德国人，CoCo 的情人，性能力非凡，工作于上海的德资跨国投资顾问公司。另有陪衬人物若干，譬如马当娜，昔年的老鸨，今日的富婆；阿 Dick，留有长发的前卫画家，马当娜的男朋友。

CoCo 在天天和马克之间游刃有余，她与天天臭味相投；CoCo 也迷恋着马克，甚至其人略带狐臭的体味都让她疯狂，他们四处做爱。天天与《蝴蝶的尖叫》中的朱迪、《艾夏》中的艾夏、《爱人的房间》中的"我"等人物，虽各不相同，却具家族相似性，这些宝贝们是卫慧笔下的典型人物。上海的宝贝们，奢靡、颓废，他们只消费，不建设，不靠谱，可谓上海活宝。

四　封笔之作与封笔

《上海宝贝》一出，卫慧诞生了，但也定型了。《我的禅》可谓《上海宝贝》姊妹篇，较之《上海宝贝》无甚大的变化。卫慧于"禅"云云只是鹦鹉学舌，其人对此毫无体会，只是虚张声势而已。

此后，卫慧渐显技穷，她亦欲求变，于是有了这部《狗爸爸》（作家出版社，2007 年）。《狗爸爸》既写了"我"梦魇般的少年，也写了上海宝贝们在上海如何兴风作浪，也加入了"西游记"新的因素。以公式表达可如此：《狗爸爸》=《上海宝贝》+《艾夏》+ 新的因素。简言之，《狗爸爸》就是上海宝贝西游记。

《狗爸爸》开篇与《上海宝贝》并无二致，魏与哲恋爱多年，但一朝面对哲的求婚，魏却忽然退缩，并鬼使神差地、毫无逻辑地拒绝了，哲遂出走，于是魏踏上了漫漫寻哲之路。魏“专营上海不出名年轻设计师的作品的服饰店”，父亲早死，母亲远嫁奥地利（与此前小说情节何其类似也）；哲是上海十大优秀青年，开着一家建筑事务所，事业蒸蒸日上。魏与哲也是上海宝贝，是上海的中上阶层。

上海宝贝们在上海如鱼得水，可以有摩登的忧郁、失眠、撒娇、骄横、奇怪的抉择、浪漫的情绪，在酒吧里、咖啡馆中游刃有余。《狗爸爸》的后半场写魏这个上海宝贝离开上海，一路西行。真如同鱼脱于渊，虎离开了山，魏无所适从，捉襟见肘。西游之路，非但并不摩登，且一路尴尬，甚至一路有凶险。魏无所依凭，只能与狗一同上路。不知道卫慧从何处得来了灵感，忽然魔幻、超现实起来，这只狗竟是魏的爸爸的化身，关键时刻竟能开口说话。上海宝贝不坐飞机，乘坐大巴（好比孙悟空不能一个筋斗云到西天取得真经，再一个筋斗云回到大唐），在狗（好似白龙马）的陪同下，走向了西天取经之路。

上海宝贝在路上遇到了不摩登的西部，感受到了贫困、肮脏、混乱，遭遇到不是由于爱情或性爱引起的困难和凶险。西部较之于上海，是如此不同，卫慧再也不能躲在摩登的概念里，对热辣辣的现实熟视无睹。于是，李方出场了，他不是“上海宝贝系”中人，他是“当地的三峡大学医学院的一名一年级学生。他的家境十分贫困，父亲从他出生不久就去世了，母亲原是一家国营五金厂的职工，六年前就下岗，每月拿四百多块的退休保证金，同时又替人家做小时家政工补贴家用”。李方是“底层文学”中的人物，他与上海宝贝们生活在不同的世界，却机缘巧合，相遇于途中。尽管卫慧将其描写得非常猥琐，但底层人物现身于卫慧的小说之中，这个变化不可谓不大。劫匪竟也出现了，这是何等令人扫兴的情节啊！上海宝贝在荒郊野外遭遇了凶残的劫匪，命悬一线。最后在魏与狗爸爸共同努力下，化险为夷，抓住劫匪，躲过一劫。魏只受微创，在医院略加调养即可无恙。如此凶险的、不浪漫的场面，在卫慧的小说中，亦仅此一见。

卫慧笔下的新人物、新情节来源于中国的西部。改革开放使得一部分地区先富起来了，使得一部分人先富起来了，上海就是先富起来的地区，上海宝贝就是先富起来的人。先富起来地区的先富起来的人来到尚未富起来的地区，见到尚未富起来的人，耳闻、目睹、身历，肯定思绪万千，会有诸多感慨。卫慧将见闻感受写入了小说，于是其小说发生了微妙的变化。

西行之路，性感、忧郁、失眠、撒娇等布尔乔亚情绪统统失效，这些情绪不能"降妖伏魔"；所应有者是智慧、勤劳、勇敢、吃苦耐劳等传统品德，西行者唯有如此调整自己，才能逢凶化吉。徒步前往印度所取之经书或不重要，路途中经历的诸般磨难才是真经，妖魔鬼怪就是引导取经者上升之人。就孙悟空而言，取经之路就是从齐天大圣变成了孙行者，从天上降到人间。齐天大圣高处不胜寒，不若行者脚踏实地。卫慧离开上海，往西走，希望她也能走出上海宝贝小圈子，走出上海小格局。上海不完全是中国，上海宝贝也不完全是中国人。希望卫慧能够一步一步地降下来，降到现实的中国的大地上。

卫慧写就《狗爸爸》之后，二度抉择，宣布封笔。于卫慧的第一次抉择，我持批评态度；于其第二次抉择，我深表赞同。卫慧写完《上海宝贝》之后，大致定型，《我的禅》渐显重复之象，已是可有可无。《狗爸爸》则表明：卫慧试图走出《上海宝贝》的格局，欲求变，求新。西行路上风尘仆仆，上海之外的经验纷至沓来，卫慧或应接不暇，一时难以消化。作家的资源一般只是经历，故易江郎才尽。才尽之后，若一味硬写，于己会伤害很大，陈陈相因，也会遭到读者厌弃。不若暂时搁笔，另觅出路，度日、读书。假以时日，若力量积累已经足够，或许格局一变，更上层楼；若不能变，放弃写作，做点其他的事，弹琴打拳、养花养鸟，颐养天年，亦是好事。

卫慧封笔，或许其作家生涯就此终结。但或许有一天卫慧能够花开二度，若如此，那时候所开出的花可能更亮丽，花期亦会更长。

2012年11月1日于中国艺术研究院

《情人》在中国的一种流变

——读安妮宝贝《告别薇安》

安妮宝贝自述："2000年1月，出版第一本书，短篇小说集《告别薇安》。以'安妮宝贝'，一个信手拈来的随意笔名，开始写作生涯。经常有人问这个笔名有何含义。事实上，它除了持有一个永久的女童式形象，别无深意。"[1] 虽然安妮宝贝自述如此，但我猜测，安妮宝贝之名与杜拉斯有关。杜拉斯曾对其密友说："真奇怪，你考虑年龄，我从来不想它，年龄不重要。"这句话化为意象就是"安妮宝贝"之名。以此为名，意味着可与杜拉斯息息相通。

安妮宝贝写作起步之际受杜拉斯影响极大，她曾写过几篇文章谈对杜拉斯的理解，譬如《一个人的杜拉斯》《重读杜拉斯》等。在小说《空城》中，安妮宝贝写主人公"她的行李包中只带了几件棉布衬衣和一本杜拉斯的传记"。[2] 在一篇采访中，安妮宝贝说："杜拉斯的作品里我只喜欢《情人》一篇，这个小说展示了她自如真实的心境，只有年老的人的写作才能抵达这种境地。"[3]

《告别薇安》是安妮宝贝的第一本书，其中收录了18篇中短篇小说。此前安妮宝贝在网络上发表作品，受到追捧，之后书商跟进，推出她的作品。安妮宝贝遂身价飙升，登上作家富豪榜。安妮宝贝评价《告别薇安》

---

① 安妮宝贝：《十年》，收入《告别薇安》，北京十月文艺出版社，2011年，第1页。

② 安妮宝贝：《空城》，收入《告别薇安》，第146页。

③ 参见安妮宝贝与傅小平的对话《这不是属于我的时代》，《作家》2011年第11期。

道："《告别薇安》《八月未央》大多是短篇小说和散文。文章常在一夜之间迅速写完，也无修改，直接让读者阅读，因此作品有某种写作训练和文字游戏的态度。有充沛的激情，缺陷也很明显。文字较多字词、意象、情绪上的重复和放纵，氛围黑暗消极。主题大多是年少轻狂，叛逆之心，匮乏对抗，情爱妄想。"[①] 安妮宝贝对《告别薇安》的评价大致客观，点出了这部作品的用意、志趣和风貌。

今日，作家大多生活潦倒，以写作获得财富者鲜矣，然而安妮宝贝是例外。研究安妮宝贝如何起步，如何获得大名，如何发家，如何运作，是文化产业有意义的案例和课题。然而，安妮宝贝的作品则比较简单，有较为固定的模式、情节、人物、背景和叙事风格。《告别薇安》能够见出安妮宝贝所喜欢的主题、趣味、美学风尚，是理解她的重要入手处。概而言之，《告别薇安》= 杜拉斯《情人》+ 卫慧《上海宝贝》。《情人》是安妮宝贝的基本故事架构，《上海宝贝》则是其故事发生的背景：上海、酒吧、夜晚等。

《告别薇安》中的小说大都有一个模式：一个物质处境不好的或有心理问题的女孩，遇到一个身价不菲的情人，他或是中国人，或是外国人，且二人只是露水姻缘。这个故事样板来自杜拉斯的《情人》，其中或有她自传成分，白人少女在越南，家境贫寒，偶遇中国富少，二人不知何故堕入情网。只是，《告别薇安》从当事人角度写，《情人》则是回忆往事。

男人可有三妻四妾，一般不受非议，女人则须恪守妇道。但杜拉斯反其道而行之，她通过自己的生活表明：女人亦可以有无数的情人。于是，杜拉斯的生活被女性主义者们传为美谈，宣之扬之，模之仿之，杜拉斯逐渐成为一个女性主义符号。杜拉斯处名而不处实，故须费心劳神维护她和观众们一起建构的这个形象，但久之精疲力竭，内耗过多，故老年怪癖、酗酒。蔡元培当年曾有一叹"杀君马者道旁儿"，故离名而处实，身得无虞，但杜拉斯于此未有体会，殉了女性主义之名。杜拉斯人老珠黄之际，出入依然有小情人陪伴，某记者发问，这是否为她最后一个情人，外人看

---

① 安妮宝贝：《十年》，收入《告别薇安》，第 2 页。

之，都觉有嘲讽之意。杜拉斯不重视“年龄”，岂可也，少年做少年之事，有少年之戒，中年做中年之事，亦有中年之戒，老年则有老年应行之事与戒，否则贻人为老不尊之口实。

安妮宝贝的《告别薇安》可谓《情人》的中国版，只是安妮宝贝加了一些中国元素和现代元素。其中的女性“往往是带着伤口出现的女性”，她虽然囊中羞涩，但向往现代性元素，喜欢香水，喜欢泡酒吧、咖啡馆，情绪上颓废、绝望，性格上先锋和反叛，她们大多浪漫，工作是所谓“自由职业者”；男主角往往年龄较大，有一定社会地位，钱财亦多，是“成功人士”。这些男女都文艺范儿，喜欢读读卡夫卡，谈谈海明威的自杀，都有些忧郁的、神经质的气质。《七年》中，“她”高中没有毕业就与“他”同居，“搬到他的公寓的时候，她的手里只有一只旧旅行箱子”。《最后约期》中安和林之间的故事亦似《情人》。《小镇生活》中“我”在机场大厅忽遇罗，“他是回北方的北京男人”。《下坠》则写“他们是在机场认识的。乔那天穿黑色的T恤和旧旧的牛仔裤，戴豹纹边框的太阳眼镜。素面朝天，像个独自旅行的女大学生”。《呼吸》则是“我”与林在网上认识，“只有两件事能够让我忧郁，贫穷和寂寞。如果我手里有了钱，那就只剩下寂寞。”《如风》中“我”和罗亦如此，“罗的身上兼具知识和商业的气息，衣着讲究，喜欢男用的Dune香水，讲话时夹杂英文。做外贸多年，是有些西化的中年男人”。

《告别薇安》虽未必直接受到卫慧等人影响，但《告别薇安》与《上海宝贝》精神气质类似，有家族相似性，她们汇聚成一股文学潮流，一度反响颇大。《告别薇安》的故事背景在上海，《上海宝贝》故事亦发生在上海。上海这座城市充当了市场经济的排头兵，是中国现代性的样板城市。尤其是1992年之后，上海再度崛起，洋气十足，现代化程度高，日常生活上灯红酒绿，有了放纵和奢靡。这些变化在学术、文学上皆有反响，学术上有李欧梵《上海摩登》，将上海与摩登联系在一起，又说上海的摩登其来有自，流传甚广；文学上有卫慧、安妮宝贝等人的作品，她们写出了上海的新变化、新情况，写出了市场经济的“新人”。

《告别薇安》的具体场景往往在酒吧，这些似乎是现代性的标识。酒吧是饮酒之处，不认识的男女汇聚一堂，酒精、狂放的音乐与舞蹈，容易燃起性的欲望。男女们在酒吧中惆怅、伤感、孤独，在酒吧中纵饮、欢唱、起舞、历险、调情、做爱。《小镇生活》中写道："到 Blue 的时候，已是深夜十点多。阴暗拥挤的酒吧里，她凑过来轻轻地对他说，我们再去喝好不好。Disco 酒吧里沸腾的音乐混杂着浓烈的烟草味道，琳梅和她的男友已挤入了狭小的舞池。"《呼吸》中写道："周末的时候，我去西区的 Blue。那个 Disco 酒吧已经开了很久。我喜欢去那里……还有一部分原因，是这里特别混乱。杂乱的音乐，英俊的男人，也有大麻和摇头丸。"《午夜飞行》中写道："玛丽莲是位于西区的小酒吧。威士忌和 Disco 是它的招牌。"《情人》出格者是性描写，《告别薇安》中亦有不少。譬如《下坠》中写道："男人轻轻地亲吻她的脖子，他的呼吸里有烟草和酒精的味道。他说，我有预感我们的身体会很合适，越是看起来沉静的女孩越会放纵。"《告别薇安》中故事发生的时间往往是在夜里，这些男女似乎昼伏夜出。上海被称为"夜上海"，因为上海夜生活丰富，因为有不夜的男女们。这些男女是夜晚的动物，他们夜不成寐，大多失眠，依靠安眠药（是小资必会失眠），他们或在网上谈着人生、文学和哲理，或在酒吧、咖啡馆中狂欢，或夜以继日地做爱。

安妮宝贝为何会在 2000 年前后走红？原因较多。一、安妮宝贝出生于 1970 年代中期，大学毕业之后曾任职于银行、广告公司、网站、杂志社等，她是大都市中的漂泊者，对都市拮据的单身生活有体会，她的作品写出了 1970 年代出生的大学毕业生在大都市中的无奈、性的压抑、孤独、无名的叛逆与对抗等情绪。这些情绪能够感染有安妮宝贝类似经历的读者，他们大都大学毕业，接受过思想的启蒙，在大都市中打拼，有着体面的工作，但是收入菲薄；他们远离家乡，尚未成婚，有着孤独的情感和性的压抑；他们觉得怀才不遇，对社会也有着不满情绪，但不知道从哪儿入手对抗。二、网络。安妮宝贝的许多作品都涉及网恋、网络交流等，今天固然已不足为奇，但在 1990 年代中后期这是时尚的时尚。笔者在农村长大，2000 年参加高考，高考结束之后，有一位同学邀我去上网，那时觉得网络新鲜刺激。今年，我回乡过春节，网络已在家乡普及，小朋友都可以自如操作。《告别薇安》中 Vivian 和他在网上认识，热火朝天地网聊。《空城》中写道："他们是在聊天室中认识的。每一个上网的人都会有一段特别的聊天室经历，在上网的初级阶段。"安妮宝贝的作品最先发表于网络，2000 年前后网络在中国才开始流行，它的传播力极其迅猛，很快成为最具影响力的媒体。然而，刊物或杂志发表需要较长的周期，有一审、二审和终审，网络几乎没有审查，作者写完之后可立即上传至网络发表，读者会通过评论、跟帖等马上对作品作出反应。

《告别薇安》之后，安妮宝贝似乎有所变化，她的很多故事虽还写男女，但似乎更要追求精神上的深度。譬如《莲花》，这个故事或本之于《告别薇安》中的《最后约期》，写"她"和"他"的故事，"她"很叛逆，心理亦有问题，经历了千辛万苦，"他"很优秀，但也纠结，一直陷在对"她"的思恋之中，然而两人终是若即若离。"莲花"之名为"她"赋予了虽出淤泥然而不染的品质，体现了安妮宝贝形而上的诉求。《莲花》花开两朵：一朵回忆"他"和"她"的往事，二人两小无猜，"她"经受了折磨，"他"则一路顺风；一朵讲述"他"和"她"的现状，情感上各有波折，他们在西藏旅行，但不仅是旅行，而是在接受精神上的洗礼和境界上的升华。西藏的现实不被关注，可是往往被小资们赋予了很多想象，那里成了俗世的最后救赎地。孙频的小说《醉长安》，主人公要去世了，可是一定要到西藏旅行，似乎在那里可以得到灵魂的救赎。然而，《莲花》的努力粲然可见，但是效果并未达到预期。

安妮宝贝创作已有十余年，人生历练增多，经济上亦逐渐好转，希望她能走出杜拉斯，也不必再为赚取版税而写作，如此，其作品或能有较大的变化。

2014 年 2 月 13 日于西长安街

《不二》是黄书，却作道书状

冯唐集三种身份于一身，医学博士、麦肯锡合伙人、作家，却能游刃有余。近年，冯唐声名日隆，文艺男女青年多读过其小说。冯唐由医生往作家走，或因觉得有情感需要表达，有见闻需要传递，有体会需要说出，要以“文字对抗时间”，求不朽。但是医生、麦肯锡合伙人等身份其实可以对“作家”有所补，毕竟工夫在诗外，冯唐因其特殊经历、职业等可以提供与一般作家不同的视角、体验和感受，其文字反而能够别开生面。

冯唐的书，譬如《北京，北京》《十八岁给我一个姑娘》等，我都有好感，觉得是不错的小说。可是，2011 年冯唐推出一部小说《不二》，我则完全持批判态度。

此书一出，争议之声颇大。有力挺者，以为《不二》是前不见古人后不见来者的好书，是“独一不二”的巨著；批评者以为冯唐装禅，以无为有，以虚为实，其性描写损害了很多对佛教有好感者。

之所以有这两种声音，与冯唐本人密切相关。《不二》其实就是黄书，小说长处在于性描写，在其中能够看到冯唐的想象力、激情与才华，能够将性爱描写得惊天动地，酣畅淋漓，突破常规。但除此之外，冯唐却还要为《不二》赋予深刻的含义，他似乎要藉黄书言道，似乎其书乃大乘经典，是书不走寻常路，要惊世骇俗，要振聋发聩，似乎其中有惊天动地的、开天辟地的真能量。冯唐的虚张声势颇能迷惑人，因为一般读者本来就迷迷瞪瞪，缺乏判断力，一听说其中有禅机，其中有深意，宁愿选择相信，否则显得自己多没水平啊。

冯唐此举得了古代黄书的真传，黄书皆过度渲染性，正文一露无遗，但一定来一个卒章见志，声称宣淫为了戒淫，风月乃为鉴戒。《不二》若虚构时代、人物、场景，只是描写虚构者的性爱，不管他写得如何激烈，如何惟妙惟肖，如何令人震惊，只要不触犯相关法律，我虽不参与提倡，但也不至于跳将出来，作道学状，批评冯唐。但是，冯唐《不二》所写者竟是五祖、六祖、韩愈等先贤大德，将他们矮化、丑化，向他们扔脏泥，泼脏水，是故不能已于言也。

冯唐学《狂人日记》，在小说结尾处附一后序，所谓《第零章：伪经》。后序煞有其事地交代，他大雪天去敦煌出差，一肚子不情愿，在宾馆“毛选十五块钱的价格”买到一个敦煌卷子，竟是《不二》的母本，这个卷子几经易手，经历代多人加工修饰，完全颠覆了禅宗人物。冯唐就是在此基础之上，修改完成了《不二》。冯唐自称不意得到《伪经》，此举，或为好玩，或为了说明这本书其来有自，不可小觑。马原昔年写先锋小说之时，亦虚构出一部佛教经典，那纯粹是装神弄鬼，彼时马原对佛教没有任何理解，遑论研究。可再补一句话，一个人写出来的东西，断难成为经典，经典往往有师承，历经几代人之积累，又经数高手整理加工，具有普遍性，乃经乃常，所以《诗经》胜过《楚辞》。或许冯唐觉得好玩，小说家言，后序是假，《不二甲乙经》是假，但后序中有真东西，就是冯唐所显示出来的情绪和情感。

《不二》之名很好，万法归一，其道一以贯之，“本一，不二”。二则分，分则争，争则乱，今言“二”与傻近似，有大本也。“不二”就是求一，其名恍兮惚兮，似乎有物。《不二》中五祖、六祖、韩愈似乎都“二”，唯有玄机、不二能够做到“不二”。初观“不二”之名，觉得冯唐“似是”，但通读了小说觉得“而非”。似是而非最易迷惑人，故不可不辨。

据冯唐在小说中描写，不二是小和尚，他是五祖弘忍的学生，是神秀和六祖慧能的师弟。不二在寺庙中扫厕所，最终开悟，成为五祖的衣钵传承者。神秀、慧能皆未得五祖之道，唯不二得之。不二似乎不是小说的主角，他总是在扫地、扫厕所，在旁观。这个象也对，就是庄子所谓“有庚桑楚者偏得老聃之道”。若以象观不二，则确然也，法即不二，不二即法。但小说中不二是具体的人，他开悟的过程是通过性爱，在几次性爱中感觉到“桶底脱落”。小说写道：“不二第三次感觉到一种彻底的平静，第一次是那个梦见身体如木桶脱底般在瞬间彻底干净了的夜晚，第二次是射在玄机的身体里。不二想起小时候，他脱了裤子，牵出鸡鸡，一弯半圆的尿柱，在墙根下，撒尿浇灌一朵完全开放的野菊花。不二闭着眼，面对着眼前流满他精液的玄机的佛的脸，他完全看不见，他看得一清二楚，他觉得一切的一切和小时候一样，本一，不二。"不二由性爱开悟，成为实际的"六祖"。

玄机是《不二》的核心人物，是小说的关键。冯唐似乎赋予玄机极高的道行，弘忍是导师，她似乎是导师的导师，众人在她那里提升、进步，受到点化。玄机使人开悟的手段是性，她通过性爱考验了弘忍、神秀、慧能、不二、韩愈。一如其名"玄机"，玄，黑色也，难以理解，神龙见首不见尾；机，几也，动之微也，机关也，机括也，乃事物之关键，牵一发而动全身。玄机是女人，风骚的、妖娆的、世俗的，然而又是大德，是方外之人，行大乘菩萨行。她是韩愈的侍妾，之后沦为妓女，她在《不二》中首先出场。小说的几个男人皆围绕玄机而动，由玄机一人，可见小说整体。此像《桃花扇》，由一个女人见出晚明政局；亦像《孽海花》，由一个女人见出晚清政局；《不二》似乎要通过玄机，见出唐代的禅林。玄机是冯唐装神弄鬼的产物，冯唐不具备大能量，故他的"化身人物"亦不具备大能量。只写性爱似乎不高级，不堂皇，若以性爱寓禅，则一箭双雕，可以在禅宗、佛法的幌子之下，大张旗鼓地描写性爱。小说中玄机与男人的性爱描写比比皆是，所占篇幅极大。譬如小说开篇第一句话就是："尼姑玄机问禅宗第五代祖师弘忍：'你想看我的裸体吗？'"后面性描写实在太多，不可胜引。

《不二》中还有其他几个主要人物：弘忍、神秀、慧能、韩愈。不二、玄机乃是虚构人物，其余几位是历史人物。一般而言，画鬼容易，画人难，因为虚构可以天马行空；写历史人物则难，因为须在历史人物的框架之中展开，不可胡编乱造。冯唐写不二、玄机时，放开了手脚，但写弘忍、神秀、慧能、韩愈时也并未束缚了手脚，竟然还是大开大合，不顾及历史人物基本品格，甚至不顾基本史实，譬如韩愈竟然死于玄机的SM。

五祖弘忍在《不二》中完全被矮化，他没有大师风范，佛法亦不高。

《不二》诽谤、丑化了五祖，小说中谤佛之言随处可见。譬如五祖和不二的对话："为什么给我的入处是个扫帚而不是女人屁股？弘忍答：给你扫帚是因为东山寺偏巧缺个打扫厕所的。不给你屁股是因为东山寺没有女人屁股。"冯唐甚至让五祖说出，达摩面壁十年原来是在面屄，这样的话实在太过分。《不二》中对弘忍的描写比此不堪者更多，引用起来都觉是诽谤。

神秀固然在南宗系统中被贬斥，但其人修为极高，在当时地位亦非常高，影响也深远。《坛经》中并未丑化神秀，弘忍传法之时让诸徒回去写下修为程度，神秀反思深刻："我将心偈上五祖，呈意即善，求法、觅祖不善。却同凡心，夺其圣位。若不呈心偈，终不得法。"若为求位而作偈，此堕入凡人，但如果不作偈子，如何向五祖展示自己的修为和心得呢？在《不二》中，神秀被丑化，他是小白脸，阴险，沉浸于性爱中不能自拔。

慧能亦被丑化，冯唐对慧能的描写实在不堪入目。别不具引，譬如写道："慧能再次升堂传法，在之后的三个夜晚，睡了一个姓黄的寡妇。"其余过分之言，小说中比比皆是。

韩愈在小说亦被丑化。譬如描写韩愈和玄机时，小说写道："韩愈笑了，一把抱住玄机，说，我是心里有病，我是借着唠叨文学和历史，掩饰自己的紧张，我在你面前很紧张。玄机说，那你档里怎么还是软的？韩愈说，饮酒时听你弹《水仙操》就硬了，心里背了好一阵《左传》才软了的，刚刚才软了的，现在又硬了，让我插插吧。"这实在是丑化先贤。

小说中五祖、神秀、慧能如此不堪，原因是由于冯唐的眼光和水平，他的境界决定了这些人物的境界，他对佛教的体悟决定了小说的风貌。批判别人，尤其是高手，要格外慎重，因为最能暴露自己的水平。

五四一代疑古疑经，在彼时固然有作用，经过这场思想革命，西方的科学、哲学进入中国，被普遍接受，逐渐成为主流思想，但是后遗症也明显，否定、贬斥先贤蔚然成风。圣人被拉下神坛，古人被泼上脏水，去圣方能得真，甚至圣人成了小人、瘪三。疑经之风起于日本，因为当时日本欲去中国化，建立日本主体性，故丑化中国，他们兵分两路，在历史方面疑中国之经，丑化中国先贤，在现实方面则丑化中国人，妖魔化中国的现实。之后，这股风气逐渐转到中国，因为要向西方学习，当然要排除国内的障碍。这股风气愈演愈烈，国民性批判，"丑陋的中国人"等都秉此思路。冯唐的《不二》亦属于这一路，且将矛头指向了佛教高僧大德。

大乘菩萨"行于非道，是为通达佛道"，呵佛骂祖，佛来杀佛，魔来斩魔，其中有大能量，且有特殊的语境。但不可轻言，因为一旦没有实在的工夫，容易成为口头禅，甚至流为狂禅，禅宗衰落与此有关。所以，鲁迅反对大乘佛教，以为居士满街走，佛教也就堕落了。禅门缺乏实修工夫，沦为口说指画，磨嘴皮子。冯唐《不二》属于狂禅一路，他所用的"法门"是"见佛操佛，见祖日祖"。以性爱开悟，这个法门在历史上少见，修此者亦未之见，但若真有能量，尽管危险，或许可以由此开悟。"风月宝鉴"，要乎从风月中得到"宝鉴"，否则一味沉沦于风月，以为乃行大乘菩萨行，自欺欺人。

《不二》整篇谈性，性爱描写充斥字里行间，弘忍做爱，神秀做爱，慧能做爱，不二做爱，韩愈做爱，或在做爱中顿悟，或在做爱中沉沦。冯唐走这条路比较危险，他没有实在的工夫，只是拼命撑出了空架子，似乎有气魄，望之俨然，但是内中虚弱。诽谤当然不能损坏先贤，因为谤止于智者，有识之人自有判断和分寸，孰高孰低，孰是孰非，一眼即知。但若众口嚣嚣，会形成坏的风气，破坏大众了对先贤的尊敬，影响大众对古人的接受与了解。

我不知道冯唐真是要写一本传道书，还是只想制造噱头。若属前者，我还想对冯唐说，对于《不二》，应再作反思，其中所言未必对，不应以为得矣、足矣，若深闭固拒，则不利于他对禅宗真正有理解，也不利于他的成长。若是后者，我懒得再说任何话。

2013年12月14日于西坝河

上下求索

——徐则臣论

徐则臣起步很早，他自述1997年即进入了写作状态，笔耕十几年，今天已是著名作家了。徐则臣非常勤奋，佳作迭出，著有长篇小说《午夜之门》《夜火车》《水边书》，小说集《鸭子是怎样飞上天的》《跑步穿过中关村》《天上人间》《人间烟火》《居延》，随笔集《把大师挂在嘴上》等，这些皆有不错的反响。徐则臣也频频摘获各类文学大奖，曾获春天文学奖、《小说月报》百花奖等。

我和则臣相识于2010年夏天，彼时我即将从复旦毕业，6月底复旦中文系召开了一次大型国际会议，则臣从北京风尘仆仆地赶到，我们有了短暂的交谈。之后，我来北京工作，时常见面，也断断续续地从朋友们那里听到一些关于他的好消息，譬如出国写作了，出版新小说集了，有了儿子了，作品获奖了，等等。

徐则臣起初颇受先锋文学影响，他的一些作品隐约有先锋文学的影子，之后逐渐转向写实，小说也朴素起来，他的故事引人入胜，往往能出其不意。徐则臣景象宽广，上下求索，写农村的过去与现状，写北漂的生存状况，写城市、高校、国外等。徐则臣出生、成长于乡村，之后通过高考读大学，做研究生，毕业之后留在大都市，期间辛苦可知。

目前，徐则臣所修成的象大致如此：他秉承现实主义创作观念，写自己一路走来的见闻、经历与心态。几十年来，则臣的处境有所变化，故写作资源并不显得穷匮，也未捉襟见肘，但欲更上层楼，还是应从个人经历再跳开去。

一 先锋文学阶段

徐则臣先锋文学阶段时间不长，作品亦不多见。徐则臣这类小说的时代背景多不清晰，模模糊糊，不知斯世何时；其中或无"我"，只述他人故事，或有"我"，但"我"不知何所从来，与作者之经历似不相关；小说气氛压抑、神秘，情节神神道道。兹以徐则臣的《水边书》《大雷雨》《纸马》《人间烟火》等作品为例，可略见此类小说特色。

《水边书》与《大雷雨》属徐则臣花街系列，徐则臣多部小说涉及花街，写那里的人和事，花街是其"文学根据地"之一。"花街"乃烟花集中之地，嫖客与妓女的恩怨情仇造就了无数优秀的作品，《水边书》写婊子有义，《大雷雨》写妓女无情。《水边书》写"我"与情人久别重逢的故事，可是"我"成为逃兵，情人为寻"我"沦为漂荡于水上的妓女，"我"在嫖了情人之后，二人方相认。之后，二人一同返乡，回到花街，但是兵荒马乱，物是人非，亲人或已不在人世，或变得面目可憎。为了自保，二人不得不驾一叶扁舟，再度离开家乡，漂泊于水上。《水边书》不知所处何时，只知各路军阀在混战；小说中有"我"，但面目模糊，"我"与徐则臣的经验无关；小说的色彩灰暗，氛围压抑。《大雷雨》写花街嫖客与妓女之间的交易与勾当，"大雷雨"其名可见乃有非常之事发生，可参曹禺的戏剧《雷雨》。冯半夜乃屠夫，有祖传秘方，假他之手煮的狗肉香极；丹凤是花街的妓女，她吃冯半夜煮的狗肉上瘾。故冯半夜屠狗之日即是他可与丹凤幽会之时。但此不是小说的重点，《大雷雨》高潮部分乃是丹凤伙同冯半夜杀死了另外一个嫖客，图财害命。"大雷雨"乃整部小说之基调，除了屠狗、行凶等暴力情节之外，小说尚有神秘的跟踪者，故通篇显得神秘。

《纸马》亦以"我"来叙述故事，"我"乃出殡时摇纸马者，"我"的哥哥是吹唢呐者，他是侏儒，却被戏谑为老高。大老刘举行葬礼，但"我"的母亲生命垂危，须留人照料，故"我"与哥哥达成协议，"我"参与葬礼，哥哥留守。但哥哥最终不听劝告，半途参与了葬礼，吹唢呐而兴尽，但噩耗传来，母亲因无人照料而去世。《纸马》故事简单，主要渲染哥哥纠结之心，他按捺不住，丧礼上出尽风头，却酿成灾祸。

《水边书》《大雷雨》《纸马》或只是作者道听途说之故事，经过连缀渲染，配以先锋文学的写法，遂成。《人间烟火》也写花街，但与《水边书》和《大雷雨》呈现出不同的写作风格。小说中尽管尚有神神道道的“白蛇”“疯子”“鬼打墙”等怪力乱神的意象，但所写已是有迹可循之现实（“文革”时期），且这些现实已与徐则臣相关。小说中有童年之“我”，身历其事，亦有成年之“我”，回忆往事。《人间烟火》风格朴素，故事好看，小说写了苏绣和郑启良的旧怨与新仇，也写了乡间的日常生活。郑启良是村里的主任，苏绣因不堪重活，被潜规则，之后怀孕而流产；苏绣弄疯了郑启良的女儿，郑启良也为苏绣的养子种下隐患，其后养子果然夭折。小说主线虽写两人恩怨，但亦能见出时代的变迁。

这类小说并不出彩，只是学徒阶段的产物。徐则臣并未沉溺于先锋文学中，他逐渐从天上回到了人间，写“人间烟火”。

二　童年记忆

童年记忆是很多作家的写作资源，童年尽管纯净，但儿童不知因果，故作家不可过恃童年经历。徐则臣亦有回忆童年经历的小说，且数量颇多，已可成一类。徐则臣生长于乡间，其关乎儿童记忆的小说多写乡间日常生活，写乡间儿童的成长经历，写儿童眼中的乡间人事。这类小说大致有两类：一、纯粹写儿童世界，二、交织了儿童世界与成人世界。儿童世界干净单纯，一眼可望穿；儿童世界与成人世界交织在一起，若二者可以有机结合，则会收到 1+1 ＞ 2 之效；若二者不兼容，则会导致一方多余，一方不足。徐则臣纯粹写儿童世界的作品较少，譬如《奔马》；儿童世界与成人世界交织的作品较多，譬如《苍声》《弃婴》《最后一个猎人》《伞兵和卖油郎》等。

《奔马》纯粹写儿童的世界，故事简单，少年向往骑马，俟父亲不在，以西瓜换得骑马，但遭父亲责骂，此小孩作小业，写出可博成人怀旧一笑。

《苍声》以儿童视角写“文革”故事，徐则臣时有小说写及“文革”，盖因"70后"作家成长于新时期，但也曾身历"文革"的尾巴，故亦会及之。《苍声》有两层故事：一、何老师被污蔑强奸痴傻养女而被批斗，其痴傻养女在现实中被顽劣的少年强奸，最终何老师不堪凌辱而自杀；二、"我"的成长故事，"我"历经残酷之事，长大"苍声"了。儿童视角尽管懵懵懂懂，但故事轮廓大致可见，"我"既是故事的见证者，也是故事的参与者。《最后一个猎人》以儿童视角写官民冲突，有批判现实之意。《最后一个猎人》一波三折，故事出人意料。"我"只轻度参与故事，故事的复杂程度远远超出儿童可理解的范围。小说主角是"最后一个猎人"杜老枪，他嗜枪如命，因拒不缴枪，被派出所监禁、罚款，其女儿为筹措罚款，不得已卖身于他人。一旦真相大白，杜老枪枪杀乘人之危的男子。《弃婴》以儿童视角写乡村往事，少年在大雨中见到曹三的女儿如玉弃婴，通过大人闲谈或可知她与村长有染，三年之后，"我"已读初中，如玉嫁作他人妇，似乎什么事情皆未发生。《伞兵和卖油郎》是佳作，小说以儿童世界为主，成人世界为辅。范小兵志在当伞兵，一心一意模仿伞兵行止，因"跳伞"而频繁闯祸，最终落下残疾，伞兵从天空回到地面，成了卖油郎，此乃小说主体部分；其父老范是退役军人，现以做酱油为业，老范因战争而残疾，不能行房事，妻子与他人私奔，故坚决阻止范小兵当兵。徐则臣写出了范小兵的希望与失望，写出了老范的光荣与辛酸，写出了父子两代人的冲突。

《伞兵与卖油郎》诚徐则臣此类小说之佳作，因儿童世界与成人世界有机交融，彼此交通；但若儿童世界与成人世界未能兼容，易导致二者脱节，《最后一个猎人》中的"我"则是可有可无，有之，故事并不添彩，无之，故事亦不受影响。

三 "北漂"系列

徐则臣生长于乡村，之后通过升学进入大城市，读书时艰辛，工作之初亦颇有压力，故易对城市边缘群体及城市底层产生同情。徐则臣的这类小说可称为"底层文学"，此概念由李云雷提出，他们二人交好，曾一起与盘索合作，创办左岸文化网。他们经历相似，李云雷以文学批评发言，高倡“底层文学”，徐则臣通过小说发言，关注城市底层群体，将他们文学化。徐则臣所写的北漂形形色色，其中有记者、作家、卖房者、老师、卖盗版光盘者、妓女等，这类小说有《逆时针》《这些年我们一直在路上》《我的朋友堂吉诃德》《居延》《轮子是圆的》等；在北漂群体中，徐则臣尤钟情办假证者，他以多部中短篇小说描写他们，其中佳作颇多，譬如《跑步穿过中关村》《天上人间》等。徐则臣曾坦言，开始只是因为熟识几位办假证者，故将他们写进小说，之后才逐渐意识到这类群体对文学的意义。

《逆时针》意蕴丰厚，多条线索齐头并进。小说从段总父母进京照料即将生产的儿媳写起，一方面写出了父母与子女之间的隔膜，老段与老庞农村的经验在北京完全失效，他们变得一无是处，百无一用；另一方面小说对比了两类进京者，一类为成功者，若段总，身居高位，收入颇丰，住豪宅，一类若“我”，地位较低，蜗居于平房，身心俱疲。《这些年我们一直在路上》写“我”或行或止的遭遇：“我”乃宅男，过于安静地居于折腾不已的北京，与社会格格不入，妻子终于不堪忍受，与“我”离婚；“我”“在路上”认识了一位前往监狱探视丈夫的女子，其夫代局长受过，下落不明，之后其夫时来运转，不仅免除了牢狱之灾，且被提拔高升。患难之际，夫妻同心同德，但守成之时，却已貌合神离。《我的朋友堂吉诃德》写两个人：“我的朋友”（小说主角）和“我”（小说陪衬者），展现城市中人与人的隔膜，亦写北漂者的生存状态。“我的朋友”老周乃新迁居者，他一腔热情，要打破城市中人与人的隔膜状态，故热忱地与邻居们交流，但屡屡出现事故，于是被邻居们冷落，视为怪物，因此“我的朋友”被称为堂吉诃德；“我”乃北漂一族，四处搬家，生活清贫，无暇顾及精神交流。《居延》故事感人，写卖房者“我”与寻夫者居延的感情故事。“我”从小城中学辞职，漂在北京，以卖房为生；居延乃当代孟姜女，她不远千里至北京寻夫，遍索不得，千辛万苦，为了谋生不得不做代课老师。“我”与居延历经了考验、磨砺和危机，终成眷属。《居延》塑造了“居延”和“我”、支晓红、老郭等形象，见出了北漂者在北京艰辛的生活状态和情感状况。《轮子是圆的》在徐则臣的小说谱系中是“花街”系列与"北漂"系列的结合。小说前半部在花街，咸明亮是汽车司机，入赘花街某家，因车祸入狱，遂被家庭抛弃，于是单身走北京；小说后半部在北京，咸明亮在北京修车，他锲而不舍，竟用残破零件装配出一辆汽车，因老板欺人太甚，欲霸占他的汽车，咸明亮制造了一起事故，杀死老板，报了一箭之仇。

《跑步穿过中关村》是徐则臣迄今最好的作品，此篇是其北漂类小说的集大成之作，集中展现了他这类作品的风格与特色：平实的叙述，精彩的故事。中关村号称中国的硅谷，是中国高科技产业中心。是谁"跑步穿过中关村"？那些城市边缘群体，小说的主人公们，卖盗版光盘者、办假证者。为什么"跑步穿过中关村"？因为有动力，故铆足了劲，"跑步穿过"也给人疲于奔命之感。敦煌此前是办假证者，一旦事发，被拘留，出狱之后偶遇卖盗版碟的夏小容，彼时她处于感情危机之中，小说对二人相遇的描写极好，写出了"同是天涯沦落人"之境。之后，敦煌转行卖盗版光碟，并逐渐与办假证者七宝相好；夏小容男友旷山的盗版光盘店被警察查收，人被拘留，处以巨额罚款，二人破产，又沦落在街头卖盗版光盘。敦煌为人义气，最后竟代旷山入狱，可是其女友七宝竟已怀孕，于是陷入巨大危机，小说至此戛然而止。《跑步穿过中关村》对卖盗版光盘者的工作情况、生存状态和情感状况有翔实地描写，他们过着卑微的生活，提心吊胆，朝不保夕，小说亦牵出租房者、考研者、妓女等底层人物形象。《天上人间》写办假证者的生存状态和情感状况，居于北京者有天上人间之别，云泥之判，有人处乎天上，有人处乎人间，有人是云，有人是泥。表弟从家乡至北京投奔"我"，二人一起办假证，经受了警察的追捕和黑社会的欺压，表弟逐渐在办假证的江湖风浪中"成长"，谈了女友之后，因希望可以漂白，故胃口逐渐变大，终于因敲诈而在其大喜之日被人捅杀。小说主要人物是表弟，"我"只是陪衬者。北京是个神奇的地方，它吸引着"跑北京者"不断涌入，它造就了成功的神话，让失望者希望，但它也可以让纯洁的专科生表弟走向了堕落，可以让生龙活虎的表弟死亡。《天上人间》固有批评北京之言，但也有表弟自作自受之意，表弟不讲"职业道德"，最后至于坑蒙拐骗，有此结局乃自己招致。

四　还　乡

有进城则有还乡，进城难，还乡亦不易。徐则臣以写进城名，但他亦有数量不菲的还乡小说，其中颇有佳作。徐则臣诸多小说中均有一个离家还乡的“我”，但大多情况“我”似有若无，在小说中无足轻重，不参与或只是轻度参与故事，但《九年》《长途》《小城市》等小说则是还乡之“我”深度参与了故事。这类小说以所还之乡的人、事为主，或述“我”的前尘往事，或言乡间当前之事，或二者交织在一起并而言之。

《九年》写“我”携女友还乡，在歌厅，遇见了横行霸道的肖城，这是昔年“我”与于小东等共同的仇人，他在中学时曾强奸了于小东的妹妹。于小东报仇不力，反为他伤。九年过去了，境况大变，肖城成为派出所所长，作威作福，于小东非但已无仇恨，见了他甚至已经毕恭毕敬，于小东的妹妹已成为他人妇，仇恨早已遗忘殆尽。“我”终于看不下去，旧仇新恨一起算，一怒之下驾车撞了肖城。

《长途》是“叔叔的故事”，“我”在北京读研究生，暑假时申请了一笔经费，要拍一部关于叔叔的DV，记录他的日常生活。此前叔叔是长途车司机，跑遍全国各地，是传奇式人物，现在却转行开船作水上运输。徐则臣小说一般是平铺直叙，《长途》则略显花哨，船上正发生的事与追忆往事交叉进行，忽现在，忽过去。最后，两股流汇合在一起，揭开了叔叔转行的原因和情感世界。

《小城市》写富贵还乡，“我”在京城漂泊多年，略有薄名，还乡之时，受到了隆重欢迎。徐则臣擅写大城市，擅写北漂，小城市处于乡村和大城市之间，是乡村和大城市之间的过渡段，这里别有一番风景，这里的人艳羡大城市，也轻视乡村。《小城市》通过“我”还乡的故事，写了小城市中的人与事，写了小城市中人的生活状态、情感状态等，也间接言及北漂生活之不易。

五　高校小说

高校一直是小说的重要题材之一，其中不乏佳作，徐则臣在高校有年，先是做学生，读本科、研究生，又曾在高校教书，故高校生活亦其重要写作资源。上文所论《居延》《小城市》等涉及高校生活和高校情感故事，但因重心在他处，故仅一掠而过，而长篇小说《夜火车》集中写高校生活。徐则臣笔下的高校，与《围城》《风雅颂》等不同，不是揭露高校目睹之怪现状，而是以高校为背景写一个青年人的成长经历，写两代人之间的恩怨。

火车乃勾连、交通的重要工具，火车使人流动起来，世界紧密起来。铁凝的《哦，香雪》和贾樟柯的《站台》均用火车意象，写彼时青年对外面世界的无限向往，写出了青年人对流动与开放的渴望。徐则臣的《夜火车》亦有此意，陈木年向往外面世界，但"夜"火车并不正大光明，在小说中有逃亡之意。

《夜火车》主要写陈木年的经历，他本科即将毕业，且已保送古代文学硕士，前途一片光明；但他渴望去外面世界一游，为了骗取父亲的路费，谎称自己杀人，需要逃亡，出游之愿尽管实现，但孰料假作真时假亦真，他竟被警察不断提审，被学校扣留毕业证，沦为学校的临时工，境况有了翻天覆地之变，小说由此始。之后，由于情况突变，陈木年为拯救秦可，竟真杀死了魏鸣，从假杀人者变成了真凶犯，不得不乘火车踏上了真正的逃亡之路，小说就此终。

《夜火车》有三个关键词：高校生活、成长小说和爱情故事。陈木年是小说的关键人物，由他既能见出高校现状，见出高校老师的生活状态和情感状况，同时他也开启了学校上一代人的恩怨记忆库。陈木年的左邻右舍以青年教师为主，金小异醉心梵高的画，最后入精神病院，死于非命；"小日本"忙于相亲，终于抱得寡妇归；沈镜白是陈木年的恩师，著名教授，却陷入绯闻，许老师是陈木年的花房同事，许老师死后，沈许之间的恩怨情仇逐渐显白。《夜火车》故事很好看，千回百转，一波三折，最后水落石出，结局出人意料。原来陈木年坎坷之经历，竟是出于沈镜白授意，他欲以挫折教育成全他，促其更好地成长，但陈木年并不领情，在狂乱的状态中真正杀了人，完全脱离了沈教授为其设计的路。小说也穿插了陈木年和秦可的爱情故事，二人青梅竹马，但事总不谐，中间数度被打断，最后陈木年为秦可杀人，小说至此结束。

2013 年 2 月 21 日于芝加哥 Argo Tea

两个时代，一种精神

——读朱文颖《莉莉姨妈的细小南方》

文颖在鲁院学习的时候，我们时常见面。她给我留下三个深刻的印象：一、常穿旗袍，举手投足之间有民国范儿；二、饮酒豪爽，每每不加推辞，酒量亦大，嗜酒若张楚者有时都难以抵挡；三、“爆炸”发型，可见张扬不羁的个性。作家有“爆炸”发型者，我见过朱文颖和计文君。

朱文颖成名较早，是青年一代作家的领军人物，她的《戴女士与蓝》《高跟鞋》等反响颇佳。《莉莉姨妈的细小南方》（作家出版社，2011 年）是文颖近年的长篇小说。这篇小说有三个关键词：莉莉姨妈、细小、南方。小说写一类人，一种精神，一座城，一段历史。文颖颇有抱负，她要通过这部小说，通过一个女人、一座城市，反思历史，理解现在。

莉莉姨妈是主角，她出生于革命时期，但其名“莉莉”富小资情调，使人联想到茉莉、幽微、暗香浮动等意象。其名与那个时代格格不入，彼时典型的名字应该是“红”“东”“宪”“抗”“跃进”“力”等。“姨妈”则暗示小说并非莉莉自述，叙述者另有其人，“姨妈”是被叙述，“我”于是跃然纸上。

小说共分三部，前两部主要讲述莉莉姨妈家族情况，讲述她爸爸、妈妈的历史与现实处境，讲述她童年、少年和青年时代的故事，时代则是改革开放之前；第三部处于改革开放时，这部分花开两朵，一方面继续讲述莉莉姨妈的情况，此其中年时，一方面“我”隆重出场，“我”26 岁，正青春年少，活力四射，张扬、忧郁、伤感、颓废、困惑、抉择不下。

《莉莉姨妈的细小南方》从革命时期写起，但莉莉姨妈及其家族让读者看到了与革命时期不同的品质、性情和日常生活。在高亢的、澎湃的、奋发的、嘹亮的、热火朝天的时代，竟然有细小的、懒散的、颓废的人，“无所事事”，“疯疯癫癫”。然而，这种生活虽然软绵绵的，是“糖衣炮弹”，但较之于革命精神确实温暖、甜蜜，有吸引力。莉莉姨妈爱幻想、爱做梦，追求爱情，颓废，不积极，能折腾，时尚，为了爱情，离婚复婚又离婚又复婚。莉莉姨妈是革命时期的异类，但在新时期，莉莉姨妈如鱼得水，酣畅淋漓，恨生也早。

莉莉姨妈处身于一个小圈子中，小说既写了莉莉姨妈，也写了这个小圈子，他们似乎置身世外。他们往往有着较为显赫的家世，有着复杂的身世；他们性格温和、长相甜美；他们体质孱弱，患着肾病；他们或喜欢去郊区独坐半天，或喜欢去教堂；他们的客厅中的留声机里放着《长生殿》《牡丹亭》或《桃花扇》；他们会为一只鸟的死亡难过好久；他们关心美食，希望吃到四两重的童子鸡；他们为了听美妙的琵琶离家出走；他们孤独，患有“厌食症”；他们近乎“疯子”……

1949 年之后，以新文化改造旧文化，移风易俗，“做新人”是思想文化的主潮。雷锋等是社会主义新人，小说中莉莉姨妈的丈夫吴光荣近之，其名“光荣”可见，他战天斗地，当兵、做工人，因工伤截断两根手指，而莉莉姨妈深具小资产阶级气质，属被改造者之列。但吴光荣“阶级立场”并不坚定，改造者爱上了被改造者，迷恋上莉莉，与之结婚。莉莉与吴光荣的关系颇有象征意义，莉莉可谓新时期弄潮儿，她生不逢时，吴光荣是革命时期的弄潮儿，他正当其时。莉莉与光荣互相吸引，又互相排斥，但又互相吸引，他们缠绵而纠结，结婚，离婚，再结婚，再离婚，反复，反复。

《莉莉姨妈的细小南方》开始只有一个主角，但写着写着，一变成了二，逐渐一山有了二虎，成了两个主角：莉莉姨妈和“我”。第一、二部分是莉莉姨妈的细小南方，第三部分是“我的细小南方”，“我”跳出来，几乎喧宾夺主，取莉莉姨妈而代之。“我”26 岁，出入酒吧，喜欢去美容院，孤独、忧伤、敏感，在几个男友之间抉择不下，“我”须吃安眠药才能入睡。莉莉姨妈与“我”是两个人，但其实是一类人，莉莉姨妈是“我”，

"我"亦是莉莉姨妈，一而二，二实际是一。"我"从家族中单挑出莉莉姨妈，与之亲近，实因气质近似，二者同处某一精神共同体之中，属于一个阵营。"我"在莉莉姨妈处完成了精神认同、自我确认，在"我"身上看到了莉莉姨妈精神的延续。

"细小的"是一种精神、格调、气质、范儿，近乎优雅、精巧、细致，与宏大的、崇高的、革命的、气势磅礴的品质截然相反。莉莉姨妈、"我"都是"细小的"拜物教者，是此精神的承载者与体现者。"细小的南方"既是莉莉姨妈的，也是那个小圈子的，也是"我"的。时代在变，天翻地覆，但是这种精神、气质、范儿不变，"江山代有才人出"。由此亦可见，对于"小资产阶级"情绪、格调除之，堵塞之，不若因之，疏导之。

1949年之后的中国，工业与国防乃是诸多工作的重中之重，故崇尚"铁"（铁姑娘、铁人），崇尚"雷锋"，处处如火如荼，鼓足干劲儿，多快好省。如此对于立国、强健、站起来有巨大的益处，但副作用是使社会单一化、标准化了，性格千篇一律，缺乏个性。非常时期，单一社会可也，如此可以同心同德，万众一心；但不能久之，久之伤民伤国。正常时期，社会应该有弹性，兼容并包，光谱普泛。一任刚健、"大壮"，过犹不及；纤细柔弱，则易流入病态、疲弱。唯文武之道，一张一弛，刚者节也，柔者亦节也，如此则可。就小说来看，文颖似乎喜欢"细小的"，喜欢"莉莉姨妈"，她以此批判了"文革"。《莉莉姨妈的细小南方》两部描写"文革"，但只是背景，莉莉姨妈及那个小圈子才是小说的中心，他们是"细小的"典型。"细小的"也有其弊，不可沉溺于此，"我"如此忧伤，如此有情调，望之似乎有物，但细细品之，其实又有什么呢？不过是些青春的躁动、彷徨、迷惘、徘徊吧。新时期以来，以细小解构宏大，以柔弱解构刚健，蔚然成风。邓丽君之所以能在两岸皆流行，因为她以歌声打动了人民内心的柔软之处，经历了非常时期的两岸人民都渴望抛却战火，放弃高压政策，过上日常的生活，故能接受甜甜的、腻腻的品质。崔健"红歌黄唱"了《南泥湾》，却能受到百姓欢迎，亦是此例也。但细小、甜腻可否持久，邓丽君艺术水准到底如何，其中利弊怎样，作家们应平心静气思之。

"南方"，在《莉莉姨妈的细小南方》中具体而言就是苏州。清末之前，苏州一直是全国经济、文化中心，引领潮流，国人对之无限向往。可举两个文学作品中细节作为旁证。一、李劼人《死水微澜》中成都人形容物之“低调奢华上档次”所用语为“苏气”，可见当时苏州在中国的地位。俗语所谓“上有天堂，下有苏杭”，亦可见一斑。今日则言“洋气”，时代变迁从词汇变迁中可以见出。二、韩邦庆《海上花列传》中妓女出长台时，总放风出去说，回苏州老家，以此自重，抬高身价。但太平天国起义之后，苏州被大兵篦过几次，哀鸿遍野，元气大伤。富商巨贾多迁居上海，苏州、南京遭受重创。元气稍复之后，则有日军侵华战争，苏州、南京又受重创。费穆《小城之春》写苏州往事，大战过后，苏州一片废墟，满目疮痍，让人叹息。

了解一座城市，看城市研究及相关统计数据最为直接，人口多少，生活水平，GDP 快欤慢欤，历史怎样，现状如何等，直接明了。但了解一座城市的日常生活，莫若由小说，小说可以写城市的气质时尚，写人的行止、精神状态。读《莉莉姨妈的细小南方》，颇感惊喜，因为可从一个侧面了解 1949 年之后的苏州状况，了解苏州百姓的日常生活、心态，知道苏州有大大小小、多多少少的老派人物。新时期以来，苏州迸发了活力，江苏是中国经济的重心，苏州是江苏的重心。在小说中，苏州的精神与气质则主要通过人到中年或老年的莉莉姨妈与“我”来体现。

苏州有无数“传奇”，浪漫的、轻歌曼舞的、悲伤的、残酷的。这部《莉莉姨妈的细小南方》也讲述了莉莉姨妈和“我”的故事，为苏州再添新“传奇”。一座城生生不息，就是因为不断有新“传奇”注入。

文颖南归之后，我们已经几年未见。朋友们聊天时，时常会谈及她的情况，也会忆起当年一起谈天、喝酒的场景。对于这部小说，如果有什么需再对文颖说的，就是希望她能在宏大与细小之间保持平衡，二者皆有可取处，不可偏废，也希望她能平心静气地思考苏州的历史和当代中国历史。

2013 年 11 月 27 日于西长安街

鲁敏之三变

——兼谈其新作《六人晚餐》

鲁敏于小说创作有天赋，人也勤奋，写了大量的作品。鲁敏的努力获得了回报，她较早被认可，现在已是著名作家了，在文学界有着非常大的影响，2007年甚至被称为“鲁敏年”。鲁敏的作品也得到了诸多批评家、读者的好评，获奖无数，获庄重文文学奖、人民文学奖、中国作家奖、中国小说双年奖、《小说选刊》读者最喜爱小说奖、《小说月报》百花奖、年度青年作家奖、鲁迅文学奖等。现在鲁敏还兼任南京市作协副主席、江苏省作协副主席，她的文学事业在各个方面皆蒸蒸日上。

鲁敏自写小说以来，凡有三变。鲁敏擅写乡村，她的“东坝”系列写得极好，东坝成了她独特的标识与“文学根据地”，但她没有见好就收，反而试图走出东坝，开辟新的场域，于是又进军城市。鲁敏的“城市”系列也有了一定的规模，但她没有止于此，于是再向别处进军。鲁敏要向一个陌生的世界进军，乡村和城市系列如果皆是写平常人的平常生活，那么第三变则试图不写平常人，她要写高人。写作形成风格，固然是写作成熟的标志，但若不思变，熟极则易程式化，如此虽可能成为名作家，但程度终究有限。鲁敏思变，有了一招鲜之后，遂有二招、三招。

一 “东坝”的世界

或是受马尔克斯、福克纳等人影响，1980年代以来的很多作家特别注重描写小地方，发誓要在邮票般大的地方中见出世界，莫言便是典型，他几十年一直经营着高密东北乡。1949年之后，中国经历了较长时间被封锁的国际环境，几乎被隔离于世界之外，但马尔克斯、福克纳这些先锋文学教父级的作家使其时中国作家看到了希望：通过写民族地域也可以成为世界级的作家。作家们一般可以从切身处写起，比如会写自己的事，亲人的事，也会写生于斯、长于斯的故乡。若是创作力足够旺盛，关于故乡的作品会一篇又一篇写出，成为一个系列，会略有小成。但个人经验毕竟有限，有朝一日故乡经验写尽，作家一般有两个选择：一、离开故乡，开辟新的根据地；二、为了维系这个已经树立起来的品牌，于是作家会将不管与故乡有关无关的事都塞进其中，以故乡之名写出。一叶一菩提，一邮票小地一世界，此说固对，然须能证悟至此，须对叶与菩提，邮票小地和世界有整体理解，否则一叶即一叶，邮票小地就是邮票小地。大多数写邮票小地的作家终究只有邮票小地的见识，原因即在此。鲁敏暂时离开东坝，走向别处，这是很好的抉择，若有朝一日鲁敏对世界整体有了理解，再回头看东坝，东坝或许将呈现出完全不同的景象，更能大放异彩。

鲁敏的“东坝”系列小说，或与其生活经历有关。东坝是乡村世界，鲁敏往往写乡村艺人，譬如赤脚医生、裁缝、丧礼操持者等，他们是东坝的公共人物，如此顺藤摸瓜，一方面可以写出这些人，写他们的情感、悲欢、生死，另外也能见出东坝的总体，写东坝的民风、悄无声息的变化等。鲁敏这类作品有《白衣》《思无邪》《风月剪》《离歌》等。

《白衣》是优秀的作品，顾名思义，“白衣”乃白衣天使之简称，鲁敏小说中的白衣天使是赤脚医生。赤脚医生之称始于1968年9月，《红旗》杂志发表了一篇题为《从“赤脚医生”的成长看医学教育革命的方向》的文章，1968年9月14日，《人民日报》刊载，之后《文汇报》等各大报刊纷纷转载，于是“赤脚医生”之名响遍中国。赤脚医生关联着改革开放之前的意识形态，通过赤脚医生可以作知识考古，见出其时的社会状况。以赤脚医生为主题的作品较多，譬如同是南京的女作家范小青就写过《赤脚医生万泉河》，质疑了赤脚医生的医术，小说中的赤脚医生近乎无能。鲁敏未写赤脚医生的医术等问题，尽管她也耐心地写了陈冬生如何经过培训成为医生，也写了赤脚医生如何行医，可以让读者大致了解赤脚医生类医疗机制，但这只是点缀与铺垫，重点是写陈冬生青春期情感和性的躁动，写了陈冬生、梅云、邹虎、沈小莲、英姿等人情感和性的纠葛。小说结尾尤为精彩，可谓神来之笔。医生是东坝特殊的角色，他可以因治病之名自由出入东坝人家，医生乃是公众人物，通过写他也能带出"东坝"的总体状况、氛围和时代的信息。

"思无邪"语出《诗经·鲁颂》："思无邪，思马斯徂。"后见《论语·为政》："子曰：《诗》三百，一言以蔽之，曰'思无邪'。"鲁敏借用此典，写了一篇小说《思无邪》，大体能见其用意，她写了一对男女之间无邪的爱与欲。小说写了兰小和来宝之间的故事，兰小已37岁，她痴傻且因中风瘫痪在床，来宝是哑巴，尚不足20岁。这是一个巧妙的故事，因为诸种因缘，来宝被安排照顾兰小，同处一室，因为青春的萌动，兰小怀孕，之后因为高龄生产而死。这个故事近乎乱伦，以悲剧结束，鲁敏却冠以"思无邪"之名。《思无邪》就以似乎邪的故事写出了乡村的无邪，以似乎丑的故事写出了乡村的美好。

《风月剪》写东坝的裁缝，其实还是写男女、男男情感纠葛，"风月"二字已经点题。裁缝是特殊的职业，他们以做衣服为生，女性又尤喜衣服，因此裁缝天然会沾"风月"之边。鲁敏只是沉浸在男女、男男纠葛之中，将纠葛写得惊心动魄。《风月剪》惊人之举是写了同性之恋，而且写了师徒之间的同性之恋：宋师傅和学徒（"我"）。同性恋云云因为王小波、李银河夫妇多年奔走呼告，如今已经司空见惯。《风月剪》写出了一个男同性恋的困境，他处于同性之恋（与"我"之间）和异性之恋（与英姿之间。注意：又叫英姿，又是军婚，与《白衣》同）的夹缝之中，他压抑，隐忍，仁厚，甚至自虐。他为了周全"我"的声明，与女性发生了关系，最后自我阉割。鲁敏的笔非常有力量，写宋师傅不动声色，但其中却有惊雷。

《离歌》写三爷，"离"在这篇小说中意谓"死亡"。三爷以扎纸人、操持丧礼为生，他时常目睹死亡，或于生死颇多了悟。小说写了三爷的生平、情感和操持丧礼的工作，也写了三爷之友彭老人，他为准备后事而修桥，整部小说引而不发，有含蓄、优美的格调。《白衣》《风月剪》写情感，《离歌》则写死亡，然而死亡在小说中并不显得可怕，反而充满着温馨和温暖，东坝人真是“视死如归”，能以无常为常。这部小说像一首歌，充满着抒情的调子，鲁敏过滤掉现实，唯以乡村之美示人，不由让人想起沈从文的《边城》。

二　城　市

鲁敏长于乡村，之后读书、工作于城市，其城市生活经验与乡村生活经验平分秋色。当“东坝”系列小说熟极，可以信手拈来，但未必再可以写出新东西之际，鲁敏遂转移阵地，发掘新的领域与资源。鲁敏和张昭兵曾作过对话，题目为《东坝是我的，但我不仅仅有东坝》①，从题目能够见出鲁敏之志，她有东坝，但不仅有东坝，还有其他的世界。中国的城市相较于乡村，历史较短，城市生活经验少于乡村生活经验，因此总体而言，中国文学对乡村的描述强于城市，关于乡村的优秀作品也层出不穷。

城市很复杂，鲁敏往往聚焦于城市平民甚至城市底层，写他们拮据的生活，写他们的屈辱与隐忍，写他们的喜怒哀乐，写他们百无聊赖、空虚的内心，写他们的希望与失望等。大体而言，鲁敏向城市的扩展是成功的，其中不乏佳作，这类作品有《墙上的父亲》《白围脖》《致邮差的情书》《秘书之书》《铁血信鸽》等。

《墙上的父亲》写一个城市家庭的遭遇，父亲已逝，父亲于家庭而言，唯挂在“墙上”而已，这个缺乏父亲的单亲家庭在城市中的遭遇可想而知。鲁敏所写时间跨度为几十年，母女两代人，所写基本限定于家庭内部。母亲为了家庭要周旋于不同的男人之间，辛苦、屈辱可想而知；大女儿挑三拣四终于嫁入豪门，夫婿有钱然而品貌不济，且是鳏夫；小女儿因为童年阴影，心理有问题，总是抑制不住小偷小摸。鲁敏尚有另外一部小说《逝者的恩泽》，亦写父亲去世之后家庭的情况，但那篇小说写“逝者的恩泽”，《墙上的父亲》则写“逝者带来的后遗症”，无父的家庭在经济上拮据，在父爱情感上匮乏，在孩子们的心理上留有阴影。鲁敏一度被李

---

① 张昭兵、鲁敏对话可参见《青春》2009年第2期。

云雷归为"底层文学"的代表，可能与《墙上的父亲》这类小说有关，《墙上的父亲》确实写出了城市底层的艰辛生活和屈辱状态。但鲁敏多端，"底层文学"不足以描述其整体性，底层写作只是一面而已。

《白围脖》也写一个父亲缺席的家庭，与《墙上的父亲》类似。《白围脖》尽管也涉及母女生活上的拮据与艰辛，然而小说重心不在底层的苦难，关键在于父、母、女儿两代人和两个家庭的情感纠葛。小说两条线索并举，通过父亲的日记还原了父亲处于母亲和情人之间的纠葛、挣扎、内疚、痛苦、欢乐等；女儿家庭生活乏味，也最终出轨。"白围脖"是父亲的遗物，女儿戴上意味着她理解了父亲，但母亲对父亲的怨气通过女儿发出，她揭发了女儿，导致女儿家庭危机。在情感与伦理、欲望与责任之间，鲁敏一直没有表态，她同情父亲，也同情母亲，同情女儿，也同情女婿，每个人处于其位皆有独特的难处。

《致邮差的情书》写小资女和邮差的故事，这篇也颇有"底层文学"的味道，写普通市民在城市中生活的拮据和紧张。小资女百无聊赖，要追求浪漫，于是给邮差写了一封情书。邮差是一个浪漫的意象，他传递信息，乃人间天使，梵高画过《邮差罗林》，聂鲁达亦有《邮差》之作，鲁敏解构了这些意象，她塑造了一个四处碰壁，处乎艰辛状况的邮差。现实中的罗林灰头土脸，邮递只是他为了生计不得不做的工作，他要照顾妻儿，儿子调皮闯祸而又好攀比，妻子在外整日微笑服务，回家却郁闷阴沉。小资女和邮差处于两个完全不同的世界，小资女追求浪漫，邮差对小资女的情书和浪漫之举无动于衷，他只要过日子，念兹在兹希望改善经济条件。鲁敏巧妙地将两个不同阶层的人物放在了一起，写出了他们之间的差别与隔膜，写出了小资女的百无聊赖，邮差的艰辛困苦。

《秘书之书》写了两个小秘书的经历和遭遇：一个老老实实，勤勤恳恳，毫无性格，胸无大志；一个思维活跃，四处折腾，性格鲜明，"志向远大"。真是性格决定命运，最终一个小秘书安于无事，一个小秘书最终赌输，发配基层。《秘书之书》写了机关内斗，展示出一些不为人知的细节和情节。鲁敏亦曾做过秘书，《秘书之书》应是有感而发。《秘书之书》最妙处乃是对"我"这个小秘书的描写，开始读者会以为"我"乃女性，随着阅读的延伸才逐渐发现“我”乃男性。秘书这个职业要消弭性格、主见，要全心全意为领导服务，要过而不留，和而不倡，甚至要消弭性别。鲁敏这一笔，写尽秘书职业的特征。

《铁血信鸽》写城市中的“幸福”家庭，主要写男主人穆先生的精神状态。这个家庭近乎中产阶级，不愁吃穿，生活无虞，重视养生，按部就班，规规矩矩，夫妻间举案齐眉，但缺乏真正的沟通，家庭了无生气。铁、血、鸽子均有隐喻意义，这些品性和穆先生的家庭品质格格不入。穆先生向往“铁血信鸽”状态，却不得不生活在毫无生机的现实之中，鸽子乃飞翔之物，人却在牢笼之中。

三　尚友古人

一般人力量较小，一变尚不能成，遑论三变。鲁敏写作至今竟有三变，第一变和第二变简单，大致在空间范围之内，第三变很难，类乎质变，从空间走向时间，有尚友古人之象。第一变和第二变是第三变的基础，前面两步鲁敏走得扎实，现在她正在向第三变的路上走。鲁敏没有故步自封，也没有因为过去的成绩沾沾自喜，她一直汲汲追求，上下求索。

鲁敏前两变写常人，普通的乡村百姓和城市市民，第三变试图写高人。前面两变，鲁敏走得顺畅，第三变不太顺利。以影视为譬，演普通人，譬如家长里短，婆媳妯娌等，演员一般皆能胜任，但若演大人物，譬如孔子、曹操、刘备等，委实难矣哉，因为演员不知道这些人处于何处，也不知道他们的精神状态和境界。小说按其本意就是街谈巷语，写小人物是小说长项，写大人物则有经、史等为承载。小说家写小人物简单，写高人则难，因为未必知道高人“何居乎”。目前，鲁敏的得与失大致在此。尽管目前鲁敏第三变尚不成功，但向第三变之转，却至为关键，鲁敏大方向已对，三变成功与否，来日方长。鲁敏写高人之类的小说有:《伴宴》《不食》《逝者的恩泽》等。

《伴宴》言“乐”，民乐沦为伴宴，似有“礼崩乐坏”、礼乐不修之叹。小说写了民乐团管理者仲熙和琵琶手宋琛的故事，也写了宋琛的音乐与人生。宋琛乃音乐世家子弟、乐团大腕，一直不屈尊参与伴宴，仲熙为了乐团生计不得不要求宋琛与宴伴奏。于是二人起了冲突，之后和解，最终宋琛与宴伴奏，且被要求连奏数次，在此过程中二人逐渐加深了理解，似乎要向爱情方向发展。小说前面写宋琛清高，伴宴之后，却神色自若，声无哀乐。作者写道："声无哀乐呀，这些古器，从来就是这么自在的，高居庙堂，或低在陋巷，都与它本身无关，正所谓近者自近，远者自远……推而言之，与物、与情、与人，世间万物，皆当如此——这样看来，宋琛的平静竟是真的。"前面的宋琛有所坚持，故拒绝，人亦清高，后面的宋琛忽能与世沉浮。鲁敏未能说圆这个大转变，因对乐人而有道者未有真正的理解，故宋琛这个人物气息尚不对。鲁敏凭着《伴宴》摘得第五届鲁迅文学奖，然而鲁敏自道，她对《伴宴》尚多不满之处。[①] 知不足乃有进步之动力，希望鲁敏能够不断进步。

《不食》亦写高人，"不食"乃"不食人间烟火"之简称。何人能不食人间烟火？唯近乎圣人者能之。鲁敏要写庄子"藐姑射山人"类型的高人，秦邑只食自然之物，近乎餐风饮露。秦邑因为一次落水死亡体验而后彻底转变，脱胎换骨，从饕餮变得清心寡欲，从有为进取变得清静无为，从大俗人变成了高人。鲁敏要写"圣人"，但这个高人的气息、气象、言行、举止尚不太对。秦邑充其量不过是一个异乎寻常之人。鲁敏若要写出"圣人"风貌，须自身对藐姑射山人的状态有所领会和证悟方有可能，否则只是猜测和推断。

《逝者的恩泽》写乡村，这篇小说与《墙上的父亲》《白围脖》等相似，皆写逝去父亲的家庭情况和情感纠葛，然而《逝者的恩泽》中有一个儿童达吾提，因为这个人物，整篇小说透着一股神秘气息。达吾提不过8岁，然而神神道道，识物以鼻，动辄说富有哲理之话，且言辞中透出苍凉和悲天悯人之意。达吾提近乎怪力乱神，或与1980年代"寻根文学"有关。"寻根"小说中常常会有一个类似达吾提的形象，譬如韩少功《爸爸

---

① 2012年4月，《人民文学》杂志社举行TOP20研讨会。在会上，我提及鲁敏小说，并对《伴宴》略有批评，鲁敏作了回应，言及《伴宴》，她说亦对这部作品不是太满意。

爸》中的白痴丙崽，王安忆《小鲍庄》中的捞渣等。这些人物望之俨然，恍兮惚兮，其中似乎有物，似乎有重大的象征、隐喻，其实作者亦不懂，只是装神弄鬼，唬人唬己而已。

不食者、乐人而有道者、神道若达吾提者，这些人物超乎鲁敏的范围和界限，故尽管写了他们，但却气息不对。第三变，于鲁敏而言至关重要，这一变若能走通，那么一个文学大家将涌现出来；这一变若变对，鲁敏将不再是小说家气象，将有经、史象。若鲁敏能更加充实，再写不食人间烟火者，再写高人们，他们的气息或许会对起来，其小说也会百尺竿头更进一步。

四 关于《六人晚餐》

《六人晚餐》刊于《人民文学》2012 年第 3 期，是鲁敏最新的长篇小说。就鲁敏目前的创作格局而言，《六人晚餐》大致处于二变范围之内，尚未及三变。

鲁敏常写逝去父亲的家庭，《逝者的恩泽》《墙上的父亲》《白围脖》等反复言此，《六人晚餐》将此主题扩大了规模，复杂了故事，增加了细节，拉长了篇幅。《六人晚餐》的突出之处在于，小说不再仅仅写家庭内部的纠葛（《逝者的恩泽》《墙上的父亲》《白围脖》基本在家庭范围之内），它走出家庭，开始关注社会和时代，《六人晚餐》有意识地写了时代的变化和时代的问题。

“六人晚餐”乃是两个不同家庭的会餐：甲家丈夫已逝，唯有苏琴（妈妈）、晓蓝（姐姐）、晓白（弟弟）；乙家妻子逝去，唯有丁伯刚（父亲）、丁成功（哥哥）、珍珍（妹妹）。苏琴的丈夫本是工程师，丁伯刚是工厂工人，两个风马牛不相及的家庭走到了一起，需要在诸多方面磨合，需要经受诸多来自家庭内外的压力。六人晚餐的格局因为诸多原因终于散掉，两个联合在一起的家庭各自归位，但六人晚餐所种下的因却一直持续，六人晚餐结出的果持续了多年。《六人晚餐》因人设立章节，逐个交代了六个人的经历和结局。晓蓝和丁成功似乎恋爱却又未恋爱，这样的关系持续了多年，之后晓蓝嫁入豪门，但没有幸福感，丁成功一直未婚，痴情地等待着晓蓝，最后死于爆炸。晓白性取向错乱，不知道自己应该找一个男朋友还是女朋友，一个人漂泊于南方多年，陷入童年记忆和创伤之中不能自拔。丁伯刚总处于醉酒状态，不知伤心真醉，还是假醉躲避现实。两个家庭，如此纠结，真是剪不断理还乱。然而，小说结局颇为温馨，因为非常之变，这两个分开已久的家庭，真正地结合在了一起。

《六人晚餐》中的两个家庭均与工厂有关，他们皆是工厂的工人，他们生活于城市的厂区，工厂和厂区在两个家庭分合、纠结之际悄然发生着巨变。工人开始下岗了，厂区开始拆迁了，工人们的生活也日益艰辛了。鲁敏在写"六人"之际，悄悄地将1990年代以来厂区的大变化、工人地位的大变化展现了出来。

鲁敏在《六人晚餐》的结构上下足了工夫：她将时序打乱，忽前忽后，似意识流；她将人物时而合写，时而分写，忽左忽右；又通过日记形式，将历史和现实纠缠在一起。鲁敏的这些举措增强了《六人晚餐》的形式感，增加了阅读难度。

对文学的形式感的重视是1980年代先锋文学兴起以来的重要遗产，这笔遗产好软坏软，一言难以尽之。形式应该与内容保持正比，对形式感的追求应该有度。一旦形式过度，则流入装神弄鬼一路，令人生厌；一旦形式过于强势，则流入空洞。《六人晚餐》的小说形式，或许没有必要，不若平实写出，因为小说的好与坏、高与低不体现于此。

2012年4月15日于中国艺术研究院

先锋、历史、现实

——金仁顺小说的三个关键词

金仁顺早年受先锋文学影响，之后则有所转变，或写现实，或写古典的朝鲜和朝鲜的古典。

金仁顺具有先锋色彩的小说数量颇多，这些小说既有以现实为题材者，亦有以古典朝鲜为题材者。她的这类小说，其中有匪夷所思的情节、耸人听闻的意象，气氛或神秘，或紧张，是典型的先锋文体。这些小说水平参差不齐，有的先锋的形式与内容可以较好地结合在一起，有的先锋的形式和内容有些脱节，是为了先锋而先锋。

《名叫马和》得益于博尔赫斯，受益于博尔赫斯的中国版马原。小说中有三个马和：马和、马和及马和的雕像，他们相互交错，真真假假。整篇小说较为晦涩，情节跳跃，讲述贪污犯的故事，但到底如何作者亦语焉不详。《名叫马和》形式大于内容，小说内容简单。或灵感亦源于此，金仁顺又写下了《绿茶》。因为这部小说被改编成电影，所以名气较大，一提及金仁顺，读者往往会记起这部小说。《绿茶》较之于《名叫马和》，形式感减弱，故事增强。“绿茶”之名亦好，给小说增添了上升的空间，绿茶的意象在小说中似有关，又似无关。《绿茶》中亦有两个吴芳，一个相貌平平，在读的比较文学硕士，剩女，时常相亲，屡败屡战；一个是钢琴师，灯光之下仪态万方，万人追捧。在《名叫马和》中，二人同名而异人，只是均叫马和而已，其余未必相干；《绿茶》反其道而行之，异名而同人，两个吴芳看似迥异，实乃一人扮演两个极为不同的角色。陈明亮是大学体育老师，他和硕士吴芳相亲，纠纠结结；他同时又在酒店听另一个吴芳弹钢琴，迷恋上她，视为女神。一个男人和两个女人（其实是一个女人的两面：日常生活与舞台）之间虚虚实实，若即若离，故事好看。所以《名叫马和》不宜拍成电影，因为故事性太弱；《绿茶》则二人而一人，分而合之，合而分之，其中有传奇性，所以宜成电影。

《月光啊月光》极不以形式取胜，内容与形式妥帖，二者合拍。"月光"的意象本就与疯狂等有关，在西方尤如此。在中国，月光有多重含义，古人藉月亮思乡、解忧等，但月亮亦有疯狂之意，譬如《狂人日记》屡言月光如何好云云。"我"23岁，是职业播音员，然而"我"成为主持人却极为偶然。"我"陪同男友去面试，男友名落孙山，"我"却出乎意外地被台长选中。至此，这部小说可以有多种写法，或"我"后台强硬，有大靠山，或台长看中"我"，欲行潜规则，如此等等，皆符合常理。然而，《月光啊月光》却跳出常规，"我"被选中，原因皆不为此。真正原因有二：一、台长欲藉"我"行其私意，排除异已，故造成"我"来路不凡的假象。"我"抱怨门卫，门卫即被开除，"我"对女秘书略表不满，女秘书亦随即被开除。二、因为台长严重失眠，他见到"我"之后，"就有预感，你是一个能让我好好睡觉的人。"每晚，台长进入"我"家，并无非分要求，只是睡在"我"床上而已。久之，"我"也严重失眠，处乎崩溃边缘。这篇小说营造了恍惚的氛围，真如月夜，月亮散发出幽微的光，似真似幻，鬼里鬼气。《月光啊月光》故事虽并不真切，颇为荒诞，但却合乎常理，小说以荒诞的情节批判了现实。

金仁顺描写现实的作品颇多，所涉及题材亦甚广。于这些事，金仁顺或曾经历，譬如写中学生活，其中或有自传成分，或耳闻目睹，见之于新闻、报刊、网络，或道听途说于他人。这些故事，被金仁顺网罗至笔下，写成小说，投入了对生活、人事的思索。

《玻璃咖啡馆》《五月六日》《鲜花盛放》《电影院》写中学生的状况。中学生少不更事，但又血气方刚，他们不畏因果，不知事态之重，往往会因为小事，或细微过失，铸成大错，悔之不及。诸多文艺作品以此为题材，或可以起到警示作用。譬如，杨德昌的电影《牯岭街少年杀人事件》巨细无遗地展现了少年为何杀人，让人叹息。金仁顺的一些小说也如此，写中学生们不能“忍一朝之忿，忘其身，以及其亲”，酿成悲剧。

《玻璃咖啡馆》写中学生轻易之间竟然作下大业。几个女中学生逃课，坐在墙头上透过玻璃咖啡馆远远地望见一个女人与男人，她们穷极无聊，种种猜测，最后竟然穿上溜冰鞋，撞倒了女人。那时，她们才发现，那个女人竟然是孕妇，她们几至于杀人。《五月六日》亦写中学生“作业”。“五月六日”这一天发生了很多事：矿井塌方，曲梅的父亲被砸死，同学们议论纷纷；祁政为了筹钱“去北京或者深圳”，对煤矿主的女儿田原原求爱借钱，事不协，竟起了杀心，将她推下矿井。之后，祁政竟然敲诈田原原的父亲，案件破获，幸亏田原原未死。身为少年的祁政，其心之残忍，为恶时之冷静，让人吃惊。《五月六日》内涵较为丰富，小说透过中学生之眼，展现了诸多社会问题，譬如煤矿区域的情况，矿主、矿工不同的境遇等。《鲜花盛开》亦写中学生，令人惋惜。这篇小说独出心裁，倒着写，先交代去脉，再交代来龙。中学生早恋，阴差阳错，却引起严重的后果。同学们嘲弄华南与李紫，结果华南发飙，被开除，李紫发疯，被退学，起因是“我”，亦因老师未能洞悉原委，准确判断。多少年之后，华南持枪杀人，被通缉处决；李紫疯了，虽有大人之身，但却与小朋友们混迹一处，且陷入幻想。

回首中学往事，感情复杂，或觉幼稚，或觉好玩，或后悔，一刹那间千思百虑。老同学一别数年，再相见更为复杂，少年的事情，之后的经历，现在的处境在同学会中见出。金仁顺《三岔河》《酒醉的探戈》《去远方》则写老同学重逢时的情景。《三岔河》极有戏剧性，吕悦现为某大学教授，阔别三岔河多年，因为暗恋她的老同学去世，于是返乡。席间，大家忆起往事，其乐融融。可是，后面情节急转直下，果如“三岔河”一般，岔路蜂起，吕悦与李虎醉酒之后发生了关系。清醒之后，因为李虎示爱，竟然被吕悦杀死。《酒醉的探戈》亦写老同学相见，但多了些先锋文学的色彩，“酒醉”“探戈”之名表明小说带有狂欢性质。老同学相见，但旋即陷入了尴尬的三角关系之中，李容的老公和同学发生了关系。《去远方》写两位老同学相见，基调忧伤，情感沉郁。同学相见，难免忆起往事，于是现实与历史交织在一起。孜枚是问题学生，家庭有矛盾，之后认识了小混混男友，二人倒也能够相呴以湿，相濡以沫。之后二人同去深圳，问题涌现，于是分开，孜枚留在那里成为小姐。小说结尾几让下泪下："我看着孜枚，她没有回头，一次也没有。她办完手续往候机室里走时，我大声冲着她的背影喊道：'孜枚，你也，好好活着。'"

《桃花》《梧桐》写母女之间。母女乃人伦之大者，但小说写母女之间的故事真是千奇百怪。人走正途，取道中庸，则人不偏颇，性情亦平正，而一旦不走正途，千奇百怪的事情都会发生。小说或许不愿意写趋于正途者，因为那样没有故事，不会使人"拍案惊奇"，亦不"传奇"。《桃花》或取"桃之夭夭，灼灼其华"意。夏蕙是在读硕士生，父亲车祸去世，母亲季莲心是戏剧演员，年龄虽偏大，但却光彩照人。《桃花》主要写母女二人争风吃醋，似乎有张爱玲的味道。小说结局较为突然，类似《三岔河》，夏蕙终于忍无可忍，操刀挥向母亲。《梧桐》写母女之间，平淡了许多，大致写人之常情。母亲早寡，正处男友。女儿面对此事，情感自然复杂。但《梧桐》大致"发乎情，止乎礼"，女儿虽为此与母亲闹了别扭，但终不似《桃花》一样，母女挥刀相向。

另外，金仁顺写了大量现实题材小说，涉及种种人物，写及种种事态，可见其格局之大。《冬天》写丈夫为妻子报仇的故事，颇快人心。一旦正当途径不能伸冤，复仇亦是伸张正义的一种方式，但屡被禁止，盖"侠以武犯禁"，复仇权只能国有，不能私与他人。妻子下班途中遭奸杀，丈夫因为贪恋赌博，未去接她，陷入深深自责。于是每晚男扮女装游荡街头，希望引出杀人者，工夫不负有心人，丈夫终于找到杀妻者，虽身负重伤，但为妻报了仇。《芬芳》写传销者的状况，传销一度沸沸扬扬，外人未必知道内幕，由此小说，或可了解客观的传销情况。芬芳较早介入传销队伍，为人热情，乐于助人，勤勉，能拼搏。因操劳成疾，或因苦心思虑，芬芳获病，不治而亡。小说塑造了1990年代一位怀揣发财梦的大胆泼辣的女性形象。《松树镇》主题深刻，"我们"一伙人浩浩荡荡，驻扎松树镇，大张旗鼓宣布拍电影，选演员，并挑中了几位中学生。之后，因为资金问题，"我们"离开，从此杳无音讯，亦未给被选中的孩子们交代。如同一颗石头，投入水中，石头沉淀，不知所终，但掀起了无数波澜，久不能息。几个被选中的孩子，因此三观被毁，为此后犯罪埋下隐线。《神会》写佛教徒的生存状况。今日，佛教徒数量甚众。僧众、信男善女生活状态、精神状态如何？由《神会》可见一斑。

金仁顺亦有大量作品写古典世界、古典人物、古典故事。譬如《谜语》写庄子杀妻事，本乎《庄周试妻》，此故事出乎“三言二拍”。此故事引后人好奇，有粤剧《庄周蝴蝶梦》产生，1914 年香港拍摄了电影《庄子试妻》，影响巨大。世人对庄子误解极多，很多文本，冠以庄子之名，但所见都是后人境界，只藉庄子言事而已。高端者，譬如《庄子》杂篇等部分篇目，再如《引声歌》；低端者，譬如《庄周试妻》。民间或藉庄子言夫妻之间生时虽恩爱，但亦譬如朝露，“露水的世啊”。《庄子》虽写其妻去世，庄子“鼓盆而歌”，但中有深意，断非世俗所谓“升官、发财、死老婆”之意。金仁顺的《谜语》亦来“凑热闹”，或对露水的世有同慨。她重写了庄周试妻这个故事，主干大致不变，只是添油加醋地写了侍女小绿。

金仁顺写古典，以朝鲜族为主，甚至可谓就是朝鲜的古典和古典的朝鲜。金仁顺是朝鲜族作家，对于其身份，经历了不自觉到自觉的过程。金仁顺已经“汉化”，她不能说朝鲜话，亦未必能融入朝鲜族的生活。金仁顺曾写过一篇文章《高丽和我》，由此可知她对朝鲜族这一身份的复杂心态。她说：“高丽。少年时代，我痛恨这两个字，谁敢把这两个字当着我的面说出来，无异于在我的身前地上吐了一口唾沫。那是我绝对不能容忍的。……少年时担心被独自抛弃的恐惧在我成年后以另外一种形态呈现出来，那是一种因为自己拥有了别人没有的宝藏而产生的暗暗得意的喜悦。……在眼下这样一个‘民族的也就是世界’的时代里，朝鲜民族的个性反倒渐从其他民族中间突显出来。而他们在一千多年前就倡导的简朴、平和、尊老爱幼、相亲相爱、歌舞升平的生活观念，经过时光之火的淬炼之后，也终于能在今天，在世界范围内被广泛接受了。”①

金仁顺写过《高丽往事》《引子》《乱红飞过秋千去》《未曾谋面的爱情》《盘瑟俚》《僧舞》《城春草木深》等中短篇小说，出版过以此为

---

① 金仁顺：《高丽和我》，收入《时光的化骨绵掌》，浙江文艺出版社，2012 年，第 1—14 页。

主题的小说集《僧舞》(中国出版传媒股份有限公司，2013 年)，出版过集古典朝鲜大成的长篇小说《春香》(中国妇女出版社，2009 年)。不知何故，金仁顺写朝鲜乃定位于古典的朝鲜，而不是今日的、现实的朝鲜。或受《大长今》的启发，或因朝鲜往事"在世界范围内被广泛接受了"，古典的朝鲜其中有儒家的诸多品质，竟然形成了"韩流"，倒灌中华。

《高丽往事》写高丽王宫往事，后宫女人多，"妇姑勃谿"难免也，再由于利益、权力等介入，更是复杂。君不见，《甄嬛传》一出，竟让全国人民如痴如醉？《高丽往事》所写的后宫虽不复杂，但毕竟亦有宠妃弃妇，新欢旧爱，钩心斗角。小说有些先锋的气息和武侠的元素，非常好看。譬如《高丽往事》写道："贞王后屏住一口气，胸口贴着剑尖向后飞了出去，她飞得竟然和废世子刺得一样快。他力量用完的时候，她又向后飞出一段距离，然后脚才落到两朵硕大的黄菊上面，接着又从花上落到地上。"《引子》写高丽古典的爱情，生离死别。翰林按察副使偶遇药师的女儿，于是疯狂追求，为其筑房造屋，但遭到身为高官岳父的追查，令其即刻回城。翰林按察副使死诸途，药师的女儿已有身孕，小说在悲伤的调子中结束。《引子》先锋色彩极其浓厚，小说中有大量关于彩蛇的描写。"彩蛇如影随形，跟着翰林按察副使。他夜不能寐，一闭上眼，彩蛇便拿出种种妖娆姿态缠上他的身。"此类描写不一而足，亦不知作者用意，或可增强小说神秘色彩。《引子》这篇故事，之后几乎原封不动地用到了长篇小说《春香》之中。《伎》叙述了春香小姐如何俘获浪荡子李梦龙的故事。小说不是写爱情故事，而是详述了春香和香夫人如何合谋，一步一步套牢了李梦龙。《乱红飞过秋千去》写香夫人，她也是金仁顺小说中常常出现的人物。"她没有出嫁就正式生了孩子，但那个男人可是地地道道的王孙公子。她被男人抛弃之后也没像别的女人哭哭啼啼，人不人鬼不鬼的，说来也怪，她反倒更加艳丽动人了。"街头涌现来自四面八方的人，他们皆为了一睹香夫人容颜，希望一承芳泽，公子们为了她起了纷争，引发了命案。《未曾谋面的爱情》写大家族内部的争斗，"我"是庶出，母亲因为不堪内部纷争，自杀，"我"亦逐渐沦为风尘中人，声名日噪。

金仁顺的古典题材小说，可以展现出她想象的古典的朝鲜和朝鲜的古典，但这些以古代为背景的、纷争的、始乱终弃的、逼良为娼的故事，似乎无补于理解朝鲜的特殊性。我更为关心者乃是：今天朝鲜族境况如何？民风民俗如何？生活如何？心态如何？金仁顺的散文《高丽与我》信息甚多，展现了一个朝鲜族女孩的成长经历，展现了朝鲜族男女的情况、民风民俗。我希望，此后金仁顺可以多写一些展现今日朝鲜族情况，描写今日朝鲜族男女的小说。她毕竟是朝鲜族作家，了解更多的情况，知道更多今天朝鲜族人的境遇。

在一篇名为《时光的化骨绵掌》的文章中，金仁顺自述了写作的历程，从1990年代说到现在，这是一篇理解她创作历史与今天状态的重要文章。金仁顺说："1997年我不知道自己已经坐上了一辆马车，慢慢地进入中国文坛。"起初，金仁顺还充满朝气与闯劲，但慢慢消沉，她讲述了一个老人的故事，这个老人用马换了牛，用牛换了羊，用羊换了鹅，用鹅换了母鸡，用母鸡换了烂苹果。她接着说："2007年是《彼此》。我终于明白，时光的化骨绵掌早就拍打在我身上，我们看上去从容安详，成熟稳重，但我们心里明白，毒液早已经丝丝缕缕渗入到我们身体的每一个角落，它们消灭了天真，留下了痛楚。老头子费时耗力，用马车换了一堆烂苹果，但没有人为此付给他金币。"①

金仁顺以这篇文章命名了一本书《时光的化骨绵掌》（浙江文艺出版社，2012年），由此可知她对此文的重视。在送我此书时，她写道："刘涛同学批评！时光亦是杀人游戏！"此有典也，今年10月，诸多朋友一同去武汉开会，会后同游三峡。在船上数日，几个朋友闲极无聊，一起玩了好几次杀人游戏，金仁顺亦参与其中。我接到此书时，即回短信给她："时光虽是杀人游戏，但我们应从中走出不朽的路。"

我能够理解金仁顺的感受，写小说数年，起初有非常多的话要说，可是成了职业小说家，话难免有说烦、说尽之时，可是为了防止被文坛遗忘，还是要不停地、大声地说。君不见，今日文坛，多少大的、中的、小的作家，每一两年都要"重磅推出"一部长篇。

---

① 金仁顺：《时光的化骨绵掌》，第54—61页。

对作家而言，写作是消耗自我的过程，牛变成了羊，变成了鹅，变成了母鸡，变成了烂苹果，每况愈下，自己也觉得疲倦。解此之道，或有二：一、远离文坛，甚至离开文字，走近文学，文学未必体现于文字之中，更体现在自己的生活方式和态度之中，不必有被遗忘的焦虑，不必要写无谓的文字；二、深厚自己，永无止境，如此或能取之而不竭，注焉而不满。愿与金仁顺同学共勉。

2013年12月31日于西长安街

“或者鼹鼠，或者飞鸟”
——李浩论

李浩是青年一代作家当中的佼佼者，他早已是著名作家了。他所营造的世界一般都不光鲜，都显得惨淡。李浩的作品较多，代表作有：两部短篇小说集《谁生来是刺客》（作家出版社，2003年）、《侧面的镜子》（花山文艺出版社，2009年），一部长篇《如归旅店》（金城出版社，2010年），这些作品均反响不错。李浩获奖无数：曾获第四届鲁迅文学奖短篇小说奖、第十二届庄重文文学奖、河北省年度十佳作品奖、第九届、第十一届河北省文艺振兴奖，第七届《滇池》文学奖、第九届《十月》文学奖、第九届《人民文学》奖等文学奖。

一 由诗而小说

最初，李浩写诗，曾发表过大量的诗歌。之后，李浩逐渐转向小说创作，而且一发不可收拾，现在则以小说家名世。20岁左右的李浩在先锋诗歌的影响与刺激之下，开始了诗歌创作。李浩的诗基本上走先锋诗歌的路。

譬如《无题，或者白纸之白》：“白纸的白应当落雪/开出一树暗自的桃花/而我/却在上面写黑色的字。/这些字，远比我父亲古老，宛若史前的蛋/将它们敲开，孵出的会是桃花/还是惊蛰中的毒蛇？/面对白纸的白，仿佛一切都未曾命名/无论是流水，石头，还是泪和血。这些黑色的字：/它是镜子，放置于侧面，放置于/世界和脸庞的沉默之中——/它有小小的魔法，像磁铁，而心脏充当了另一块磁石 / 面对白纸的白，我是一个木匠的学徒，小心翼翼。/ 或者，我是史前巨蛋中的飞鸟，被黑色一点点养大 / 因此上，目力所及的一切都是旧的，它们被传说占据 / 被秦时的月光占据——/ 只是，这些黑色的字，落在白纸上的灯盏 / 只是，在汇入到传说之前 / 只是，用木头敲钟，给桃花、流水和鼹鼠标记个人的时间 / 只是…… 我使用笨拙的魔法 / 念出点石成金的咒语，却把自己 / 变成了那只，一觉醒来后的甲虫。"

这首诗写面对传统之际，"我" 犹疑不安，"我" 没有底，不知道 "孵出的会是桃花，还是惊蛰中的毒蛇"；"我" "念出点石成金的咒语"，却 "变成了那只，一觉醒来后的甲虫"。这首诗写 "我" 面对历史之时的心境：惶惑、犹疑、徘徊甚至焦躁，能够折射出 "我" 学习和证悟的心得与境界。一言以蔽之，这首诗写 "影响的焦虑"，传统很强大，然而 "我" 在传统压力之下，不知何去何从。李浩整首诗的氛围和意象并不走平实一路，而是秉承了先锋诗歌的品质，奇怪的甚至恐怖的意象层出不穷，譬如 "魔法" "咒语" "史前的蛋"（典出《百年孤独》）、"毒蛇"（典出《树上的男爵》）、"甲虫"（典出《变形记》）等。这些意象除了能够营造神秘的气息之外，或没有特别的意义和必要。从这些意象的出典，也能看出李浩诗歌的精神资源来自西方文学，而且是西方现代派文学。总体而言，《无题，或者白纸之白》显得过于华丽了，内外不甚对称，有外重内轻之过。

30 岁之后，李浩开始主攻小说创作。对于诗歌向小说的转变，他自己解释道："是因为感觉自己的理性越来越多，少年式的激情越来越少，同时也是越来越迷恋虚构另一个 '我' 和 '我的父亲'，迷恋建造一个对应现实的彼岸世界。从诗到小说，不变的至少是诗性，先锋性，是 '写给无限少数' 的自觉。" 从诗歌到小说，李浩转变的只是形式，小说或许更适合他现在的年龄，而其 "先锋性" 的内核一直没有改变。

"先锋性" 是理解李浩小说的关键词之一。李浩生于 1971 年，1980 年代先锋文学运动如火如荼之际，恰是他文学的学徒期。李浩的文学观念、文学资源大部分来自先锋文学，来自 1980 年代的诸多思想资源，以至于现在提起 1980 年代的文学，他还是神采飞扬，还是将 1980 年代的文学作为时代的文学标杆。李浩是在先锋文学的滋养之下走上了文学创作之路，之后他一直苦苦地与“先锋文学”搏斗，直至他找到了适合于自己的路，有了对“先锋”独特的理解。李浩的“先锋”取中道，他既追求形式感，但其形式不妨碍故事，他也写故事，但他要写形式感强的故事。

《将军的部队》是李浩的代表作，他凭这篇小说获得了第四届鲁迅文学奖。《将军的部队》是一个复式的故事：记忆之中有记忆，故事之中有故事，套中有套。“我”在追忆似水年华，“我”所追忆者是“将军”，而将军也在追忆，因此这个故事可谓追忆的追忆。“我”是引子，以“我”之追忆引出将军的追忆；“我”是客，将军是主，将军在追忆他的军旅生涯。然而，当年之“我”对于将军的追忆只是猜测，今日垂垂老矣之“我”终于懂得了老将军的心境。这个处于宾位的“我”，其实同时也处于主位。“我”在讲述将军的故事，同时也是在讲述“我”的故事。李浩构思精巧，真是匠心独运了。如此，《将军的部队》既有极强的形式感，但形式也不空洞，这是两个不同的老人的回忆，也是一个老人对另外一个老人的理解。

《将军的部队》语言非常好，很多句子都如诗一般精致而富有节奏感，这也是李浩的拿手之处：将小说的句子当作诗来写。譬如：“想到他，我感觉脚下的土地，悄悄晃动一下，然后空气穿过了我，我不见了。”再譬如：“屋檐下静静地坐着，我听见蜜蜂采蜜时的嗡嗡声，我听见又一树槐花劈开花蕾长出小花来时的声音。我听见阳光的热从树下落下时的声音，我还听见了许多我没有听过的声音。”

李浩非常强调小说之“思”，这篇小说的“思”又是什么？将军指挥军队，久经沙场，自然有大量的记忆，但一个完全沉浸在记忆中的将军不会是一个好的将军。这个将军看到的唯有过去，他理解过去为何而战吗？他理解当下吗？他知道未来吗？可是，此事真是也难，九死一生的将军，肯定经历过极其血腥的场面，看着部下们战死，看着敌人们倒下，真的难以从创伤和记忆中走出。《将军的部队》不是写叱咤风云的将军，不是写壮年的将军，而是写了老年的、胜境已过的将军，因此整篇小说气氛压抑、沉闷，这些都显示了先锋文学的特征。

《如归旅店的叙事》，将“叙事”二字置于篇名中，已预示这篇小说近乎元小说。老人回忆他的父亲母亲，回忆了儿时生活。这篇小说总体氛围压抑，充满了战争、死亡、鲜血、贫困、衰败等意象，令人窒息，像极了1980年代的先锋作品。但故事也颇为精彩，旅馆是公共空间，这里人来人往，能见出客人的性情，更能见出时代的信息和境况。另外，父母在战争年代艰于维系生计等都写得到位。

二 有关"记忆"

并不年长的李浩喜欢写记忆，他的大部分小说都是在写各种"记忆"和各种人的记忆。譬如长篇《如归旅店》回忆父亲的一生，《碎玻璃》乃儿时回忆，《牛朗的织女》是"文革"记忆，《乡村诗人札记》回忆父亲，《那支长枪》回忆父亲及当时不堪的生活，《闪亮的瓦片》回忆哥哥。

李浩于文学有较大的志向，他要写变中之不变者。恰是因此，李浩并不重视故事发生的场景。场景或为历史，或为现实，无可无不可。因为这不是重点，场景只是背景，前景则是不变者。这些不变者若放在当下写，需要注意种种忌讳，因此不得不畏手畏脚；反而不若放到历史之中，那样才能解放思想，放开手脚，不必顾忌时讳。

《那支长枪》是典型的"李浩体"。《那支长枪》，顾名思义要写回忆。"那支长枪"真是神来之笔，似相关，又似不相关，由这个意象引出父亲的自杀。父亲缘何自杀以及描写父亲的屡次自杀，是小说的重点。李浩有着"文革"的记忆，在很多小说中"文革"记忆屡屡出现。只是李浩的"文革"记忆已经虚化，因为他毕竟未如同老同志一样受到冲击和迫害，因此容易超脱，他的小说重心非复控诉"文革"，而要观察"文革"中的人。《那支长枪》观察了"父亲"，父亲一次一次自杀，自杀似乎是弱者最后的武器，可是这个武器丝毫没有效力。于是，父亲不得不一次次忍气吞声，又一次次自杀，一个弱者的心态和凄凉之况在自杀复自杀中展现殆尽。这篇小说不花哨，比较平实，其中有物，较诸《将军的部队》更为精彩。

李浩借助牛郎织女的传说，写了小说《牛朗的织女》，真聪明人也。故事发生在1968年"文革"初期，牛朗因为牛郎与织女的传说，因为黄梅剧团，单恋了《天仙配》中的织女，演出了一场未演成悲剧的闹剧。若这篇小说意在控诉“文革”，那么小说结尾牛朗应被判刑，但既然小说意不在此，因此结尾是牛朗从梦中醒来。《牛朗的织女》写一个荒诞的白日梦，造梦的因素诸多：既因为那些青春年少荷尔蒙过剩的挖渠者，也由于牛郎织女这个深入人心的传说，也由于“文革”之中的怪现状，悲剧根源在于牛朗误认白日梦为真实。

李浩写完中篇《如归旅店的叙事》之后，意犹未尽，又将其扩写为长篇《如归旅店》。这部小说可谓李浩体集大成之作，他的诸多特征、元素、风格尽备于此。“如归旅店”的故事是李浩的富矿，他以短篇开采过一次之后，发现矿产尚丰，于是以长篇再度开采了一次旧矿。

《如归旅店》还是写记忆，写记忆中的记忆，套中套，这个写作模式已用诸《将军的部队》，“我”未变（甚至白内障也未变），只是“将军”变成了“父亲”，“将军的部队”变成了“父亲的旅店”。可以说，《如归旅店》就是《如归旅店的叙事》和《将军的部队》的再改造，但是这篇小说的内涵较之于《如归旅店的叙事》和《将军的部队》更为丰富和深刻，李浩的这次改写和重写是成功的。

李浩这次的抱负很大，“我”的回忆从很遥远之处开始（“爷爷的爷爷”），逐渐递减到爷爷，再集中于父亲。尽管“爷爷的爷爷”和“爷爷”只是“父亲”的前传，所占篇幅亦不大，“父亲”依旧是主角，这是目前李浩在小说中显示出来的最大视野，此前他的记忆不出乎“父亲”。

《如归旅店》写出那个时代的阴气，以先锋小说的手法去写时代的阴气，效果事半功倍。很多先锋小说沉浸在阴气之中，偶一为之尚可，若长此以往，此类作家或许难堪阴气之重负。回忆本来就模棱两可，似有若无，再加上战争、贫穷、家斗、算计等，这部小说极为沉重，气氛也压抑，全篇乌云密布，不见朗日，读来让人窒息。

“旅非常居”，旅途比较艰辛；“如归旅店”有宾至如归之意，在旅中尚有在家之感，旅之险可以完全消除。爷爷、父亲在战乱年代一直尽量维系着这个旅店，父亲甚至将生命放了上去，真是能见出中国民间社会生命力之顽强。尤其父亲在小说中的所发的一些议论，有较深的意义，譬如

"无论来不来，我们都得过日子。我们不能让如归旅店垮掉"。[①] 民间社会超脱，但这个观点不能轻易说，否则容易为卖国主义张目。"旅店"也就获得了升华，它代表着民间社会的顽强和超脱，但毕竟"覆巢之下安有完卵"，国破则家亡，战争一起，如归旅店也难以为继，父亲死去，儿子们被"逼上梁山"，走了不同的抗日之路。

"如归旅店"一是"我"的家，是私人空间；二是旅店，是公共空间。如归旅店有双重功能，这有利于李浩左右开弓。既是私人空间，如此可以写家，小说写了我们家与叔叔家的争斗与算计，家长里短、婆媳妯娌真是写也写不尽，盖因这种争斗自古已有，至今也不绝。又写了家庭内部，譬如父与子之间的矛盾。又因这是公共空间，旅店客流不断，因此会带来四面八方的信息，各路人马都在旅店表演，这是写国，写时代的信息和境况。《如归旅店》写了大时代下小家庭的生存状况，李浩巧妙地选择了"旅店"这样的空间，让家与国的信息同时在其中展开。

三　有关"现实"

记忆、现实云云在李浩这里，只是方便说法，因为他是以历史为现实。李浩确实在写历史，写记忆，可是这恰恰就是现实。若真能走通，其实历史就是现实，现实也是历史，二者从来没有分别。

李浩极喜欢一个意象"侧面的镜子"，譬如《无题，或者白纸之白》中有言："它是镜子，放置于侧面"，李浩的一部中短篇小说集名为《侧面的镜子》。这个意象是理解李浩的关键，"侧面的镜子"由两个意象构成："侧面的"和"镜子"。李浩的写作有成为时代之鉴之志，镜子可为时代正衣冠，可以照出时代的问题，譬如司马光编纂有《资治通鉴》。但为何是"侧面的"？"侧面的"有两种含义：一、镜子在侧面，隐隐约约，似有若无，譬如李浩的历史题材，可谓就是"侧面的"，因为在正面比较危险，容易触及时讳；二、李浩以小说为"侧面的镜子"，小说难免虚构和个人

---

① 李浩：《如归旅店》，金城出版社，2010年，第202页。

发挥，因此不能保证是客观反应，盖取置于“侧面的”镜子总可能有盲点之意。

可是，李浩的“记忆”还是短暂了些，他的记忆往往只到“父亲”就戛然而止。《乡村诗人札记》写父亲，《如归旅店》写父亲，《那支长枪》写父亲，《父亲、猫和老鼠》也写父亲，“父亲”是李浩小说中的常客。就目前来看，“父亲”是李浩记忆的上端，若李浩能够百尺竿头更进一步，突破此上端，进入“父亲的父亲”，甚至“父亲的父亲的父亲……”他会对那些不变者有更深的认识。因为，唯有在更长更长的记忆中，才有可能确定那些不变者，否则，所谓的不变者其实不久还是会烟消云散。

李浩以现实为内容的作品有《飞过上空的天使》《父亲、猫和老鼠》《失败之书》等。这类作品与记忆类作品没有根本的区别，唯人物展开的背景不同而已。李浩写历史亦对现实有所关照，他写现实也是如此。

《飞过上空的天使》对当下现实极有隐喻性与批判性，虚假的“天使”飞过A城上空之后，引起了一系列连锁反应，各种势力纷纷介入，造成“轰动”。《飞过上空的天使》是阐释当下“折腾”精神和情绪极好的文本，小说在荒诞的表面之下折射出当下中国的现实。李浩批判现实在嬉笑之中完成，并不是金刚怒目。

《父亲、猫和老鼠》不华丽，非常朴实，但力量极大。李浩竟然能将“父亲、猫和老鼠”列为同一个链中，风马牛不相及者竟然相及，这是李浩的力量。父亲下岗在家，闲来无事，为了灭鼠竟和猫较上劲，一个男子汉如此，真是悲凉。父亲本应该是家庭顶梁柱，应该是“父亲、社会和家庭”这样一个链，然而下岗之后，父亲不仅退回家庭，甚至蜕变为“父亲、猫和老鼠”这样一个链。写下岗职工生活的小说多矣，这是“底层文学”极为重要的主题，然而能如此轻盈地写出下岗职工心态，且能如此动人者却少之又少。

《失败之书》写曾经积极向上、大有作为、不屈不挠的大好青年，在经历了一系列失败之后，举止反常、性情暴戾，成了熟悉的陌生人。《失败之书》写变成陌生人的哥哥的举止，以及哥哥与妹妹之间的战争。《闪亮的瓦片》大抵也是如此，毁容之后的霄红性情大变，从善良、乐于助人变得报复性极强，最后竟至于堕落。李浩有四两拨千斤的技巧，能以小事撬起脆弱而又复杂的人性，将失败者的心态展现殆尽。

"或者鼹鼠，或者飞鸟"是李浩创作谈中的话，这句话很好，极能见出他的气象。这句话源头出自《诗经》"鸢飞戾天，鱼跃于渊"，又有《庄子》"北冥之鱼"到鹏之变，现代有毛泽东"鹰击长空，鱼翔浅底"之变。鼹鼠、飞鸟云云从那里化出，鼹鼠、飞鸟也是"上下察也"，只是"或者……或者……"气息略为显弱。"鸢飞戾天，鱼跃于渊"就是"鸢飞戾天，鱼跃于渊"，没有或者"鸢飞戾天"，或者"鱼跃于渊"。好在来日方长，今日之李浩已经气象不凡，期待李浩日后的作品，可以将"或者……或者……"去掉。

2012年3月2日于中国艺术研究院

以性与爱彰显女性主体意识

——盛可以论

盛可以是湖南益阳人，经历与其同乡沈从文类似。她出生于农村，之后辗转打工，吃过很多苦，后来因写作逐渐成为著名作家，生活也逐渐改观。在当代，这样的作家颇多，譬如陈集益、路内、东君、郑小琼、鬼金等。这些作家都曾走过一段不同寻常的路，经受了坎坷、磨难，其本身的经历就是一部极好的小说。这类作家的优势是其丰富的社会经验，可是一旦经历写尽，容易碰到创作瓶颈。突破的途径，则是需要放掉“我相”，走向传统，而这需要学问。对于创作而言，个人经历毕竟不是长久之计。

一　从先锋文学出发

盛可以学徒期是从先锋文学开始。《中间手》是一篇“变形记”，写变形前后“我”的遭遇。“我”在城市中失业，坐吃山空，却于睡梦中生出了第三只手，由此噩梦开始。“我”性能力减退，与女友小影产生误会而分手，也与世人关系恶化，最后竟至于跑到动物园与母猴为伴，且与之相知、相爱。然而《中间手》又不完全是“变形记”，这篇小说颇得中国传统小说之意，最后噩梦全部消解，原来只是南柯一梦。

再如《鱼刺》。这篇小说是隐性的“变形记”，通篇充满荒诞感。张立新是某小公司办公室主任（很像《变形记》中的格里高利），兢兢业业，四面讨好。在一次宴会上，他一不小心喉咙中卡入鱼刺，由此导致一系列连锁反应。先与妻子逐渐不和，之后引起领导不满，自己也心烦意乱，最终落得去职、离婚的下场。"鱼刺"是小说的核心意象，类似于《中间手》中的"中间手"，也类似于《变形记》中的甲虫。"鱼刺"如同一块石头，投入水面，一下子就打破了看似平静的生活，将生活中的矛盾全部显示出来。

盛可以如果沿着先锋文学这条路走下去，未必能够脱颖而出。因为先锋文学的资源是当时青年作家的主要写作资源，难有独特的标识，且先锋文学进入新世纪以来逐渐日暮穷途，形式上的折腾或忽悠，难以吸引或震撼读者，因已经司空见惯。之后，盛可以抛弃了《中间手》《鱼刺》这一路，转向了描写女性的性与爱，通过性与爱高扬女性主体意识。

二　寻找新的主题与写法

盛可以走出先锋文学影子之后，开始寻找新的主题与写法。可通过其《二妞在春天》《干掉中午的声音》为例，进行分析。

《二妞在春天》颇能见出盛可以的才情。小说写农家少女二妞在镇上打工的故事，盛可以对二妞的心理描写极为传神。

少女进城或到镇上打工的故事可以有多种写法，若依"底层文学"之见，会极力渲染二妞经历之辛苦，精神之苦闷，遭受欺压、凌辱，以激起阶级的反抗。盛可以没有如此结构故事，她并未突出二妞之辛苦，而将精力放在了描写二妞的爱与性之上。写少女情感也可以突出朦胧情感之美好，譬如铁凝《哦，香雪》。但盛可以亦未如此，她写了少女情感之懵懂，但却颇为残忍，二妞在恋爱中身体与精神均受到了伤害。

春天万物复苏，阳气渐腾，是少女怀春之际，多少美好的、不美好的爱情故事发生在春天啊。《牡丹亭》中杜丽娘游园惊梦，感春而动，中间虽然波折，但终于大团圆。在春天的二妞一旦脱离了家庭的约束，独自一人走到镇上，容易陷入爱河之中。二妞这么天真、涉世不深的少女，在恋爱中吃了苦头，饮下了苦酒。她爱上了西渡，且与之发生了关系，并且怀孕，却不得不堕胎，最后落下终身不孕的结果，也遭受了镇上人的白眼与鄙视。之后，二妞被西渡抛弃，她逐渐与谢东相恋。但此前种下的因却阻止了两人的进一步发展，谢东爱恨交加，二妞自暴自弃。《二妞在春天》的结尾似《边城》，谢东在初一没有如约前来“送日子”提亲，幸或不幸，小说戛然而止，并未交代。

《二妞在春天》写作方法平实，但盛可以毕竟忍不住，这部小说也有一些先锋文学的元素与气氛。譬如，小说中对算命老奶奶的描写，她处在黑暗中，预测人的命运，其屋子中的气息或腐烂，或清新，神神鬼鬼。

《干掉中午的声音》运用了娴熟的先锋文学叙事技巧，所写内容则是日后她熟悉的题材：单身女青年的情感世界和性生活。《干掉中午的声音》既有此前作品的特色，也带着新鲜的经验。

单身文学女青年独居省城，深受来自楼上中午做爱呻吟之声困扰，“干掉中午的声音”可见其烦躁不安的情绪。她与老师有着暧昧的关系，却无实质性接触；她却对楼上的男性来客产生了浓厚的兴趣，甚至陷入单相思与性幻想。其后，单身女青年的老师求爱不成，之后离婚，最后竟至于自杀。老师自杀之后，女青年恢复了平静，神秘的声音也随之消失了。中午声音不知有无，是单身女青年的狂想，抑或实有，小说也未作交代，但中午似有若无的声音确是开启单身女青年内心情感的钥匙。《取暖运动》亦写单身文学女青年的生活，却放弃了先锋文学的意象、笔法，以写实的手法，展现了单身女青年的情感状况和性生活。

三　盛氏可以诞生

1928 年，丁玲发表《莎菲女士的日记》，石破天惊，历史上鲜有女性以日记的形式自道爱情与性。之后，莎菲们常现，她们既讲述自己的故事，也讲述时代的故事。盛可以大致也是走在这条路上，写出了她所处时代女性的情感与性。盛可以曾出版过一本小说集《留一个房间给你用》，书名一望即知乃得自于伍尔芙《一间自己的房间》，由此大致可知盛可以的追求与用心。改革开放以来，大量农民流入城市，其中女性在城市中情感经历如何，性生活如何，她们的精神状态如何，是沉迷其中，迷失了自己，还是有独立人格，盛可以通过小说对此进行了描述与表达。

盛可以虽也以描写性爱著称，但她不同于卫慧等美女作家。卫慧作品中的女主人公灵魂受身体支配，而盛可以笔下的女主人公则是肉体受灵魂支配。卫慧笔下的性爱描写有放纵之意，盛可以笔下的性爱描写是女性张扬主体性的表现。

《北妹》是盛可以的代表作，该书也为她博得令誉。《北妹》发表之初名为《活下去》，之后才改为此题。"北妹"之名乃神来之笔，这个题目极其好，这部小说有了这个题目已经成功了一半。中国的市场经济发端于广东，这是改革开放的前沿阵地，引领了近三十年经济发展潮流。于是，南下广东打工、淘宝者不可胜数。这其中有能量，盛可以因打工经历，无意中碰到了这股能量。以文学回应此潮流者多矣，譬如黄咏梅、邓一光等，盛可以《北妹》是有代表性的一部。"北妹"云云是广东人称呼南下女性的专名，此非盛可以独创，恰因不是独创，反而具有生命力。南下广东的女性在广东经历了什么，遭遇了什么，感受到了什么，都引人注目。深言之，由"北妹"们或可以见出广东民风、民俗、民情，由深圳或能够见出近三十年中国的问题。《北妹》在国外颇为流行，或与此联想与跳跃有关，他们未必关心中国的女性主义者如何奋斗，如何自强不息，但却希望通过这部小说了解深圳，甚至中国。

《北妹》题目虽意味深长，但内容较弱。小说写了一个打工妹钱小红的经历与遭遇，她出生于富裕之家，少时失恃，疏于教养。钱小红从小即与姐夫有染，之后在宾馆打工，后赴广东，一个人经历了诸般磨难。没有学历、亦无一技之长的打工妹，所依靠者、凭恃者唯有其姿色，钱小红姿色中等，但却有一对吸引人的大乳房。《北妹》所高扬者乃是女性主体意识的觉醒，尤其是性意识的觉醒，女性可以在性爱中主动，可以说"我想要"。钱小红与男士发生性关系，纯任自然，别无他图，不是为了钱，也不是以此行贿，钱小红初衷不改，《北妹》念兹在兹。盛可以在《北妹》中所要突出者即此，这是女性主义的老套路，中国以及海外读者肯定不会因此而欢迎这部作品。

《北妹》大部分皆是写实，但结尾却忽然又先锋起来，钱小红的乳房忽然变大，她最终被乳房压垮。小说写道："钱小红把乳房搁在栏杆上，一直望到那辆载着李思江的车屁股消失。她吃力地用双手先把左边的乳房抱下来，再把右边的乳房抱下来，忽然身体失去平衡，随着右乳房的重量倾斜，钱小红跌倒在地，压在自己的乳房上。她紧握着栏杆试图站起来，像个被打倒在地的拳击手，一次，二次……乳房就像钉在了水泥地里，钱小红扯不动它们，反被它们扯着，匍匐在地，脸与地面贴得很近，她听到脚步声、车轮声……轰隆轰隆地冲击与震撼耳膜，下水道哗啦哗啦声音尖锐地流淌，吆喝和放荡的浪笑，贴着地面一阵一阵地涌过来。钱小红发现自己被无数双脚围住了，那些脚有穿皮鞋的、穿凉鞋的、白色的、黑色的、宽的、窄的、大的、小的、高档的、廉价的……钱小红似乎看到了一双黑色靴子，在收容所踱来踱去的靴子，耳朵边响起朱大常说过的话，'你多保重、保重'。她咬着牙，低着头，拖着两袋泥沙一样的乳房，爬出了脚的包围圈，爬下了天桥，爬进了拥挤的街道。"乳房是女性重要的性别特征，盛可以最后的超现实表明了更为决绝的女性主义立场，女性唯有去掉女性生理的、心理的特征才能实现完全独立。

《道德颂》写几对男女的多角关系，这是一个小圈子，他们是城市白领或中产者，衣食无忧，但亦无精神追求，于是爱情就成了这一群人的宗教，因为爱情可以给人以崇高感的幻觉。盛可以在《道德颂》中虽不以"我"第一人称进行叙述，但对他们的态度暧昧，似乎认同多于批判。旨邑是一个赝品古玩小店主，她与有妇之夫教授水荆秋在西藏相恋，陷入异地的热恋之中。旨邑与水荆秋相恋、相爱，前途却吉凶未卜。同时，旨邑还与其他三位男子保持了暧昧的关系。《道德颂》写了几对男女之间的关系，有坐实者，有暧昧者，有候补者。

《北妹》写打工妹，《道德颂》写小资，女主人公的处境已完全不同，但两篇小说精神内核类似。在《道德颂》中，盛可以也不仅描写男女情感，还如《北妹》一样，让女性自己生出力量，自己走出困境，自己消弭爱恨。旨邑也是一个女性主义者，最后她终于走出了情感的、生活的困境，终于对水荆秋已无所谓爱恋与痛恨。

《道德颂》内容平平，却标以"道德颂"三字，又是题目极好。"道德颂"三字似乎一下子使这部小说具有形而上的意义，似乎小说不是写几对男女，而是要讨论道德问题。盛可以在接受《新京报》采访时，也极力强调道德云云，但却无甚见解。

四　有无新变之可能？

盛可以写作的资源比较清楚，小说形式得于先锋文学，小说内容得于生活、打工经历。之后，盛可以在小说形式和题材上亦有变化。其小说形式逐渐脱离先锋文学，走现实主义一路，平实了很多。盛可以处境有了变化，由打工者成为名作家，故题材也从描写打工者变为描写城市女性白领。盛可以也不再满足于描写故事，试图展现对人性、世界的思索，似要往深层走。

我与盛可以皆较早即玩微信，在同一个朋友圈中，故经常看到她所发的微信。有一次，看到她发的一条关于读《碧岩录》的微信，印象较深。盛可以说，读《碧岩录》，觉得慧根好浅。我看到之后，不禁笑了起来。盛可以人极聪明，因此于小说可以极快进入，并很快找到适合于她的路。《碧岩录》所记乃是历代高僧大德千辛万苦修行的心得与体会，此书又经高手编纂、加持，能量之大可想而知。因此若不曾出生入死般地读书与历练，怎么可能读之有得，怎么可能引起共鸣。因此，盛可以在小说中求深之追求很好，但她需走之路毕竟还很长。冯唐说："楚地多水，惟楚有材，是个灵异基因常常显形的地方，过去的表象有屈原，贾谊，近世有小学文化的沈从文和残雪，现在有盛可以。这类人，不需要读书，不需要学习，文字之所以创立，就是为了记录这些人发出的声音。"于恭维而言，这是很好的话，但却不利于盛可以进步。

盛可以的小说能否再有变化，关键取决于能否在此有所突破。

2013年6月23日于西长安街

呈现城市与乡村的面貌

——论黄咏梅的小说

一 关于黄咏梅

黄咏梅开始写诗，少年成名，曾出版过诗集《少女的憧憬》（14 岁时出版）、《寻找青鸟》（17 岁时出版）等。之后，或因经历丰富了，情感沉郁了，气息厚重了，于是那个憧憬着未来的、抒情的诗人黄咏梅开始写小说，亦成绩斐然。黄咏梅出版过长篇小说《一本正经》（凤凰出版社，2010 年），中短篇小说集《隐身登录》（花城出版社，2010 年）等，颇受好评。

黄咏梅在两广一代活动，生长于广西梧州，工作、定居于广州。广东现代化程度较高，城市经验丰富；广西现代化程度相对低，乡村经验多。黄咏梅或于二者皆有感受，故她的小说左右开弓，既写城市，亦写乡村。黄咏梅写城市与乡村中的人与事，他们各有悲欢离合，通过他们也能见出城市与乡村的问题。

黄咏梅的创作老老实实，她的小说没有花哨的形式，也没有过于巧合的故事。她本着现实主义的态度，记录着这个时代的变化，表现着今日中国两个基本空间（城市与乡村）的情况与现实。但黄咏梅的小说并不显得笨重，她往往能够选取一些巧妙的意象（譬如“负一层”等），由此轻轻一拨，一个世界呈现出来。

2012 年冬日某天，我应《南方文坛》之邀，随中国现代文学馆诸位客座研究员赴桂林开会。在会上，第一次遇见了黄咏梅，我们随便聊了几句，觉得她淡淡的，充满了古典的气质，但却有波澜不惊的力量。

二　立体的城市

城可以成就作家，成为作家的根据地与后方，为其提供物质的、精神的滋养；反过来作家亦可加持城，丰富城，提升城。一座城总会与一些文学家联系在一起，譬如提到北京，或能记起老舍、王朔等，提及上海，或能记起张爱玲、王安忆等。以广州为背景进行文学创作者颇多，较为典型者有黄咏梅、盛可以等。黄咏梅的人物光谱较为广泛，她立体地展现了广州城，试图把握广州城的全貌。黄咏梅曾自述道："广州是一个消费的城市，一个物质化、欲望化的城市，她很平和、理性、务实，同时扫荡人的梦想和内心的诗意，让人安居乐业，变得实在。这样诗歌就没有太多的生存空间，但这个城市滋生了很多故事，并且也让我们这些外来人滋生了那种对家园（不仅仅是生长的故乡，更是精神的归宿）的缱绻和失却的疼痛。这些更能让人真实地感到存在，这对小说来说可能是一个好的摇篮。我就发现目前所写的小说里，基本上都围绕着一个母题：一种无力挽回的遗失和一种陌生拾到的惶惑。"[①] 黄咏梅写了城市中外来务工人员、平民、二奶、小资、中产阶级等，写了他们的生活、情感、心理状况。这类小说有《负一层》《暖死亡》《档案》《对折》《粉丝》《特定时期的爱情》《关键词》《鲍鱼师傅》《白月光》《隐身登录》《达人》等。

广东在近代有两次引领了时代潮流：一在晚清，因较早即与西方接触，风气开通，故洪秀全、康有为、梁启超、孙中山等皆与广东有关[②]；二在改革开放时期，开风气之先，是改革开放的前沿阵地与样本城市，广州城的变化能见出中国近三十年的变化，广州城的风气能见出中国的风气，广州城居民的情况能见出中国的情况。总之，欲了解中国近三十年发生了什么，有什么变化，有何得与失，民风、民气如何，或可由广州入手。黄咏梅通过她的小说，提供了一种认识广州与理解中国的思路。

---

① 见2002年11月8日《南方都市报》。

② 梁启超曾作文，专论广东在近代以来的地位变化。海国时代，广东临海，故地位渐显示出重要的意义。

第一类写外来务工人员。在城乡二元结构之中，城市居优势，乡村处弱势，故一旦城乡之门开禁，大量外来者涌入城市务工，黄咏梅的《鲍鱼师傅》《特定时期的爱情》《档案》等即写此。全国各地涌入广州的务工者不计其数，他们在广州生活得如何，经历了什么，遭受了什么，境遇如何。新闻固然可以报道，但新闻只能见表面，小说则可以直指人心。《鲍鱼师傅》写农民工在广州的经历与遭遇。鲍鱼师傅是保洁人员，他为人积极向上，不偷奸耍滑，是保洁界明星职员。但忽而有一次，鲍鱼师傅与小蔡在工作之时，发生意外，小蔡被老主顾骆生强奸。此事件成了鲍鱼师傅职业生涯的转折点，他三面不讨好，被公司开除，被骆生鄙夷，被小蔡误会。鲍鱼师傅只好离开正规公司，开始了游击战。《特定时期的爱情》之"特定时期"乃指"非典"，"爱情"是故事主旨，描写了女大学毕业生"非典"时期在广州的遭遇与爱情故事。大学扩招之后，学生就业问题随之而来。大学生本被视为天之骄子，但毕业之后在城市中境遇不妙，生活悲惨。最近，方方《涂自强一个人的悲伤》(《十月》2013 年第 2 期）影响颇大，这篇小说以夸张的手法写了贫困山区出身的大学生在城市中的遭遇，坏事集于他一身。《特定时期的爱情》并不至于如此残酷，但也写出了毕业之初的女大学生在城市中物质困乏、精神困顿的状态，她几乎与卖臭豆腐的小摊主堕入爱河。《档案》讲述了"我"与成功人士堂哥的故事，"我从一个二流大学毕业，分配到人才交流中心档案科"，堂哥李振声虽亦外来，但已成为广州的成功人士。但堂哥自小即被伯父送与他人，与"我"只有血缘关系，却无亲情。李振声因为要漂白身份，托"我"从其档案中销毁读书期间的不良记录，因此机心费尽，送钱送礼，且过年时去看望了伯父与父亲。可是一旦事情得手，从此销声匿迹。《鲍鱼师傅》写底层农民工，《特定时期的爱情》写毕业之初的大学生，《档案》以写成功人士为主，写了他们在城市中不同的境况与遭遇。

第二类写城市平民。城市平民处乎外来务工人员与中产阶级之间，他们大多有庇身之处，有相对固定的收入，但非富非贵；他们是城市的主体，悄无声息，各有难处、悲欢。黄咏梅的《负一层》《达人》《白月光》写此。《负一层》是黄咏梅最好的作品，这篇小说集中体现了她小说的特点。小说主人公名为阿甘，智障，是一位39岁的老剩女，在酒店负一层管理泊车已13年，在家和寡母生活在一起。阿甘和外界几无交流，精神自闭，她只是对着墙上的张国荣像倾诉哀乐。两件事打破了阿甘平静的生活：一是遭逢摩托车手"张国荣"，且与他睡了，但旋即失却联系；二是因其精神恍惚而被公司解聘。这两件事导致了阿甘自杀，然而她的死如她的生一样悄无声息，两万块即可了掉。"负一层"之篇名乃神来之笔，此是阿甘工作的物理空间，亦是其生存状态之体现。地上者明显，为人所见，属于阳面；负一层隐蔽，属于阴面，不为人所乐见。黄咏梅以小说的形式，写出了城市富丽堂皇大厦之下负一层的景象。《达人》写城市平民丘处机的经历与遭遇。"达人"本或与通达、达生、达德等有关，之后因"中国达人秀"节目而风行，指有一技之长者，因有一技之长，在人生道路上或能通达。丘处机本名孙毅，痴迷于武侠小说，因崇拜丘处机故而改名。丘处机最初只早晨工作一两小时，"剩余时间就是做家务、看武侠，生活也算惬意"。之后，迫于生计，复入印刷厂，但因事故，手指被切断四根，虽医好，但毕竟不如从前。于是改行，买了三轮车，无证无照运输。但是好景不长，之后被交警逮获，拘留，罚款，车被没收。丘处机搭上了交通队长，送钱送礼，终于化险为夷，而且即使无证，亦能运输。《达人》写城市平民为了生计，不得不费尽心思。《白月光》写徐惠玲一家与夏路生一家的浮沉，徐家由繁华而没落，夏家由没落而繁华。或繁华，或没落，每个人心境不同，对此小说有精彩地描写。夏路生曾是徐惠玲初恋情人，但二人天各一方，夏家困难时，徐家给予物质上的帮助，徐家困难时，夏家也给予了报答。因此这篇小说除了经济上的帮助与报答之外，隐约亦有情感的纠葛。

第三类写城市中产阶级，他们收入颇丰，过着体面的生活。黄咏梅的《暖死亡》《隐身登录》《对折》等写了这一群体。《暖死亡》写"吃货"林求安，"求安"之名可见其精神状态，他本是公司中层领导，因为吃而被开除。之后，林求安居家无聊，吃之欲望被过度放大，患上"抑郁肥胖症"，以吃度日。小说写出了都市白领心灵干枯之态，他们身上充满着颓废的气息，然而小说的结局却给予林求安以希望和生机。《隐身登录》写莫末以及老M等人的生活与情感状态。莫末是出生于富裕之家的少女，不幸身患癫痫症，于是自暴自弃，唯以在网上或现实中猎取情人为务。老M身患癌症，人之将死，却与莫末碰撞出爱情的火花。《对折》写好好与陈天珉这对夫妇，他们既无身体接触，亦无精神交流，几乎同床异梦。夫妻之间各有心事，好好深受自杀者影响，再加上夫妻不和，几乎出轨。

第四类写城市中的小资，这一群体并非大富大贵，但具文艺青年范儿，有较高的品味，也有不同于流俗的举止。《文艺女青年杨念真》写了剩女、文艺青年杨念真和小门的故事，她们衣食无忧，寡居，清高。小门嫁后，杨念真心中起了波澜，小说写出了她的变化。都市大龄女青年颇多，小说通过一个典型人物杨念真写了这一群体的生活状态、心理状态等。作者最后写了汶川地震，因此事件，杨念真逐渐从自我哀矜的情绪中逐渐走了出来。《粉丝》写某明星骨灰级粉丝王梦的故事，她追星至于病态，已然无我，小说写了这类人的生活状态和情感状况，令人叹息。王梦与以装扮粉丝为业者黎轩昂陷入爱河，可谓“粉丝配对”，虽一真，一假，但有着共同的星。人皆有向上之动力，但若无正确趋向引导，则易堕入追星等形式。

三　小城或乡镇

除写广州外，黄咏梅亦擅写小城市及小镇。黄咏梅的生活轨迹是从小城市到大城市，一路走过来，有诸多见闻与感慨，于是诉诸小说。黄咏梅的《何似在人间》《契爷》《单双》《开发区》等，即写了小城与乡镇中的人与事。

《何似在人间》写专职抹澡人廖远昆的生活状况和情感状态，也带出“文革”时期以及当前乡村社会的情况与变化。父辈之间的仇怨随着时间慢慢淡化，廖远昆和小青之间的恩爱也渐渐消逝。恩、怨有穷，时间无穷。

《契爷》描写乡镇人事，大致可以见出改革开放前后的小镇情况、风气变化。契爷因能“捉坏信息”，故多数人家将小孩契于他，以保平安。故通过契爷可以写出乡镇概貌，之后小说逐渐定格于问题少女夏凌云身上。夏凌云与笔友早恋，遭父母干涉，被囚禁在家。夏凌云高考失败，与父母开了一家小店，以其青春靓丽吸引了四方客人。之后，却失身于人。

《单双》之名乃指博彩，或单或双，小说以此写一个普通家庭的状况。妈妈李婉芳在贫困线上挣扎，唯博彩可给她莫须有的希望。其儿子李小多是"多余人"，他在暴虐的家庭环境中成长，似有特异功能，可以逆料博彩胜负。

《开发区》写一个大龄女青年的心酸的经历，她因为挑三拣四，只开发，不结果，于是反倒成了剩女。

2013年5月30日于西单

张楚的轻与重

——从《七根孔雀羽毛》谈起

若循名责实，张楚合该是位楚楚动人的江南美女，不料他却是一个身高近八尺的燕赵壮汉。好在张楚的声音确实温柔，常常挂在嘴边的是一句“某某可好了”，“可”字发得悠扬而婉转，还有些楚楚可怜之意，与名字尚能配上。这些年，张楚尽管小说写得不多，但也一直不断，每有新作皆让人惊喜不已。

张楚的小说轻与重之间搭配得近乎完美，他不是一味地轻，轻到虚空之中，也不是纯粹地重，重得让人艰于呼吸。张楚的小说读来很重，压抑而又沉痛，仿佛有千钧之力；但是又很轻，他的小说飞扬，飞扬，引领人上升。张楚能做到举重若轻，他四两拨千斤，以轻柔表演着沉重。生命不能承受太轻，人毕竟有向上的一面（“孔雀羽毛”的一面）；但也不能承受太重，因为人也有向下的一面（“地下室”的一面）。太轻，人就飘忽，也就失去了根基；太重，人难以负担，就很容易垮掉。合理地安排轻与重，合理地安排“孔雀羽毛”一面与“地下室”一面，人的轻与重、身体与灵魂才能各得其所，如此，小说也就能沉郁但不失轻灵。

小说一度被弄得很重，“小”说遽然变成了庞然大物。梁启超的《新中国未来记》真是大而无当了，首先写了一个万国来朝的大场面，真是叹未曾有。从此，“街谈巷语”的小说就担当了“新民”大任，成为时代的公共体裁，流风余韵一直延续到今天，还是让部分国人心醉不已。自此之后，小说与政治紧密、直接地捆绑在一起，每有动向，小说往往最先作出反应。1980 年代末 1990 年代初兴起的新写实小说，似乎是掀翻重来，不再触及重与大的题材，只写日常生活，小说真是变轻变小了。其实，这也是针对政治作出的反应，因为自此之后，中国的日常生活全面去政治化，于是诸多小说家闻风而动，蜂拥而上，吃喝拉撒睡逐渐成了"重大题材"。美学界也难耐诱惑，于是"日常生活审美化"也轰轰烈烈地讨论了很久。

张楚的小说不同于梁启超的"大说"，但并不因此显得轻；张楚的小说也不同于新写实之轻，但也不因此就显得笨重。张楚的轻与重与此不同，他从不引"重大体裁"以为重或者轻。对于轻与重，张楚有自己独特的理解，他在这个轻而又轻的时代追问着重；对于如何表达轻与重，他也匠心独运，以反为正，轻也可以重，重也可以轻。

《七根孔雀羽毛》是典型的"张楚体"，这篇小说发表于《收获》2011年第1期，小说一出就好评如潮。其实，在此之前张楚曾写过一篇《地下室》，发表于《山花》2008年第14期，两篇小说存在着很多相似甚至相同之处，只是《七根孔雀羽毛》视角一变，情节也与《地下室》不尽相同。张楚自述道："可能觉得宗建明这个人没写透，没写活，还有话说，于是两年后有了这篇《七根孔雀羽毛》。"[①] 写完《地下室》，张楚意犹未尽，于是接着那些情节和人物，又写了《七根孔雀羽毛》。对张楚而言，这也有先例，他写完《樱桃记》之后尚有余力，于是又接着写了《刹那记》。这两个系列不同之处在于：《刹那记》之于《樱桃记》是接着写，《刹那记》可谓《樱桃记》之续篇，前后有承接关系，因此两者可合二为一，构成一篇更长的小说；《七根孔雀羽毛》之于《地下室》尽管也是接着写，写了宗建明离婚之后所发生的事，但很多情节都已经改写，甚至近乎重写，人物亦或进或退，不尽相同。通观这两篇小说，除视角、人物与情节的差别之外，关键之处在于：二者基调亦不同，《地下室》往下走，偏于阴，阴气过重；《七根孔雀羽毛》往上走，阴中有阳，阴阳平衡。《地下室》太重，一派肃杀之气；《七根孔雀羽毛》则举重若轻，虽然寒冷却时时透露出春光。

"地下室"这个意象天然就与阴沉、阴森、阴暗、阴郁、不光彩、见不

---

① 张楚：《一个人杞人忧天》，参见其博客 http://blog.sina.com.cn/s/blog_6f374b5f0100oh16.htm。

得人等相关。不独张楚如此，很多作家都写过“地下”这个意象，基本上都保持了这样的基调。阎连科的《坚硬如水》，也写“地下”，“地下”属阴，高爱军和夏红梅在地上“革命”，在地下做爱，且似乎做爱是革命的基础，阎连科以地下解构地上，以欲望解构“革命”。刘亮程的《凿空》也是如此，只是刘亮程的“地下”主要指人的经济欲望，人在资本的驱使下将大地“凿空”。《地下室》讲的那个故事本身就很沉重，过于阴郁，暗无天日；《地下室》中的主要人物皆如同“地下室”一般阴沉、阴暗，他们唯有身体，没有灵魂。一言以蔽之，《地下室》这部小说密不透风，几乎没有光。

《地下室》充满了纠结与矛盾，矛盾不得化解，人物郁郁不得舒展。《地下室》以“我”（马文）为视角，主要写宗建明与曹书娟之间的恩怨与纠葛，次一级则写了宗建明与殷小柔之间、曹书娟与郭六之间、马文与宗建明和殷小柔之间的纠葛，真是一团乱麻，剪不断，理还乱。宗建明与曹书娟从高中就恋爱，之后顺理成章地结婚，两人经历了诸多危机、苦难，一步步走过来，经济条件逐渐转好之时，感情却出现了危机，曹书娟傍上了大款郭六。《地下室》中没有正常的人，主要人物都被其阴暗面统治着，活在欲望和身体之中。殷小柔神经兮兮，卖掉自己的咖啡馆，从北京跑到小镇上，莫名其妙地喜欢上宗建明，并拐走其女儿；“我”没有事忙，颓丧，对于生活和工作皆无热情。《地下室》中的疙瘩一直没有解开，最后都诉诸更黑暗的手段。小说结尾一幕极其恐怖，曹书娟被宗建明囚禁在地下室，小说这样写道：“她披头散发，嘴里塞团脏兮兮的棉布，双臂反绑，两腿蜷缩，套着棉袜子的脚踝不时抽搐两下。她显然是在熟睡，而且在睡梦中噩梦连连。”

这就是张楚之“重”，尽管他写的都是小人物和日常生活，但是他有大的关怀。张楚写出了现代人生活之轻，唯有欲望和身体，没有灵魂和精神。经济发展了，但世界变得荒谬了，人也可能因此就堕落了。幸福与经济发展未必成正比，幸福除了欲望之外，还要关乎灵魂，可是现代人丢失了灵魂。于此，张楚痛心疾首，随之，他以沉重之笔写出了现代人“地下室”一般的生活状况，只是张楚的《地下室》以沉重写沉重。

《七根孔雀羽毛》叙述视角一变，宗建明直接出场，成为叙述者兼主要人物；《地下室》中的叙述者马文退场，他仅在开篇一闪，然后迅速地消失；另外一个人物康捷出场，成为贯穿全文并疏通关节的重要人物。《地下室》写了宗建明与曹书娟离婚之前的故事，《七根孔雀羽毛》则写了他们离婚之后的故事。离婚之后，宗建明不务正业，日夜豪赌，财产荡然无存。期间，宗建明几经更换情人，戒赌之后，则开始与李红同居。《七根孔雀羽毛》一如《地下室》，还是充满了纠结与疙瘩。宗建明与曹书娟之间因为儿子小虎重新挑起了矛盾，由此牵一发而动全身，于是又有了宗建明与李红之间、宗建明与丁盛之间的矛盾。除此之外，小说还穿插了丁盛和其儿子李浩宇之间的矛盾，作者巧妙构思，通过康捷，让这两个本来互不相干的矛盾交织在了一起，宗建明参与了杀害丁盛一案。如此一来，整篇小说情节更为紧凑，故事的悬疑之色也增添不少。文中的主要人物依然都有问题，老人物依旧如此，新出场的人物，诸如康捷、李浩宇、丁丁也都各有问题。康捷，一个小老板，日夜为钱财奔波；李浩宇，一个基督徒，信仰亦不能解决他的问题，终于做了"突破道德底线"之事；丁丁，一个小孩子，但却患了自闭症。他们都被阴郁主宰了命运，过着"地下室"一般的生活。

从《地下室》到《七根孔雀羽毛》，小说的主题基本未变。关于这篇小说，张楚有一句话说得极好，也能见出其创作小说的用心——"他们如此热爱物质、热爱机械、热爱权色，他们从来不会停下脚步，等一等自己的灵魂……"[①] 这就是张楚小说之重，他要在轻的生活中寻找重，要在肉体之外呼唤灵魂。

《地下室》到《七根孔雀羽毛》尽管主题几乎未变，但基调一变，小说的主要意象从"地下室"变为"孔雀羽毛"，两部小说于是呈现出极为不同的风貌。"地下室"意象为《地下室》这篇小说奠定了基调；"七根孔雀羽毛"意象则为《七根孔雀羽毛》定了基调。"七根孔雀羽毛"在小

---

① 张楚：《一个人杞人忧天》，参见其博客 http://blog.sina.com.cn/s/blog_6f374b5f0100oh16.html。

说中出现次数不多，于情节和故事似乎无足轻重，但“七根孔雀羽毛”却如同宗建明的命根子，他从大学珍藏至今，也一直不舍得送给丁丁。仿佛张楚也只是随手一提，但“七根孔雀羽毛”却是神来之笔，有无“七根孔雀羽毛”对于这篇小说而言至关重要。“七根”云云，可以配上七日来复，事情尽管已经糟糕得一塌糊涂，但在“复”中转机与生机已经隐约可见；“孔雀羽毛”则是上升之物，“羽毛”与上进、进步、飞翔有关，这关乎灵魂，所以庄子以《逍遥游》为始，《逍遥游》以大鹏高飞为始。肉体则与“地下室”有关，没有灵魂的肉体就会下降、沉沦、堕落。有了“七根孔雀羽毛”，张楚就举重若轻，其重就以轻的方式表达了出来。“七根孔雀羽毛”也如同一缕阳光，照破了“地下室”的黑暗，小说尽管写了丁盛被谋害，宗建明被捕入狱（监狱也可谓“地下室”意象之变），似乎情况已经坏到了极点，但是小说结尾却是大放光明——“中午的阳光透过铁栏杆射进来，在肮脏的地板上打着形状不一的亮格子，不计其数的灰尘在光柱里安静地跳舞。那一刻，我谁都没想，我谁都想不起来了。我只知道，阳光躺在眼皮上，太他妈舒服了。”

张楚懂得这些，他也一直这么在写，只是意象会随着具体的小说有所变化而已，由此他也找到了自己的写作道路。“七根孔雀羽毛”如同“曲别针”“U形公路”“蜂房”“长发”等意象，都是举重若轻，将重如泰山的问题随手化掉，这是典型的张楚小说。在这些小说当中，主人公都面临着问题，都不幸福，都在矛盾中挣扎，都被“地下室”主宰，但那些“孔雀羽毛”和“曲别针”们却闪烁着光芒和希望，引人上升。比如《曲别针》，这篇小说就是将这两种矛盾巧妙地体现于一个人身上。诚如李敬泽所总结的——“在《曲别针》里，一个男人在城市的雪夜中游荡，他既是商人又是艺术家，既是丈夫又是嫖客，既是慈爱的父亲又是残暴的凶手，他高贵而卑下，他在四分五裂的内在崩溃中挣扎。”[1] 艺术家、丈夫、慈爱的父亲这一面与“曲别针”有关，“曲别针”尽管迂回曲折，但尚可重塑，志国曾经的理想、高贵、上进都凝聚于曲别针之中。张楚在追问：艺术家

---

① 李敬泽：《真正的文学议程》，《文学界》2009年第9期。

怎么就变成了商人，丈夫如何变成了嫖客，慈爱的父亲为何变成了残暴的凶手，高贵的人为什么变得如此卑下？这就是张楚之重，但是他将这些都浓缩进了"曲别针"这么一个轻柔的意象之中。

张楚说，他这是"一个人杞人忧天"，这很好。小说家要有"忧天"的气魄，否则只写具体人物和小场景终是显得小气，"忧天"云云就是要对时代的根本问题常怀忧虑。张楚看出一个时代的问题，他忧心忡忡，以小说呐喊，这就是其重；他或许恐怕我们不能承受如此之重，于是化重为轻，以"七根孔雀羽毛""曲别针"这些轻柔的、上升的意象来表达重。如此，在张楚的小说中，轻与重，阴与阳达到了平衡。

2011 年 4 月 4 日于西坝河

献给先锋文学的吻

——读张楚的小说《献给安达的吻》

张楚作品不多，人也懒散，在与朋友喝酒之余也每年写几个中篇，但每篇的质量都很高，每有新作必引起一片惊叹。张楚有其写作的速度和节奏，就每年看作品较少，但是这些年一路写下来，其作品数量亦较为客观了。小说家张楚，这个形象也逐渐在文学界清晰起来。

张楚是税务官，在现实中他不得不处理无数日常的琐事，不得不应付各种事情；张楚又是一个小说家，他忧心忡忡，以小说去摇旗呐喊。每个作家都有其喜欢的意象，一个作家也牵动着一个意象群，由这些意象，或能理解其整体；一个作家之变，表现在作品上就是意象之变，从变化的意象中，也能理解其所变化的轨迹。将这篇《献给安达的吻》与其后来的作品对照起来读，张楚变化的轨迹就比较明晰了。

这篇《献给安达的吻》是张楚“极早极早”的作品，这与后来的《曲别针》《七根孔雀羽毛》等风格迥异。后来，张楚没有沿着《献给安达的吻》这条路走下去，他一转身，走出了自己独特的路，张楚就成了张楚。在这条路上，作为小说家的张楚逐渐树立了起来，可是这条路还是依稀可见张楚未转身前的身影。具体地说就是，张楚虽然不是先锋作家，但是他与先锋文学之间尚有着千丝万缕的关系。

《献给安达的吻》充满了先锋的色彩，两个主要人物“张楚”和安达，神神鬼鬼，若存若亡，不知道是“张楚”制造了安达，还是安达制造了“张楚”，不知道“张楚”就是安达，还是安达就是“张楚”。小说是如此含混，恍兮惚兮，充满了歧义，不知是两个人之间的交往和对话，还是一个人的独白抑或狂想。"张楚"之名直接进入小说，这也是典型的先锋文学笔法，比如马原总是说"我就是那个叫马原的汉人"，当时真是所向披靡，唬倒一片。《献给安达的吻》这篇首尾几乎一致，亦是先锋文学常用笔法。"张楚"（注意，这里的张楚是小说人物张楚，现实中的张楚我敢肯定绝对神志清醒，因为他玩杀人游戏的时候总是分析得头头是道）或许已得"幻想症"，外甥安达只是其幻想而已。"张楚"，这个小公务员在生活中四处碰壁，他和老婆丁兰磕磕碰碰、吵吵闹闹，几乎到了要离婚的境地，他在单位本来春风得意，眼看着要提拔为副局长，可是转眼事情又黄了，空欢喜一场。诸多的不如意，压抑着"张楚"，他需要一个宣泄的对象，将其心中的苦闷发泄出来，这时候安达就出现了，他可以和"张楚"一起喝酒、谈天、宣泄。安达，这个来路不明的小男孩，这个神秘的小男孩，这个"精神病患者"，到底是谁？他实有其人还是只是"张楚"的幻想？小说处理得很隐晦，这些可能性都存在。"张楚"是男人，安达是男生，这篇小说的名字却是"献给安达的吻"，可是这篇小说又不是白先勇《孽子》类的小说，那么安达是谁，安达是什么？安达或许是"张楚"的初恋女友，那个散发着"橘子香味的女孩"，可是他们不久就分手了；"安达"或许也是"张楚"在婚宴上认识的那个情人，他们偷情三次，之后她就神秘失踪了；安达或许也是"张楚"的儿子，他在丁兰的诱惑下种下的儿子，后来名为"张安达"。安达或许就是由"张楚"的记忆和想象塑造而成，他是这些人，他又是这些人的结合体，他代表了"张楚"的过去、现在和将来的光明与美好的一面。"吻"是气息相通的一种方式，是交流之象；"献给安达的吻"就是渴望交流之象。"张楚"极为孤独，在现实中他没人可以交流，只好有这么一个安达，可以将吻献给他。

那么，若如此，这篇《献给安达的吻》就是一个"幻想症"患者的病例，如同《狂人日记》，是一个迫害狂写下的日记。《狂人日记》中的"迫害狂"有所担当，他尚有英雄的品质，他的"疯狂"不是因为一己之私利。《献给安达的吻》中的"张楚"之所以患上了幻想症，只是因为官场不得志，现实中对老婆不满意，仅此而已。"张楚"不是英雄，只是一个小人物，他不是因为担当而疯狂，因为患得患失而疯狂。狂人发疯，或许有理由，盖因时代和现实所迫，不得不以“寓言”的方式说话。《献给安达的吻》也表达得曲折隐晦，似表达官僚体制对人性的压抑，似表达现实对曾经有想法的年轻人（“张楚”曾在书店买《发达资本主义时代的抒情诗人》）的不公，大体上能见出1990年代大学毕业生在工作岗位上的心理状态。这篇小说有些不得体，如同瘦子穿了胖子的衣服，瘦子显得更为瘦弱，衣服则显得更为肥大。

先锋小说，有一个问题就是形式胜过内容，这篇《献给安达的吻》也有这样的问题。1980年代的年轻人，或许经受了压抑，他们以形式为内容，去反抗压抑，去表达不平，形式胜过内容还有其道理。但这终不是长久之道，内容若不充实，形式迟早会干枯；若过分追求怪力乱神，而本身尚不到能见怪力乱神的程度，那么对写作者会有伤害。

《献给安达的吻》其实简单，写一个小公务员的烦恼、苦闷、委屈、怨恨而已。若今天张楚再来写这样一个故事，就是另外的风貌了，会显得平实朴素，不会如此花哨和缠绕。其实看少作能将一个作家看到底，但是张楚力量较大，他能一变，其作品风貌亦随之一新，他后来逐渐摆脱了先锋作家的影响，走出了自己独特的路。《献给安达的吻》通篇是先锋文学的意象和氛围，后来，这些先锋文学的意象逐渐减少，先锋文学的氛围逐渐消散。可是“安达”似乎一直没有离开过张楚，“安达”阴魂不散，不断地变幻形象，只是变得平实了、朴素了，变成了“曲别针”，变成了“七根孔雀羽毛”，变成了“长发”，变成了“蜂房”等。这些意象在张楚的小说中，都颇为典型，或许亦是理解张楚的一把把钥匙。在这些意象中，张楚还保留了其先锋性和繁华的色彩。

“我们都是有病的人”

——戴来论

在“70后”作家中，戴来崛起极早，她为文学界贡献了很多优秀的作品，出版过《后来》《关系》《鱼说》《对面有人》《鼻子挺挺》等。而且，戴来的势头非常好，至今都不时有佳作问世。

戴来喜欢写“有病的人”，她笔下都是小人物，这些男男女女、老老少少往往没有平正的性情，不能循礼而动，他们陷入情结以及悲苦、爱恨的情绪之中，逐渐形成业障，或说出一些出格、恶毒、伤人的话，或做出一些奇怪、害人害己的事。这些事有大有小，有的止于潜意识，似有若无，有的虽不合礼，但事端不大，有的则一团糟，不可收拾，有的甚至酿成了悲剧，造成伤亡。戴来的小说往往给人以虚无感，人物迷迷糊糊，精神困顿，故事中几乎没有光。李敬泽如此评说戴来笔下的人物：“他们是未能跟上‘进步’和‘发展’节拍的人，他们是被欲望折磨而又无能的人，他们是在狭小的可能性边界内苦闷、挣扎的人，他们是眼看着世界改变、时间流逝而惶惑不安的人，他们是连‘伪意义’都无从把握不得不忍受内心荒凉的人，他们是平庸的人，呆在他们平庸的城市，守望岁月和时代潮流。”[1]

“病人”体现在精神状态上，他们或感百无聊赖，或觉空虚寂寞，或觉世界毫无意义，他们或内心纠结不安，或已经陷入疯狂；“病人”也体现在行动中，他们举止慌乱失措，他们乱伦，他们犯罪。

1949年之后一个较长的阶段，中国当代小说中的人物健康、活泼，

---

① 李敬泽：《失败者和他们的城市——戴来短论》，《山花》2003年第10期。

充满激情，因是新中国成立之初，人人皆精神百倍，之后则日趋亢奋。1978年前后，文学人物经历了控诉，经历了诉说"伤痕"之后，也呈现出刚健清新的感觉，因为拨乱反正，中国开始了"新时期"。近年，文学中的"病人"越来越多。戴来笔下的小人物一派病态，哲贵笔下先富起来的一部分人也是病人，吴玄笔下的知识分子成为"陌生人"，也是病人之一种。戴来或许感受到了这个时代的无头绪，感受到了时代缺乏共识与目标，所以笔下的人物往往都是"有病的人"。

戴来写了各种各样的病人：工人、退休者、作家、公务员、编辑、主持人、纨绔子弟等。戴来也从各个角度写人世中的病人，但往往都写男女之间：夫妇之间、朋友之间、父女之间、叔嫂之间等。男女之间在戴来的小说中往往出现了问题，原有的秩序往往被打破。

戴来非常喜欢写夫妇之间的故事，她要说夫妇之间有病。"我们夫妇之间"是文学极为重要的主题，夫妇乃是人伦之大者，人间万事造端乎夫妇，夫妇定，则万事定，夫妇乱，则万事乱，因此理解时代可由"我们夫妇之间"始。萧也牧《我们夫妇之间》可以见出1949年的时代精神，李准的《李双双小传》可以见出1960年的时代精神，戴来写了诸多"我们夫妇之间"的故事，或可以见出今天的一些问题。

戴来虽是女作家，但很少选择女性视角。她往往以男人（丈夫）自居，深入他们的内心，写出他们的意识与潜意识。这些男人不是外表光鲜的成功人士，大多是小职员，在现实中窝囊，四处碰壁。戴来笔下的夫妇之间，往往有一个或隐或显的第三者，且这个第三者一般寡居。男的蠢蠢欲动，夫妇相处久之，难免审美疲劳，于是潜意识萌动，见诸言行，造作出一些业障。戴来笔下有老年夫妇，也有中青年夫妇，夫妇之间毫无情感可言，彼此厌倦，甚至互相争吵、争斗，有的处于离婚边缘，有的已经离婚，有的是同床异梦。这类故事，譬如有《在床上》《向黄昏》《在卫生间》《顺便吃顿饭》《剧烈运动》《给我手纸》等。

《在床上》写老张与妻子朱秀美之间的故事。小说首句"老张不无厌恶地推了推身边那个体积庞大的朱秀美，后者此刻正仰面而躺，打着震天的鼾，一点反应也没有"，已为小说奠定了基调。他们是老夫老妻，处乎同床异梦的状态，老张失眠，朱秀美打鼾，不可调和。"躺在床上睡不着的时候，老张时常会想到王芳。"王芳离婚寡居，小说写道："一个女人离了婚，似乎就有了某种公共性，就像是街心公园的石凳。""寡妇门前是非多"，戴来喜欢写离婚者，是非多，故事性就强。老张蠢蠢欲动，半夜难耐之际，竟然拨通了王芳的电话。

《向黄昏》写老年夫妇，"向黄昏"化用了"夕阳无限好，只是近黄昏"意象。老童曾是车间主任，现已退休，在家百无聊赖，偶有性趣，亦被妻子拒绝。陈菊花是老童的妻子，一度曾风光无限，是工厂领导，风风火火，但因工厂每况愈下，逐渐颓唐，家庭地位亦下降。两个老人之间彼此厌倦，老童精神上出轨，对小赵陷入了性幻想，陈菊花也觉得生活无趣，于是搬入老年公寓，家庭生活分崩离析。

《在卫生间》写老叶和王鹃夫妇之间的纠结。老叶一直使用公共卫生间，这成为其心结，有了独立卫生间之后，老叶喜欢蹲在抽水马桶上回忆往事，感慨现在。老叶的老婆似乎与一个教历史的"小白脸"相好，但俱往矣，现在他们夫妇之间只剩下厌倦与磕磕碰碰。

《顺便吃顿饭》写安天婚后百无聊赖，竟然在无意识中一步步走向了犯罪。小说涉及几个主要人物：安天、其老婆、其情人、寡妇余铃、被强奸的女中学生。安天厌倦了无聊的婚姻生活，下班后不想回家，于是在外游荡。他先是在老情人余铃处遭到拒绝，于是在外独自喝闷酒，毫无由头地跟踪恋爱中的俩中学生，且在公园强奸了那位女生。

《剧烈运动》是一篇非常优秀的作品，小说写程翔与何天雯这对年轻夫妇之间的故事。程翔是不思进取的小公务员，何天雯离婚之后与其再婚。夫妇之间毫无激情，同床异梦，彼此猜疑、窥视。某女生在废弃的洗浴城中被强奸，这条新闻撕开了这对夫妇之间的和谐的外衣，显示出二人之间巨大的鸿沟。何天雯以为强奸者即是其丈夫，于是跟踪他。程翔面对这条新闻亦想入非非，他亦渴望出离按部就班的生活。于是何天雯的怀疑似乎逐渐坐实，程翔"承认"了他就是那个强奸者，且说出大量细节。可是，一条新的新闻揭开了真相，原来高中女生并不是被人强奸，而是与其男友偷食了禁果。

《给我手纸》写岑晟与刘逸梅这对夫妇，岑晟因为爱上买房者汪菁，和老婆闹离婚。因刘逸梅自杀未遂，离婚之事搁浅，但夫妇之间也陷入冷战，彼此恶言相向。汪菁也因为岑晟不能离婚，而对他充满了怨恨。

戴来笔下的病人，还体现于男女之间混乱的关系之中。本来男女有别，夫妇有别，父女有别，兄妹有别，叔嫂有别，朋友有别，于是人世间清清爽爽，马走马路，象走象路。但是有病的人将清楚明白的关系弄得混乱，拖泥带水，马走了象路，于是朋友的女友成了自己的女友，自己的女友成了朋友的女友，"爱上朋友的女友"是戴来小说中极为重要的主题。于是，原来清清楚楚的朋友关系竟然成了一笔糊涂账，这类小说有《之间》《粉碎》和《鱼说》等。关系混乱发展到极端就是乱伦。人世的各种关系若各归其位，处于所当处，人世就清明。一旦乱伦，原来正常的各种关系就会大乱，父亲喜欢女儿，哥哥喜欢上妹妹，这类小说譬如有《在澡堂》《爱人》等。

《之间》写四位朋友之间的混乱关系，他们之间变得极为复杂。樊朴喜欢刘好，她的丈夫入狱，现正寡居。钟良飞是樊朴的朋友，他被女友钱小铃（刘好的闺蜜）逼婚。然而，四人关系变得混乱起来，原来钟良飞和刘好想好，刘好与樊朴交往只是为了迷惑钱小铃。但是，樊朴和钱小铃在交往过程中，却也成了一对。

《粉碎》写两代人的关系，写因果报应，两代人之间关系极为混乱，最后至于造成了"粉碎"的结局。古天明是小说核心人物，他是作家。他的母亲林芹与叔叔古恒随私奔，古恒随更名为任浩，也因车祸而易容，现在是著名主持人。古天明见到任浩之后，试图查明真相，于是对与任浩相关的人展开了调查。调查过程中，古天明亦易容，逐渐抛弃了妻子，与卢小惠相爱。古恒随与其母亲的儿子小山则一直暗恋卢小惠，他忍无可忍，持刀扎伤古天明，自己也跳楼身亡。

长篇小说《鱼说》人物关系复杂，且极混乱。宋强与左铃已经领证但未举行婚礼，左铃怀孕之际，宋强玩起了失踪。周密是作家，他是宋强的好友，临危受命，照顾左铃起居。左铃产下一子，但宋强已与前女友刘小骊结婚，于是左铃心灰意冷，回到西安。儿子因先天性心脏病而夭折，左铃亦郁郁而终。周密喜欢上了左铃，心中大恸。之后，周密的女粉丝吴蓉出现，二人逐渐相爱，孰料她竟是左铃的表妹。期间，周密的前女友唐萍忽然出现，但已是艾滋病患者，因为误解，周密与吴蓉出现波折。《鱼说》虽然弥散着一股虚无之气，但最后却"亮了一下"，周密和吴蓉之间终于走在一起。

《在澡堂》写小安与男友的父亲老徐第一次相见的故事。老徐约小安在澡堂"赤诚相见"，这是老徐的杀手锏，女儿已经大龄，但老徐已略显变态，他想将女儿留在身边，于是在澡堂中前后拒绝了女儿的几任男友。

《爱人》中的人物似乎都有病。"我"是作家，陷入偷窥癖，不能自拔。"我"偷窥马力，楼上亦有人在偷窥"我"。《茄子》亦写偷窥，小说涉及老孙、小孙、小孙前女友梅子、姓费的姑娘，他们都不平正。老孙和小孙是父子，是彩扩店老板。老孙看到费姓女子照片，想入非非，以正义之名与之联系；小孙不能与女友好好相处，亦陷入意淫，也与费姓女子联系。《爱人》也写到乱伦，马力喜欢上他的妹妹，屡屡拒绝妹妹的追求者。其妹妹慌乱中发生了车祸，精神失常，马力带着她在外偷偷地生活。

"病人"之病若尚能控制在一定范围之内，尚无大碍，若超出范围与限度，则会发展为疯狂，甚至犯罪，于是自杀或杀人。戴来的小说中疯子亦是常见的意象，他们往往陷入某种心情不能自拔，心性失控；伤人者、杀人者、自杀者亦常见于戴来的小说，这些人不能忍一朝之忿，怒而杀人，或不能忍受一时的悲苦，于是自杀。这类小说譬如有《等待》《缓冲》等。

《等待》写陈老太太的故事。因孙子持刀杀人，陈老太太陷入焦灼的等待。其孙子因女友被抢，持刀杀人，被判死缓。这样的情节在戴来小说中时常出现，譬如《粉碎》，小山捅伤情敌，然后自杀。《等待》中还出现了一个疯女人，她或因情感问题而疯狂，亦在等待某个情人到来。

《缓冲》主要写卞通，亦涉及倪一。卞通陷入虚无，厌倦了工作和生活，辞职赋闲在家，四处游荡。某日，他偶游火葬场，见到倪一，她因丧弟而陷入悲苦之中。卞通逐渐喜欢上了她，二人有所交往，可是不久倪一自杀，卞通陷入深深的悲哀。

2014年2月9日于太阳宫 Costa Coffee

校园内的青春

——李师江《中文系》与赵薇《致我们终将逝去的青春》

一　追忆青春年华

时至今日，1970年代出生者已近四十或已过四十，逐渐步入人生中年。此时，无论事业有成与否，难免偶尔怀旧，追忆似水年华，怀念大学时光，或感慨，或难过，或觉幼稚，或发出欢笑，或依然悲伤。一些作家或导演，用笔与镜头追忆了青年年华，尤其是大学时光，一方面是对自己青春年华的记录，另一方面也引发了有类似经历者的强烈共鸣，而对于非同代者，亦能由此了解他们的经历、心态、青春时光等。

正青春和具有如何度过青春的知识往往并不同步。恰青春年少，热血沸腾，一般不会安心求学，若无政治志向，会将能量投入到爱情之中。爱情可以给年轻人以各种体验：焦虑、甜蜜、幸福、高兴、悲苦、颓唐、放纵等。由爱情经历，青年人可以一步一步长大，体验到人生最初的艰辛和不确定。及至老之将至，或已具备如何度过青春的知识，可是青春已然不在，于是有了回忆，也就有了怀旧。

近年，有两部描写校园青春的作品颇引人注目：一为李师江的长篇小说《中文系》，二为赵薇导演的电影《致我们终将逝去的青春》。下文分别论之。

二 《中文系》

李师江，出生于1974年，本科就读于北京师范大学中文系，1993年入校，1997年毕业。之后，李师江陆续写下几部作品，颇获好评。在北京师范大学读书的经历，日后逐渐化为李师江的创作资源，成就了这部《中文系》。

北京师范大学是老牌高校，师范类全国第一，乃培养老师之地，其中文系名家甚多，亦驰名海内外。李师江的小说虽未直言背景是北京师范大学，但其中流露出多重证据，一看即知所写乃是北师大。读者了解北师大，或可以通过学校简介，或可以通过校史，但往往只能了解大概。但是通过这部小说，可以深入了解、理解一所学校的日常生活、生态、学生、老师、学校制和学校风气等方方面面，仿佛身临其境。

小说名为《中文系》，亦颇能引发读者的兴趣。中文虽国人人皆能言之，但中文成系，对于大众还是隔膜，因为入其中者少。据说中文系出作家和诗人，男学生困顿而忧郁，披发行吟，纵酒吟诗，是男才子，女学生温柔娇小，多愁善感，见风雨而心伤，睹花开叶落而泪流，是女才子；据说中文系以读诗、读小说为业，日日接受文学熏染，其中男女该是何等神仙人物啊；又据说中文系风花雪月，学生们谈情说爱，极其浪漫；又据说中文系名家辈出，教授们可以倒背《楚辞》，正背《庄子》。但百闻不如一见，李师江的《中文系》能够使人了解一个真实的、有烟火气的中文系。

中文系的男女生们喜欢舞文弄墨，近水楼台先得月，切问而近思，往往会从中文系下手，由此练习写作。故中文系容易进入文学作品，且口碑未必好，中文系中人容易成为文学中人，然而口碑亦未必好。譬如，李亚伟亦曾写过《中文系》一诗，该诗由大而小，也以小见大地描写了中文系的情况。其中有些句子颇为到位："中文系是一条撒满钓饵的大河，浅滩边，一个教授和一群讲师正在撒网，网住的鱼儿，上岸就当助教，然后，当屈原的秘书，当李白的随从，当儿童们的故事大王，然后，再去撒网，有时，一个树桩般的老太婆，来到河埠头——鲁迅的洗手处，搅起些早已沉滞的肥皂泡，让孩子们吃下。一个老头，在讲桌上爆炒野草的时候，放些失效的味精，这些要吃透《野草》的人，把鲁迅存进银行，吃他的利息。”李亚伟此诗批评了中文系的不良之处，“吃沉滞的肥皂泡，吃鲁迅的利息”，但也有“狂禅”成分，若不做“屈原的秘书，李白的随从”，如何成为屈原、李白？当然，若李亚伟真有能量，学屈原之所学，李白之所学，或能与之比肩。但现在看来，李亚伟言过其实了，他没有这样的能量，故该诗狂而不实。

《中文系》一诗虽可以写细节，但限于诗歌之特征，只能轻轻一点。欲了解细节，还须小说。李师江的这部小说虽名为《中文系》，但主要描写中文系的学生，兼及中文系的老师，也涉及大学体制管理制度等问题。

写学生，李师江不是面面俱到，而是以寝室为中心，“我”师师又是中心的中心。《中文系》大致写“我”，由“我”的交往圈子见出中文系其他男女同学、老师，或联谊寝室数学系的情况。写“我”又以两个方面为主：爱情与友情。大学时，人际关系单纯，亦少利益纠葛，只此两方面最为重要。另外，也写了“我”与老师们之间的冲突，写了“我”的勤工俭学等校外经历。

“我”与外校被开除的凯子谈诗投机，逐渐引为知己，无所不谈。凯子是外校才子，不知何故被开除，无颜回家，只好窝在“我”的寝室，终日睡觉，无比颓唐。凯子衣食无着，靠“我”周济度日。左堤，中文系的才女，“我”喜欢她，但不敢表达，只好委曲通过凯子，欲与通辞。孰料，虽然“我”曾倾囊供凯子赴三峡旅游，但凯子竟邀左堤同游，终于她成了凯子的女友。“我”处于左右为难的境地，心中愤懑可知。之后，事情又有变化。凯子外出工作，境况好转，另有了新欢。左堤自杀未遂，被解救。“我”孜孜不倦，一直追随左堤左右。孰料，半路杀出个青年教师，这段恋情一波三折。一直到离校前夜，“我”与左堤方才在精神与肉体上结合了，然而，彼此就要各奔东西了，小说至此戛然而止。《中文系》是一部使人伤心的小说，读完，很多人或许会流下眼泪。

“我”颇为自得，因为屡屡迟到、无故离校等原因，和几位老师起了冲突。青年人热血沸腾，读书略有所得，即以为其余不足挂齿，故易目空一切。不过，另一方面，也能够见出大学中文系老师确实泥沙俱下，以学问道德服人者鲜矣。由这部小说，也能够看出大学体制、管理方面的一些弊端。若欲了解1990年代大学中文系情况，这部书可以借鉴。

《中文系》还写了寝室中其他人，"大师"，成绩优异；"阳痿"，对于男女之事似无所感，最后却最早结婚生子；梁档，对于女生档案了如指掌。同时也写了联谊寝室数学系女生们的情况。四年下来，两个寝室情感纠葛甚多，非复从前一般单纯。

《中文系》还提到了几位老师，虽为虚构，但大致有所本，譬如某年轻老师重排中国现当代文学大师座次，曾引起较大的风波，业内人士皆知。宗璞《南渡记》、何兆武《上学记》等写西南联大诸位老师，活灵活现，那些老师们的八卦极有趣味，能够看出很多东西。因为学术与人生，二者其实一也。

《中文系》文风朴实，没有虚华的东西，以细节取胜，因为李师江有着实实在在的大学生活，他与大学生活不隔，所以尽管只是写实，亦能引人入胜。

三 《致我们终将逝去的青春》

《致我们终将逝去的青春》只讲了一个完整的青春故事，除此之外不足道也，但票房竟然极好，上映三天就有1.4亿元票房。电影《致我们终将逝去的青春》是一个综合文本，其中有很多人的能量加入。首先是作者辛夷坞，她是网络作家，有一定的人气。其作品有小清新的风格，略带文艺腔，所以受到部分有此气质者追捧。其次是导演赵薇，她是当红女星，因为饰演《还珠格格》中的小燕子而名闻国内。我一度认为，赵薇很难转型，她饰演的其他角色都有些疯疯癫癫，但这部电影一出，让我对她刮目相看。再次是王菲，她唱的主题曲也为电影助力，其歌声确有特点。王菲被誉为天后，又因为近年家庭风波，被推到媒体的风口浪尖。再就是关锦鹏以及各位演员本身的人气。这几股力量各有数量巨大的粉丝团，合在一起，应该会积聚起人气，再做好宣传，这部电影热卖就可想而知了。

《致我们终将逝去的青春》也是写1990年代的大学生活，但并未止于大学内，还接着写了同学们毕业之后的情况。

寝室是生活空间，室友们朝夕相处，有很多故事，亦会有纠纷。但随着年月流逝，纠纷都会淡忘，美好的一面会日益显示。高晓松《睡在我上铺的兄弟》一曲红遍大街小巷，室友分别时，往往高唱“睡在我上铺的兄弟，无声无息的你，你曾经问我的那些问题，如今再没人问起，分给我烟抽的兄弟，分给我快乐的往昔”，以此表达对彼此的情感。大学同学各奔东西之后，与同班同学联系或少，但室友们往往联系较多。以小说或电影写大学时，亦往往从寝室入手。

《致我们终将逝去的青春》描述了一个女生寝室的情况（电影《小时代》亦写一个寝室的故事），电影描述了她们的不同的性格、经历和命运。这部电影偏向于大学生的日常生活，更主要偏向于情感生活。因为学习乃是个人的事情，个人之进步，境界之提升很难外化为影像，不会有精彩的故事，亦难引起较大的共鸣，所以电影对此鲜有涉及。而日常生活，尤其是恋爱经历，其中有多少故事啊，又会有多少共鸣啊。郑微和陈孝正的关系是电影的重头戏，他们开始是路人，之后成为死对头，几经较量。但郑微却逐渐爱上了对头陈孝正，于是疯狂地缠追，二人终于成为恋人。毕业之际，情况急转直下，忽然传来消息，陈孝正即将出国留学，而郑微却一直蒙在鼓里。于是二人分开，郑微陷入幻灭。几年之后，陈孝正功成名就，他归来欲复旧情，但遭郑微拒绝。陈孝正为了目的不惜手段，故成为渣男。阮莞温柔体贴，善解人意，屡屡纵容男友，曾为之堕胎，男友有新欢亦原谅了他。几经风波，阮莞婚嫁前夕，为了见男友最后一面，意外车祸而亡，令人叹息。黎维娟，出身贫寒，她读大学目的明确，为了嫁有钱人，要乌鸦变凤凰。所以，她毅然抛弃了没有考上大学的男友，毕业后嫁入豪门。虽未必幸福，但却乐在其中。陈小北似男孩，因为被超市冤屈偷盗，一时性起，砸烂了小超市，遂被开除。除此之外，电影还描述了其他几个男生，写了他们有不同的家庭背景、不同的性格、不同的经历等。

《致我们终将逝去的青春》还反映了毕业生去美国的情况，陈孝正放弃爱情，去了美国。1980 年代之后，大学生毕业纷纷赴美。赴美前后、在美期间，有多少悲欢离合的故事啊。《致我们终将逝去的青春》以影像描写了这样的故事，电影《中国合伙人》也写了类似故事。

《致我们终将逝去的青春》只有一些校内校外的故事，只是打怀旧牌而已。"致我们终将逝去的青春"之"我们"是谁？非常明确，就是1970年代出生者，且读过大学者。这部电影既是赵薇纪念自己的青春之作，也是献给同龄人之作。"我们"怀旧是追忆大学生活、情感，这样的故事容易引起"我们"的共鸣。

2013年12月22日于西坝河

第二辑

东君、艾玛、哲贵等是具有潜力的“70后”作家，他们正在崛起，为文学界贡献了许多力作，展示了这一代作家的丰富性。

从先锋文学到中国传统

——东君创作论

东君，原名郑晓泉，1974年出生于浙江温州。东君以小说创作为主，兼及诗与随笔。近年来，东君以创作实绩引人注目，若干作品刊于《人民文学》《花城》《十月》《收获》《作家》等文学刊物，并入选国内外各种年度选本，多篇作品被《小说选刊》等转载。近年，东君也频频摘获国内大奖，曾获2010年度咖啡馆短篇小说奖、2011年第九届《十月》文学奖、《人民文学》短篇小说奖等。

东君典出屈原《九歌》，意谓太阳，以此为名，可知其胸襟与志向。东君经历丰富，迄今其志向凡有三变：起初立志做画家，然而未成；之后想做武师，某次比赛被对手打倒后亦改变主意；终于弃武从文，成了作家。

纵览东君创作，可知他经历较长的先锋文学阶段，但近年逐渐向中国古典寻求资源。由于所取资源不同，东君小说前后呈现出极为不同的风格。东君的抉择非常重要，中国当代青年作家谈起西方作家、作品头头是道，但对于中国古典与现代作品却普遍隔膜，以为不足道也。晚清以来，中国所面临的最大问题是中西相遇，理解西方是几代中国人的责任，但诸多青年作家所阅读者只是西方现代主义作品，这只是西方局部的局部。西方现代主义作品较为简单，且这些作品有较强的形式感，一旦学习，很容易上手，亦可较快地运用到自己写作之中，做到形似。这些作家自以为有得，沾沾自喜，如此造成两个后果：一、根本不理解西方，二、也不理解中国。这些作家所凭借的资源只是自己的经历与部分西方现代派作品，如此断难成为大作家。东君“西天取经”之后，回到了中国，试图阅读中国古典作品。这条路颇难，但如果走进去一点，作品会两样一点，走得再深入，作品还会有变化，虽然没有底，但自己会从中受益，有的人终会看明白。东君曾评价莫言道："莫言往传统的深处退一步，就是向世界文学前进一步。"这也是东君致力要走的路。

在一次访谈中，东君自述读书历程："我喜欢读的书的确有点庞杂，但最喜欢读的还是中国古代的笔记小说、欧洲现代派作品（包括诗、小说、戏剧）。我从海明威、卡佛那里学会了如何使用隐匿材料；从贝克特、加缪、图森那里我学会了如何用一种冷静、低沉的语调说话；从蒲松龄、博尔赫斯、周氏兄弟那里我学会了如何更简洁地调遣文字；从芥川龙之介、川端康成那里我学会了如何尊重本国的传统文化，使之有效发挥。早些年，我写作之前要先看看博尔赫斯或卡夫卡，现在呢？我是写完一部作品之后再看看他们。一前一后，感觉是完全不一样的。"[①] 解析这个书单，可知东君目前状态与所居之境界：东君有文人的气息和趣味，故喜谈禅，喜书法，亦喜古琴。东君目前的气象较之于从前已然两样，此前他写作之前看博尔赫斯、卡夫卡，彼时在他们面前是小学生；现在东君写完作品之后再看他们，有欲与博尔赫斯、卡夫卡一比高下之意。但是，其欲与之比较的人还可以再变化，可以抛开博尔赫斯、卡夫卡，再上层楼，再上层楼，文人气息固不错，但还是应该抛却，若能如此，作品又会两样。

东君的《人·猫·狗》（《大家》2000年第2期）、《昆虫记》（《西湖》2005年第6期）、《荒诞的人》（《上海文学》2007年第11期）以及《鼻子考》《恍兮惚兮》等是典型的先锋文学，作品所呈现出来的荒谬感、父与子之间紧张的关系、变形手法等，透露出加缪、卡夫卡、博尔赫斯等人的影响。

《昆虫记》之名借用自法国昆虫学家法布尔同名作，法布尔乃记昆虫，东君则是昆虫自记或记自。东君以变形手法写此小说，以虱子视角看世界，以虱子之言批评世界，虱子历经农村和城市两种天地，感受截然不同。这是一只愤怒的虱子，它指天画地，批判现实，隐喻之意跃然纸上。

---

① 东君：《入世既深厚，出世愈浓》，《东莞时报》2012年7月8日。

《荒诞的人》较为典型地体现了东君先锋小说的特点，这部小说主体有二。一、紧张的父子关系，至于不可调和。小说中父子冲突比比皆是，子不仅不为父隐，反而成了医院的帮凶，参与迫害父亲。甚至为了强化父子冲突，小说从形式上都做到父子势如水火，父亲和儿子各自讲述个人的故事，他们没有交通。晚清以来中国文学描写父子冲突的小说比比皆是，盖因要走出家庭，进入社会，但东君灵感或来源于卡夫卡。二、做医生的父亲因质疑医院摘除心肺手术，被迫害为精神病人，东君更是让父亲成为隐身人，探测出诸多黑幕。“荒诞”云云既源于西方现代派，但更是映照了现实。《荒诞的人》不是为先锋而先锋，而是批判现实之作，“没心没肺”、被精神病等意象直指现实。东君有一篇访谈，名为《生活比小说更荒诞》说明了此意。“正如这部小说的题目，这部小说本身也带有荒诞的色彩。荒诞其实只是一种表现手法，我所着力表现的是一种自我渺小感和存在的荒谬感。……事实上，荒诞的事物早已经在生活中以另一种形式出现过了，那不能解释的部分我只能以异化的手段加以表现。我在叙述中把事物扭曲变形是为了更接近生活的本质。”①

《鼻子考》形式别开生面，东君以论文笔法写小说，考乃考证，譬如《宋元戏曲考》《伏羲考》等皆是严肃的论著。在《鼻子考》中，东君频频掉书袋，但所征引者大多为西方当代理论，可见彼时其知识结构。除此之外，《鼻子考》尚有故事，写了“我”在公司的处境，也写了“我”的情感经历等，缠缠绕绕竟皆与鼻子有关。

《恍兮惚兮》典出《老子》，东君颇喜欢此语，将其用作一本小说集的书名。小说前半恍兮惚兮，莫名其妙，是典型的先锋文学，后半才显山露水，使人知原因与故事。

东君将目光转向中国古典作品之后，逐渐扬弃了先锋文学花哨的形式与夸张的手法，其作品呈现出冲淡、平和、宁静、典雅的气质。东君这类作品颇受欢迎，孟繁华以为这是“清的美学”②，给予了较高评价。浸染

① 东君：《生活比小说更荒诞》，《浙江作家》2009年第6期。

② 孟繁华：《“清”的美学和批判》，《文艺报》2010年11月30日。

古典作品久之，作品自然流露出与众不同的气质，故东君在当前文坛中颇显另类。

就所写内容而言，转型之后的东君小说可分两类：一、写古典世界类，其"东瓯"系列属此，譬如《东瓯小史之侠隐记》《东瓯小史之风月谈》等；二、写当下世界类，譬如《听洪素手弹琴》《苏薏园先生年谱》《苏静安教授晚年谈话录》《子虚先生在乌有乡》《在肉上》等。如此分类，只是方便说法而已。其实，东君喜欢以古喻今，其写古典世界类的小说蕴含着对现实的批判。东君笔下的古代并不光芒万丈，也不是乌托邦；东君笔下的今天也未必那么坏，正与古代类似，有善有恶。

东瓯乃越王勾践后裔东瓯王的封地，大致在今天温州市和台州温岭一带。东君不称温州，而称东瓯，或可见其怀古倾向。《东瓯小史之侠隐记》是东君最好的小说，有熠熠生辉的内容，可证明他读《庄子》有得。侠与墨家有关，但因会以武犯禁，故在平时遭禁，非常时期侠可起到除暴安良，维护社会稳定之效。东君所写乃是"隐侠"，真是隐中更有隐者，高手之外更有高手。谁曾料到，名震江湖的剑圣竟会是病病歪歪卖茶叶蛋的糟老头子；但谁更曾料到，盗圣竟是猥琐的、以扑苍蝇为业的吕大嘴。剑圣捕蝉，盗圣在后。剑圣是大隐隐于市，盗圣是"隐于几"，忘记自己是盗；相形之下，剑圣还是小隐，盗圣乃大隐。东君能体会此境，故可写于小说之中。《东瓯小史之侠隐记》或有庄子"圣人不死，大盗不止"之意，剑圣死后，盗贼之乡安靖，"是年莺飞草长，盗贼不生"。读罢此小说，可追问谁是《东瓯小史之侠隐记》中的"隐侠"？剑圣欤？盗圣欤？《东瓯小史之风月谈》乃"儒林外史"，儒林酸腐之象跃然纸上，士林不肖者丑态百出，令人作呕。先锋文学时期的东君喜欢动物，走"变形记"一路，借猫、狗、虱子等之口批判现实；转向之后的东君喜欢借古讽今，《东瓯小史之风月谈》所写乃古代世界，但不知今日诗坛、士林可改观否？《苏静安教授晚年谈话录》可与《东瓯小史之风月谈》对读，这篇小说写当代学林，题头东君引叶芝的诗"我听那些老人说：一切美好的东西，都像流水般地永逝了"，可见其意。光鲜明亮的国学大师，背后却有见不得人的勾当，缠缚于名、利、美女，不得解脱。《苏静安教授晚年谈话录》是当代“儒林外史”，是《东瓯小史之风月谈》之当代篇。

东君写当下世界的作品亦有两类，或写雅士，譬如弹琴者洪素手、文士苏薏园，或写俗人，譬如“在肉上”者冯国平。东君在前者身上寄予了美好的理想、高贵的品质，他们超凡脱俗，身上流溢着古典之美；后者沉浸于欲海之中，机关算尽，苦苦挣扎。冯国平易写，洪素手、苏薏园难写，因冯乃常人，洪、苏乃高人。庄子将人分为七种人，最下三种民、百官、君子易写，盖因常见，故可猜度其境；其上四种圣人、神人、至人、天人难写，盖不知他们居于何处，游于何方。冯国平乃民，其性质是“在肉上”；洪素手、苏薏园“在天上”，东君希望他们在君子之上，但力所未逮，充其量在君子层面，因圣人及以上层面极难体会。所以，我曾批评鲁敏，她写东坝中人极好，一旦试图写高人，则气息不对，即因她对更高的景象没有认识与体会。此路虽难，但应是小说正途，所以有志之小说家应该不畏艰难，在这条路上前进。

《听洪素手弹琴》写出了东君心目中的高手洪素手，她行为高洁，不顾现实，不为钱而弹，不为情面而弹。洪素手可谓清人也，一如其名“素”，但能否称为高人则未必。清固然值得称赞，但清、素未必可以通向得道之路。《苏薏园先生年谱》叙事形式别开生面，以年谱述苏薏园先生一生。编纂年谱须避轻就重，要乎见出传主性情、成长历程，更为重要的是应见出其人在时代中的行止、应对与抉择。《苏薏园先生年谱》记录了苏薏园先生一生四个时期：一、日伪时期，他生于彼时，因是幼儿，故与时代无涉；二、解放战争时期，当时连年战乱，苏先生遭家庭变故；三、1949年后，他因有古人之风，固有与“新时代”格格不入者，“文革”起后，他战战兢兢，如履薄冰，隐藏得以全身；四、改革开放时期，他声名鹊起，步入人生盛年。2011年，苏薏园先生逝世，享年68岁。苏先生虽不享高寿，但大致做到了“终其天年而不中道夭”，但他是否“知之盛也”则吾不知。《苏薏园先生年谱》除苏薏园经历之外，亦写及历史，由此可见70年历史之变迁。《子虚先生在乌有乡》并非“子虚乌有”，神州大地到处发生，小说写资本家的圈地运动，其中颇有禅机，小说中的法师、头陀煞有介事，不知真懂抑或假懂。由《子虚先生在乌有乡》可知东君在阅读《五灯会元》，但此书实在能量太强，一时或难有深入理解，且禅宗不强调阅读，但更强调身体力行。譬如，《子虚先生在乌有乡》用到丹霞烧木佛之典，《五灯会元》中丹霞天然禅师此举有深意在焉，然小说中郑头陀烧木佛之臂完全懵懂，徒学丹霞天然禅师其表而已。以小说写禅机者亦有人矣，譬如废名，但也差强人意。或因写小说者难体此境，但已体此境者则未必写小说，因小说这一体裁水分太多，难堪此任。

《在肉上》写当前人事。《在肉上》写“我们夫妇之间”，东君以家寓国，通过这对夫妇之间的矛盾见出现在的问题。“在肉上”一语双关，既写了冯国平的职业，也写了这对夫妇的精神状态。

走古典之路实在极难极险，东君兄有此决心与志向实在弥足珍贵，愿他披荆斩棘，天天向上。

2013年2月23日于Evanston 1616

“新时代”的“我们夫妇之间”

——评东君《在肉上》

萧也牧曾发表过一篇小说《我们夫妇之间》(《人民文学》1950 年第 1 期)，写 1949 年之后知识分子丈夫和工农干部出身妻子之间的隔膜和矛盾。《我们夫妇之间》以家寓国，通过家庭矛盾，写进城后的知识分子心态和处境，见出了彼时信息。《在肉上》也写“我们夫妇之间”，东君亦以家寓国，通过写这对夫妇之间的隔膜和矛盾，见出了当前时代的问题。萧也牧笔下那对夫妇问题出在彼此的阶级成分上，东君笔下这对夫妇问题出在彼此的经济地位上，具体则表现于“在肉上”。

“在肉上”一语双关，既写了冯国平的职业，也写了其家庭生活。冯国平彷徨于肉联厂的工作与女友之间，最终选择了女友，婚后无所事事，精神唯能集中于性爱。冯国平居家百无聊赖，喜欢上了 SM，之后竟趁妻子醉酒，“强奸”了她，以此宣泄屈辱与苦闷。其妻林晨夕在政府机关工作，被升职的欲望操纵，被强奸之后，她陷入困境，展开了排查。冯国平趁妻子再次醉酒之际，欲故技重演，但被妻子捅伤，小说至此戛然而止。《在肉上》读来颇荒诞，丈夫竟然处心积虑地强奸妻子。原因者何？

男女主人公除应付无聊的工作之外，性爱是生活的全部，夫妇之间的共识乃“在肉上”。冯国平家境平平，工作于肉联厂，林晨夕乃公务员，父母在美国做生意，家有豪宅。这对夫妇之间门不当户不对，故其家庭格局有权力高低之别。在现实的家庭格局中，冯国平是弱者，低人一等，林晨夕是强者，高人一等；在 SM 格局中，高低发生了逆转，冯国平变成了强者（进攻者），林晨夕变成了弱者（受害者）。因此，冯国平以出差之名离开现实家庭权力格局，隐身暗处，伺机从弱者变成强者，进入SM格局之中。这篇小说大旨如此。

"在肉上"是小说矛盾的焦点，东君对于"肉上"之描写惊心动魄。东君一丝不苟地叙述，认真设计，埋下各种伏笔，虚虚实实，恍兮惚兮，结局确实出人意料。东君对于"在肉上"的描写很精彩，这是小说主体；但他给出的"肉里"与"肉外"却不过如此。因此《在肉上》总体上"肉上"强，"肉里"和"肉外"弱，故有猎奇之嫌。

但是，《在肉上》一些片段或次要人物却颇有可观之处。冯国平的父亲是杀猪高手，号称"一刀仙"，此人在小说中虽仅二见，但发言吐物却引人遐想。东君沉浸于《庄子》一书有年，"一刀仙"颇有《庄》书人物风范。林晨夕父母在小说中虽亦少见，但东君这寥寥几笔，颇能见出2008年经济危机前后在美华人的窘境和心态，其人处境令人叹息。

2012年11月9日于中国艺术研究院

艾玛的绵密

——读她的几篇小说

此前艾玛读历史，学法律，之后做高校老师，做律师。2007 年，当艾玛听到母亲讲述家乡事情时，忽然有了创作小说的冲动，于是有了《米线店》这篇小说，之后遂一发不可收拾，佳作不断。迄今，艾玛的作品不算太多，但很多颇获好评，很多作品曾被《新华文摘》《小说选刊》《中华文学选刊》《小说月报》等转载，其小说《浮生记》入围第五届鲁迅文学奖，给人留下了较为深刻的印象。艾玛的小说很有特色，散发着古典的气息。其小说一般不长，但非常绵密，头绪繁多，往往几个故事交织在一起，过去与当下融合在一起，因此读艾玛的小说，不得不平心静气，甚至需要以笔精确标出人物之间的关系方能读懂。艾玛似乎只写一朵花，但这朵花还有五片叶子，甚至这多花中还蕴含着一个世界。

艾玛有一篇小说《路上的涔水镇》(《黄河文学》2010 年第 1 期)，就其目前的创作格局而言，可谓艾玛文学世界的总纲，能见出艾玛创作的志向，也能见出其独特的文学风格。《路上的涔水镇》非常绵密，同时交织着三个世界、三个故事：一是“我”(一个援助律师)和“丈夫”之间的故事，二是下岗女工的故事，三是涔水镇上梁裁缝的故事。艾玛目前的创作，基本是选取了三者之中的两者：“我”当前的情景和“涔水镇”的故事，这两者与其经历密切相关，其许多小说发展了这两类故事。“下岗女工”的故事与艾玛并不切身有关，因此在《路上的涔水镇》这篇小说中这个故事只是一个引子或桥梁，只是使当前之“我”和涔水镇连接起来而已，因此也没有以另外的小说去展开。艾玛目前所呈现出来的文学世界就是当前之"我"与"涔水镇"，这两个世界或分或合，分则单独成河，合则汇聚于一处。就此而言，艾玛的小说大体可分两类：第一类写当前之"我"，譬如《相书生》(《广州文艺》2010年第5期)、《白日梦》(《芙蓉》2011年第1期)；第二类写"涔水镇"，这类作品较之于第一类数量非常多，譬如《米线店》(《黄河文学》2007年第9期)、《人面桃花》(《黄河文学》2008年第1期)、《菊花枕》(《文学界》2009年第2期)、《浮生记》(《黄河文学》2009年第9期)、《小民还乡》(《黄河文学》2010年第8期)、《一只叫德顺的狗》(《时代文学》2011年第8期)、《弯刀》(《时代文学》2011年第8期)等；

艾玛生活在湖南澧县的一个小镇，之后读大学、研究生，工作于长沙，后辗转到青岛，这些年她的转变用自己小说中的话是"昔日的乡村少年已成长为这个城市的中坚"。艾玛写下的就是她生活的轨迹，她将其化为文学资源，以小说的方式表达出来。

《路上的涔水镇》有一个题记："故乡，我们开始和终结的地方。"这个题记很重，艾玛将开始与终结都归于故乡，由此可以理解艾玛花费如此多心血去写"涔水镇"的原因。现在之"我"处于开始和终结之间，当前之"我"通过一些引子动辄就回到了涔水镇。如上所言，《路上的涔水镇》同时讲了三个故事。

第一个故事只在小说中点缀了一下便戛然而止，迄今为止并未再出现于艾玛的文学世界之中。

第二个故事艾玛在另外地方又写过，就是《白日梦》。《路上的涔水镇》写"我"对丈夫的不满和分歧只是停留在怀疑阶段，《白日梦》则将其付诸实施。在《白日梦》中，"我"叫孟香，是高校法律老师(又与法律相关，艾玛法律硕士的背景会时时流露出来)；"丈夫"是钱教授，已颇具声名。《白日梦》故事简单，钱教授和学生之间有婚外情，于是孟香与钱教授之间起了冲突和冷战。艾玛没有将其处理成为一对夫妻及小三之间激烈冲突的故事，也没有将其处理成一个类似阎连科《风雅颂》那样写高校怪现状的故事，艾玛写夫妻之间的隔膜，隔膜的关键在于他们不了解彼此的家乡，这意味着不理解彼此的过去，也意味着彼此不是真正理解。如此,《白日梦》尽管大篇幅写当下之“我”,但笔又荡了出去,写了夫妻双方的“涔水镇”。孟香回忆了家乡,回忆了她喜欢过的文伢子和疯掉了的父亲,这是她隐私的隐私,她的闺密不了解,她的丈夫也不了解;小说也写了孟香开车去她丈夫的家乡张河村,试图理解丈夫的家乡和过去。

《路上的涔水镇》中夫妻冲突还有一个原因,妻子一直保持着“书生相”,还有年轻时的理想,因此还会去做援助律师,为没钱没势者维权,而丈夫理想殆尽,背弃了以前的志向,成了庸俗的中产阶级。这种理想主义的情绪,艾玛也写进了《相书生》之中。《相书生》如同《白日梦》一样,故事的背景还在高校,艾玛曾在高校工作过非常长的时间,因此高校容易进入她的小说,只是她的重心并不在于写高校,高校在故事中只是一个淡淡的背景而已。《相书生》的意象也非常密集,同时写了三个故事,且这三个故事交织在一起:“我”(高校老师,何长江)和前女友的故事,“我”和现任女友小林的故事,小林和前夫的故事。“我”被前女友相面说为书生相,现在“我”又和前女友见面,前女友依然为“我”相面,并说“我”眉宇之间少了骄傲。“骄傲”可以理解为理想主义或书生相,“我”的骄傲在高校之中被耗尽了。

艾玛写当下之“我”的小说较少,她念兹在兹的还是故乡,她写了一篇又一篇,为文学世界贡献了一个“涔水镇”。“涔水镇”似乎才是艾玛的根据地,那里有她无穷无尽的灵感。《路上的涔水镇》和《白日梦》部分写当下之“我”,部分写故乡,而《浮生记》《米线店》《人面桃花》《菊花枕》《小民还乡》《一只叫德顺的狗》等则完全是写“涔水镇”,当下之“我”完全从前台中淡出。

《路上的涔水镇》中梁裁缝破坏军婚遭枪决,但艾玛却写了法律之外的人情,写了叶红梅的屈辱,写了梁裁缝的艰难,洋溢着对当事者的同情与理解。《路上的涔水镇》隐藏着“严打”的背景,1983 年 8 月 25 日国家有《关于严厉打击严重刑事犯罪活动的决定》,在其时中国刚刚从“文革”转向新时期,局面新创之时往往需要一个稳定的社会环境,于是刑法往往从严,但“严打”之下并不排除冤假错案,艾玛的这一系列小说似乎就是言此,梁裁缝应该罪不至死。艾玛在《白日梦》中,谈及苏轼的《刑赏忠厚之至论》，小说写道："当读到'罚疑从去、罪疑惟轻'这样的句子时，宿舍里一帮以前只读过苏轼'大江东去，浪淘尽，千古风流人物'与'十年生死两茫茫，不思量，自难忘'等诗句的女孩，不由得惊叫起来，有多少人恨不得穿越时空，回到一千多年前的宋朝，好去与苏子一遇。"此文是苏轼应礼部试的试卷，曾引起欧阳修极大赞叹，主要的观点是：刑与赏应该忠厚，罪行轻重有可疑之处时，宁可从轻处置。曾学法律的艾玛，现在还做着律师的艾玛，对于从严的法律有着极深的反思。作为小说家的艾玛与作为律师的艾玛有冲突，但作为小说家的艾玛似乎对作为律师的艾玛进行纠正，律师艾玛不得不循法律而行，小说家艾玛却能以小说展示真实，对可能有偏差的法律进行纠正。《路上的涔水镇》中小有资产、略有薄名、研究法律的"丈夫"，读哈耶克的"丈夫"肯定不会去倾听也肯定听不懂涔水镇上一个梁裁缝的故事，而艾玛却执迷于这个故事，她的《米线店》《人面桃花》和《菊花枕》都隐隐约约与此相关。至此，应该可以理解艾玛创作小说的志向与怀抱了，艾玛"涔水镇"系列是以小说纠正法律之偏差，以小说去宣称法律当"忠厚"。

《米线店》是艾玛的第一部小说，这部小说已经展示了艾玛的诸多特色，譬如她为何而创作，譬如她绵密的构思和行文风格。崔记米线店既是一个私人空间，又是一个公共空间，因此这里同时上演着两个故事：一是崔木元和未婚妻的故事（与私有关），二是郭兴和"那个女人"的故事（与公有关）。崔木元抵不住诱惑嫖娼了，他的未婚妻已怀孕5个月了，这是一个关于伦理的故事；郭兴"拐了人家的老婆，还把人打死"，这是一个关于法律的故事，但小说交代了杀人并拐人妻者郭兴背后的故事，郭兴只一句话："外面的人，恶！"这即能看出他曾经所遭受到的屈辱。于此也可见，艾玛惜字如金，一句话就掷地有声，展示了郭兴的遭遇。《米线店》的主题还是讲于法律上有错，但于情可原。

《人面桃花》典出崔护《题都南庄》"人面不知何处去，桃花依旧笑春风"，多少遗憾在其中，此诗可作情诗解，亦可作道诗解。《人面桃花》与《米线店》有承续关系（故事场景、人物名字都未变），只是人物更为繁多，头绪更为复杂，《米线店》尚觉稚嫩，但《人面桃花》已然是老作家风范。小美、春儿、崔木元、桔子、王坪大等之间有着千丝万缕的关系，小美失踪如同一块石头投入水中，顿起种种波澜，起种种疑虑和猜测。小说中的桔子、黄咬银两个女性刻画极好，可谓传神写照；另外小说也不经意地写出小镇正在悄悄起着变化，洗脚屋有了，外出打工者有了。

《浮生记》不直接在“涔水镇”系列之中，与艾玛以“忠厚”批评“严打”的主题无关，《浮生记》有着更高的意义，是对“涔水镇”系列小说的超越。“浮生”典出《庄子·刻意》篇：“其生若浮，其死若休”，本意指“圣人”应对生死的境界和状态。其后有很多以“浮生”为主题的作品，譬如陆游有《浮生诗》，沈复有《浮生六记》等。艾玛以小说的形式去写“浮生”，“浮生记”就是记录浮生，记录人世一代又一代的生与死，死死生生，但生生不息。这篇小说是艾玛体的典型，非常短，但却非常绵密，写了两代人的境况，交织着两代人的恩怨。艾玛以打谷（已死去的父亲）、新米（正在成长的儿子）展示了生死，毛屠夫类似见证者，人世就是如此，死死生生，方死方生，方生方死。打谷死去，新米长成，新米独立杀猪，类似于其成人礼，小说写道：“毛屠夫惊愕地发现他看到的不是新米，而是另一个打谷，这个打谷在温和的外表下，有着刀一般的刚强和观音一样的……慈悲！”

艾玛写作历史不过5年，但已有这样的规模和成就，在青年一代作家中非常突出。艾玛切问而近思，从最熟悉处着手，于是有了目前这两类主题：当下之“我”与“涔水镇”系列。艾玛还有其优势，她不是文学专业出身，她经历丰富，现在做着律师，日日与失意或得意者打交道。她阅读面广阔，专业曾为历史和法律，喜读《史记》《后汉书》以及法国和俄国的作家作品，又自称“托尔斯泰控”。希望这些都能转换为她的文学资源，也期待着艾玛有更多优秀的作品诞生。

2012年3月20日于中国艺术研究院

关于“一部分人”
——论哲贵

温州在古代声名不彰，但今天世人皆知，因为这所城市得风气之先，是改革开放前沿的前沿，那里与财富、暴发、奇迹有关。温州人多地少，靠土地难以生活，于是逼上梁山，或出国讨生活，或走经商之路。温州起步之初，因与社会主义经济体制不和，颇有争议。费孝通曾作《温州模式》，探讨温州发展模式、优劣等，论之公允。之后，温州大发展，一日千里。温州人成了“让一部分人先富起来”的那“一部分人”，温州成了“让一部分地区先富起来”的那“一部分地区”。

温州这些年发生了什么？温州人成为“一部分人”之后怎么样了？2008 年美国爆发经济危机波及全球时，温州又经历了什么。温州商人跑路，原因者何？对于这些，外人不知道。

2004 年前后，中国掀起“底层文学”热潮，一时间写底层工农的作品骤然增多，文学呈现出底层者的形象，他们是没有富起来的那一部分，生活艰辛，处境险恶。而对于先富起来的那一部分人，在文学中鲜有表现。即使有所描写，也是或想象，或艳羡，或妖魔化，或猜忌，往往不能心平气和称之道之。哲贵弥补了这个空缺，他通过小说，写了先富起来的一部分人。李敬泽对哲贵小说特点总结得非常到位：“到目前为止，哲贵所写的都是一个特殊人群的故事：一群成功者，他们在中国过去三十年急剧的经济发展鸿集聚起财富，他们因此备受羡慕、备遭疑忌。”[1]

哲贵来自温州，在媒体就职。媒体人可上可下，往往可以有全面的视野，上能接触当地最高领导和各级领导，也可接触到富商土豪，下可以接触到平民百姓、底层工农。哲贵小说主题明确，他写温州，写温州先富起来那一部分人。迄今，哲贵有两部中短篇小说集《金属心》（作家出版社，2011 年）、《信河街传奇》（浙江文艺出版社，2012 年），一部长篇小说《迷路》（文汇出版社，2013 年）。

哲贵的小说若一言以蔽之即是“信河街传奇”，但偏于阴面，他笔下的人物往往有问题。信河街是哲贵虚构的文学形象，但明显所指乃温州。传奇是小说的别称，小说无奇则不能传。张爱玲亦用“传奇”之名，写乱世里的男男女女。温州本身就是“奇迹”，一个小城忽然“炸裂”般发展，一部分人忽然就成了千万富翁，一部分人由富翁忽然一无所有，肯定让人拍案惊奇。如何写“奇迹”，传奇或是较好载体。哲贵以传奇写温州的奇迹，具有先天的优势，他就是土生土长的温州人，惯看风起云涌、奇迹生灭，不用挖空心思，向壁虚造。阎连科的《炸裂志》亦写一部人和一部分地区，可是毕竟不是其长项，其长项在写农村、农民，可他却偏要啃硬骨头，处理他所不能胜任的主题，然而又不肯老老实实下工夫，于是《炸裂志》也只是“炸裂”而已。

哲贵的小说笔调朴实，鲜有华而不实的铺排，也不装神弄鬼作先锋状，他只是老老实实记录温州的传奇和这个时代的传奇。这些先富起来的人情况不同，有的有病，有的有情结解不开，有的也有极为优秀的品质。

写有病者，譬如《金属心》《空心人》《责任人》和《雕塑》等。哲贵在小说《责任人》中藉心理治疗师之口写道：“这是一个新的心理疾病，是近几年才发现的。主要的原因是由于事业和工作环境的急速改变，使人的身体和情绪产生了不适应。这种病一般出现在一些事业成功人士身上，特别是一些在经济上获得成功的人身上，他们的身体已经随着环境进

---

① 李敬泽：《限度中的力量》，见哲贵《金属心》序言，收入《金属心》，作家出版社，2011 年，第 1 页。

行了急速的改变，但精神上的伤疤不能愈合。"范蠡也富可敌国，但他所依凭者乃是智慧，而且也有"苦心戮力"一面，故其成功不是偶然，他富起来之后也可以安然处之，正确处理财富。但对一些人而言，一夜暴富却不知为何而富，往往会出问题，郁结深者发为病，郁结浅者有情结。

《金属心》写有病的少数人，其心已成金属，失去了温度，没有了情感，变得冷酷。哲贵将《金属心》用作其中篇小说集名，可见对此篇极为重视。霍科是大富翁，本来是天才乒乓球选手，却因先天心脏问题折断了理想的翅膀。之后，他因为炒房而富甲一方。他通过先进医疗技术，将心脏更换为金属心，此后对一切日趋冷漠，无动于衷。《金属心》是哲贵少数有先锋气息的小说，小说写实，又似荒诞。经商久之，伺机而动，难免六亲不认，唯认钱财。霍科换心可作譬喻观，他已异化为无心之人。但是，哲贵毕竟有慈悲之心，他让霍科复萌感动之心，近死之心使之复阳也。《空心人》是哲贵对这个群体的另一种概括。他们出入奢华酒店，穿着入时，宝马香车，但很多人有病，表里不一，心已无，只是空心人。他们只有虚化的外表，但败絮其中。

《责任人》中的富豪黄徒手及其太太郭娅尼、心理医疗师董小萱皆有病，每个人性情皆不能平和。黄徒手因为制作镍片，几个月内暴富，然后陷入病态。小说写道："黄徒手发现了自己的问题：第一个问题是，他出现了失眠、头痛、消化不良、情绪低落等等症状；第二个问题是，他现在基本不进车间了。……只要一靠近车间，就闻到一股酸酸的镍片的气味，就头晕，就想呕吐；第三个问题是，他现在不能碰郭娅尼的身体，一碰到郭娅尼的身体，就会闻到一股酸酸的镍片气味。"在心理医疗师的帮助下，黄徒手在跌倒之处爬了起来。但是，心理治疗师却病态地爱上了他，小说写道："我只要一戴上你这幅眼镜，就会想起你，就会闻到你的体温，心里就安静不下来，就会乱想。"

《雕塑》中的唐小河也有病，他本来是信河街博物馆工作人员，因为雕塑和抽水马桶发财致富，但也因此跌倒，他对老婆失去了兴趣，性事不能成功，小说描写他所雕刻马桶吞噬人的雕塑极有象征意义。在医生的指点下，他先让老婆易服，扮演各种角色，如此方有兴趣；久之，此亦失效，于是又让她老婆频频整容，割双眼皮，隆胸，削尖脸庞，折腾不已。小说写道：“大概一年以后，董娜丽身上有五十多个地方都做过了整形手术。这个时候，董娜丽也想不出身上还有什么地方可以整的了。唐小河也是，他也想不出董娜丽还有什么地方可以整的了。”

这一部分人有的虽不至于病，但有情结郁积于胸，不能解脱，譬如《陈列室》《住酒店的人》《刻字店》《试验品》等。哲贵这类小说有一个模型：男主人公情感受挫，往往因为他所喜欢的女孩忽然嫁人，于是愤而辞职，努力经商，终于成为富豪，但总有一个情结不能解开。

《陈列室》写先富者魏松，他原是塑料袋厂工人，倾心于同事叶小林。可是，忽一日，林小叶一声不吭，赴国外结婚。魏松大受刺激，于是辞职，做生意，制作成人用品，富甲一方。那些公司陈列室中的充气娃娃，像极了小林，此是魏松心结之表现。十年之后，二人再度相见。若新闻报道写此，可能会渲染魏松如何以富骄人，如何复仇，或渲染叶小林如何贪图富贵，欲吃回头草。可是，哲贵却另辟蹊径。二人相见，竟然发乎情止乎礼。小林走后，“魏松还在陈列室里呆了很久。他出神地看着那些样品，看着看着，眼泪就出来了”。另外，小说描写暴发户心态有一句话非常到位：“许大游总是无限踌躇地对魏松说，自己的人生已经驶上高速公路了，白天开摩托车开到屁股痛，夜里骑老婆骑到腿抽筋。想停都停不下来啊！”

《住酒店的人》写富豪朱麦克的心结。住酒店应只是临时行为，或因出差，或因旅行，或其他原因，不能住在家中，于是退而求其次住酒店，可是却有只住酒店的人。小说的主人公朱麦克就是如此，他事业成功，身价不菲，但家庭生活空白。此前他是机关公务员，喜欢上了一个叫佟娅妮的女人，但她离开了他，嫁入豪门，他于是辞职，经商，暴发。佟娅妮离婚，只身居于云南，屡屡邀请朱麦克前往，他终于去了，却过门不入，兴尽而返，如同《陈列室》。

《刻字店》写“爸爸”从商的经历，他颇富艺术气息，经营一家小刻字店，却被周边的印刷厂打败。于是，南下广州考察，因无暂住证被殴，以至于性能力丧失。回乡之后，爸爸也开了一家印刷厂，生意日益兴隆。爸爸对工人较好，别出心裁，请工人家属来工厂过年，不料好事变坏事，因为爸爸暂住证的心结，引发了争端，遭到警察逮捕。

《试验品》颇具荒诞色彩，艾丽莎成为巨富朱少杰的"试验品"，一旦艾丽莎和他结婚，即能获得一千万，目的只是"我们试一试，你能不能真正爱上我，我能不能真正爱上你"。与《陈列室》《住酒店的人》相似，朱少杰亦有隐秘的情结，他曾是某学校老师，与像林黛玉的同事相恋，可是"在毫无征兆的情况下，那个女教师突然嫁给了一个开皮鞋厂的老板，那个老板朱少杰见过，长得又黑又矮，连普通话都不会说，更不要说知道林黛玉是谁了"。小说写了两个方面，一方面写巨富的精神状况、家庭内部空间等，另一方面更重要，写"屌丝"成为千万富翁之后的心态变迁。

哲贵的长篇小说《迷路》也写这部分人的精神状态。"迷路"是对他们精神状态很好的概括，富翁们"衣食足"之后，怎么办？麻妮娅厌倦了常轨生活，于是撇下她的富贵生活，亦撇开其富甲一方的男友夏孝阳，出走旅行，喜欢上了登山。登山这一项运动或是小资必爱，他们衣食无忧，但似乎鄙夷"平庸"，要显得自己有品位，与众不同，于是很多人选择登山。安妮宝贝《莲花》写小资赴西藏，登山，求解脱。《诗经》"鸢飞戾天，鱼跃于渊"，山可比天，显示了人对高处的向往。精神上"上下求索"，可以登山为譬，但若不识此，登山只是体育运动。

哲贵也写这一部分先富起来人的品质，有的品质低劣，第一桶金往往有原罪，譬如《决不饶恕》；但有的人品质高尚，极讲信誉，譬如《信河街传奇》。

《决不饶恕》写浪荡子欺骗良人，悔悟之后，良人不宽恕他。周蕙苠是裁缝，离婚后踏踏实实过日子，结果所遇非人，刘科欺骗了她的感情，拐走她的巨款。为了还钱，周蕙苠疯狂工作，谎称刘科已还钱，结果债务还清时，她也形容枯槁，身罹重病，无钱医治，即将就木。恰此时，刘科衣锦还乡，富贵无匹。知道周蕙苠的处境之后，良心发现，试图弥补，但是周蕙苠拒绝相见，拒绝配合医疗，拒绝与之成婚，之后逃走隐藏，以示"决不饶恕"。

《信河街传奇》通过描写眼镜厂写2008年金融危机冲击之下的温州商界处境，当地企业几乎破产，处境艰难；小说也写了信贷危机。这篇小说突出的是少数先富起来者具优良品质，西班牙籍信河街人王文龙因为中计而破产，却千方百计逃回信河街，卖掉房子还掉欠款。或许因哲贵看到了大量借债不还的现象，于是他塑造了一个理想人物王文龙。哲贵说：“再以《信河街》为例，我为什么要写这篇小说？首先，那场民间借贷危机深深刺痛了我，我有许多朋友都卷进这场漩涡，浪迹天涯。从某种角度说，他们也是这次危机的受害者；其次，这场危机表现出来人与人之间的不信任更是让我警惕，一个社会，如果连人与人之间最基本的信任都没有，秩序的运转能正常吗？如果人与人之间连正常的信任都已丢失，人还能称之为‘人’吗？”①

温州这些年的处境有所变化，2008 年金融危机对温州冲击极大，那里发生了什么，企业主状况如何？哲贵的《信河街传奇》对此有较为详细的描述。近年，很多温州商人跑路，一度成为媒体热门话题。哲贵写了《跑路》对此问题进行了回应，读完小说，可以知道前因后果。在《跑路》中，哲贵一改此前的叙述方式，而是每个人占一个小节。他写了三个方面，高利贷方幕后老板陈乃醒、台前老板王无限，实业主胡卫东、姜立娜，也写了银行方面。银行、高利贷方、实业方，这三者形成一个关系链，一旦银行现金流紧缩，牵一发而动全身。

欲了解温州，可由哲贵始；欲理解哲贵的作品，也须了解温州这些年的变化和处境。

2014 年 1 月 25 日于国家图书馆

---

① 哲贵：《我对这个世界有话要说》，《文艺报》2013 年 7 月 12 日。

“把沉重交给轻松”

——评宋方金《美丽的契约》

我与方金同是胶州人，2012 年春节回乡，张锐强兄设宴款待，方金亦在，我们才第一次见面。虽然我们皆在北京，但都杂事缠身，故一年也难得一见。方金的事迹，我也通过朋友断断续续了解到一些，也为他的成绩感到骄傲。起初，方金在胶州做记者，他年少又富才华，写诗和小说，长发飘飘，与世不协，因此难免人情世故不够周全，难免与身边的人有摩擦。之后，方金辞职，离开胶州，毅然做起“北漂”，开始“触电”。之后，方金成为电视剧《手机》的编剧，于是逐渐火了起来，颇受公众关注。我还记得，2012 年春天，一次我与莫言老师谈天，他忽说起，你们胶州有一个叫宋方金的小伙子，成绩挺不错的，你们可有联系？我说，我们是朋友。

每次与方金见面、谈天，我总想起另外一位小说家朋友石一枫。他们二人同龄，风格近似。石一枫喜欢装坏人，俏皮话出口成章，黄段子一个接一个，可是内心纯洁，是真正的卫道士；方金“能说会道”，嘴上颇为“油滑”，可是内心严肃无比。方金与一枫有“后王朔”时期的人格，石一枫曾自述深受王朔影响，宋方金是否确深受其影响，吾不知也，只是据文本猜测。但他们只有王朔之形，只是喜欢过嘴瘾，内心却秉承传统的或革命时期的精神，严肃保守，甚至略显古板。“文革”后期，政局不稳，经济不景气，社会问题丛生，人们信仰动摇，难免产生怀疑，但又无力反抗，于是只好耍起嘴皮子，逞口舌之快，泄心头之恨，解构革命。王朔以小说写出了时代的心声，故一时洛阳纸贵。宋方金、石一枫等或只觉王朔语言好玩，但因未有相似经历与体会，内心未必认同。他们只是以王朔式的语言，写各自的经历，写对生活的理解，写对世事的观感与体会。

方金的成就主要体现在三个方面：一、影视编剧，这为他带来较大的影响，这类作品有：电视剧《手机》《百顺万福》《胜算》，电影《飞》《还有多远》《碗儿》等；二、诗歌，方金写有大量诗歌作品；三、小说，方金出版过长篇小说《逃离无名岛》。近日，又出版《美丽的契约》。《美丽的契约》文如其人，风格如同方金之为人，小说看起来热热闹闹，咋咋呼呼，但主题却很“保守”，所写乃是好人的基本责任，写好人有好报，善因善果。

方金称《美丽的契约》是“贺岁小说”，此概念或来自贺岁片。中国极重视春节，中华民族就是在“年复一年”的重复中确立了其独特性，年凝聚着人心，天涯共此时。于是各种意识形态、商品等都试图搭年的顺风车，以期有收获。文学作品有《白毛女》（阶级斗争发生于大年夜），有潘灵（当代云南作家）《一个人的村庄》（通过大年夜写城市化进程对农村的冲击），有春晚和贺岁片，也有过年经济学，与年有关的各类商品热卖。大年夜一般都是欢乐祥和，团团圆圆，因此贺岁片要与之相适应，要锦上添花，所以往往是喜剧（过年之际哭哭啼啼多不好），结局大团圆、大圆满（要不多没有彩头啊）。贺岁片从香港传入大陆，经过冯小刚等人推动，现在已经深入人心，形成了品牌。贺岁小说云云只是因而用之，将贺岁电影移之用于小说而已，但“贺岁”的基本内涵没有改变，因为既然小说欲搭乘过年的车，也必须与年的氛围相适应。贺岁小说云云亦说了好几年，也涌现出几部作品，但似乎尚未深入人心。或有两个原因：年末大家很忙，忙着总结，忙着计划，忙着聚会，忙着走亲访友，很难拿出长时间阅读小说；另外贺岁小说毕竟是新概念，尚未得到文学界热烈呼应，贺岁小说数量较少，故佳作亦少。

宋方金的《美丽的契约》以“贺岁小说”称之，非常恰当，亦是贺岁小说中的佳作。小说从内容到形式，可谓“贺岁”之典型。

《美丽的契约》虽然惊险百出，险象环生，但小说所宣称者乃是吉人天相，好人好报，结局大团圆。小说情节大致如此：火锅店女老板花美丽为了给儿子解决北京户口，在闺蜜婚恋规划师琼斯的策划下，希望能与人假结婚，于是寻寻觅觅踏上征程，但她所见皆是极品，办事不力。小说花开两朵，琼斯有一个运动员哥哥，人称二哥，他因为被骗，再加上几度创业失败，现又因为欲抵押房产再创业，妻子不同意，遂闹起离婚。阴差阳错，小说中的两条线于是并为一条，花美丽希望假结婚，为儿子落实户口，二哥因为离婚缺钱，又不想贱价卖掉他所独创的体操，于是和花美丽一拍即合，各遂所愿。

二哥上午和妻子离婚，下午即和花美丽签好契约，成婚。按说，小说至此即可收尾，双方各取所需，契约结婚，然后笃定地离婚即可。孰料，忽然民政局的牛芬芬大姐出场，参与搅局。她是老共产党员，尽职尽责，她是二哥离婚办理者，又是二哥结婚办理者，于是产生疑心，退休之后展开了疯狂调查。二哥和花美丽得知之后，只好互相配合反调查，原先的计划全乱了，二人只好事事做得逼真，与牛大姐斗智斗勇。期间，更有许多插曲，牛大姐的儿子竟然喜欢上了琼斯，穷追猛打，几家人乱作一团。因为二哥和花美丽假戏真做，牛大姐只好宣布他们的婚姻是真实的，退出侦查。孰料，此时又起波澜。二哥努力久之复开了运动馆，却又陷入不可推卸的新债务。二哥的母亲连底香几次进京，添乱搅局，又增添诸多趣事。总之，二哥和花美丽完成了契约，离了婚，但却产生了真感情。期间一切侦查、误解、乱子、噱头，竟皆成了考验二哥和花美丽的因素，他们演绎了现代版的"先结婚，后恋爱"，终于欢喜相爱，欢喜成婚。

小说题名"美丽的契约"之美丽有双重含义：一是花美丽其人，"美丽的"契约意谓花美丽的契约；二是这虽然是违法之举，但发展至后，这个假契约竟成就了真感情，因此这份契约是美丽的，让人感动。花美丽开始所嫁非人，一个人打拼出火锅店，为了儿子高考，费尽心思，她泼辣善良，终得善果；花美丽的儿子起初成绩不好，之后却能奋起直追，成绩好转；二哥虽二，虽贫嘴，但人却善良仗义，经受了挫折，但也得了善果，又娶得娇妻。

整个故事，围绕着结婚契约，真戏假做，假戏真做，真真假假，假假真真，波澜四起，有惊无险，故事非常好看。宋方金也是电视剧《美丽的契约》的编剧，因此小说《美丽的契约》颇似电视剧体。小说，尤其是先锋小说，叙事时间往往并不均衡分布，时而快，时而慢，时而加速，几十年如一日，时而减速，一日如同十年。《美丽的契约》叙事时间却极为不同，小说小高潮不断，大高潮时有。读小说《美丽的契约》如同看电视剧，一集一集过去，每一集总有相对完整的故事，有笑点，有小高潮。但集与集之间亦有联系，几小集之后，会有小高潮，多集之后有大高潮，最后来了一个大团圆，收起，结束。

因此，阅读这一部 40 万字之巨的长篇小说，不会觉得累，而是一路欢声笑语。会有人出来说，这样的小说是娱乐小说，是类型文学，不是纯文学，不严肃。但是，抱歉了，中国当代很多作家故事都讲不好、讲不圆，却偏要去追求什么思想、大道理，结果故事性没有，思想性亦无。很多人不好好讲故事，却动辄神神叨叨，忽来一段变形，忽来一段梦境，又忽来一段潜意识，小说晦涩难读，望之似乎有物，其实就是装。小说要么做回它的本意"街谈巷议，道听途说"，大家读后哈哈一笑；要么作家真是思想家，做到即事即理，事理无碍。有真人然后有真知，没有真知不要装，否则四不像，为人增添笑料。此现象，影视界更为严重，我对中国电影更不敢抱过多期待，只希望导演们踏踏实实地把故事讲好、讲圆。

另外，《美丽的契约》语言风格极为幽默。其中很多人，二哥、花美丽、琼斯似乎都有些"京油子"味道。他们的对话，很多都有趣，随便摘选其中的一些话：

> 世界很简单，复杂的其实是自己——贱人就是矫情啊！
>
> 琼斯："世界说起来很复杂，实际上很简单，就俩人，男人和女人。搞明白这点事儿就齐活了。"
>
> 刘得意："你搞明白了？"琼斯："明明白白我的心。"刘得意："那你怎么还糊糊涂涂顶着女光棍的帽子！"琼斯："因为我太寻寻觅觅了！"
>
> 琼斯："我婚姻规划师这么多年，早看破红尘了。婚姻是什么？一条绳上的蚂蚱！往一块蹦还行，要是两只蚂蚱往两边蹦，再粗的绳也会在细处断掉。"花美丽："两只蚂蚱要志同道合还真

> 不容易。"琼斯："所以我不劝。婚姻本身会作出它正确的选择。"
>
> 苦闷的生活，让你在爱人的眼中不自觉地越变越糟糕——人生总是从初见到吐见！
>
> 张铁娇："二十多岁，跟着你，觉得特有意思；三十多岁，跟着你开始觉得吃力；这四十岁一过，刘得意，我跟不上了。我晕了。晕你。晕生活。"刘得意："我可以等你。我原地不动了。你让我退几步也行。"张铁娇："你不会不动，也不会退，我比你还了解你。"

这样的话在小说中比比皆是。小说中的二哥，尤其妙语连珠，但他却偏偏有些二，有些古君子之风，被人骗了，却心甘情愿，还一直接济骗他之人的母亲。但是《美丽的契约》也有问题，每个人都嘚啵嘚啵，非常幽默，但语言风格太过于统一了。小说写出了每个人有每个人的性格、命运，但是却未做到每个人有每个人的语言风格。或许是为了追求幽默的风格，于是小说中人人皆幽默。

读《美丽的契约》虽然欢声笑语，但却另有深意。《美丽的契约》以歌当哭，小说虽然大团圆，皆大欢喜，但其中有多少无奈，多少辛酸，多少泪水啊。方金将北漂者的辛苦、心酸写入小说中，化为无形。方金并不剑拔弩张作斗士状，他通过笑声来展现自己对社会的理解、反思与批判。方金亦以《美丽的契约》为题作了一首诗，其中有"把沉重交给轻松""把忧郁交给笑容"两句，极能代表这部小说的风格与特点。笑有时候比哭更具力量，在古希腊喜剧诗人地位较为特殊，中国"优伶"时常能够一言中的。花美丽在北京踏踏实实，开了火锅店，购了房，已渐入资产阶级行列，然而却不能解决户口问题。为了户口，她踏上了"演戏"之路，无端生出多少风波与事情。二哥辛辛苦苦创业，却"屡空"，一贫如洗，为了生计只好签订契约，开始演戏。《美丽的契约》当然会让读者笑，但更会让读者哭。

方金以轻松写着沉重，以笑容写着忧郁，谁又能解其中意呢。

2014年1月15日于西长安街

或侠或巫

——马笑泉论

马笑泉这些年非常勤奋，作品不断，影响也日益增强，被列为“文学湘军五少将”之一。最先，《愤怒青年》引起较大反响，之后出版的《银行档案》与《巫地传说》等也颇有分量。

马笑泉在农村长大，进入城市读书，然后在城市中工作，他游走于农村与城市之间，对此问题有较深的体会，其创作隐隐约约都与其农村—城市的经验有关。马笑泉出生于1978年，或许出于父辈的遭遇，或许由于1980年代的政治与思想氛围，他对“文革”经验也是念念不忘，很多意象都出现在其小说之中；马笑泉成长、生活于20世纪八九十年代与新世纪，因此他自然而然地会选择去书写这段历史。大体观之，“文革”历史加上1980年代之后的历史，是马笑泉小说目前的历史视野，其小说所涉及的内容不出此范围。而且，马笑泉看到的是这两个阶段的黑暗，他的小说从黑暗中生长出来，他所选择的“侠”或“巫”这些中心意象，也都带着黑暗的气息。

一 “愤怒青年”

《愤怒青年》是马笑泉的成名作，写了一部分进入城市的农村青年生活状态。马笑泉写了城市中的“黑社会”，但马笑泉将他们称为“侠”，将他们的纠葛称为“江湖”。这些青年的特征是“愤怒”的，他们无所依凭，缺少保障，亦无安全感，只能通过非法的暴力解决问题或求立足。这些青年为什么会愤怒？马笑泉通过故事展现了几个青年如何一步步变成了"愤怒青年"，小说有其好处，提供了大量细节，能够让读者看到具体的过程。马笑泉的《愤怒青年》选取"侠"的角度，批判现实。小说中有一句话颇能见出批判之意："为什么不能怪？这个社会太不合理，太不公平，害得我们想变好也没机会。"

城乡开放之后，农村青年涌入城市，他们缺乏专业知识和技能，唯一的资本就是青春和身体，他们只能出卖劳动力，成为"农民工"，这些人处于城市的底层，处境艰辛。为了生存和发展，这些青年抉择不同，但其中有两种特殊的选择：男青年愤怒了，于是拉帮结派，加入黑社会，希望以拳头打出天地，这就是《愤怒青年》所描写的情况；女青年无计可施，唯有出卖身体。《愤怒青年》反映了农村青年在城市中的处境，写出了当前的诸多社会问题，因此在国内流传不广，可是在海外却反响热烈。

在《愤怒青年》之中，马笑泉塑造了两个主要人物：楚小龙和虎头。他们皆是没有走通高考这条路（这是目前身份流动的唯一之路），于是进城打工，他们唯有一身力气，他们缺乏引导和教育，遂陷入迷茫，为了立足和复仇，于是走上了"侠"之路。他们打打杀杀，快意恩仇，但都有情有义。马笑泉将"黑社会"成员写成了侠客，在阅读之时，读者会对楚小龙和虎头充满同情，他们非常简单，敢作敢为，敢爱敢恨，勇于为亲人和朋友复仇，甚至会让读者涌起敬意和钦佩。

司马迁为游侠立传，因为在春秋战国乱世，侠客对于维护社会正义有积极的作用。但在正常社会，惩罚权只能掌握于政府之手，民人复仇亦须假政府之手；当司法程序不能维护正义之时，侠挺身而出，越过政府，行使了复仇的权力。《愤怒青年》中的虎头，他的父亲因工伤死于工地，包工头只给了50块钱赔偿金，他们势单力薄，哭告无门，之后虎头伙同帮中小兄弟杀死包工头，为父亲复仇；又如楚小龙，其父在"文革"期间曾是年轻的秘书，然而遭歹人陷害，楚小龙日后杀死了仇人，为父报仇雪耻。本来，司法机关可以为虎头之父与楚小龙之父复仇，伸张正义，可是由于种种原因，此仇未报，此冤未雪，于是这些青年"愤怒"了，挺身而出，直接杀人报仇。

然而“侠以武犯禁”，侠通过武对社会也有破坏与威胁作用，故历代对于侠都颇为防范，或加以引导，或加以取缔。就《愤怒青年》而言，楚小龙与虎头除了侠义之举，尚有黑社会性质，比如参与黑帮火拼，去杀无辜之人等。可是一旦有“侠”或“黑社会”产生，原因是治理出了问题，或是怨气未平，这恰是反思之机。侠之有无是衡量乱世与治世的重要指标，《愤怒青年》发人深省。

二 “银行的档案”

1997 年，马笑泉毕业于湖南银行学校，之后在武冈、邵东人民银行工作。与银行有关的学习与工作经历或许化为马笑泉的文学资源，他对银行内部情况应可以如数家珍，于是有了这本《银行档案》。《银行档案》原名《民间档案》，刊发于《收获》2006 年长篇小说专号秋冬卷。将“民间”更名为“银行”，一方面更贴近这部小说的具体内容，另一方面“银行”也更有吸引力与冲击力。

《银行档案》有两个关键词“银行”与“档案”，银行言档案范围，档案言小说内容与性质。

先从“档案”说起，《银行档案》形式非常有特色，采用了“档案体”。马笑泉深受 1980 年代文学观念的影响，他在内容和形式两个方面都有抱负，他以为这样的小说才有资格称为“纯文学”。在一篇创作谈中，马笑泉说：“上世纪八十年代，马原、苏童、余华、格非等一批先锋作家，费了很大力气，才恢复了中国小说的形式感。到了本世纪，却出现一种很危险的倾向，就是一切向市场销售量看齐。为了取悦读者，扩大销售量，很多纯文学作家都自觉地从小说退回到故事，生怕读者看不懂，取消了对小说形式的探索。”[①] 先锋作家重视小说形式的原因，存而不论，但马笑泉如此理解，能够见出他对小说形式的注重。马笑泉采用“档案”形式，以“001”“002”“003”的编号形式，一个一个地将飞龙县人民银行的 29

① 马笑泉：《语言、形式和意境》，《理论与创作》2008 年第 5 期。

位人物活灵活现地写了出来，这些人物一起构成了一部档案集。29 个人中有行长、副行长，有官二代，有草根和底层人物，有认真读书的人，有勤恳做事的人，也有混日子的人，他们各有悲欢、喜怒。马笑泉阅历丰富，笔力厚重，能够理解并写出这么多性格不同的人，功力可见一斑。这样的写法尽管假"档案"之名，其实与中国传统小说的形式基本如出一辙，"形同长篇，实为短制"，但以"档案"的形式去结构小说篇章，也可谓匠心独运。

或许马笑泉并非为形式而形式，小说以"档案"名之，可能另有深意。"档案"一词在中国有特定意义，档案掌握于官方之手，是对个人生命轨迹的记录与评判，私人不能随便接触档案，更不能随便制造档案。飞龙县人民银行 29 个人在实际生活中肯定有官方的档案与官方的评价，这些档案才是合法的。可是《银行档案》却为这 29 个人另立了一个档案副本，对他们有叙有论，有描写有评价。在法律意义上，这本"银行档案"是非法的，它并非官修，而是出自私人手笔，但是这部"银行档案"或许更为真实，更为直接地反应了银行的情况。到底孰是孰非，到底孰是正本孰是副本？马笑泉以小说为档案，他表面虽是小说家，实际却是评判者，是"书记"（本意的"书记"，历史的记录者）。马笑泉是有志向的，他要另起炉灶，给这些人作出真实的道德与政治评判。

再说"银行"。《银行档案》所写的时间段是 20 世纪 80 年代末到 21 世纪之初，恰是中国大转型时期，中国确立了"以经济建设为中心"的发展战略。在这样的大思路之下，"银行"成了社会的焦点。马笑泉曾身在其中，熟知银行内幕，于是写下一部"银行档案"，这部小说或许能够找到时代的杠杆，可以触动时代的焦点，见微知著。"银行档案"的承载者就是银行的领导与职工，包括行长龙向阳、副行长及继任行长王庆生乃至各色人等。一个编号对应一个人物，马笑泉在本传中把这些人的来龙去脉与所作所为交代清楚，但他也让人物互相串联，譬如龙向阳因为是行长，就也多次出现于其他人物的档案之中，压制有才者，调戏女性，等等，由此可以知道一个立体的行长形象。29 个人物一路读完，读者大概可知飞龙县人民银行的大体境况，知道个人的品行、抗争、进取等等，知道银行内部的人事与情感纠葛。若大而言之，也能知道一般银行的大体情况，知道银行的“黑幕”。

要理解这个以“经济建设为中心”的时代，或许可由银行始，欲理解银行，或许可由银行职工的档案始，《银行档案》这部书的意义就在于此。

三 “巫地传说”

《愤怒青年》写农村进入城市的“愤怒青年”，《银行档案》的形象包罗万象，既写进城者，也写城市土著，《巫地传说》的重心则是写农村中的奇人异事。

在城市与农村的对决中，农村一败涂地，日益沦为城市的附属。可是马笑泉却执拗地说，乡土社会其实还有着巨大的力量，这片土地是“巫地”，这里有着大量“传说”，可以证明昔日这片土地的神奇与力量。这种声音在乡土社会日益陷落之际，显得弥足珍贵。小说有两个关键词：“巫地”与“传说”，“我”就是这片“巫地”“传说”的记录者，“我”要以小说的形式将巫地的传说保存下来，留给历史。

《巫地传说》共分六部，每部写两三位奇人，小说以“我”贯穿始终。第一部“异人”，既自述童年，也写了黑头与陈瑞生，他们二人以力量和武术著称，第一部的故事颇似《愤怒青年》，亦写“黑社会”。第二部“成仙”，以少年之“我”写了秀姨与霍铁生的悲惨遭遇，笔者夜读此书，读至此处真觉得鬼气袭来。秀姨是知青，霍铁生是“右派”，他们皆曾遭受非人的待遇，最后一个郁郁寡欢，最终“落洞”，一个自杀“成仙”。这样的主题曾是1980年代伤痕文学的流行主题，可是马笑泉对此主题情有独钟，《愤怒青年》中也涉及“文革”问题。小说中有一句话，能见出马笑泉对这一时代的理解：“但霍铁生那截飞掷的血肠，和秀姨临去前缥缈凄冷的微笑，永远烙在了我的脑海，怎么磨也磨不掉，让我即使在最幸福的时刻，也始终没有忘记这个世界沉重黑暗的一面。”[①] “成仙”既是对秀姨

---

① 马笑泉：《巫地传说》，重庆出版社，2009年，第87页。

和霍铁生的美好祝愿，也是对那个时代的控诉。第三部"放蛊"，写"我"的大学时代，通过"我"的转述写了两件放蛊之事，并且能够笔力一转，柳暗花明又一村，写出"我"和同学的故事，最后称："世界上还有一类无声无色的蛊，比有声有色的蛊虫更可怕，那就是人心的疑惧和各种被扭曲的欲望。"第四部"鲁班"，写工作之后的"我"，小说通过装修房子之事，写了二伯。二伯会鲁班术，凭借巫术他战胜了对手，养活了家人，赢得城里人的尊重。这一部或许融入了一些民间传说，故事非常好看。第五部"梅山"，写了铜发爹（放鸭子者）、铜顺爹（捕鱼者）、铜耀爹（猎人），三人皆会"梅山术"。这部分也非常精彩，或许它们部分也取自传说故事，盖因这些传说已经经过时间淘洗，故能在民间广为流传，譬如铜顺爹大战鱼王、铜发爹大战老虎等都写得惊心动魄，精彩纷呈。越是作者的东西少些，作者的"我相"弱一些，作品就会越好些。第六部"师公"，写当下的情况，法术在现代的冲击之下已然失效。

《巫地传说》也重视小说的形式，全篇结构松散，一如中国传统小说。"我"是故事中的主角，"我"的各个时期贯穿着不同的奇人，而且小说并未按照自然时间的顺序写出，而是天马行空，忽东忽西，忽南忽北。马笑泉在序言中将乡土小说分为五类，并纵论乡土小说之类型与利弊，他希望能取五种模式之长而去其短。马笑泉"试图通过从叙述者的设置入手，来解决这些问题。全书以第一人称展开叙述，而这个'我'不是主人公，而是作为亲历者、旁观者和转述者出现在小说之中的。……当这位叙述者展开叙述的时候，既拥有丰富的乡土生活经验、刻骨铭心的情感记忆，又具备了相当的文化素养和反思能力，同时又与乡村保持着适当的审美距离。对乡野的美好、神秘和苦难，是真正拥有了平常心"。[①] 1980年代先锋文学家们也玩弄"我"，花样迭出，"我"忽是作者，忽是叙述者，忽是隐含作者，忽是人物。马笑泉没有再在这一路上走下去，"我"在《巫地传说》中变成了主人公、亲历者、旁观者和转述者。作者、叙述者云云是往技巧花样一路走，亲历者、转述者云云则是往实里走。"名者实之

---

① 马笑泉：《巫地传说》，重庆出版社，2009年，第2页。

宾”，就小说家而言，真正所应致力的还应该是“实”。

乡土小说（甚至所有类型的小说）要写好，“我”确实是最为关键的问题，从“我”入手，就是从根子处着手解决。马笑泉开出的药方较之于一些过分玩弄技巧的小说已更进一步，但尚不够。譬如《巫地传说》中所写的精彩故事，或许有传说的影子，“我”恰恰只是游离于这些传说之外。有另外一个解决的药方，可供马笑泉兄参考，就是艾略特在《传统与个人才能》中所宣称的——应该减少“我相”，进入传统。此问题若能解决，那么小说肯定能够更上层楼，如果更上层楼，或许也能超越这五类乡土小说。

2012 年 1 月 31 日于中国艺术研究院

书写人伦之正

——付秀莹论

2009年，有一篇小说《爱情到处流传》（《红豆》2009年第10期）发表之后，到处流传，被《小说选刊》《中华文学选刊》等多家选刊转载，被选入多种年度选本，也被批评家广为评论，《爱情到处流传》一时有年度最佳之目。付秀莹因此也备受关注，成为文坛新星。2009年，以至于大家都说，哇，现在北京的大街上爱情到处流传啊，我们组团去北京逛街吧。

付秀莹游走于乡村与城市之间，她生、长于河北农村，后到北京读书、工作，迄今她的作品基本反映了其人生的轨迹。就付秀莹所写的内容而言，其小说可以分为两类，一类写农村，一类写城市。（付秀莹编过一本小说集《爱情到处流传》，此小说集也是采用乡村与城市的二分法）付秀莹描写农村的小说数量较大，佳作也多，最著名者莫若《爱情到处流传》，此外尚有《旧院》（《十月》2010年第1期）、《小米开花》（《中国作家》2009年第2期）、《六月半》（《人民文学》2010年第12期）、《翠缺》（《阳光》2008年第7期）、《灯笼草》（《山花》2009年第7期）、《迟暮》（《黄河文学》2009年第9期）、《大青媳妇》（《长城》2008年第6期）、《空闺》（《山花》2008年第12期）等。付秀莹描写城市的作品也较多，有《世事》（《朔方》2010年第1期）、《幸福的闪电》（《钟山》2010年第4期）、《花好月圆》（《上海文学》2010年第3期）、《传奇》（《钟山》2009年第4期）、《对面》（《朔方》2009年第11期）、《琴瑟》（《文学界》2010年第1期）、《如意令》（《江南》2011年第4期）、《出走》（《十月》2010年第

1 期）等。

乡村与城市尽管是付秀莹小说的核心意象，可是她并未用力去写现实的惨烈、底层的艰辛、城市的虚假繁荣与乡村的凋敝。在乡村与城市背景之外付秀莹有一以贯之的东西，那就是人伦或人情之正。付秀莹作品的特点在此，乡村与城市不过是故事发生的场地而已。乡村与城市的现实并非付秀莹所关注的重心，因此付秀莹写乡村最好的几篇小说皆非写实，而只是写记忆中的乡村，写乡村中的人情之正。

城乡关系，在 1980 年代之后的中国变得越来越引人注目，几乎与所有的人都休戚相关。付秀莹在很多小说中也触及现实，但都是作为背景，因此现实在其小说中隐隐约约，似有若无，并非重点；有些小说虽然现实的比重大一些，似乎现实要从背景转为前景了，但其实还不是重点所在。譬如《空闺》与《六月半》尽管也写了农民进城务工的问题，但与众不同。付秀莹别开生面，《空闺》用了一个极为古典的意象“空闺”来写这个问题，于是农民工进城打工成了背景，闺怨成了小说的主题。《六月半》也是如此，进城务工只是背景，关键是写俊省与宝印之间的情感纠葛。付秀莹写城市的作品也是如此，比如《琴瑟》写一对在城市中打工的夫妇，尽管小说也写了他们在城市中生活的不易，但这些还只是背景，小说重心在于写妻子的一次精神出轨，她看见城市中成功的男子后引起一系列心理的变化，并显诸梦中，但这只是一个微小的波澜，不久夫妻之间即复归平静。

虽然付秀莹所写是今天的故事，若改换一下时代和背景，这些故事也可以发生在古代，这就是为什么那么多人说付秀莹小说有古典气质的原因。付秀莹所致力的问题不是现实问题，而是现实中的伦常问题，具体说就是男女问题。一男一女，两人则和谐，是人生的常态，三人则必起冲突与矛盾，是人生之非常态。男女问题自古已然，无论世事纷纭变化，这些问题恒常不变，付秀莹致力的就是这个不变的问题。

付秀莹擅写男女由二到三，二到三在她的故事中或已作成，譬如《爱情到处流传》《旧院》等；二到三在她的故事中或尚未作成，只存在于意念之中，譬如《灯笼草》《琴瑟》《传奇》等。以弗洛伊德的术语言之，付秀莹擅长写潜意识，她的很多小说都有三角之势，主人公潜意识中都有过花花心思，有的且已行诸梦中，但在"超我"面前皆止步，潜意识的归潜意识，并未走到行动中去。付秀莹的笔非常细腻，她能把这由二到三，由三回到二的过程写得张力十足，惊心动魄。付秀莹却存心仁厚，三的格局即使作成，但还是会让三复归于二，若三的格局只在意念中，那么僭妄的意念不久也会消失殆尽，复归于平正。一场风波归于风平浪静，乌云密布归于晴空万里，剑拔弩张归于偃武修文，付秀莹的小说写活了这个过程。

付秀莹写乡村最好的几篇多是回忆性的，譬如《爱情到处流传》与《旧院》。《爱情到处流传》站在当下，回忆1970年代的乡村生活与人情。《爱情到处流传》与电影《我的父亲母亲》颇为类似，都是写"我的父亲母亲"。《爱情到处流传》简言之就是一个"△"，父亲是乡村教师，母亲是乡村妇女，第三者是四婶子。可是，这篇小说通过儿童的视角将一切都"提纯"了，那时的乡村生活美好，人情也淳厚，父亲和四婶子之间亦没有不洁，以至于说三角云云都起了唐突和冒犯之感。三角云云在"五四"之时被赋予婚姻解放的意义，以至于有人死了妻子，别人反而来贺曰，恭喜你走出了旧婚姻的坟墓；其后社会逐渐稳定，需要正常的伦常秩序，三角云云就有了负面的和不道德的含义，一如今天"小三"是贬义词。《爱情到处流传》的调子却更为复杂，既不是谴责，当然也不是赞扬。似乎，父亲和四婶子只是犯了一次小错，可是这并未酿成大风波，之后一切都重归于贞正。若在"五四"，这个故事会有诸多可能性，比如可以写成父亲挣脱了封建婚姻的束缚，与母亲离婚，与四婶子得到了"爱情"；也可以写成"娜拉出走"的故事，母亲可以是新女性，不满于父亲的所作所为，于是断然离家出走，一如张爱玲的母亲。付秀莹的故事若在"五四"之时父亲与母亲肯定会被批评为保守或懦弱，但何以今天却被大家广泛接受？若父亲一意孤行，或母亲拍案而起，这个家庭就散了，而付秀莹写了母亲的隐忍、父亲与四婶子的悔过与众人的宽宥，如此就成全了这个家。"五四"是非常时期，离家出走是非常时期的非常之举，不可行于常道，付秀莹所写的《爱情到处流传》写出了生活的常道。离家出走轰轰烈烈，"我是我自己的"也可谓豪言壮语；唯母亲默默无言似乎显得过于平静，独自饮泣也显得懦弱，可是母亲的形象极为亮烈。付秀莹反其道行之，以平静写了风暴，以隐忍写了亮烈。《爱情到处流传》所谓的“爱情”更似伦常之情，它比爱情少了虚华和苛刻，爱情唯有成为伦常，方能“到处流传”。《爱情到处流传》似乎写一只小船，摇摇晃晃，眼看着要翻掉了，可是终究没有，之后风消云散，小船安然驶过，唯让人虚惊一场。

《旧院》，顾名思义，所写者是“旧院”，“旧”云云可知还是回忆。《旧院》较之于《爱情到处流传》头绪更为繁多，情感更为复杂，气象也更为宏大，付秀莹依然游刃有余。《旧院》还是儿童视角，写了我的父亲母亲，写了姥姥、姥爷、父亲、母亲以及几个姨和姨夫等人之间的纠葛，写了旧院中个人的性格与命运等，写了“我”的童年（比如“起码”与“骑马”云云神来之笔，小孩子的神态与心情一笔点出）。小说在不经意间也带出了时代的信息，但生产队、包产到户等是背景，小说写旧院的人事纷争。《旧院》写了一种扭曲的关系格局，姥姥是“男人”，姥爷是“女人”，姥姥是奶奶，姨夫是舅舅，女儿是儿媳妇，儿子是女婿，母亲是婆婆。付秀莹的笔极细腻，母女之间、连襟之间、姐妹之间的小恩小怨写得风生水起。付秀莹的小说写回忆，也写现实，《旧院》是迄今其小说回忆的最上端，《爱情到处流传》到父亲、母亲为止，《旧院》则写到了姥姥、姥爷，写了三代之间的关系，沧桑与人世无常之感也写出来了。《旧院》中也有一个类似《爱情到处流传》的故事，是舅舅和桂桂之间的故事，但也没有闹得天翻地覆，依然归于平静。

《灯笼草》也是一篇颇能体现付秀莹特点的作品，这篇小说也是写一个“△”，只是这个三角不同于《爱情到处流传》，只是意念中微微一动的三角，只有三角之势，尚无三角之实。小说写小灯、五桩、二桩三人的关系，小灯是五桩的妻，二桩是五桩的兄。二桩当过兵，是个体面漂亮的人，小灯对二桩曾起过心思，二桩对小灯亦起过心思。付秀莹笔下能生花，小灯与二桩心思细微的变化写得惊心动魄，一个大头针落地，付秀莹却能写出惊雷之声。若这个三角坐实，人伦就会失正，有可能夫妻离散，兄弟失和。可是，这些都只是念想而已，当二桩这个大伯子酒后说“你包的，我——爱吃”之时，“小灯背对着他，身子僵了一僵，也只有那么一刹那，她撩开帘子，出去了”。关键的时刻，小灯戛然而止，如此念想只是念想，人伦总是不失其正，大伯子还是大伯子，弟媳妇还是弟媳妇。

付秀莹自述道，"城市，依然陌生，写作，就是还乡"，似乎她对城市尚不熟识，念兹在兹的还是乡村中国。尽管付秀莹作品的重心不在乎乡村的现实，但故事发生的背景她还是喜欢放置在乡村。诚如李云雷所言：付秀莹"写到乡村时，充满了感情、'乡愁'与理解，而写到城市时，则十分客观、冷静，有时也充满了反讽"。[①] 城市也只是付秀莹故事发生的另外一个背景和场所，无论沧海变成桑田抑或农村变成城市，男女二或三之事总是存在，譬如《世事》《传奇》《幸福的闪电》《花好月圆》《琴瑟》等皆写此。当然也有异数，付秀莹还写过一篇机关内斗的小说《对面》，"对面"意谓针锋相对、互不相让，甚至你死我活。这篇小说纯粹写城市机关生活，写两个女人在机关内的明争暗斗，写机关内部人事的复杂，如同范小青的长篇小说《女同志》。

《世事》亦写三人的关系，苏教授、戴芬（苏教授的太太）与小刁（苏家的保姆）。这个故事发生于城市的家庭内部，苏教授与戴芬是老夫老妻，他们是家庭的主角，小刁以保姆的身份也居于这个家庭之中。三个人相聚于一个家庭之中，苏教授心猿意马，戴芬与小刁有竞争，好戏于是开始。付秀莹采用《罗生门》式的叙述方法，一会写小刁，一会写苏教授，一会写戴芬，在来回变换中推动故事发展，且能深入每个人的内心，于是三个人全盘托出。戴芬回家乡探亲，三人的格局遂变成了两人，苏教授对小刁最终没有止于礼，但随着戴芬的回家，苏教授与小刁也就戛然而止，复归于原有的格局。

《传奇》是付秀莹少有的写土生土长城市女性的作品。付秀莹借用了张爱玲的书名《传奇》，张爱玲自述希望在"在传奇里面寻找普通人，在普通人里寻找传奇"，故有此书名，付秀莹似乎亦有此意，她也写了小男小女之间的"传奇"。阅读付秀莹的小说，总觉得她颇受张爱玲的影响，尤其在处理细节方面和描述微妙的人心变化方面。只是张爱玲所熟悉的

---

① 参见李云雷与付秀莹之间的访谈，见 http：//blog.sina.com.cn/s/blog_4be5e0cd0100mqlr.html。

是都市的小男小女，而付秀莹所熟悉的则是乡村的小男小女，付秀莹将张爱玲那只笔转向乡村，转向她所熟悉的环境，于是有了《爱情到处流传》这样的作品。付秀莹《传奇》也写了城市小男女的心思，也是一个三角的故事，浦小月、浦小宁和江南。浦小月是姐姐，是城市大龄剩女，浦小宁是妹妹，江南是浦小宁的男友。付秀莹极会设置道德困境，一如《灯笼草》是弟弟、弟媳妇和哥哥之间。浦小月与江南之间唯有心思一动，三角完全只在念想中，只是行诸梦中而已，但姐妹之间几乎反目成仇。付秀莹的《传奇》差点就演变为张爱玲的《倾城之恋》，若是姐姐浦小月抢走了江南，那么浦小月就变成了白流苏，江南就变成了范柳原，但是付秀莹的《传奇》止于念想，唯有《倾城之恋》之意，没有《倾城之恋》之实。

《如意令》也写三人之间的关系，海先生、乔素和海先生的前妻，海先生是成功的大教授、乔素曾是某中学英语老师，现在是海先生的现任妻子，海先生的前妻已经去世。但是他们三人之间还是有颇微妙的关系，海先生前妻尽管已逝，但依然与乔素之间有竞争关系。付秀莹选择了一个敏感时间——清明节，海先生对死者的悼念以及拜祭都触痛了生者，于是死者和生者的竞争关系在这一天达到了高潮。付秀莹将乔素、海先生心理的变化写得惟妙惟肖。

《幸福的闪电》写一个在城市工作的单身女子蓝翎的故事，尽管小说写了蓝翎如何千辛万苦从小县城考研到了北京，在北京找工作、生活如何不易，但这些都只是铺垫，付秀莹的重心总不在此。小说还是写三人关系，故事以蓝领为中心，写了三个三角，蓝翎、左恩与楼下的男人，蓝翎、左恩与左恩的太太，蓝翎、楼下的男人和楼下男人的太太。蓝翎是三个三角的旋涡，蓝翎与左恩之间的纠葛是真实的，左恩苦苦追求蓝翎已好多年，但蓝翎与楼下的男人之间无其实，唯存在于梦和潜意识中。

付秀莹的小说尽管与“底层文学”相似，但她所走的路不同于“底层文学”。付秀莹念兹在兹的是人伦之正，而非底层的苦难，付秀莹的写作实践让我们看见了书写农村与城市的另外一种可能性。在男女之事方面难免心猿意马，但若能止于礼仪，自然就会平正；甚至即使错误既成，若能以义处之，也能归于平正。付秀莹的作品与“底层文学”的关系可比被称为催泪弹的《山楂树之恋》与"伤痕文学"的关系。《山楂树之恋》非复"伤痕文学"，"文革"只是故事发生的背景，主人公的生死之别不是由于"文革"的迫害，而是由于白血病，这是人生的无常，这样的故事可以发生在民国，可以发生在清代，也可以发生于改革开放的当下。《山楂树之恋》动人之处就是写了人生的无常，无常之感任何时代都不能消除。

付秀莹的创作之路刚开始不久，2008 年才发表了"严格意义上的第一篇小说"，但这几年她的创作状态非常好，佳构不断，近期将有几本小说集推出。付秀莹的小说多用短句，总体叙述节奏舒缓，非常有特点。所期待的只是付秀莹能够开拓更多的写作资源，不断推出更好的作品。

2011 年 11 月 1 日于中国艺术研究院

“后王朔时代的北京顽主”

——石一枫论

我和石一枫认识不久，但久仰大名。在上海的时候，就有一些朋友提到过他，之后我到北京工作，周围提到过一枫的人更多，几乎众口一词说这个人如何好玩，如何聪明云云。前阵子，云雷举办了青年论坛。会后聚餐时，我和一枫坐在一起。我们简单地聊过一下，开始时我问，一枫答，后来则是别人与一枫相与问答，我默默地听。一下子，我对这个言谈不甚禁忌的一枫改变了看法。一枫貌似痞子，然而其实却无比认真；一枫貌似玩世不恭，其实却心中充满着理想；一枫貌似庸俗，其实却充满着精英意识。只是一枫反其道行之，他的认真通过不认真传达，理想通过不谈理想表达，精英意识通过庸俗表现。

一枫已经是一位老作家了，他 16 岁那年（1996 年）就在《北京文学》上发表了处女作《上学》，其时他不过是一名高一的学生。《上学》这篇小说尽管显得稚嫩，但作为优秀小说家的素质已经显示了出来。一枫抓住升学这一关节去写世相，展现了家长与学校之间的交易，展现了学校内部校长与书记之间的微妙关系。1998 年，一枫又在《北京文学》发表小说《流血事件》，较之两年前的《上学》显得更为成熟老到。《流血事件》情节很简单，马小军、谢秋容、尹志国陷入三角恋，马小军一怒之下拿刀捅了人，发生了校园“流血事件”。这部小说已经有了一枫体的诸多特征：小痞子、小伙伴、拍婆子、打架斗殴、成长经历等其后一枫常用的元素皆已具备。

16 岁那年，应是一枫生命中极为重要的一年。那一年，他完成了身份认同与自我定位，他的认同是如此固执、坚定，以至于到今天似乎还陷在其中。一枫曾自述道："1996年前后，我们这些穿着红校服的高中生排着队，到复兴路对面的国防大学礼堂集体欣赏了姜文的《阳光灿烂的日子》。这电影居然是学校组织观看的，后来想实在是一件荒唐事。看的时候，大家自然特兴奋，尤其好多外景，不少人惊呼：这不就是谁谁谁他们家么。电影的气氛给我们带来的感觉，是既熟悉又陌生的。对于任何一个人，甭管他是哪儿的，看到几十年前故乡的旧照片，恐怕都是熟悉而陌生的。因为熟悉，你会毫无理由地断定它是'真'的——尽管那时候你也没出生没资格判定真假。因为陌生，你会审视自己的生活，重新给自己做一个'角色定位'。也就是这部电影，让我的朋友们越来越多地以'大院子弟'自居。当时我们都觉得电影里的人太'顽'了、太'有范儿'了，太像自己了，严格地说，应该是希望自己像他们。再说句学术界爱说的话，'认同'就是这么建立的。我们那个年代的大院子弟，确实也保留了一些电影里强调的人物关系：从小都在一块儿，因为父母没时间管或懒得管而终日厮混，崇尚哥们儿义气和个人英雄主义。……几乎所有人都将《阳光灿烂的日子》列为自己最爱的电影，姜文成了大家公认的偶像。我们以此为武器，和那些热衷于港台明星的同龄人划清界限。"[①]16岁恰可当"十五志于学"之象，这一年一枫也志于学。16岁翩翩一少年，主动认同王朔与姜文，将他们和他们塑造的人物视为榜样，因此几乎处在了同龄人中的高端，自然瞧不上"热衷于港台明星的同龄人"，一枫的骄傲或许来源于此。

《阳光灿烂的日子》改编自王朔的小说《动物凶猛》。《阳光灿烂的日子》胜于《动物凶猛》，标题"阳光灿烂的日子"即能点出王朔"50后"这一代大院子弟的精神状态。九大前后，他们不过十来岁，这段日子父亲缺席，于他们真是"阳光灿烂"，如鱼得水。王朔长于北京军队大院，1976年参军，1980年退伍。王朔从1978年开始创作，他的小说与其时的时代氛围吻合，趁着这股潮流，王朔迅速蹿红，之后又参与电影、电视

① 石一枫：《我眼中的"大院文化"》，《艺术评论》2010年12期。

剧，介入其时最为流行的媒介，王朔红遍了大江南北。祝东力曾对“后红卫兵”一代的精神作过概括：“1971年，林彪跑了，这是当代中国的一个历史拐点。此后，‘文化大革命’的意识形态仍然在叫嚣，其内容却迅速空洞化；维系人心的革命逻辑已经疲惫，但革命机器依旧强大。这是一个内容与形式迅速脱节的时代。五六十年代出生的‘后红卫兵’一代，正处在自我意识和社会意识的萌芽期、成长期，正值人格形成的少年，面临这样的政治大变局，于是形成了一种讽刺、调侃、解构的人生态度和语言风格。‘后红卫兵’一代的这种情形，在北京这样的政治文化中心，尤其显著。其实，说到底，这仍旧是‘文革’造反精神在扭曲中的延续、变异。其最终目标所指，同几年前的造反运动一样，也仍旧是国家体制、官僚主义，只不过采用的手段从大字报、大辩论的谠言高论，萎缩、异化成了私人小圈子里的插科打诨，特点是阴、损、坏，形式是揶揄、挖苦、嘲讽，即，变身为一种特殊的‘语言艺术’。”[①] 这段话基本可以将王朔定位，可以将王朔的小说定位。王朔乘势、乘时而兴，但是王朔不停地balabala，久之就会令人反感，此风一过，此时一变，王朔也就过去了。一枫缺乏王朔之天时，只是在“后王朔时代”固执地balabala下去，写新一代顽主们的“后传”，其小说影响不如王朔之广泛必也。

一枫在《阳光灿烂的日子》中看到了自己，此后他以“顽主”自居，将调侃、讽刺、解构、揶揄、挖苦的能力和机巧推向了新高，因此很多人说，一枫的小说真是“好看”啊。《阳光灿烂的日子》中的马小军在一枫的小说中再度复出了，而且长时间阴魂不散。一枫写于1998年的《流血事件》，主人公就叫马小军。小说开篇，18岁的一枫还“装模作样”地模拟《动物凶猛》中的腔调，发挥了一通——“对于这件事，我只能算一个旁观者，很多细节都来源于道听途说。这使得我的小说的真实性大打折扣，但是小说毕竟不是纪实文学，对于我不甚明了的细节，我可以本着‘高于生活’的原则尽情杜撰。”[②]2006年，一枫发表过一个中篇小说《不

① 祝东力：《当代社会结构中的“小沈阳”》，《天涯》2011年第5期。

② 石一枫：《流血事件》，《北京文学》1998年第5期。

准眨眼睛》(《西湖》2006年第3期)，写三个男人等一个海归女的戏剧性场面，通篇全是对话（顽主们真是语言的巨人啊），在对话中传达出三男一女的信息，经济男、学术男、性男、处心积虑女，也传达出时代的信息，出国、傍大教授、市场经济、性等等。在这篇小说中，一枫保持了"顽主"的品格，一如既往地调侃、讽刺、挖苦。"不准眨眼睛"是一个极好的意象，可用来概况时代精神，可惜其时一枫依旧沉浸在话语的狂欢和纯粹抖机灵的心境中，故未能深入发掘。天地一白一黑，一冬一夏，是天道的调节，是天地的节奏；眼睛一睁一闭，嘴巴一呼一吸，是身体调剂。一个正常的社会应该文武之道一张一弛，由此，万物与人才能得以休养生息。资本主义不同，资本要求无限地、疯狂地、不间断地增值再增值，资本主义精神影响下的人格必然是"不准眨眼睛"的人格，只会攫取。所以马克思在《资本论》中不得不讨论夜班、工作时间长短等问题。这篇小说中还有一个重要的信息，那个以性为志业的主人公还叫马小军。一枫似乎极喜欢马小军这个名字，从1996年到2006年，马小军这个名字一直出现在他的小说之中。"名者实之宾"，喜欢马小军这个名字是因为喜欢这个名字之后的实与所代表的范儿。

一枫没有其他嗜好，"吃饭怕胖，喝酒难受，夜店嫌吵，游戏不会玩儿"，他这些年非常勤奋，一连出版了四部长篇：《b小调旧时光》(中国青年出版社，2007年)、《红旗下的果儿》(九州出版社，2009年)、《节节最爱声光电》(新世界出版社，2011年)、《恋恋北京》(新世界出版社，2011年)。《b小调旧时光》是一部科幻小说，算是长篇小说习作，并不具有典型的一枫体特征。一枫一直喜欢看科幻片，从这部小说中也能看出《黑客帝国》《达·芬奇密码》等作品的影响。

综观一枫《红旗下的果儿》《节节最爱声光电》和《恋恋北京》这三部长篇，可以提炼出几个核心意象："80后"、成长经历、顽主、爱情、北京等。一枫的几部长篇，围绕着这些关键词展开。一枫之所以选择这些意象，首先是写自己及身边人的经历和现状；要理解一枫的小说，需要理解其生命的轨迹。一枫是"80后"一代人，长大于北京的大院，以顽主自居，一路小学、中学、大学读书、成长，之后工作。一枫的小说之所以与众不同，因为其性格、经历与认同比较特殊。李云雷曾分析过他对一枫的“偏见”如何产生：“一枫是在大都市里成长的青年，年龄也比我小几岁，我想我对一枫小说的‘偏见’，正来自于我们的这些差异，所以他的小说有时是在我想象之外的，在这里我看到了一个狂欢而荒诞的城市，一些追逐快感而内心寂寞的青年，他们需要不断地填补空虚，但不断的冲动与行动中却包含了必然的失败，染上了黯淡的色彩。”[①] 云雷长大于农村，一路升学，通过高考，到了北京，因此他所写的小说多涉及农村以及离开农村、居于北京的读书人。因为云雷与一枫的生命轨迹不同，因此小说风貌也迥异。

《红旗下的果儿》写了几个“80后”（陈星、小北、张红旗等）12年的成长历史。《红旗下的果儿》可谓《流血事件》的加长版，流血事件止于高中时期，《红旗下的果儿》则从1996年写起，止于2008年，横跨高中3年、大学4年，大学毕业后5年。随着一枫的成长，他的小说人物也成长了，故事也加长了，情节也丰富复杂了。贯穿《红旗下的果儿》始终的是陈星与张红旗的爱情故事，小说绕来绕去，但标的不离乎此。陈星是小痞子，是班级成绩最差者，读了极差的民办大学，之后辗转深圳艰辛地谋生；张红旗是班级优等生，读北大，后去美国留学，毕业后就职于大跨国公司。这两个人本来是平行线，没有相交的可能，但一枫偏偏要他们相交。几乎小说的主干情节都是围绕着他们的爱情而写，二人一会即，一会离，一会若即若离，但终成眷属，两条平行线终于相交。小说的名字颇好，“红旗下的果儿”应是借用了崔健“红旗下的蛋”这个意象，崔健以此总结了1990年代的时代精神，所谓“红旗还在飘扬，没有固定方向；钱在空中飘荡，我们没有理想。”一枫则试图以“红旗下的果儿”描述“80后”的状态，这个意象涉及两个基本要素：红旗和果儿。中国当代社会在1970年代末有一次大断裂，“80后”这一树果儿长于改革开放新时代，按理说应该是“改革开放的果儿”。一枫却固执地要建立红旗和果儿之间的联系，他以“红旗下的果儿”概述“80后”，可见其志向与立场。一枫尽

---

① 李云雷：《狂欢中的荒诞，快感中的寂寞——略同石一枫的小说》，《西湖》2006年第3期。

管写“80后”的果儿，却以此想象了红旗。小说中的女主角叫张红旗，她的爷爷是老革命，小说中有一段话颇见红旗与果儿的关系——“你出生的时候，不正是百废待兴的时候嘛。你爸爸有些资产阶级思想，很不好，非要管你叫什么露露啊、玫玫啊。我说不行！我们的下一代、下下一代都要昂扬向上，越是新时代，就越要红旗招展！而且红旗不是一个很美的东西吗？扑啦扑啦地迎风飘扬，女孩子叫红旗也很合适……”[①] 果儿们尽管有诸多的问题，但终归不失正途，譬如陈星，他是“外痞里嫩”的典型，尽管打架、淘气，但并不苟且，对爱情也矢志不渝。“80后”的果儿们无论如何，还是新鲜的、生机勃勃的。

《节节最爱声光电》还是写“80后”的成长经历，只是《红旗下的果儿》以写男生为主，《节节最爱声光电》以写漂亮女生节节为主，小痞子已不再是这部小说的主角，只有一个会说“馍馍（妹妹），你为很（什）么忧球（愁）？”的小痞子马金山在小说中昙花一现。节节就是一个普普通通的北京女孩，她在歌剧院大院长大，小说写了节节从小学一直到大学以及工作之后的经历。小说贯穿了节节和几个男生之间的关系，小时候是许洋，大学时是高干子弟李冬林，之后则是“海龟”精英赵何。节节一不小心做了“小三”，误入歧途，声色犬马，但最后她终于回到了独立、自尊、自强的母亲身边，担起了家庭的重担。一枫说：“节节在成长的过程中，体谅了她的父母、朋友、恋人的不容易，我也体谅着她的不容易。”[②]《节节最爱声光电》写出了“80后”的另外一个面向——“声光电”，这与改革开放和现代化有关。

若将《红旗下的果儿》与《节节最爱声光电》合而观之，则能大体见出一枫对“80后”一代人的理解。《红旗下的果儿》与《节节最爱声光电》这两部小说的名字很好，在一枫的小说世界中，“80后”= 红旗下的果儿 + 声光电。“80后”确实处在两个传统之下，一是革命传统（红旗），二是改革开放传统（声光电）。于“80后”一代而言，红旗传统是耳闻，

① 石一枫：《红旗下的果儿》，九州出版社，2009年，第341页。

② 石一枫：《无比纯洁的意淫之作》，《节节最爱声光电》，新世界出版社，2011年，第2页。

声光电传统则亲见。红旗和声光电都是“80后”一代先天性格中的两面，“80后”在这两个传统中何去何从，或者如何勾连这两个传统，确是问题。

《恋恋北京》以赵小提与姚睫的爱情故事为主线，穿插了“北京人在纽约”的成功者赵小提前妻茉莉、一夜暴富者、城市新贵B哥以及学者、教授董东风等人的生活。《红旗下的果儿》中的陈星与《节节最爱声光电》中的节节尽管都曾犯过错误，但终于长大成人，一改前非，《恋恋北京》中的赵小提则是“‘长大未成人’的顽主固执而顽强地‘顽皮’下去。”[①] 陈星与节节都终止了顽皮，而赵小提则一往无前地坚持顽皮，他自废武功，弄残手指，自我阉割，拒绝长大，咖啡馆倒闭之后，宅在家中，不复外出。姚睫是一枫小说中的新人物，她是北漂，从四川通过高考来到北京，毕业后在北京打拼，蜗居于城乡结合部，朝不保夕，几至无家可归。一枫极尽延宕之能事，一如陈星与张红旗，赵小提与姚睫亦是若即若离，忽分忽合，历尽千波万劫，险象环生，但还是终成眷属。“恋恋北京”之“恋恋”可有两解：一是对北京恋恋不舍，二是恋爱于北京。

《恋恋北京》较之于前面两部小说有了一些新变化，一些新元素也开始出现。《红旗下的果儿》与《节节最爱声光电》写少男少女的成长历程，《恋恋北京》不再写成长历程，而直接写大人们（生长于北京者与北漂们）在北京当下的处境。《红旗下的果儿》与《节节最爱声光电》像一个三十多岁的人站在当下，回顾历史；《恋恋北京》则是感受当下，希冀未来。一枫的《恋恋北京》抱负颇大，此前几部均写少年少女成长，这部则要写北京这座城。诚如张慧瑜所言，《城南旧事》写民国的北京，《阳光灿烂的日子》写红色的北京，《恋恋北京》则站在当下写现实中的北京。[②] 一枫硕士论文研究老舍，颇能见其取向，老舍的小说与剧作多写北京，一枫似乎欲自觉承续写北京的传统。

最为关键的变化是，一枫对老顽主赵小提的态度已经发生了变化。

---

① 张慧瑜：《最后的顽主——评石一枫的〈恋恋北京〉》，参见左岸文化网 http://www.eduww.com/Article/201109/30658.html。

② 同上。

此前一枫对顽主们总有掩饰不住的欣赏和羡慕，而现在对赵小提的态度则非常暧昧，有同情、理解，也有反思和批评。其实，这种端倪在一枫的中篇小说《五年内外》(《西湖》2007年第2期）中即已见出。主人公告别少年希冀顽主的时代，进入高校，步入高尚阶级，但一次回家，又忍不住顽主了一把，真是尽管不做大哥很多年，但余威犹在。一枫似乎已经下定决心告别顽主，难免有时候技痒，但终归是在告别，告别意味着进步。

一枫从16岁写作一直到现在，修成了一个象，结了一个果儿，他自觉地继承王朔，成为后王朔时代的顽主。"十五志于学"，学什么？"学而时习之"的"之"是什么？每个人的答案不尽相同，每个人的答案就是每个人最后修成的象。一枫志于学的学很清楚，那就是王朔，一枫借助王朔这副眼镜去看世界，去理解人世。一枫是《当代》的编辑，以阅读和编发小说为业，阅小说无数。在当代作家中，一枫还喜欢韩东与朱文，这两位可谓一时或某一地域的好作家而已。然而韩东50岁了，还没有从他随父亲方之下放的经历中走出来，念兹在兹，以至于为此写了三部长篇《扎根》《小城好汉英特迈往》与《知青变形记》。韩东至今都未从他的怨恨中走出来，50岁了还没看破这么小的局，其人总体上无足观。韩东以诗歌发迹，然而他为自己树立的对手太弱。譬如他的诗《有关大雁塔》似乎只是欲与杨炼《大雁塔》一比高下，韩东在与杨炼这一代诗人的较量中成长起来，但是之后骄矜于成绩，一直停步不前。朱文颇聪明，"我爱美元"只一句就喊出了1990年代的最强音，"中国可以说不"云云在其时是边缘的声音；"将穷人通通打晕"则与之后的"底层文学"面向不同，朱文将底层狡黠、暴力的一面写了出来。之后，朱文介入影视，这么多年过去了未再看出他的进步。王朔、韩东、朱文皆可领风骚几年，从目前看，成就一枫的恰是这些人，限制其成就的也是这些人。一枫背后的谱系若有根本的调整，他所喜欢的作家不再是这些，那么他的作品将会风貌大变。

可是，一枫受王朔的影响过大，持续时间亦太长（马小军这个名字竟然在一枫的小说中盘亘了十年之久，顽主这样的形象则一直持续至今），他所崇尚的几位作家总体也较弱。从16岁到现在，若是精进不已，那么喜欢王朔最长也就是一两年的事情，之后所喜欢者一旦有所变化，自我认同与自我定位皆会随之而变，小说中的意象也会有大的变化。

很多作家成功只是因为其生活经验特殊，一旦笔之于书往往引起惊叹，但是大部分不能超越自己的生活经验，所以一旦写尽这些经验，他们或重复，或江郎才尽。一枫的三部小说，也有重复的问题，比如重复写爱情（陈星与张红旗，赵小提与姚睫），重复写女性拯救男性，重复以突发事件去收束作品（《红旗下的果儿》以汶川大地震结尾，《恋恋北京》以车祸结尾）。之所以如此，根本原因还是因为作家不读书之故，因此他们的世界不够大，也缺乏历史感。庄子有“参万岁而一成纯”，万岁的局都能看懂了，这样的人世界何其大。庄子过于高远，难以企及，《古诗十九首》有“生年不满百，常怀千岁忧”，千岁的局看懂了，那么其人的境界也很高。很多作家斤斤于小局之中，写自己的琐事，写自己的喜怒哀乐，这些何足观！

一枫 16 岁时志于学，经过十多年的积累，三十多岁的时候有一个形象立了起来。这篇“一枫论”，其实只是看他“十五志于学，三十而立”这个局部。《上学》《流血事件》当“十五志于学”之象，《b 小调旧时光》《红旗下的果儿》《节节最爱声光电》《恋恋北京》当“三十而立”之象。若一枫力量大，此后能一变，这个局可能还会发生变化；若一枫力量不足，那么此后可能只是延续这个局，最多只在细部有所调整。一般有才华的人，三十岁左右会有些光芒放出来，有的人之后余生只是延续这点东西而已，但大德在四五十岁可能还会有一次大变化，之后会有更强的光芒放出来。十年或者二十年之后，我希望还能写一篇《二论石一枫》。

2011 年 10 月 13 日于中国艺术研究院

隐藏的锋芒

——读张祖文《拉萨河畔》

一　关于“藏边体小说”

张祖文是四川人，四川师大毕业后入藏工作，先是四处辗转做中学老师，后入西藏人大做公务员。“那个叫张祖文的汉人”入藏已有十余年，有这么多年在藏区生活和工作的经历，肯定会有酸甜苦辣的感受，于是发诸笔端，写成了或长或短的小说，譬如《拉萨别来无恙》《我在拉萨等你》《你也叫卓玛》《撑在露珠上的伞影》《拉萨河的经幡》等。祖文把这些小说定义为“藏边体”，他这样解释这个概念：“藏”，是西藏，“边”，是边疆，“藏边体小说”即是有关边疆地区的西藏小说，就是站于在藏生活的内地人的角度来看西藏，主要反映内地进藏人员和受千年佛教熏染的藏族人民，反映面对现代文明交融时他们的思想和生活状况。

新中国成立之后，援藏干部不断进入西藏，他们在西藏如何生活、工作，他们的个人情况、情感经历如何，他们经历了什么，获得了什么，失去了什么，这些主题一直鲜有文学去表现。祖文本身是“外省人”，他的“藏边体小说”主要表现、描写这一群体。祖文自述：“我自己就是一个内地进藏人员。在西藏生活、工作了很多年之后，觉得竟然很少有以内地进藏人员在藏生活与工作为主要描写对象的文学作品，感觉很遗憾。西藏的确有这么一群人，他们不是在西藏出生，但却因为个人的梦想而来到西藏，在这里生活、工作。但他们因为远离家乡，不得不面对一些到西藏之后出现并给他们带来很多困扰的问题。这些问题包括高原缺氧环境对身体的损害、子女今后的教育、因远离家乡而对父母或者其他亲人丧失掉的应尽的赡养义务，这是一些令人心酸的问题。但他们却并没有因此而觉得西藏这个地方不好，他们反而默默地在高原上以自己的方式生活着，并将自己尽量融入西藏这个让他们有着无限感慨的美丽的地方。由此，我觉得自己要有一种向世人描述这个群体生活万象的责任。这种责任不是别人强加给我的，也没有任何政治的因素，纯粹只是自己觉得有必要书写他们的生命，记录他们的历史，让别人通过自己的文字明白这些人背井离乡远赴高原的生活现状，从而展示这部分人生存的艰辛，以及他们对个人梦想的执著追求。”这是祖文自道其志，也是他的抱负。祖文的《拉萨别来无恙》《我在拉萨等你》和近作《拉萨河畔》等“藏边体小说”由此均可以得到理解。

因为西藏问题的敏感性，因为援藏干部本身的政治背景，所以描写援藏干部这一群体毕竟会有诸多禁忌，不能随意书写。祖文已经写了援藏干部这一群体，但他如何去写却不得不三思而后行，须谨慎小心。“藏边体小说”成功与否的关键就在于能否处理好这对矛盾，若完全被禁忌限制，小说就成了“歌德”，若触犯禁忌，小说可能遭禁。所以“藏边体小说”唯一的出路只能是：在不触犯禁忌的前提下，尽量客观、真实地写出援藏干部在西藏的经历、感受、心态等。祖文要开发一块处女地，那里黄金遍地，但也荆棘丛生，希望祖文能够取其中道，开发出金矿，但又不为荆棘所伤。

《拉萨河畔》之名很好，显得阔达。小说写拉萨河畔众生，头绪繁多，但主要写援藏干部陈洛入藏工作之后的生活、工作与情感经历，写入藏务工者巴尔干和腰子的遭遇，写藏族姑娘卓玛的经历与情感体验等。《拉萨河畔》扉页上写了两句话：“献给那些用生命守护这片高天厚土的人！献给那些以西藏作为自己灵魂归宿的人！”“那些用生命守护这片高天厚土的人”应是指藏族本土人，“那些以西藏作为自己灵魂归宿的人”则指如同祖文一样的入藏工作者。献词如此，也是祖文自明心迹。

祖文以电影《罗生门》式的叙述方法讲述《拉萨河畔》，他让各个主要人物均登台表演，读者可以完全了解其行为和内心世界。小说花开两朵，各表一枝，两条主要线索齐头并进，但也时有交叉互动，因此小说丰富而不凌乱。

《拉萨河畔》所处理的时间段为 2003 年"非典"前后，其时也是青藏铁路全面完工前期。祖文一方面写了这些具体人物，另一方面也写出了那个时段西藏对这两个大问题的反应和反响，写出了其时的民风、民气。

二　如何描写援藏干部

陈洛是援藏干部，是小说的主角，是两条线索的交叉点。陈洛在原单位的状态是"烦躁不安"，和妻子之间无激情可言，若即若离，从小说前面观之，他去西藏近乎逃避工作和家庭；可是陈洛入藏之后精神一变，投入西藏的建设之中。陈洛入藏前颓废消极，是一个昏昏沉沉的干部，入藏后意气风发，是一个全心全意为人民服务的好干部。西藏要么是陈洛的精神救赎之地，要么因为作者不得不遮掩陈洛的阴暗面，只写其光明面，因为陈洛是援藏干部。小说花了较多的笔墨写陈洛入藏之后的工作情况，他富有同情心，有正义感，积极开发援建项目，一心一意为藏民谋福利。

小说还浓墨重彩地写了陈洛的情感历程。陈洛入藏后，逐渐和一个叫卓玛的西藏姑娘陷入爱河。卓玛为人善良，是一个名为"康定情歌"的小酒馆经营者。小酒馆是公共空间，小说的诸多人物时常在此出现，诸多故事在此上演。由于奇特的相识缘由和日久见人心的接触，卓玛逐渐爱上了陈洛。作者对此问题处理得很含蓄，陈洛和卓玛之间的交往自始至终发乎情止乎礼。

陈洛和卓玛不是始乱终弃，若如此，就关乎作风问题。这是一个有关真爱的故事，爱情自"五四"之后获得了重要的道德力量，事情只要关乎爱情，就有道德感和正义感。据说，爱可以超越时空，譬如《牡丹亭》可以使生者死，死者生，那么爱当然也可以超越民族的界限。电视剧《蜗居》也有类似情节，海藻和宋思明之间似乎是爱情关系，一旦如此，似乎二者都可以得到原谅，海藻不是小三，宋思明不是贪官。因为陈洛和卓玛之间有爱情，遂获得了护身符，所以尽管后来陈洛离婚，和卓玛走在了一起，读者非但不会批评陈洛，反而为其高兴。

陈洛援藏期满，回到内地，小说自此出现了极大的空白，叙述速度飞速提高。陈洛再次回到西藏已是五六年之后，其时他不再是援藏干部，不是因公再来西藏。小说假陈洛之口说出，他已和妻子离婚，不是因为陈洛喜欢卓玛，乃是因为妻子以为和陈洛缺少感情，主动离婚。作者处理陈洛和卓玛之间的关系，用心甚为巧妙，一定要经过诸般铺垫与解释，最终陈洛因私来西藏才敢安排他和卓玛走在了一起。相形之下，小说中多多和大达瓦之间的爱情故事就简单了很多，直来直去，简洁明了，没有丝毫缠绕。因为多多和大达瓦是平民，而且都是单身，故可如此处理。

通过援藏干部群体看西藏或这些干部本身，是一个极好的视角，且鲜有人道及，祖文以此为突破口，确实可以切中肯綮。但从行文之中，还是能够感受到祖文战战兢兢、小心翼翼的心态，他不得不有所顾忌。正是由此，陈洛这个人物前后不太统一，入藏前的陈洛似乎入藏之后就死去了，一个新的陈洛重生了。陈洛在西藏表现优秀，所做的唯一出格之事就是爱上了卓玛，可是经过作者扎实细致的论证与解释，读者可以判断他们之间是爱情，因此所谓出格也就不过如此了。

三　疾病的隐喻

《拉萨河畔》还触及劳资矛盾问题，具体到小说中就是巴尔干、腰子和白眼狼之间的矛盾，这是小说另外一个重要线索。《拉萨河畔》表现了西藏的劳资矛盾，但劳资双方皆是汉民（巴尔干是一个有趣的名字，但只是貌似少数民族之名，其实汉人），不是藏人，如此这个主题才容易驾驭。

陈洛、卓玛和巴尔干之所以认识，起因在于巴尔干等打狗，卓玛奋不顾身护狗，于是遭到重创。《拉萨河畔》由误会开始，随着行文的展开，他们逐渐和解，巴尔干之所以打狗，是因为工地伙食太差，没有油水，腰子之所以嫖娼，是因为年少气盛，新婚久别。主要人物在小说中均以第一人物出场，各道苦衷，所以误会逐渐解开。

巴尔干的妻子久病不能劳作，儿子读大学，所以经济压力极大。因为巴尔干开搅拌机已十年有余，没有防护措施，被查出得了尘肺，于是陷入困境。但因为没有劳动关系之类的手续，也因为老板白眼狼太苛刻，所以巴尔干没有钱动手术，只好一拖再拖。巴尔干试图抗争，他与白眼狼斗智斗勇，但敌强我弱，遭到打击报复，终以失败告终。陈洛尽管介入此事，试图帮助巴尔干解决，但无奈白眼狼过于狡猾，此事一直悬而未决。于是，巴尔干陷入绝境，坐以待毙。

其时恰是2003年"非典"之际，祖文就此着墨不多，但由此还是可以看出"非典"时期西藏的民情和民风。祖文设计了这样的情节，陈洛的太太欧可赴藏探亲，遏止了陈洛和卓玛蠢蠢欲动的爱情之心，又安排她感染"非典"，在医院中隔离治疗。欧克患上"非典"，竟成为巴尔干起死回生的转折点，他偷偷溜入病房，与欧可呆了一夜，于是感染"非典"。其时巴尔干的心态竟是如此："而我的内心，则在瞬间就完全放松了下来。仿佛我现在得的不是病，而是整个世界。"巴尔干说："我终于如愿以偿地得上了'非典'！"巴尔干一患"非典"，身价倍增，当地政府和医院都不敢置之不理，于是迅速转移到拉萨医院，数病并治。

《拉萨河畔》中解决劳资矛盾的途径竟是巴尔干主动感染"非典"，祖文如此设计，可谓神来之笔，但读来让人心痛不已。巴尔干只有感染"非典"，才能获得关爱，才能免去高额的治疗费用。祖文批判的锋芒终于掩饰不住，这是所谓"疾病的隐喻"：农民工巴尔干走投无路，没有救助，只能以死相搏。劳资矛盾在今天愈演愈烈，似乎尚无解决方案，"非典"乃偶然事件，以"非典"解之，其实还是无解。

《拉萨河畔》高倡"善有善报，恶有恶报"之旨，结局皆大欢喜。陈洛与卓玛有情人终成眷属，多多和大达瓦过着幸福的生活，巴尔干及其妻子病愈，儿子独立，腰子成了老板，普布医生当上医院院长，白眼狼身陷囹圄，资财散尽，其庇护者白局长被免职判刑，矛盾都得到了圆满的解决。或许小说的结局不得不如此，但《拉萨河畔》中有两个事情——陈洛和卓玛的爱情，巴尔干主动感染"非典"——却一直疙疙瘩瘩，是光明中的阴影。祖文"藏边体小说"的困境或许由此可以得到显现，他的无奈与批判的锋芒也隐藏在疙瘩之中。

2012年8月14日于中国艺术研究院

让每一个人都登台表演

——斯继东小说论

2011年，斯继东在鲁迅文学院学习。其时，我们总在一起喝酒、吹牛、唱歌、玩杀人游戏，相处甚欢。继东给我留下了三点深刻的印象：一、他唱歌之时仿佛拼尽了力气，全身扭动如醉虾，这是罕见的景观；二、他喜欢唱蒙古情歌《两只小山羊》，总是曲不离口："两只小山羊爬坡着呢"，以至于后来他建议要将此作为班歌；三、就其老乡胡兰成的文学才华，我们的意见一致：胡兰成大节有亏，但其见识和才华属于上乘，远在张爱玲之上。

继东是绍兴嵊州人，绍兴不必说，名满天下，历史上名流云集，嵊州是绍兴所属的县市，近人王金发、胡兰成皆出乎此。继东不是专业作家，但由于对文学的热爱，他不全心全意地当局长为人民服务，反而三心二意地弄起了文学。孰料一不小心，继东在文学上逐渐形成了气候，这些年佳作不断，其小说多次被各种选刊转载，入选各种年度选本，也获得了各种奖项，一时他成了小说家新星。

就继东小说所写内容而言，大致可分为两类。一、小人物类，这类或写城市中产阶级的生活，或写城市底层的生活，譬如：《今夜无人入眠》（原载《收获》2009年第2期，后载《小说选刊》2009年第5期）、《开口说话》（《西湖》2000年第3期）、《永和九年》（《天涯》2011年第3期）、《肉》（《青春》2008年第11期）、《我知道我犯了死罪》（《长江文艺》2003年第5期）、《楼上雅座》（《芙蓉》2011年第3期）、《猜女人》（《文学界》2011年第8期）等。二、"故事新编"类，古事新写，譬如：《广陵散》(《山花》2009年第10期)、《打白竹》(《鸭绿江》2009年第5期)、《痕迹》(原载《青春》2003年第1期，《作品与争鸣》2003年第8期转载)、《梁祝》(《延河》2010年第8期)等。

第一类小说盖与继东现实生活有关，他将其经历、见闻、感受以及对时代的理解等写出，通过这些小说一方面可以了解其个人情况，譬如经历、心态、境遇等，另一方面也能看出时代的信息。第二类小说或与继东的阅读有关，他须先了解古人、古事，然后才能"故事新编"，通过古事表达自己的见解。

继东写故事之时似乎无偏无私，他总是让每一个人物都站出来，各自独白、表演一场，不由得让人联想到电影《罗生门》，如此多视角的写法更能展示事情的复杂性。继东的小说颇似戏剧，一场独幕剧加上一场独幕剧，综合为一场酣畅淋漓的大戏；他的小说花团锦簇，虽各表一枝，却都同根相生。

继东第一类小说的佳作为《今夜无人入眠》，这篇小说可谓他的代表作，颇受好评。"今夜无人入眠"取自帕瓦罗蒂同名歌曲，此名一语双关：帕瓦罗蒂入其小说，他在小城演出，成为小说淡淡的背景；二、李白、毕大师、黄皮、马拉听罢帕瓦罗蒂的演出，一同饮酒聚会，狂欢罢各自回家，马拉前去送赵四小姐，迟迟不归，其太太查岗，多方探听，确实"今夜无人入眠"。小说的名字很巧妙，四两拨千斤，一个名字即展示了故事的复杂性，可见继东的才气。继东让每个相关人物皆出场表演，先是李白、后为毕大师，黄皮继之，终以马拉。这些人是这座小城的中产阶级，他们有着体面的工作、不错的收入，此次轮番上阵，个人的情况展示殆尽，他们各有各的心思、处境和难处。小说人物与读者皆以为马拉与赵四小姐已有故事，但马拉跳出来作澄清，晚归不是因与赵四小姐私会，而是因为他与陌生人打了一架。继东氛围烘托足了，铺垫周全了，众人皆以为结果在意料之中，但他却忽然改口说，不对，其实如此。我喜欢继东选择这样的"其实如此"，也喜欢他的陡然转弯。一转，道德战胜了情欲；一转，"今夜无人入眠"就成了今夜其实可以安眠。电影《手机》未转，顺流直下。今日，类似《手机》者太多，欲望如洪水滔天；似《今夜无人入眠》者太少，故愈显弥足珍贵。

《开口说话》以对比的方式写了下岗职工和暴发户老板的生活，但继东不是在写“朱门酒肉臭，路有冻死骨”，他通过李文明和赵刚之死，要告诉读者，天理昭彰，因果无穷，不可不慎。继东还是让相关人物各自登台：李文明，昔年工厂中层干部，今日下岗职工，生活境遇大变，被误以为窃贼，捉入派出所；赵刚，暴发户赵大猫之子，调皮捣蛋，仗势欺人；赵大猫，暴发户，纺织厂小老板；李灵，李文明之子，备受赵大猫凌辱者。每人登场罢，小说的轮廓见出，个人与个人的故事遂纠缠在一起。李文明因被赵大猫误告，含冤屈死，赵大猫的儿子赵刚却被李文明的儿子李灵毒杀，一报还一报。

《永和九年》写出了人之美好，充满温情，给人以光明与希望。“永和九年”出乎王羲之《兰亭序》首句，与小说无关，却统领了整部小说。小说诸人物依然“各表一枝”：六根被误诊为脑瘤，记忆力下降，外出寻妻；操家政乃昔年为乡委书记，今日去职在家；杨生姜脑瘤患者，生命垂危，乃操家政之妻；迟桂花，操书记昔年情人，今日开小店谋生。六根似与操家政、迟桂花等本毫不相干，但因操书记为掩饰迟桂花怀孕之事，六根在不知情的情况下被牵入其中，他与迟桂花被领了结婚证。六根好人有好报，天遂人愿，寻妻得妻，书法获奖，迁居城中，办培训班赚钱，结局皆大欢喜。

《肉》故事中套着故事，两个故事分别上演：一是讲军队中偷肉和捉贼的故事，士兵张文彬为其所爱的农妇，甘做贼偷取部队厨房里的肉；二是讲小说本身的故事，如何叙述这个关于肉的故事。前面一个故事充满了悬念，正看得入迷之际，继东却调皮，忽然插入小说写作本身的故事，这些手法应来自于1980年代的先锋文学。尽管继东今天所写的大部分小说脱尽了先锋文学的铅华，但隐约中还能看出昔年曾受过博尔赫斯影响的痕迹。马原当年边写小说，边作分析，以小说叙述本身为故事，继东的这篇《肉》亦是如此。继东并非为了形式而形式，他有自我解剖之意，可以让读者看到年轻写作者的心态和境遇，故尚可取。

继东尽管常以散点写小说，但也不尽然，《我知道我犯了死罪》则纯是罪犯者独白。《我知道我犯了死罪》是一篇极为优秀的作品，小说通过罪犯絮絮叨叨的犯罪汇报，使我们了解了事情的前因后果。"我"是一个连鸡都不敢杀的小车夫，生活艰辛，须供养读高中的儿子，又怀着在城市中买房的梦想，极怕老婆。"我"杀死了一个女人，因为这个女人利用性屡次敲诈，"我"忍无可忍，手刃女人。《我知道我犯了死罪》一方面写出了底层之"我"的艰辛处境，也因为对"我"巨细无遗地描述，读者对杀人犯产生了同情，对被杀者充满了鄙夷。按照继东往常的写法，应该既让杀人犯登台，也让死者登台，但这篇小说只让杀人犯辩解，却未让死者辩白，或许也体现了继东对"我"的同情。

继东的第一类故事，诸多小说家可以为之，第二类则难为。第一类通过经历、情感、才气等或就可以写出，第二类则需要工夫与学问。继东对于传统文化颇为心仪，其人也具文人风范，我见过他的书法，非常有才情。继东对会稽的古人故事充满着兴趣，他的几篇"故事新编"类小说皆与绍兴有关。"故事新编"或要编出新意，为古人翻案，或要以古喻今，以古人故事为壳，讲一个当代的故事。继东的"故事新编"不是为古人做翻案文章，而是借古人说今天的事，其"故事新编"往往带有"解构崇高"之意，他将传奇还原为现实，将英雄变为平常之人，将轰轰烈烈大事的原因溯源为鸡毛蒜皮之事。继东这类小说颇险，需要掌握好火候，可以将那些居于高处者往下适当地挪动，但不可太过，否则易走入另外的极端。

《广陵散》移步换景，写了刘伶、嵇康、阮咸、王戎、山涛、阮籍、向秀七人。嵇康刑前，神色自若，奏《广陵散》而受刑，此为中华民族极为美好的故事。竹林七贤乃实际人物，故写他们须遵循历史，不可纯粹虚构。继东应该对《世说新语》、鲁迅《魏晋风度与药及酒之关系》等下过一番工夫，因此他笔下的七贤大致与史实相符，写出了各自的性情、志趣和行为。继东让七贤轮番登台演出，夫子自道，让贤人堕为凡人。比如小说写道："说聚会，其实就是喝喝酒吹吹牛。酒哪不能喝，牛哪不能吹，非得搞竹林里？……竹雅不雅我没研究，名不名士我也不感兴趣。但我知道竹养蚊子。竹林里的青草蚊子个很大、腿很细、腰很瘦，长脚鹭鸶一样，专等着吸名士的血。"竹林充满着吸血的蚊子，七贤之聚会成了"喝酒吹牛”。七贤表面不遵名教，时有出格行为，他们如此作为有不得已之处。但若众人不解七贤苦衷，徒以其举动为时尚，效颦模仿，风气必然大坏。继东以“蚊子”“鸡巴”等为此消了消毒，有积极的意义，但不可太过，否则真会把七贤看成七个伪君子和七个饭桶，而不解七贤真谛。

《痕迹》故事中复有故事，一是“我”的故事，二是女叛徒梅婷的故事。“我”或为窥探，或为考古，希望按图索骥，通过“痕迹”寻得事情真相。“我”对女叛徒梅婷在国内革命战争时期的遭遇发生兴趣，遂去追寻一位逝者的人生真相。通过“上穷碧落下黄泉，上上下下找材料”，“我”终于揭开秘密：一个女人因为爱情参加了革命，又因为爱情丧失了性命，并且背上了“叛徒”的罪名。继东解构了革命，他的武器是“爱情”。《牡丹亭》中：爱可以使生者死，可以使死者生，变成了《痕迹》中爱可以使女性革命，也可以使其反革命。一切与革命无关，唯与爱情有关。以爱情消解革命，为革命降温，有其意义，但不可太过，否则革命的正义性、正当性将被掩盖。

《打白竹》开始引用一段《嵊县志》：“光绪三十三年十月，嵊西乌带党首领裘文高，会同仙居郑万枝等，率义勇二百余人自仙居至嵊县白竹村宿营，筹划攻打嵊城。清军派管带刘庆林、哨官杨泰华率兵前往镇压。裘文高派部分人员身穿清军号衣，混入清营。然后内外夹攻，击毙刘、杨两头目和士兵共八人。清军败回县城，数日不开城门。”县志为县之正史，继东则以小说《打白竹》解构了历史，将农民起义的原因归结为阉鸡者抢亲不遂所致，宏大事件竟起源于极不堪之事。1949 年之后，农民起义一度被评价得极高，继东反其道而行之，将其评价得极低，以为冲冠一怒只是为了红颜而已，则似乎又评价过低。

以上，就是我所理解的继东的小说世界，或挂一漏万，读者可通过自己的阅读，有所判断。继东尚不到 40 岁，恰是创作的黄金时期，希望他一方面全心全意为人民服务，另一方面佳作不断。

2012 年 6 月 18 日于太阳宫

军队基层的歌者

——谈王凯的小说

一　关于王凯

2011年王凯在鲁迅文学院进修，中国艺术研究院和鲁院只有数步之遥，所以其时我总是和王凯他们聚会。我们时时互相调侃，他叫我刘老师或涛涛，我则叫他解放军或凯凯。王凯总是自吹自擂地说，他如何内向，有若含羞草云云，但我们从未觉出，因为他说话极多，也非常风趣，语不惊人死不休。王凯的太太也如此，有一次和张楚、常芳等几个朋友一起吃饭，她忽说："老娘和你们拼了。"一时，满座皆忍不住笑了起来。

王凯出生于军人家庭，他在其父亲所在的军事基地长大。王凯子承父业，大学读军校，学通讯专业，毕业后下到基层，当过技术员、排长、指导员等。后来王凯因为小说写得好，被借调到北京解放军文艺出版社帮助工作，之后留在北京，现任职于空军某部机关。[①] 后来，单身久之、含羞内向的王凯终于娶上了媳妇儿，孰料媳妇儿也是军人，岳父还是军人，真是一门皆军人。王凯是军人的儿子，军人的女婿，军人的丈夫，自己又是军人，且曾在军队基层摸爬滚打过，又在军队机关一丝不苟地工作，因此他对军队的上上下下应该有着较深的理解和体会。

王凯小说写得不多，每年就一两个中短篇发表。十多年累积下来，大概略有如下一些代表性的作品：长篇小说《全金属青春》（中国人民解放

---

① 王凯的经历可参见其自传文章《陌生的故乡和熟悉的异乡》。

军出版社，2009 年），《沉默的中士》（《当代》2005 年第 6 期）、《终将远去》（《解放军文艺》2010 年第 8 期，新华文摘》2010 年第 21 期）、《换防》（《北京文学》2010 年第 9 期）、《蓝色沙漠》（《西南军事文学》2009 年第 3 期）、《迷彩》（《文学界》2011 年第 10 期）、《时间的河流》（《西南军事文学》2007 年第 3 期，《新华文摘》2007 年第 15 期转载，获第十一届全军文艺优秀作品二等奖）、《正午》（《西南军事文学》2009 年第 4 期，获 2009 年全军军事题材中短篇小说评比短篇小说一等奖），《魏登科同志先进事迹》（《西南军事文学》2011 年第 5 期，《小说选刊》2011 年第 11 期转载）等。王凯的小说多次被《新华文摘》《小说选刊》《小说月报》等转载，其作品曾入选多个年度选本，也曾多次获奖。

或许与王凯的出身、经历有关，至今他所写的小说全是军事题材，所以其小说可以理解为“自传”小说。军队成就了小说家王凯，王凯也以小说展现了当下军队的状况。如今，军旅题材成了王凯的“品牌”，提到他，一般会想到他这些军旅题材的小说；而提到军旅题材的小说，也一般会忆起王凯。

二 “全金属青春”

2009 年，王凯出版了一部长篇小说，名为《全金属青春》。关于这部小说，王凯自道：“2009 年，我终于写完了关于军校生活的小说《全金属青春》。这是出版后的书名，最早的名字叫《青春纪事本末》，那种我喜欢的史籍名称。最初我只是想写个中篇，把多年积淀的军校感受表达出来，不料写着写着竟写长了，初稿就写了 7 万多字。”[①] 诚如王凯所言，《全金属青春》就是写军校生活。写一般高校生活的小说非常之多，早先譬如有《围城》《未央歌》，近些年则有《桃李》《风雅颂》等。大学与关于大学的故事缠绕在一起，不管关于大学的故事提供了好的或坏的信息，都会增加大学的能量。或由于军校学生们毕业之后大都舞枪弄棒，投入火

---

① 参见《陌生的故乡和熟悉的异乡》。

热的部队生活中去了，很少有人若王凯一样舞文弄墨，所以关于军校生活的小说少之又少。培养军官的学校，本来于百姓而言就显得异常神秘，关于军校的故事，于是益发显得神秘，散着冷冰冰的光。王凯的《全金属青春》算是"破天荒"，满足了社会对军校的好奇。

《全金属青春》有两个关键词：全金属与青春。"全金属"乃比喻说法，王凯以"全金属"三字为军校生活定了性，这是铿锵有力的、金戈铁马般的、闪着金属光芒的生活。"青春"乃是那些十八九岁军校学生的青春。在小说开始之前，王凯先引宋代刘过的《唐多令》"欲买桂花同载酒，终不似，少年游。"刘过此词有家国之恨，但这些并未打动王凯，唯有"酒""少年游"之类的意象极深地感动了他。《全金属青春》就是王凯所写的"少年游"，这是"全金属"般的"少年游"。

《全金属青春》写了1990年代初西安某军校学生的生活，王凯以小说让我们知道了：军人是怎么在军校中炼成的，知道了军校这个大熔炉的内部结构。小说选择了406寝室来写，写了寝室7个人（韦佳节、任小俊、肖明、彭子君、白建生、汪奇、穆欣）的性格与命运，写了他们从新生时代到毕业季节的历程，写了他们之间的友谊与"矛盾"，写了他们对军校的顺从与抗拒，写了他们的悲欢离合，写了他们幻想的、现实的、喜剧的、悲剧的爱情，写出了1970年代出生、1990年代读军校的学生们的状况与风气，写了他们或顺利毕业、或中途被退学、或自杀的不同结局。《全金属青春》以一个寝室为线索，带出军校的总体信息，读之可了解1990年代军校的风气和情况。《全金属青春》最初拟名为《青春纪事本末》，王凯希望以小说的形式将军校的青春记录下来，这是一部关于青春的历史，具体而言是一部准军人的青春史。

王凯自道，本来打算只写一部中篇，结果写得有些长，后来干脆写成了一部长篇。因为原定计划的改变，这部小说有些虎头蛇尾，前面较强，后面则较弱，前面较详，后面从简。《全金属青春》前面叙述速度很慢，尤其是关于"新生时代"的叙述速度非常缓慢，写了大量的细节和故事，但之后叙述速度飞快，基本是跳着写、挑着写，后面几年的军校生活未能仔细展开，飞速而过。

三　写了军队的什么？

王凯描写了军队基层干部和普通士兵，写了这些基层干部与士兵的悲欢离合、优点与缺点，真实地写出了这群“70后”军官和士兵的风貌与状态。就所写内容而言，王凯的小说大体可分为两类：一是描写基层军官，二是描写基层士兵。军队基层的情况，恰可以从基层军官和士兵身上体现出来。

王凯写青年军官的小说譬如有《蓝色沙漠》《时间的河流》《迷彩》《正午》等。这些小说真实展现了基层青年军官的日常生活、工作状况、心态、情感经历等，王凯以小说的方式为这些青年军官立了传。

《蓝色沙漠》写了基层军官的日常生活，写出了他们的工作、生活、友谊、爱情、挣扎、顺从等。《蓝色沙漠》可谓写青年军官群像，小说以索以为主，写出了一个质朴的硬汉军人形象；也写了闻爱国、冯波和季嫣然几位青年军官的遭遇和命运，他们各有性格，或质朴，或圆滑，命运也各自不同。小说名为《蓝色沙漠》，“沙漠”于这些青年军官意义亦各自不同，有人适应并热爱，安之若素，有人抗拒且挣扎，试图利用各种手段调离沙漠。顺应与抗拒皆应是青年军人在沙漠之中的真实反应。《蓝色沙漠》的感人之处还在于写了这些青年军官直接的友谊，他们情同手足，患难与共，照顾身负重伤且心情低落、一度至于自杀的同志冯波。

《时间的河流》与《迷彩》在内容和构思上相似，皆写青年军官的情感历程。常人的恋爱故事，读者阅之多矣，然而军人的恋爱故事和情感历程，读者未必熟习，王凯的这些小说真实地展现了军人的情感历程和内心世界。在《时间的河流》与《迷彩》中，男军人和女生之间皆存在结，此是小说的看点，这个结牵动着主人公的过去与现在，然而均未能解开。《时间的河流》“结”在男军人，他不能从过去的情感历程中脱身；《迷彩》“结”在女生，于盈盈也不能从过去挣扎出来，融入现在。《时间的河流》写基层的年轻军官，写了“我”的情感历程。“我”虽已离开沙漠调入城市，并又已恋爱，但却一直恋着陈燕，不能从往事中脱身，眼看着“我”即将与现在的女友李晓芳结婚，但最终临场逃脱。《时间的河流》

采用了双重的叙事线索，游走于历史和当下、城市与沙漠之际，忽历史与沙漠，忽当下与城市，在一进一退之中，青年军官的总体形象就已跃然纸上，其苦涩的情感历程也写了出来。《迷彩》写唐多令（以刘过《唐多令》词牌为名）多次相亲的经历，他和于盈盈的感情波折、分分合合。军人唐多令在恋爱中的行止可谓疯狂，然而他们终未从于盈盈曾是小三的结中走出来。

曾为基层优秀指导员的王凯，高升调入大的军队机关，也已有年。王凯基层部队生活是其文学资源，写入《蓝色沙漠》《时间的河流》《迷彩》等小说之中；机关生活亦成为王凯的文学资源，也写入了小说中。譬如《正午》，写出了军队机关中青年军官的遭遇和心态，也写出了军队机关的信息与状况。《正午》中有两个毫不相关的世界，一是上尉齐刚写材料的工作，这个世界现实、枯燥，令人烦躁；二是上尉齐刚的博客世界，那里有可爱的弗雷德姆兔和斯图比特猪，但这个世界须秘密地营造。这两个世界是分裂的，并不兼容，或许就是写材料者王凯和小说家王凯时常有所冲突的映象吧。

王凯写普通士兵的小说有《沉默的中士》《终将远去》《魏登科同志先进事迹》等。王凯一般不专写普通士兵，而将基层军官和普通士兵结合起来写，在他们的互动中见出军官和士兵双方，见出军队的氛围。这些士兵往往有着大量优秀的品质，他们朴素、任劳任怨，时有崇高之举，但王凯也没有将他们写成高大全，他们也有着各种小毛病和小缺点。

《沉默的中士》写"沉默的"中士张建军，他少言寡语，认真履行职责，关键时刻能够挺身而出，是一个优秀的士兵。孰料结局出乎意外，辞寡之吉人竟是一个杀人犯，在北京曾劫杀过出租车司机。一个优秀的士兵同时竟然是一个凶恶的杀人犯，一个凶恶的杀人犯竟也是一个优秀的士兵，王凯或用了极端的意象，将人光明与黑暗两面同时写出。《沉默的中士》也写了一个坚定的、硬汉式的指导员形象，写了指导员和士兵之间的情感，写他面对张建军的两难抉择。小说固然充分展示了张建军优秀的一面，但最终也将其绳之以法，在道德和法律两个方面保持了平衡。

铁打的营盘流水的兵，老士兵退伍，新士兵入伍，部队川流不息。老士兵之去乃别离，新士兵之来是相聚，聚散是人生关键时刻，有无数诗、词、小说写此。《终将远去》则是写了部队中的伤别离，写士兵去与留，在去留之际见出士兵和军官的优秀品质，离别之际的场景写得分外感人。这篇小说对普通士兵周文明的塑造非常成功，他是一个善良的“笨蛋”，他笨手笨脚，呆头呆脑，任劳任怨，善良朴实，他最终未能留在兵营，却亦无怨言。

《魏登科同志先进事迹》是王凯近期的优秀作品。小说在形式上有些“花哨”和先锋，让人耳目一新。《魏登科同志先进事迹》有两层故事，故事中套着故事，一是关于刚入军队正整理材料的“我”的故事，一是材料中的魏登科的故事，魏登科的故事假“我”之手公诸世人。魏登科不在现实之中，只是“传说”。他存在于材料之中，出自不同人之手的记录材料中。小说全面地、立体地展示了魏登科的“先进事迹”。魏登科是复合体，他是优秀的士兵，有诸多先进事迹，但也有小毛病，似乎也“劣迹斑斑”。魏登科是一个真实的士兵形象，他是英雄，也是凡人，他是凡人，但也是英雄。

四　光明与暗处

军队是国家的特殊机关，战时非常态，其时军队处于显耀的位置，所谓军管云云；在和平年代，军队潜于日常生活之外，不进入百姓视野之内。因此，对于百姓而言，军队是陌生、神秘的。关于军队的日常谈论也容易流入两个极端：一、军队太好，二、军队太坏。军队太好一般出乎各种主流新闻和媒体之中，军队太坏则往往出现于各类小道消息和坊间传闻。关于军队的小说也容易走这两个极端，譬如阎连科的《为人民服务》等则走了“太坏”的极端，似乎军队污秽不堪；一些主旋律军队题材小说则走了“太好”的极端，似乎军队是净土，军官是圣人，士兵皆是君子。

王凯描写军队的小说取道中庸，基层官兵不至于太坏，但也不是高大全，军队不是净土，但也至于是地狱，士兵们有着普通人的优点和缺点，军队如同社会一样有着光明与暗处。王凯对军队略有批评，却也写军队光明一面。现以《正午》与《终将远去》两篇小说为例言之。

《正午》写军队机关的情况。"我"充满着怨气，因不断加班，不停写材料，小说通过这样的描述批评了军队机关的不良风气和官僚主义作风。但小说的结局却皆大欢喜，"我"只是借调，或去或留，难以言定，但少校齐为了让"我"能留机关，竟放弃个人升职的机会，提前转业，为"我"腾出了位置。少校齐此举舍己为人，成人之美，展示了军队的正风正气。

《终将远去》通过写士兵的去与留，批评了军队中的不正之风，写了走后门、托关系等不良现象。但基层官兵的优点却熠熠生辉，"我"不惜担着被处分的风险力挺周文明，周文明尽管极愿留部队，但为"我"考虑，终是未去找首长，官与兵互相成全，彼此为对方考虑，感人至深。

王凯如此去写军队，恰应了那句话"屁股决定脑袋"，因为他身处军队机关，不得不如此。但也未必尽然，王凯或另有深意。"高大全"在1980年代之后似乎成了过街老鼠，遭到作家和读者一致地痛斥和拒绝，于是"矮小偏"成了文学的主角，伪君子被人痛斥，真小人大为流行。今天很多小说家们也是以写社会的"阴气"为己任[①]，似乎唯有如此才是文学，唯有暴露才是在承担社会责任。王凯未走这两个极端，他在阴气和阳气、黑暗与光明、矮小偏和高大全之间保持了平衡，这是他写军队题材的重要特色。

2012年4月27日于中国艺术研究院

---

① 我曾与诸多青年作家一同参加某研讨会，很多青年作家都表达过类似的意思：要写时代的阴气和黑暗。

插在地上的刀子

——陈集益论

陈集益是浙江的青年小说家，这些年他默默地写了多篇小说，"吴村"系列等颇受好评。迄今为止，集益已出版了小说集《野猪场》（作家出版社，2011年），即将出版《长翅膀的人》（浙江文艺出版社，2012年）。集益的文学成就也逐渐得到了社会的认可，2009年他获得《十月》"新锐人物奖"，2010年又获得"浙江省青年文学之星奖"。

某年，在酒桌上我第一次见到了集益，他坐在那里，有些瘦弱，只是一个人默默地，几乎不和朋友们说话，也不和朋友们喝酒。一见之下，我很难将集益本人与他的小说联系起来，因为二者是那么不协调。集益的小说尖锐而暴烈，似乎要刺穿一切，炸毁一切，但是他本人却是那么斯文，如此沉默。这些年，集益修出来的象一如崔健，人看起来文文静静，有时甚至羞涩，孰料一站到舞台上，却犹如火山爆发，不可遏止。

据说，集益年轻的时候生活曲折，曾受过很多的磨难。集益小时候生活在农村，一路读书，然而高考失败，其后有8年的时间辗转于温州、杭州等地打工。我不知道这8年具体发生过什么事情，但是他肯定经受了贫困、艰辛、冷眼、无助、虐待、疲惫、苦闷、屈辱，他肯定生活在苦难与阴暗之中，之后这些情绪与记忆反而成了其思想和写作资源，化入了他的小说之中。比如，集益的《特殊遭遇》还能隐隐约约地看见他打工时期的生活片段，用小说中的话就是"日子过得跟旧社会的奴隶好不了多少"。集益对时代的弊端有着深切的体会，他的小说就是写这些问题，他要将体会到的压抑和不满宣泄出来。

集益自述，有两个人教会他从事文学，一是崔健，二是卡夫卡。他说，崔健教会他如何面对这个时代和如何看待这个时代；卡夫卡则教会了他如何写小说。这两个人是理解集益的关键，他们是集益思想的上端，集益目前所写的小说就是取崔健和卡夫卡的一些元素，然后有所变化。集益觉得"崔健是用一把刀子，捅在'时代和我们生活的腰眼上'；那么卡夫卡用的是一枚针，他很清楚这枚针在什么时候，什么场合，扎在什么样的穴位上。"[①] 集益将崔健和卡夫卡都理解为尖锐之物，一是刀子，一是针，他们都扎在了时代的要害和穴位上。集益对崔健和卡夫卡的理解，能够见出他的世界观和小说追求。集益的小说确是尖锐之物，像一把刀，砍向他所看到的问题；同时其小说细部又处理得较好，所以又像一根针，深深地刺疼了这个时代。

是谁，让如此瘦弱的集益变得如此尖锐？是什么，让如此斯文的集益充满着阴郁、愤怒之气？大而言之，是1990年代以来的社会问题使然，集益的作品就是1990年代以来社会问题的产物。

崔健在1980年代盛极一时，卡夫卡对于先锋作家而言也如教父一般，一时学卡夫卡者不可胜数。集益尽管深受他们的影响，但是他对崔健和卡夫卡的接受却不同于1980年代语境。集益借用了崔健和卡夫卡，表达了1990年代以来的时代问题。但是，集益对1990年代以来中国所发生的变化未必有整体的理解，他只是这次变化的亲历者、受害者或受伤者，因此当他带着伤痕去写经历时，却无意中应和了时代的主题。

崔健崛起于1980年代，他这颗"红旗下的蛋"，通过摇滚这种形式，表达了他的愤怒和批判。集益则是找到了小说这种形式，表达了他的愤怒。好在写小说不需要成本，唯一支笔、一张纸而已，若电影、电视，常人只好望洋兴叹。集益以小说的形式充分传达了1990年代以来社会的阴气，他的小说中充满着反叛、暴力、贫穷、怪异、阴暗、鬼气、抑郁、恐怖等意象。崔健的摇滚是呐喊，喊出了1980年代青年人的处境和他们的愤怒之情，主要针对的是1980年代之前的意识形态；集益认同的不是崔健

---

① 陈集益：《插在地上的刀子——我的文学启蒙》，《十月》2008年第5期。

的反意识形态，只是借用了崔健，他愤怒的原因和所针对的内容发生了变化。集益的小说《告别演出》(《百花洲》2009年第6期)，充分展现了崔健对其产生的重要影响。小说写一个摇滚乐队在当下的命运，这个乐队名为“锥子乐队”，或是化用了崔健“刀子”的意象。两个主要参与者名为刺客、老刀，名字都与刀有关，这些意象充分表达了集益的态度与立场。这个乐队与其所居的环境（两头乌市）对立，二者势不两立，一再发生冲突，乐队被解散，乐器被没收，乐手被拘留。几经努力，历经波折，锥子乐队不得不作“告别演出”。小说写道：“几乎所有的人因此振奋了，恼怒了，理解了，或者愤怒了。我不知道。我只看见他们就像波涛一样动了起来。”这是愤怒的人群的反应，这股力量让人战栗、恐惧。一旦愤怒的人群被撩拨起来，不满被调动起来，后果不堪设想。

通过卡夫卡，集益似乎学会了变形，他对时代的愤怒通过一种夸张的、荒诞的方式表现出来。然而集益最终却未流入先锋文学一路，他走出了自己的路，他的小说是时代愤怒之象。

对于一个小说家而言，如何表达愤怒，如何表达时代的阴气，这是重要的问题。直接的描述，写实的表达，比较危险，也难以被接受。那么可以变形一下，隐晦地表达，可以直接不谈人世，以谈狐说鬼来说人，比如可以谈谈野人、野猪，谈谈蛋和青蛙。如此，卡夫卡的变形和荒诞就成了集益的修辞，可以用先锋文学的面貌遮掩批判现实的锋芒。集益这类小说比较多，比如《蛋》(《西湖》2007年第11期)、《青蛙》(《文学与人生》2010年第3期)、《吴村野人》(《江南》2011年第3期)等。

《蛋》极富卡夫卡色彩，小说写一个江郎才尽的北漂作家，他绞尽脑汁，但写不出好的作品。在痛苦万分之际，作家产下一只蛋，于是他希望通过贩卖蛋走向致富之路，最后落得家庭破裂，被送进了精神病医院。小说看似荒诞，读来却让人心酸不已。《青蛙》写表哥施长春变成了青蛙，小说写青蛙表哥逃亡，然后被扑杀的过程，场面血腥，气氛恐怖。表哥如何变成了青蛙？作者在交代捕杀青蛙的过程中，似乎不经意间作了交代，有时最漫不经心的却恰恰是重点和关键。小说写道：“我的表哥因为穷得养不活一家人，而在一个春暖花开的季节卷起裤腿，捉了足足十来斤青蛙到城里去卖，结果表哥被警察抓住了，痛打了一顿，最后不知怎么的，他们还强迫表哥吞下了一只活蹦乱跳的青蛙。"表哥回家后就变成了青蛙，之后青蛙表哥逃亡，然后被虐杀。小说所要表达的内容明显，但是表达的方式却颇为曲折，通过变形（表哥变成青蛙）写虐民事件。这样的内容有些禁忌，但若变形一下，以先锋文学之名，以卡夫卡的面貌出现，或能冲破禁忌，信息可以曲曲折折地传递出来。《吴村野人》颇能见出集益的才气和无羁的想象力，他从"野人"这个核心意象入手，写市场经济可以将"野人"驯化，成为赚钱的工具，但是"野人"后来出逃，报复了吴村。这篇小说写了吴村的群像，写出了在市场经济大潮之下一切向钱看、无所不用其极、人心大变的境况。

集益也有另一类作品，没有变形或荒诞，只是直接去写社会问题。比如《恐怖症男人》（《山花》2007年第2期）、《阿巴东的葬礼》（《十月》2008年第5期）、《城门洞开》（《十月》2008年第5期）、《瘫痪》（《天涯》2008年第6期）、《野猪场》（《人民文学》2009年第11期）、《流产》（《江南》2010年第4期）、《特命公使》（《延河》2010年第10期）等。集益这类小说，颇能见其才气，他往往能够找到事情的症结，然后选择了一个巧妙的角度，剑走偏锋，险招迭出，读者不得不暗暗叫好。集益从一个中心意象入手，由此深入，触及关键，一方面小说非常好看，精彩纷呈，另一方面也见出了1990年代以来中国的主要社会问题。

《恐怖症男人》带有先锋小说的色彩，但是却融入了现实的问题，"恐怖症男人"可谓新时期的白毛女。小说写了两个人的故事，一是流浪小说家，一是恐怖症男人。恐怖症男人大学毕业，曾经有一份体面的工作和幸福的家庭，后来因为失业，找工作屡屡受挫，逐渐家庭破裂，男人为了逃避社会，躲在家中储藏间的木箱子里，于是曾经体面的男人变成了恐怖症男人，城市中的生存压力把活人变成了鬼。《恐惧症男人》与《蛋》颇相似，只是一篇变形，一篇不变形，一篇先锋色彩浓厚，一篇先锋色彩颇淡。《蛋》中的主人公若能一分为二，就成了《恐惧症男人》中的两个人物。两篇小说皆写城市居住之不易，写了城市中的底层（流浪小说家）和曾经的中层（恐惧症男人）的境况。《阿巴东的葬礼》写两个人的葬礼，一是阿巴东，他的葬礼极铺张、张扬；一是老满头的儿子建设，他的葬礼悄无声息。阿巴东是恶人，他的儿子腰缠万贯；老满头的儿子建设是农民工，但在城市中被城管打死。农民工涌入城市之后，在城市中苦苦觅食，这个过程中很多人死于非命。2011年，摩罗出版《我的山，我的村》，写“我的村”非正常死亡，其中一部分写外出打工者的死亡。只是摩罗是纪实笔法，集益则是小说笔法，因此戏剧性较强，冲突强烈，比较好看。《城门洞开》则是关注了农民进城的问题，小说写一个家族向城市迁徙中的艰辛和屈辱。父亲碍于体制，不能进城；后来“城门洞开”，大哥通过当兵，二哥通过高考，高考失利则往深圳打工。集益写出了进城的艰辛，以及这个家族为此付出的代价。二哥高考屡屡失利，几乎疯掉；父亲苦苦等待大哥和杭州女人结婚的消息，在焦灼和失望中也疯掉了。《瘫痪》也写农民工的问题，只是不写农民工在城市中的窘况，而写农民工走后，家里发生的问题。小说选择一个特别的视角，由此牵一发而动全身。丈夫进城打工，妻子在家被村长强奸，小说写丈夫对此的反应。这个曾经的“硬汉”，这个曾经“好恶斗狠”的丈夫面对此事无比软弱，他只是打了妻子，打伤了父亲，扎瘸了自己，却终不能复仇。在小说中，勇气和力量与钱成正比，丈夫赚不到钱，没有资本为后盾，就没有勇气和力量。《野猪场》充分展现了集益的才气，小说跌宕起伏，时有惊人之举。几个年轻人怀着发财梦，圈山养野猪。但是几经波折，诸多方面皆想来分一杯羹，事件屡出，他们也锒铛入狱，据说勤劳可以致富，但是到头却一场空。《流产》角度奇特，写一个妓女从良后的生活。小说中的焦点是“流产”，由此之故，一个幸福的家庭，走向了衰败，最后以致于丈夫杀死了妻子。《特命公使》如同《瘫痪》一样，写农村近况，小说也颇好看。农村中的青壮年几乎全部进城打工，唯有妇女和老幼留守。小说通过老村长寻花问柳，写出了农村的窘境和现实。

集益的第一类作品偏虚，第二类偏实。第一类是以虚写实，第二类是以实写实。第一类作品多少尚有先锋文学的痕迹，第二类则几乎脱去了先锋文学的套路，走出了自己的路。集益在小说中涉及的意象大体如此：野猪、野人、葬礼、流产、瘫痪、洪水、跳蚤、恐怖症、抑郁症、青蛙等。

这些意象与死亡、暴力、阴暗有关，这是集益以小说营造出来的世界，也是集益所理解的当下世界。上面两类作品写当下，当下在小说中被呈现为阴暗的，可是集益涉及历史时，历史也被呈现为阴暗的。比如集益的《往事与投影》，写一个家族的历史和当下，情节充满着疯狂、躁动、血腥、暴力、不堪，气氛压抑，场面恐怖。再如《洪水、跳蚤》，以写"父亲"为主，"父亲"是前代，是历史，但"父亲"生活中也充满着"洪水""跳蚤"，非常阴冷。集益在小说中表现出来的视野就是"我"和"父亲"，具体说就是当下的生活和父亲的生活，但皆充满着阴气与鬼气，没有一丝的光明。确实如同李云雷的判断："陈集益小说中的童年与故乡是令人惊讶的，在他的笔下，我们看不到温情脉脉的回忆与怀旧，对他来说，那或许是一件奢侈的事情。"①

扎在地上的刀子，这是很酷的姿态，但是集益能否承受得住这个姿态所带来的弊处，一个满目疮痍者情何以堪。有一次，我看集益的博客，他说，觉得自己不会再快乐了，我吃了一惊。我不知道集益现在快乐与否，他到北京后，境况逐渐好转，现在他的小说颇受认可，也有一个幸福的家庭。当下的这些喜气会不会冲淡一下集益年轻时的记忆，当下改善的生活处境能否让其对世界的看法略有改观。集益背负了过多时代的阴气，一如他的博客，底色是黑的，唯有字是白色的，其作品的总体格调是阴郁的、黑暗的，唯有文字是光明的、鲜亮的。希望集益能通过写作，一步步将黑色去掉，逐渐将心中的阴影驱赶出去，尽管时代尚有问题，但可以将自己的光明显出来。

2011年7月23日于西坝河

① 李云雷：《陈集益：忠于身份 忠于记忆》，详见李云雷的博客 http://blog.sina.com.cn/s/blog_4be5e0cd0100tufj.html。

远方与近处

——杨遥论

杨遥是山西的“老作家”了，这些年笔耕不辍，成绩斐然可观。杨遥也得到了文学界普遍地认可，其小说集《二弟的碉堡》入选“21世纪文学之星丛书”2009年卷，颇受好评。这几年杨遥不断获奖：获《黄河》杂志2005年优秀小说奖、《山西文学》优秀作家奖、2007—2009年赵树理文学奖。

杨遥本名为杨全喜，全喜是朴素的名字，蕴含着祝福和希望；遥则雅了起来，遥远、逍遥之意就有了。对杨遥而言，全喜和遥是两个世界，杨遥就是挣扎于、徘徊在这两个世界之中，但似乎他尚不能出入无疾，因此需要承受二者之间的巨大鸿沟。全喜与世间法相关，这是现实，里面充满着坎坷、悲欢离合、烦躁、尴尬、无奈、钩心斗角、辛苦、贫困等；遥则是出世间法，远离了现实，与乌托邦（遥远的地方）、逍遥等有关。欲理解小说家杨遥，须从现实中的杨全喜入手。杨遥的小说，大多都处于远方与近处之间的张力，甚至冲突之中。

杨遥在山西代县的农村长大，一路读书，大学就读于吕梁高专中文系。前些年，杨遥生活颇为不顺，动辄得咎。1998年，杨遥毕业前夕，其父病重，后经救治得免。杨遥毕业后回家乡工作，职位几经变换，先是在乡镇教办工作，后在高速公路管理处工作，之后又参与过团中央组织的志愿者活动，还曾一度身陷传销组织，得脱后在家乡当小学老师。在教书期间，杨遥开始写小说，此后情况逐渐好转，先去了县政府工作，后来借调至忻州市委宣传部工作。[1]若杨遥只是杨全喜，若没有读书人的梦想和理想，他应该会在无所事事中快快乐乐，应该会在无聊的日常生活中过得津津有味。生活在近处的杨遥，总是想着遥远的地方，于是他心生不安。杨遥经历诸多周折，但正因如此反而成就了小说家杨遥。借助小说，杨遥在世间法和出世间法中一步一步地走远，现实中他由乡而县而市，出世间法中他也行走不止，不断前进，小说的实绩可为证明。

于文学家而言，杨遥喜欢中国的鲁迅、沈从文、萧红，喜欢外国的胡安·鲁尔福、川端康成、卡佛。这些作家大多写底层或者小人物，由杨遥所喜欢的这个作家谱系，能判断出其路子、倾向、风格和追求。[2]迄今杨遥以短篇为主，结构往往比较松散，没有起承转合，往往只写生活的某些片段，且写着写着忽然戛然而止。杨遥的小说有两类：一是与其本身经历相关的小说，涉及童年记忆、少年成长的记忆、读书期间的经历、工作的经历和心情等；二是与其周边人物相关的小说，杨遥生长于农村，之后做乡镇干部、农村教师等，不脱离基层的生活，这些人物也不出此范围。这样的分类只是方便说法而已，其实两类作品交集颇多，只是有的以其经历为主，以周边人物为辅，有的以周边人物为主，以其经历为辅。杨遥所崇尚的几个作家定位了其作品风格，杨遥的经历勾勒出其写作的资源。

杨遥写经历的作品非常多，有《北京的阳光穿透我的心》(《山西文学》2001年第12期)、《马崽》(《黄河》2005年第2期)、《铅色云城》(《佛山文艺》2005年11月上)、《在A城我能做什么》(《黄河》2006年第2期)、《太阳悬浮》(《黄河》2006年第3期)、《在六里铺》(《文学界》2008年第8期)、《江湖谣》(《山西文学》2008年第10期)、《我们迅速老去》(《大家》2008年第5期)、《风从南方来》(《西湖》2010年第2期)、《今天请你吃大碗面》(《西湖》2010年第2期)、《小孟小孟，干什么》(《西湖》2010年第2期)、《膝盖上的硬币》(2010年，未刊)、《给飞

---

① 杨遥的经历可参见丁国祥的文章《奔跑在世界之外——记青年小说家杨遥》，详见杨遥的博客 http://blog.sina.com.cn/s/blog_500fb3010100o3dm.html。

② 参见杨遥：《写作给我无穷的力量》，《宝安日报》2009年6月7日。

机涂上颜色》（2011 年，未刊）等。这类作品数量较多，创作时间跨度也较大，从所列举的这几篇来看，有的写于 2001 年（比如《北京的阳光穿透我的心》），有的写于 2011 年（《给飞机涂上颜色》）。这类作品，都有一个“我”在，小说叙述“我”的记忆、经历、情感、酸甜苦辣的处境等。

1980 年代开始了新一轮农村向城市迁移的热潮，在这次迁移中，杨遥所走的路比较有代表性。农村人口走向城市，且能在城市站稳了脚跟，不外有这么几条路。一是通过升学，一步步读书，毕业后留在城市，小说家中比如李云雷，他从农村出来后一直在北京读书，之后留在北京的研究机构工作；二是通过升学，走出了农村，但是转了一圈，又返回了原地工作，这就是杨遥所走过的路，杨遥在很多小说中引用过鲁迅的话，“像一只苍蝇，嗡嗡了一圈，又飞回来了”；三是没有通过升学，而是出门打工，在城市中逐渐立稳，小说家中比如王十月。杨遥走过了这样的路：农村—城市—再回农村—再进城市，如此几进几出。每一个环节、每一次起落杨遥经历了什么，忍受了什么，付出了什么，得到了什么，失去了什么，这些都成为其写作资源，化作了一篇又一篇的小说。

杨遥离开家乡，受过了高等教育，希望可以走远，但是辗转半天却又回到了原地，他又是如此的敏感，心中肯定有所郁结。杨遥所写的这类小说，共同刻画出这么一类人物，他们通过教育进城了，可是命运又将他们抛回原处，于是他们会对现实的平庸不尽满意，总是幻想着遥远的地方，可是他们却又不得不生活在近处，不得不忍受现实的平庸。

小说《膝盖上的硬币》写了少年记忆，也带出了小城世相。1980 年代末，武侠小说大为流行，这篇小说能见出武侠小说流行带来的业力。“我”渴望一把刀，少年血气方刚，这股力量若引导不好会比较危险，除此之外，小说也写出了“我”情感的和性的萌动。《在六里铺》写了主人公高中和大学毕业后回乡工作的情况。小说以徐强与高伟之间的冲突为线索，写出了徐强读高中时的状态和徐强在大学毕业之后在乡镇工作时候的情况。徐强为弱者，高伟是强者，但最后弱者在压迫之下爆发了。

《我们迅速老去》写大学，偏重于情感经历。小说写了“我”和李铃、老季和王丽的爱情故事，“我”和李铃之间波折不断，爱而不得，老季和王丽虽无波折，但亦不能终成眷属。《北京的阳光穿透我的心》是杨遥较早的小说，写一个大学生赴京打工经历，偏重于写经济的拮据和生活的尴尬。小说写城与人的关系，写了"我"在北京打工的经历和感受，写出了"我"在北京这座城市中的艰辛、尴尬、骄傲、自尊等。小说以"我"的所见所闻为视角，写出了一个与众人心目中印象不同的北京。杨遥写城市往往也是从底层的视角去写，由低向高写，比如他的《你到底在巴黎呆过没有》就是写了剃头匠阿累眼中的巴黎。

《给飞机涂上颜色》写出了杨遥现在的心灵状态。"给飞机涂上颜色"，是个好意象，可以比附一下《易经》渐卦。人生就如同那个"鸿"，渐渐地飞着，只是杨遥变化了一下，用了"飞机"这个意象。人生开始是鸿渐于干，接着鸿渐于磐，又鸿渐于陆，又鸿渐于木，又鸿渐于陵，最后鸿渐于阿。就是这么飞啊、飞啊，停也停不下。九三，鸿渐于陆之时，卦象很不好："夫征不复，妇孕不育，凶，利御寇。"九三，有点相当于40岁这个槛，飞啊飞啊，开始很憧憬，不停地飞，后来飞到一定高度，人就容易倦怠了。因此，这个时候最容易出问题，很多人因为经济、外遇等原因纷纷落马。因此，杨遥想为这些倦了的飞机，涂上一些颜色，让他们绚烂多彩一些，给他们鼓鼓劲，加加油。其实，"给飞机涂上颜色"还是外在的，是从外面往上涂颜色，关键的是要从内心中生出力量，放出光明，如此才能照耀自己，也可以惠及别人。

小说《在A城我能做什么》就是展示远处与近处冲突的典型作品，"我"的身体和灵魂是分离的，"我"的身体生活在近处（A城），灵魂却在远方。小说题为"在A城我能做什么"，这里暗含着迷茫和无名的骄傲。A城不过如此，"我"应该做大事，在A城我能做什么呢？"我"中文系毕业，通过关系成为A城公安局刑侦科的警察，工作是根据目击者提供的线索，给犯罪嫌疑人画像，在A城，这是体面的工作。一件不能破的案子，打破了"我"的生活，"我"开始觉得无聊和无意义。小说写道："而我却只是个开头，在退休以前几十年漫长的日子里，得一直面对这份工作，时间将把我的痛苦无限期拉长。一想到这里，我也想哭。"之后，"我"辞职，躲在小城中，希冀能去远方。

杨遥的第二类小说写底层的情况和小人物，他们从事卑微的工作，搓澡、蹬三轮车、捡垃圾、跑江湖、做小买卖等，杨遥写了他们的生活状态、情感、屈辱和反抗等等。底层是社会的横截面，由这些描写底层的小说，一方面可以了解底层的情况，甚至也可以推知世相。这类小说有：《偷鱼者》(《芙蓉》2004 年第 12 期)、《二弟的碉堡》(《黄河》2005 年第 1 期)、《闪亮的铁轨》(《人民文学》2007 年第 3 期)、《谯楼下》(《黄河文学》2007 年第 3 期)、《结伴寻找幸福》(《黄河》2007 年第 5 期)、《唐强的仇人》(《当代》2010 年第 1 期) 等。这类作品的创作时间跨度较大，可见杨遥亦在长期关注这一题材。在这些作品中，"我" 一般不直接出现，但这些人物和环境却是杨遥所熟悉的。相比之下，这类小说较之于第一类佳作更多。前类作品多是写实，这类作品时有寓言出现，比如《闪亮的铁轨》《二弟的碉堡》等。这类作品所展现的世界更大，关怀也更广。

《偷鱼者》写偷鱼事件引发了村民和当地派出所的矛盾，展现了紧张的干群关系。作者选了"婚礼"这个重要的时刻，让几个警察在婚礼这样的大喜日子前来抓人，由此增强了对派出所的憎恨和对偷鱼者的同情。"偷鱼者"本是贼，派出所本是执法者，可是在小说中二者的身份似乎颠倒了，派出所反而成了"偷鱼者"，遭到痛恨，"偷鱼者"却受到了同情。《闪亮的铁轨》写一个外来少年和村庄之间的关系。"铁轨"是沟通之物，由铁轨可以四通八达，但是也能带来对立和敌意。少年沿着铁轨闯入弧村，寻找妈妈，他沉默寡言，却像影子一样注视着这个村庄，这使得整个村子都不舒服。小说写道："弧的人们感觉很不自在。他们走到哪里总觉得有一双眼睛盯着自己。好端端平静的生活让这个少年打乱了。"弧村想驱逐这个入侵者，于是他们之间的战争开始了。杨遥说，这篇小说写了"无意入侵者和村民们的较量"。[①] 弧村放出疯子，痛打了少年，但这并没有驱逐少年，于是弧村人强行将少年带走了。少年就像一块石头，打破了弧村的平静，少年被带走了，弧村于是恢复了往日的平静。少年与弧村之

---

① 杨遥：《花枝招展时代的狮子》，见杨遥的博客 http://blog.sina.com.cn/s/blog_500fb3010100pehv.html。

间尽管对立，但对立之中却洋溢着温暖和情意。

《二弟的碉堡》是杨遥颇为得意的一篇小说，后来他编了一本短篇小说集，就以"二弟的碉堡"命名了全书。杨遥有的小说比较简单，就是一些个人的经历、感受或者回忆，这篇小说极为出色，思想也较深。《二弟的碉堡》写人与人之间的关系，可以看成寓言，小说写出了"匹夫无罪，怀璧其罪"的意思，有普遍的意义。"怀璧"之后如何和人相处是重要的问题。"碉堡"本是军事设施，但由于村人和二弟之间的冲突，二弟的房子就成了碉堡，二弟以碉堡为家，以家为碉堡。二弟之罪在于他是外来者，却赚了钱，盖了房子，于是引起了村民们的嫉妒和恨意。二弟和村民之间的关系日益紧张，以至于矛盾不可调和。

杨遥的创作范围大体就是这两类，两类作品都和"我"直接或间接相关。当然这两类题材可以给杨遥无穷的源泉，就第一类而言，随着杨遥处境的不同，心境亦会随之变化，他写了童年、初中、高中、大学、工作以及现在的情况；杨遥从农村走出，身边充溢着小人物和底层人物，这一块资源也是取之不尽。杨遥写了很多年，这两类作品逐渐成熟起来，成为其精神徽章，但是杨遥若想突破，他的视界尚应该再打开，他的"我"应该更大，否则若再写这两类作品会给人重复之感。杨遥可以一直写这两类题材的小说，但他须在一个更大的局中或者在整体中来理解他本人所走过的路以及周边人的处境。若能如此，其小说将会更上一层楼，否则个人或一些小人物的经历、情感、心境打动人的程度终是有限。有整体观和大局观，在此基础之上去写小人物跟没有整体观和大局观写出来的小人物风貌与格调极为不同。杨遥目前所缺者似乎就是这样的整体观和大局观，好在来日方长，希望杨遥在今后的写作道路上能够不断上出，越走越远，写出更多更好的作品。

2011年6月5日端午前夕于太阳宫

游走于雅与俗、坚硬与柔软之间
——鬼金论

鬼金这个名字在文学界一直比较陌生，2010 年，鬼金的小说《金色的麦子》获第九届《上海文学》短篇小说奖，此后渐渐得到了公众的关注。在此之前，鬼金一直潜伏在本溪，白天开着吊车，晚上写着小说和诗歌，其小说与诗歌已经散见于各大刊物与网络之上。

一　鬼金其名

鬼金是谁？这是作者自己取的笔名。据其自述，鬼金二字取自“鬼子和斯蒂芬·金”，因为喜欢他们的小说，因此从他们的名字中各取了一个字，于是有了鬼金。自取的名字可以言志，其抱负、志向、性格、成就甚至命运皆可从中看出来。

解析鬼金所推崇的这两个人：鬼子和斯蒂芬·金，大体上就能看出鬼金的轮廓。鬼子和斯蒂芬·金都是作家，鬼金的自我定位与期许清晰可见。鬼子是广西的作家，其小说《瓦城上空的麦田》《上午打瞌睡的女孩》《被雨淋湿的河》曾轰动一时。斯蒂芬·金是美国小说家，曾被《纽约时报》誉为“现代恐怖小说大师”，其小说在美国畅销书排行榜上常居榜首，作品以悬念、惊悚与恐怖著称。一中一西这样的两个作家放在一起似乎不伦不类，鬼子是纯文学作家，斯蒂芬·金则是恐怖小说作家。鬼金于他们各取一半，取纯文学，也取恐怖小说。鬼金的形象大体上就可以浮现出来：纯文学作家和（或）恐怖小说作家。鬼金就是游走于鬼子与斯蒂芬·金之间，或写纯文学，或写恐怖小说，或写介于二者之间的作品。

对于鬼金之名，他还解释道：“我更喜欢做文字的‘鬼’潜伏在文字中；做文字的‘鬼’潜伏在现实之中。以‘鬼’的角度去看这个世界会很有意思。”[①] 鬼金与“鬼”有关，鬼金守阴，喜欢做“鬼”潜伏于文字和现实之中，在喧嚣之中体会安静。鬼金的小说中确实弥漫着一股鬼气，幽幽微微的，让人窒息。因此，“鬼金”可以有另一种读法，鬼金是偏于鬼的偏意复词。《二分之一幽灵》直接就是恐怖小说，《我们去看大象吧》结尾忽然一转，气氛顿变，忽明忽暗，鬼里鬼气。在1980年代，“鬼气”“鬼影”曾被称为“先锋”“魔幻现实”或超现实等。譬如莫言的成名作《透明的红萝卜》，其中的黑孩与《天真年代》中的陈河大体上相似。

二　鬼金三型

鬼金的小说可分三类：《金色的麦田》《轧钢厂的囚徒》等属于鬼子（所谓纯文学）这一谱系；网上流传的《二分之一幽灵》等属于斯蒂芬·金这一谱系（所谓恐怖小说）；介于二者之间，既有纯文学因素，也有恐怖小说因素的则有《对一座冰山的幻想》《天真年代》《我们去看大象吧》等。

第一类是“鬼子类”。这类多写底层人物艰辛的生活，直面惨淡的人生，不借助鬼气或魔幻，说出了底层人物的困境与悲欢。这类小说写得相对朴实，以故事和故事背后的真相取胜。

《金色的麦子》写妓女金子的故事。金子处在城市和农村之间，身在城市，根在乡村。故事焦点集中于钱，金子之名为“金子”可见一斑，小说围绕着钱的冲突写出了金子的挣扎与心酸。妹妹的电话打破了平静，妈妈病了，在医院等着钱急用。故事就从这里开始，金子的生活秩序一下子全乱了，接客潦草结束，回家发现银行卡被窃。金子在城市中屈辱地活着，就是为了银行卡，小说写道：“那些钱就是她心里的秤砣，现在，突

---

① 参见《辽宁日报》对鬼金的访谈。http://www.rongshuxia.com/group/thread?thread_id=17762=。

然，没了，也就是说秤砣不见了，本来有秤砣的时候，沉甸甸的，现在没了，整个人也变得轻飘飘的，像没有了根基的浮萍，像秋天的蒲公英，像天上的风筝，被风吹着，飘了起来。浑身的骨头，内脏，还有一腔的血液，皮肉，都变成了纸一样的轻，轻得叫人没有了主心骨，没有了希望的亮光，就仿佛一间点着灯的房间，突然，灯熄了，灭了，满屋子的黑暗，什么都看不见了。”钱是金子的根基、主心骨、秤砣，失去了钱，生活、生命都变得轻飘。在寻找失窃了的卡的过程中，金子在城市中的全部社会关系都得到了展现，她的男友、她的朋友、她的客户和她昔日的姐妹等。在混乱中，金子的困境展现无遗。“金子”可以形容高贵，也可以形容卑贱，金子其人就是这么低贱而又高贵地活着。

《轧钢厂的囚徒》写轧钢厂工人朱河，“囚徒”是其生活的最好写照。鬼金作了一个类比：轧钢厂如同监狱，工人如同囚徒。这个类比让人震惊，因为曾几何时，工人阶级还是领导阶级，可是如今一切都变了。小说事无巨细，写出了朱河的方方面面：生活、情感、工作、精神，困顿而又苦闷。曾经是主人翁的工人，如今成了“囚徒”；曾经是生机勃勃的朱河，如今日日生活在“病四月”之中。处于“囚徒”状态的朱河，困兽犹斗，试图突围，但是他失去了女友，丢掉了工作，成了真正的阶下囚。鬼金长期在钢铁厂工作，这篇小说大体上能够展现出当下工人贫瘠的生存状态。

第二类是“斯蒂芬·金型”。这类表面是恐怖小说，但作者有寄托在其中，故不可以单纯的恐怖小说视之。“斯蒂芬·金型”的作品像寓言（庄子意义上的“藉外论之”），话不方便说的时候，或者话换一个形式说可以取得更好效果的时候，便有了鬼金的“恐怖小说”，鬼金只是以恐怖为方便说法而已。这个传统，在中国就是谈狐说鬼，比如蒲松龄的《聊斋志异》。鬼金谈狐说鬼，谈妖说魔，营造恐怖气氛，制造惊悚场景，鬼里鬼气，其实皆是关注现实，有为而作。

《二分之一幽灵》是恐怖小说，但又批判现实。《二分之一幽灵》曾在网上连载，小说将“悬疑”与惊悚结合在一起，整篇小说沉浸在阴郁、潮湿、黑暗、窒息、恐惧的氛围之中。沈复与网友朱颜偷情之后，朱颜莫名其妙地死在他们租住的房子前面，但是她阴魂不散，频频出现于很多人的梦中或生活中，很多相关的人陷入恐惧之中。小说写道："每个人的内心都有一个黑暗的角落，可以说是龌龊的，肮脏的。我的内心的那个黑暗的角落里就藏着这么一个死者。"一个女人的死，搅动了很多人的"内心黑暗的角落"，"内心黑暗的角落"就是内心中的鬼。《二分之一幽灵》就是要问：你的心中到底有没有鬼？《二分之一幽灵》主人公之一名为沈复。沈复是一个历史人物，以《浮生六记》著称。《浮生六记》恰恰是记录闺房之乐，以见琴瑟和谐。此一时彼一时，今天的沈复与妻子同床异梦，与朱颜偷欢。

第三类是"鬼子—斯蒂芬·金型"，这一类介于第一类和第二类之间，直面现实，但又隐隐约约；直指人心，但又掺杂鬼气。这类小说鬼气较淡，似有若无；这类小说批判现实，但又不那么直接。

《对一座冰山的幻想》写得虚虚实实，既很"先锋"，有意识流，有魔幻现实，有梦境，二人蓝镇一行，真真假假，鬼里鬼气；也写得很老实，有实实在在的叙事和清晰的逻辑线索，两个主人公的前前后后都有所交代。《对一座冰山的幻想》故事简单，一个男人和一个女人相遇，有"同是天涯沦落人"之意。小说中的男主角也叫鬼金，此是典型的先锋文学论调。《对一座冰山的幻想》中，鬼金既是作者，也是叙述者，又是故事人物。鬼金和老婆离了婚，穷困潦倒，吃了上顿没下顿，他是下岗工人，无所事事，却又舞文弄墨，写写小说。小寂的父亲因为工伤意外去世，骨灰被工友带到了家里。小寂大学毕业与男友结婚，却被男友卖给了舅舅，肉体与精神饱受折磨与蹂躏，最后终于逃离苦海，去寻找她的父亲。小寂寻找父亲到了本溪，在这里她遇到了鬼金。鬼金擅长写男女的恩怨与无奈，《轧钢厂的囚徒》《我们去看大象吧》《二分之一幽灵》都写痴男怨女在情感上的纠结。

《对一座冰山的幻想》的情节不可落实，题目"幻想"云云已作提示，小寂有极强的现实指涉，冰川亦影射现实。孟姜女寻夫，盖事出有因；小寂寻父，也非无故。现实中的冤屈无处可诉，不得伸张，于是转为超现实，长城遂倒塌，大快人心，且流传了几千年；小寂也如是，冰川并非凭空长出，无故倒塌，盖有怨气也。"冰山"是小说中一个非常重要的隐喻，小寂说："这些天老是梦见一座冰山，而我就像一个死人似的被囚禁在冰山里，我走不出来，我甚至赤身裸体用我的体温去融化那座冰山，可是白费，那是一座巨大的，在不断生长的冰山。"在冰山中，小寂还看到他的父亲囚禁在其中。冰山如同钢铁，冷冰冰没有体温；冰山也如同监狱，无数人囚禁其中。这篇小说结尾处颇为魔幻，冰山再长，小寂升空。冰山云云看似魔幻，但皆有现实针对性。魔幻与超现实，要慎用，譬如"冰山"有其实，可以用，但若无实，只是为了魔幻而魔幻，装神弄鬼，则会流入无聊。鬼金在小说结尾处往往喜欢用"曲笔"，如同鲁迅所说，往往不恤在《药》中平空为瑜儿的坟上添上一个花环。

三 鬼金的意义和局限

鬼金三型，代表了鬼金上下求索的三个向度和创作的三条道路。这三个向度在当下文坛亦颇为盛行：纯文学（鬼子型）、俗文学（斯蒂芬·金型）和先锋文学（"鬼子—斯蒂芬·金型"）。

雅俗云云皆是表象，盖因今日很多作家不从实上努力，被浮云遮蔽了眼睛，只见到名相，故觉得雅俗之间鸿沟巨大，不可逾越。纯文学鄙视俗文学，俗文学亦自觉低人一等，先锋文学目空一切，欲扫除一切陈规。若作者力量足够，经书之意可用小说写出，道可以在屎溺中体现，雅意可以以俗语写出，庄严可以通过玩世表达，是可以通过非见出。作家所患者应该在于力量大否，能量足否，内力够否，念兹在兹的应该是实，而不是名相。若实上走了上去，就不会被雅与俗这些名相障住，就可以在雅俗之间出入无疾。鬼金似乎未被这三种名相限制住，他试图走通三者，这样的努力难能可贵。

鬼金倾向于将第三型小说视为先锋小说。在《对一座冰山的幻想》的创作谈中，鬼金写道："在这个文学沦为故事化的时代，我有些缅怀过去的先锋。先锋在如今成为了一种传统。我相信。但它没有死去。"诚然如此，1980年代先锋小说盛极一时，如今却风流云散，1990年代余华、苏童等写的小说，先锋色彩锐减，以故事取胜。先锋小说面貌一变，转为故事，这是余华、苏童等走出来的路。先锋没有死去，只是变换了面貌，借尸还魂。鬼金以小说创作的实绩为先锋文学提供了另外的转型可能，这就是恐怖小说，比如《二分之一幽灵》，或者恐怖小说结合先锋文学，比如《对一座冰山的幻想》《我们去看大象吧》等。

鬼金是来自本溪的钢厂工人，东北一度是"共和国的长子"，钢铁在诸多产业中又是重中之重。鬼金现身说法，以其经历和文学作品为我们勾勒出 1990 年代之后东北钢铁工人的生存状态和心灵状态。祝东力曾大致勾勒出从 1949 年至今东北在中国地位的变迁，他说："东北一向是中国的重工业生产基地和商品粮基地。……与高歌猛进的经济建设相辅相成的，是社会心理或民众士气的高涨：像雷锋那样的共和国长子式的人物能够出现在 50—60 年代的东北，绝非偶然。实际上，在整个毛泽东时代，东北地区作为重工业基地和粮食生产基地就一直承担着'共和国长子'的角色。改革开放以来，东北经济地位开始下滑。特别是 90 年代以来，由于国有企业陷入困境和农产品价格连续走低……就业形势也大面积恶化，下岗工人一百万，城镇贫困职工一百万，农村贫困人口一百万，农村剩余劳动力一百万。从社会主义中国的'长子'到全球化时代市场经济中的'丑角'，转型中的脱轨和失范在东北一般民众心底似乎引起了普遍的挫折感和失落感。"[①] 鬼金的小说可以为东北身份的这次转变提供佐证，其小说《轧钢厂的囚徒》写出了钢铁工人的"挫折感和失落感"。小说本来就与俗世和底层有着天然的关系，鬼金以小说描述了东北底层社会的状况，记录了东北身份转变时期工人的生活史。鬼金身处其中，经历着东北这次转变所带来的痛苦、尴尬、挫折与失落，希望鬼金对此能有比较自觉的认识，因为这些都可以是其写作的资源。

鬼金给自己命名为"鬼金"，我亦心急火燎地写《鬼金论》，希望对于鬼金兄和我自己而言，这只是开始。也希望鬼金的名字在今后可能会有所改变，因为"鬼金"所代表的思想资源非常有限，这些资源的营养不

① 参见祝东力的文章《小丑的夜晚：关于东北二人转的所思所想》，引用时为行文方便略有删节。详见 http://blog.sina.com.cn/s/blog_4ab5b01d010007z3.html。

会太高，“鬼金”所暗示的成就也在意料之中。鬼金曾自述道：“我就是那个写小说的吊车司机，我叫鬼金。小说学徒。”“小说学徒”云云有利有弊，“学徒”很好，“学而不厌”，“活到老，学到老”；“小说学徒”则未必好，因为已经有所限制。鬼金尽管没有纯文学、俗文学和先锋文学这些名相的障碍，但尚有小说名相之障。鬼金若想在小说成就上有所突破，更上一层楼，目前他所应该做的恰恰不能只将自己定位于“小说学徒”。

好在鬼金没有处在文坛的中心，他生活在遥远的本溪；好在鬼金成名不早，他三十多岁了才有所显露，作品也不是太多；好在鬼金是吊车工人，不是专业作家。这些都是鬼金的优势，鬼金成就的提高关键在于他是否可以将这些看似劣势的因素转为优势，关键也在于鬼金是否能够打开视野，拓展其思想资源。

2011年2月14日于太阳宫

在路上

——鬼金、刘涛谈话录

2010年，我在南京的文学刊物《青春》主持“青春热评”栏目，在那里读到了鬼金的作品，觉得有可取之处，于是写了一篇评论。2011年3月，鬼金兄来鲁迅文学院学习，我和鬼金兄见了几回，谈了很多。后来我萌生一念，干脆我们正式做一次谈话，以文字的形式展现鬼金兄的文学和人生，于是有了此文。

刘涛：鬼金兄，我们先从你的生活经历谈起吧，所谓“知人论世”嘛，理解一个作家的作品，应该先理解其人生，某种程度上，作品就是人生的反映。可以说，有什么样的人生就有什么样的作品，有什么样的作品就有什么样的人生。请您先谈谈自己的经历可好？

鬼金：15岁以前，我一直在农村生活。后来到小镇上念了半年，就到城里了。我父亲应该说是第一代的农民工。煤矿的。

刘涛：对于很多作家而言，童年经历是其重要的写作资源。童年这一段经历，在你的作品中有体现吗？

鬼金：我的童年影响了我的写作。我想那是一个凄美的童年，很多人不屑谈自己的童年，但我想说，我的童年是在父母拉锯式的离婚战中长大的。当你四五岁的时候，就被母亲拉着逃奔到亲戚家，那种内心可想而知，现在想想也是心酸的。直到我三十多岁了，我的父母还在拉锯式的离婚战中。这样的内心，我找到了文学，这样的内心让我更想创造一个属于自己的内心世界——一个幻美的内心世界，残酷，但也是美好的世界。

另外就是还有对死亡的恐惧。我到现在，有五次险些死掉。有三次是与水有关。此外，一次是我正骑自行车，汽车压了过来，但我从自行车上跳了下来，幸免于难；还有一次是开吊车，被电了，像坐电椅一样。这次，我从工厂里逃回家，一个人买了两瓶啤酒，坐在阳台上哭。是真恐惧了。

刘涛：这样的经历比较残酷，在你那里或许都得到了升华，转成了文学作品。小时候都读什么书？

鬼金：那时候几乎没有书看，只能看到小学生作文之类的，那不是文学。可以说，在农村的那些年，没看过文学的书籍。对作家这个概念也是淡漠的。

刘涛：什么时候开始有了文学的概念？我记得读初中的时候第一次听到哲学这个词，我一个大姨问我，你们现在上哲学课了吗？说那个东西很厉害的，当时无限向往啊。

鬼金：小学的时候，我就喜欢写作文，不过那时候还不知道什么叫创作。到了中学之后，我开始喜欢诗歌，而且还自己学着写。第一首正式发表的诗歌叫《站在城市门外》，一百多行。当时我在上技校，印象中是登在《本溪法制报》上。也许从那时候开始有了文学的意识。

刘涛：中学毕业之后就读了技校？大概在什么时间？1980 年代末？

鬼金：对，中学毕业就读了技校。1991 年左右吧。

刘涛：我记得在《轧钢厂的囚徒》里面，你提到一个人物，他当时读技校的时候，老去一个书店买书，并且读了很多现代派的作品。这个人有你的影子吧？

鬼金：对。上技校时候还是看诗歌多一些，印象最深的是艾略特《荒原》还有黑塞的《荒原狼》，这两部作品都跟“荒原”有关。

刘涛：为什么当时喜欢读与“荒原”这样意象有关的作品？我感觉，现代派的作品对你影响很大，可能就和那段阅读经历有关吧。你后来一直钟情于现代派作品，那些作品的气息在你以后的作品中得到非常多的体现。

鬼金：是的。起码在叙述的方式上，我是受到现代派的影响。不止《荒原》，当时也读了很多国外的现代派诗歌。可以说，那种荒原的意识，仿佛深入到骨子里了。还有那种灰色。灰色是一种内心的颜色，是从农村进城后的一个人的内心颜色。因为国外的文字更加触及内心，或者说触及灵魂，但现在想想，还是感觉受了现代派的毒，对于古典一直是一个缺失。

刘涛：如果为您的作品搭配一种颜色的话，灰色可能真的比较合适。

鬼金：如果说人的灵魂是什么颜色的。我一定挑灰色的。而不是白色的。

刘涛：为什么？现在还如此吗？如果人的灵魂底色是灰色的，这样的说法我同意，但是人可以修的，有的人通过修行或者会变白一些，有的人会更堕落一些，变得更黑。

鬼金：生存境遇和社会环境确实会改变一个人灵魂的颜色，但是根据我个人的生存经历，所以我还是选择灰色。

刘涛：技校毕业之后，你就开始在钢厂工作？

鬼金：是的。1994年我技校毕业，之后就在钢厂上班了。

刘涛：在钢厂什么对你影响较大？

鬼金：我的吊车师傅是一个画家。我不知道他对我有没有影响，但他对于我是重要的。

刘涛：能否具体谈一下这段经历？你和这个画家师傅除了工作之外一般都谈些什么？

鬼金：这个阶段，除了诗歌，几乎没想过其他什么。我们在艺术上很少谈，加上那个时期我也不成熟，但他的生活方式，还是影响了我。他下夜班后，还要画画。他的前妻因为他的对艺术的追求，离开了他。

刘涛：那你是从什么时候开始有意识地进行文学创作的？

鬼金：一直就是写诗。从那时开始倒是喜欢阅读了，开始看先锋文学，看国外的小说，他们还是冲击了我。2003年，我几乎停止了诗歌写作。在这阶段，工厂放假，我卖过一段时间书。我还真买过最早引进的斯蒂芬·金的小说。有人劝我尝试写。但我没有。我以为，那个东西在中国不可能出版。那个时候，还没有网络上的恐怖小说。没想到后来那么火。李西闽帮忙出版过一本后，我发现我的语言根本不适合畅销书的写作。这期间开始练习短篇小说的写作。

刘涛：呵呵。上次我们聊天，你还说起写恐怖小说的时候，自己晚上老做噩梦。是啊，写恐怖小说自己要有强大的心灵世界，否则陷进去，自己会很难过。

鬼金：是的。恐怖小说这条路对于我，走不通了。我几乎放弃了写作恐怖小说，但阅读一直没有停止。

刘涛：我写《鬼金论》的时候，曾总结过“鬼金三型”，其中一型就是恐怖小说。我读过你写的那篇《二分之一幽灵》。当时为什么想着要写恐怖小说？

鬼金：因为我阅读国外的恐怖小说，并没有觉得他比纯文学低，甚至某些方面比我们的纯文学还是高很多的。

刘涛：恩。通俗文学、纯文学云云都是表象，关键是能够突破表象，碰到实质性的内容。如果碰到了实质性的内容，俗文学也会有真东西；如果碰不到，纯文学也会很差。我想问的是你为什么选择恐怖小说这样的方式来表达？和你说的灰暗的调子有关？

鬼金：应该跟灰暗的调子没关系。恐怖小说更是一种批判的现实主义吧，恐怖只是一个外壳。或许跟那时候的年龄有关，那个时候还是愤青。

刘涛：我读兄的恐怖小说，也是这么来理解，是一种批判现实的方式，类似蒲松龄写《聊斋》，表面谈狐说鬼，其实意在言外，因为可能很多话不方便直接说。我搜过你的相关资料，但是没有找到你写的长篇。

鬼金：其实，我还写了三部有先锋意识的长篇小说，虽然没有出版，但我觉得不是浪费，那是在练习。

刘涛：现在中短篇小说只有文学圈的人在阅读了，长篇不同，读者群会扩大，社会关注面也会广，而且动辄就会触电。长篇小说打算继续写吗？

鬼金：关于长篇，我轻易不会去动。起码我要把我的中篇和短篇写得成熟了，再去触动长篇。其实，长篇我想不那么难，不像中短篇这么有难度。但是目前，我的生存环境还不允许我写长篇。

刘涛：你正式用鬼金这个名字从什么时候开始的？

鬼金：鬼金这个笔名，从写诗歌就开始用了。

刘涛：你曾谈起过，鬼金这个名字来自鬼子和斯蒂芬·金。我也曾通过你的名字解析过你的思想资源，解析过你的志向和定位，并由此推衍出兄小说的三种类型。

鬼金：关于鬼金来自鬼子和斯蒂芬·金，这只是一种说法；还有另一种说法，我们那里一条商业街上有一个小店的名字就是鬼金。直到后来，鬼金与我喜欢的这两个作家的名字切合了。

刘涛：关于这个名字尽管最初可能有不同的说法，但是后来还是将这个名字归结到了鬼子和斯蒂芬·金，还是你心象的反映。我们先不谈关于名字的问题了，你什么时候开始比较有意识地进行文学创作？

鬼金：有文学意识，也应该是从2008年开始。那年，我去辽宁文学院学习了一个月。从那开始，我开始了中短篇小说的写作。我的第一个短篇《愤怒的河》，发表在《上海文学》上，这是我真正的处女作。

刘涛：这篇小说不错，你此后好几篇小说的基调都和这篇相似。我觉得这篇小说中还是同时跳动着鬼子和斯蒂芬·金两个人的影子。既有纯文学，通过南丹的自杀，引出很多人的辛酸的故事；也有些恐怖的因素，比如那个紧跟着朱河的拍球的小男孩，读来让人毛骨悚然。但这篇小说显示出魔幻现实主义或者超现实的色彩。我比较关心，哪些内容会进入你的中短篇小说当中？

鬼金：很多内容可以进入我的小说内容。只要他们触及了我的敏感，因为我是一个敏感的人，这种敏感不是神经兮兮，而是那种对文学的敏感。如果没有这种敏感，可能就不会有独特的视角。由实而虚，这是我的方式。我不想把真的事件写成真实的，而是最后写成看上去是假的，但还符合情理的。你看到的不可能是真实的生活，它是不同于生活的，是虚构的，是想象的。

刘涛：所以，你的很多小说带有魔幻现实的色彩，比如《对一座冰山的幻想》《我们去看大象吧》《天真年代》等都是如此。

鬼金：我很喜欢马尔克斯这个老头的作品，但这种魔幻同样是真实的。有一部电影，对我文字的影响是那么的刻骨铭心。电影叫《迷墙》，它的画面感和里面的动画的感觉，让我现在也不能脱离开来。

刘涛：你说喜欢电影《迷墙》这个细节很有意思，看一个人最不能释怀的东西，基本上可以看出这个人的大体。一个人若要认识自己，也就是要看最不能释怀的东西，若要进步，需要反省一下最让自己不能释怀的是什么，佛家老说舍掉嘛，如果能舍掉这些，可能会更上一层楼。兄技校毕业之后，一直在钢厂工作，但是在你的作品中似乎工业题材涉及较少啊。是因为现在的处境，比如写了之后领导可能不喜欢，或者还是对这一段生活需要再消化一下？

鬼金：很多人劝过我，让我写自己的工厂生活，我也知道这一块可以挖掘，而且工业方面的小说也是缺失的。只是，我觉得还没到时候，以工业为背景的小说我会写，但不是现在。不是我在工厂里工作的时候。另外，我要消化一下。我也不想掉入工业题材的陷阱。很多作家写某一类题材就被界定了。这很可怕。我不想那样，所以选择一些虚幻的境界，来呈现个人的内心的表达，或者说抵抗，但这不是逃避。

刘涛：我也觉得这不是逃避。很多作家就是太急了。和你接触了几次，我没有觉得你有急吼吼的感觉。

鬼金：那种被界定了题材写作的作家是很痛苦的。可能这样会很好发表，但我觉得意义不大。我写的也不多。起码写的这些对于我个人的内心是重要的。文学有时候是无用的，恰恰无用而大用。

刘涛：前几天一起吃饭的时候，你谈到童年往事，当时颇为伤感。文学对于你而言，是一种个人情感的寄托。当然，你以文学去表达的时候，你的那些伤感与灰色的记忆可能就不自觉地带到了文学作品之中。

鬼金：文学的有用不是因为它能改变了个人的生存境遇。尽管很多人把文学当成了敲门砖，功利地、虚荣地写作。这样看可能是有用的，但文学真的能改变人吗？还是改变这个社会？它只是一种存在，也许对于精神是有用的。但精神又有什么用呢？它能改变什么？所以说，文学无用，但又是存在的，存在即是有用。

刘涛：目前你的中短篇小说一共写了多少？

鬼金：中短篇发表出来的能有三十多万字吧。但写过的，已经发表出来的，现在感觉都不那么好，甚至感觉到害羞了，甚至是羞耻的。

刘涛：数量还是挺重要的一个标准，近人出于很多考虑都很能写，梁启超等人文集动辄十几卷。你这种"害羞"的感觉我觉得非常好，所谓"行年五十而知四十九年之非"嘛。你对自己当下的状态觉得如何？

鬼金：我对文字越来越敬畏了，我开始感觉到文字的圣洁，不敢轻易触及，所以写得也少了。当下的很多中篇看着让人感觉到羞耻，紧紧围绕一个虚构的或者复制生活的一个故事，而丧失了文学的品质。现在我还处在迷惘之中，在寻找属于我的道路。

刘涛：你对"我的道路"设想大概是什么样子？

鬼金：我想虚构一个地方，就是我的卡尔里海，让我所有的小说都发生在这个地方，然后找到我个人的叙述方式和视角，写出那种有激情、有温度的小说，而不是那种伪温暖、伪幸福的小说。起码他们应该是有文学性的，而不仅仅是故事。还有，我一直觉得能否成为作家并不重要，重要的是那种在路上的感觉。写着并在路上，为自己的生存和内心的生活达到一个平衡，这才是最重要的。

刘涛：不以成为作家而写作，为自己内心生活达到平衡而写作，这太好了。写作是为了调整自己的身心，身心平衡是蛮好的境界，写作如果为了这个，就是走了实的路而不是名的路。你这次来鲁迅文学院觉得如何？觉得对于自己的写作有帮助吗？

鬼金：应该会有的。这段生活会潜移默化影响到我的写作。在某种感觉上，是有进步的。但关键还是要看以后回去怎么去写作，以怎样的心态去面对生活和写作。心态和视野是决定一个写作者能走多远的关键。

刘涛：你平常喜欢读的书是哪些？

鬼金：艾略特诗集《荒原》、马尔克斯《马尔克斯中短篇小说集》、卡夫卡《变形记》、迪伦马特《迪伦马特小说集》、莫言《金发婴儿》、余华《河边的错误》、刁斗《独自上升》……还有很多，一时想不起来了。也许它们在某些方面潜移默化地影响了我。吸收他们的光，在他们的光中找到自己。

刘涛：你对未来的写作道路如何规划？

鬼金：当这种内心生活达到平衡了，也许就是一个对社会有用的人了吧。我没有明确的未来规划，未来是一个恐怖的陷阱。我只相信在路上，在写的路上。

刘涛：谢谢鬼金兄。我们的谈话就此结束吧。

2011 年 6 月 1 日于中国艺术研究院

弃医从文者高晓枫

“70 后”作家中受先锋文学影响深切者甚众，部分作家一直坚持先锋文学创作，以先锋文学的样式表达他们对时代的理解，诉说着自己的处境，李浩、鬼金、高晓枫等皆是典型。晓枫与鬼金是好朋友，他们曾经做过精彩的对话，正应了那句老话“物以类聚，人以群分”，先锋作家见先锋作家格外亲切。

我与晓枫素未谋面，有时候在杂志上读到她的小说。我尝直窃叹，为何晓枫小说中充满着如此浓郁的黑暗气息。这些天，通读了晓枫的大部分作品，逐渐明白，其来源或许有二。

一、从医的经历。晓枫是医生，医院是生与死的中转站，她在医院中所见皆是人生的非常。晓枫应该是见多了生死，见多了病人的痛苦。医门多疾，医生应该有坚强的心灵，否则难以承受医院的阴暗。晓枫曾自述：“成年后，我在医院当班，见识各种死亡。知道无论怎么挣扎，死神仍会毫不留情地带走一切。对人世的见闻和认识，极轻易地左右了我的思想，我开始知道，我是个悲悯绝望的人。”或许晓枫对于其工作不甚满意，医生颇辛苦。她曾自道：“我的健康状况不佳，连续的倒班，过重的压力，都是我产生倦意的原因。”那么，在这样的环境中，阅读与写作或是引领她上升的力量，或是使其释放压力的重要途径。晓枫说，深夜值班时她通过读书、写作而深感慰藉。一个人在医院值班，不远处有各种各样的病人在苦苦挣扎，深夜孤灯，彼时会是什么样的心境呢。所以，晓枫才会说：“我应该感谢写作，它改变了我，让我重新有了生活的目标和激情。”晓枫是绍兴人，她不仅与鲁迅同乡，也与鲁迅一样经历了弃医从文的过程。但是，鲁迅弃医从文为救他，晓枫弃医从文或是自救。文学为晓枫开启了新的世界，从此她的人生逐渐两样起来。

二、与其思想资源有关。晓枫自述：“先锋时期的作家，带给我丰盛的营养餐，而博尔赫斯、福克纳、卡尔维诺等伟大的作家，他们都是探索结构的先烈，他们对文字构架上无穷的探索，是我前进的方向。他们是启发者也是引导者。”晓枫所喜欢的具体作家是：“博尔赫斯、马尔克斯、卡夫卡、萨特、莫里亚克、卡森、加缪、福克纳、爱伦·坡、芥川龙之介等。国内我喜欢几乎所有的先锋作家。”晓枫又说：“可以说，先锋文学对我影响至深。我开始读到并且真正喜欢上的，也正是那个时段的作家，特别是余华和苏童。看苏童的长篇《我的帝王生涯》时，我曾为其中的幻灭感流过泪，他小说里所蕴含的阴柔、晦暗的气息，也是我极为喜欢的。而余华，虽然他的长篇具有极强的现实意义，并且呈现少作中缺乏的温情和光亮，他的简洁、冷酷的短篇，却带给我更为强烈的冲击。莫言、格非、马原这些作家，对我的影响居次。相对来说，我更喜欢这些作家早期探索精神意义的作品。”在与鬼金的对谈中，晓枫反复提到先锋文学，确实可见对其影响之深。解析晓枫的话以及她所开出的名单不难发现，她所喜欢的外国作家都是现代主义作家，这些人滋养了中国 1980 年代崛起的先锋作家们。晓枫既向 1980 年代的中国先锋作家们学习，也向老师的老师学习。或许这些作品所散发的气息与医院深夜孤灯夜读的晓枫有契合之处，或许晓枫从这些作家身上感受到了同调，于是被深深打动，引起共鸣。这些中外的先锋作家或许教会了晓枫什么才是小说，以及如何写小说，这是作为小说家晓枫的起点。

从目前晓枫所发表的作品来看，她所修成的象乃是先锋文学家。晓枫的小说有典型的先锋文学气质，她使用典型的先锋文学创作手法，运用典型的先锋文学意象。大致而言，晓枫的路子是：以先锋文学的笔法诉说其记忆和现实处境。晓枫的小说充满了阴郁的气息，洋溢着压抑的氛围，梦境、往事、欲望、迷惘、梅雨、失眠、孤寂、预言等是其小说的关键意象。

晓枫的小说写记忆，这是其小说极为重要的主题，譬如《往事与传说》《遗事》等。《往事与传说》顾名思义乃是“追忆似水年华”，“往事”

虽早已逝去，但有其实际性，可是一旦成为"传说"则变得复杂起来，恍兮惚兮，不知有无。"我"早已离开家乡，身处城市，已婚，失眠、焦虑而抑郁，有无限心事。"我"这样的人物类型常见于晓枫的其他小说，其实亦是典型的先锋文学人物形象。"2006的秋天，我独自回到老家"，睹物思人，往事涌向心头，于是念及祖父、祖母、父亲、母亲、三姑、小姑等人，也言及"我"小时候的感受与当下的处境。"我"因失眠、抑郁等，"往事"遂以碎片化的方式呈现，"往事"忽东忽西，忽南忽北，完全没有时间的或逻辑的线索。其实，这部小说情节简单，就是写个人的回忆和写家族的往事而已。但由于作者对先锋文学的追求和热爱，遂人为地增加了这篇小说的阅读难度。若去掉先锋、魔幻、神秘等色彩，或亦能收清新朴素之效。

晓枫的小说也写及她当下的处境，譬如《春梦》。由名可知，《春梦》所写乃是"梦境"（梦境亦先锋文学常用意象），"春"云云可见与欲望有关。主角"我""是个有着自闭倾向的男人"，"我精神恍惚，整晚不能入睡。偶一入梦，无数飞蛾般的碎片就会扑面而来"。"我"在医院中工作，医院于"我"颇似牢笼。莫尔是"我"念兹在兹的女人，"我"也不知道她在或不在，与她的接触是梦境抑或现实，她扑朔迷离。莫尔之名乃与《乌托邦》作者同名，不知晓枫有意为之，抑或巧合。"我"与莫尔相识于酒吧，她所体现者乃是生活的非常状态，是冒险，是惊喜，不是无聊的日常生活，亦不是辛苦的工作状态。夏恒毅然离开医院，远赴他方，或是"我"欲远足之象。《春梦》颇能见出作者在医院中的处境与心境，小说中有诸多关于工作细节的描写，譬如"前一天晚上我值班，整个夜间根本没睡，一直都在为一个艾滋病人而忙碌。我不能袒露细节，唯一可以说的是，我不想被传染，更不想死，所以戴上了厚厚的三副消毒手套。多一层手套，使我多一份安全感。我完全没有顾及戴了手套之后笨拙的操作。同时，我还戴了两个无菌口罩，外加蓝色的一次性帽子，把那刻多余的头发一股脑儿塞进去。""我"想要离开，却不敢也无力，只能诉诸梦中。《春梦》在形式上颇为出彩，小说由"0"开始，由"0"终止，始于"0"，亦归于"0"，到头来白茫茫一片真干净，不知到底有无故事发生过。

“写作”本身亦是晓枫小说的重要主题，写作“写作”是博尔赫斯等先锋作家常用的手法。《乌有巷8号》《往事与传说》等小说皆写及“写作”本身。小说主角“我”，是一个“满头油腻的头发，脑袋耷拉，面相清瘦，双目无神”的作家，“孤独，厌倦，失望”。乌有巷8号是“我”蛰居之处，乌有云云或与莫尔、乌托邦等意象有关，都是恍兮惚兮，若存若亡。封闭的环境中住着一位封闭的作家，“我”精神困顿，梦境与现实颠倒，昏昏沉沉，疲惫而眩晕，苦苦寻找灵感。

晓枫弃医从文，藉文学走出了个人困境，但我怕她所藉者成为其新的困境。从目前晓枫所发表的《迷途》《异乡客》《梅雨》《春梦》等小说中，可知其作品过于阴郁。晓枫的经历和思想资源使之选择了先锋文学之路，但在这条路上走得久了容易流入颓唐，作者背负的阴气过重，于己未必是好事。晓枫既然敢于弃，弃掉了专业和职业，那么是否可以再弃？更新自己，放出心中的光明。那么弃掉先锋文学的样式又有何不可呢？甚至，弃掉文学又有何不可呢？新世界未必只是体现在字句篇章、小说、散文之中，更可以体现于日常生活之中，体现在举手投足之间，体现在心境之中。一些感想，与晓枫共勉。

2013年4月7日于中国艺术研究院

紫青稞：有关西藏的一个关键词

——读尼玛潘多《紫青稞》

自 1980 年代以来，西藏的文学与关于西藏的叙事以先锋文学为主。先锋文学的代表人物大都写过西藏，譬如马原的《拉萨河女神》《冈底斯诱惑》《虚构》等、格非的《相遇》，马健的《伸出你的舌苔或空空荡荡》、扎西达娃的系列作品、阿来《尘埃落定》和宁肯的《天·藏》等。西藏在这些作家的笔下显得极其神秘，宗教、哲学、天葬的习俗等意象是其关键词，他们笔下的西藏带有异域风情。

为什么先锋文学喜欢写西藏？因为先锋文学有奇特的风貌和神秘氛围，在先锋文学作家们的想象中，西藏与先锋文学在气质上能够契合，先锋文学与西藏结合在一起，能够相得益彰。但是这些先锋作家们往往对西藏的文化、历史缺乏整体理解，不能对西藏作出判断，因此他们对西藏的书写只是以个人经历或想象为主，他们所呈现的西藏只是他们个人所理解的西藏，往往只是一得之见。阅读这些先锋作家们的涉藏作品，所能了解的只是作家本人，但难以了解西藏本身。西藏只是先锋作家们所借用的符号，他们要借西藏之气去成就其先锋文学，而未必为了真正理解西藏。

次仁罗布谈及尼玛潘多的《紫青稞》时说："上世纪的 80 年代中期，以扎西达娃为领军的西藏作者，已经把魔幻现实主义演绎到了一个极致，现在从整个的文学环境、作者的生活阅历来讲，很难超越。他们应该另辟新的途径，展现当下生活，反映藏民族内心丰富的世界，这个领域现在还有待开发。可喜的是现在已经有了这种创作趋势，很多年轻的作者从藏民族内心进行叙述。”[①] 次仁罗布意识到这个问题，他的小说将先锋色彩和日常的西藏结合甚好，二者没有不兼容。尼玛潘多也有这样的创作自觉，她曾自述《紫青稞》道：“我看了很多关于西藏的书，但是神秘和猎奇大行其道。很多人对西藏真正的生活不了解，对普通老百姓的情感不了解。有人这么评价过：‘在我们眼里，西藏的农民好像就是一个明星，一个道具，而忽略了他们真实的情感。’很多人只看到了他们华丽的外表装扮，浓重的宗教情结，但是往往忽略了他们生活中最琐碎的事情和情感。我在创作之初，并没有预想要表达社会转型过程这么个宏大题材，或者肩负起历史、社会责任感，我只是很喜欢这样一群人，希望能够展现他们的生活。我希望能还原一个充满烟火气息的西藏，这也许就是不自觉的社会担当吧。”[②] 这是尼玛潘多所持的西藏叙事观，她的作品演绎了这一观念。只有将尼玛潘多的小说放在这个西藏叙事的传统中，才能看出其意义，尼玛潘多的文学之路就是另辟蹊径，以写实的笔法叙述西藏的人事及其近几十年的变迁，写了西藏农民的真实情感与生活状态。

尼玛潘多，1971 年生，毕业于西藏民族学院语文系汉语言专业，现供职于西藏日报社，曾为鲁迅文学院第八届青年作家高级研讨班学员。尼玛潘多曾在农牧局工作，由于工作需要，她对农村情况非常了解；之后尼玛潘多入报社做记者，时常跑基层。尼玛潘多对西藏的过去和今天，对于西藏近几十年的变化，有着清晰的了解。这些都化为其写作资源，写入《紫青稞》之中。据尼玛潘多鲁院的同学讲，她为人实实在在，也非常沉默；我和尼玛潘多在网上谈过几句，感觉她说话一句是一句，没有冗余的话，一如她的小说，扎扎实实，没有玄虚。

《紫青稞》为西藏提炼出一个关键词：“紫青稞”。这可谓西藏的精神，西藏的气质。姜戎写《狼图腾》为内蒙古提炼出一个关键词“狼”，小说以狼为核心，写内蒙古物与人的整个循环系统，且循五四批判传统的

---

① 《尼玛潘多长篇小说〈紫青稞〉三人谈》，见 http://publish.dbw.cn/system/2010/06/02/052544145.shtml。

② 《尼玛潘多〈紫青稞〉》，见中国西藏网，2010 年 9 月 2 日。

思路，藉外族资源对中国传统文化有所批评。尼玛潘多不是实写"紫青稞"，紫青稞在小说中具有象征和隐喻的意义。紫青稞是贯穿全书的核心意象，故用作书名。紫青稞是农作物，与大地、乡村、耕作等有关，这是《紫青稞》的立足点，小说写了城市对乡村的冲击，也写了紫青稞从乡下被"挪移"到城市中的境况；紫青稞"产量低，品质差"，虽然卑微，但是"极具生命力的植物"，恰如普村之人，他们艰苦地生活，但却能一代一代繁衍至今。尼玛潘多为西藏贡献了"紫青稞"这样一个意象和关键词，是其功劳。

《紫青稞》这部小说有着"三位一体"结构："紫青稞"乃整部小说之体，"紫青稞"似有若无，但贯彻整部小说；家族、女性、乡下人进城乃小说之三位，这是小说之用，小说情节就是围绕此而展开。

《紫青稞》具体写阿妈曲宗一家的情况，写了妈妈、一个儿子和三个女儿各自的情况和遭遇。中国的家族叙事传统由来已久，《金瓶梅》《红楼梦》《家》《尘埃落定》《生死疲劳》等莫不如是。家庭在"身—家—国—天下"体系中乃枢纽，可进可退，可上可下，进可以大写，写村、市甚至国，退可以写具体某人。《紫青稞》即是如此，小说写了母亲、儿、女以及普村村民的具体遭遇，但也能以家见村，写普村的境遇与总体情况，甚至以家寓西藏，通过一个家庭见出改革开放以来西藏的现实情况。阿妈曲宗丈夫早逝，一个人辛辛苦苦拉扯子女长大，其辛苦可知；儿子罗布丹增爱上铁匠的女儿，入赘他家，因铁匠乃贱业，故与母亲关系闹僵；桑吉朴实忠厚，与多吉恋爱，之后有了身孕，于是进城寻夫，但她所爱非人，在城市遭遇诸多磨难，逐渐认清了多吉的嘴脸，却阴差阳错另获爱情；达吉过继给叔父，由偏远的普村而进入富庶的、近城的桑格村，逐渐适应了新的环境，经过磨难，亦得善果；边吉初至达吉身边，缺乏人生经验，逐渐迷失在形形色色的酒客之中。《紫青稞》就是以这几个人物为主，花开几朵，分头叙述。

《紫青稞》虽写家庭情况，但重心在写女儿，儿子罗布丹增之事只是几笔带过；故事重中之重是写大女儿桑吉和二女儿达吉的不同性格与遭遇。《紫青稞》因此可以视为写女性之书，主要写西藏普村的女性。桑吉是尼玛潘多最喜欢的人物，故浓墨重彩，是全书的中心人物。尼玛潘多突出了桑吉厚道、善良的一面，小说前半部写桑吉在农村的情形，虽然贫穷、艰辛，但生活幸福；后半部写桑吉在城市中的遭遇，遭到诸多困苦，生活无着。尼玛潘多也是存心仁厚，故让桑吉逢凶化吉，碰到好人收留，认清多吉嘴脸，遇到心上人，得到善果。桑吉似乎是“紫青稞”的化身，尼玛潘多在其身上赋予了诸般美好的品质。达吉聪明伶俐，过继给叔父之后，逐渐适应了新的环境，立稳了脚跟，且不断进城，学会做生意，开了饭馆，境况日益好转，也得到了心上人。

《紫青稞》在描写桑吉、达吉等人之时就带出了乡下人进城问题，桑吉进城寻找心上人，达吉进城做生意，她们虽各有不同的处境，但在城市中均遭受到磨难。《紫青稞》重心也写乡下人进城问题，但晚于1980年代以来写农民进城的文学潮流，原因有二。一、少数民族地区城市化进程相对滞后，诚如徐刚所说，“中国现代性有一个从沿海到内地，再到少数民族区域的流转过程”[①]，西部地区与少数民族地区没有首先受到市场经济等冲击，对城乡问题反应缓慢。《紫青稞》所描写的乡下人进城问题、城市对农村的冲击等问题，晚于1980年代以来的文学潮流，或即是此问题的反应。二、西藏的先锋文学叙事取得了巨大成绩，产生了极大的影响，或反而成为新的文学范式的阻碍，遮蔽了其他西藏叙事的可能性。

这些年，随着青藏铁路的开通等，游人逐渐涌入西藏，西藏与内地的联系也日益密切，西藏的神秘性降低，现实与世俗的一面逐渐凸显；另外随着西藏问题成为公共话题，众人需要理解一个真实的西藏，需要了解改革开放以来西藏到底发生了什么样的变化，那里的人在想什么，干什么；众人日益对神神道道的甚至装神弄鬼的、与现实无关的西藏失去了兴趣。写西藏的传统、宗教等采用先锋文学或能收到更好的效果；但写现实的西藏，摒除作者个人想象，减少作者主观臆断，采用现实主义写作手法则较为合适。在《紫青稞》中看不到先锋文学的影响和影子，尼玛潘多以老老

① 徐刚：《谈谈次仁罗布、尼玛潘多和张祖文的小说》，http://blog.sina.com.cn/s/blog_5017f31f01017a27.html。

实实的笔触，写现实中的普村，写了普村中人的生活状况、心理情况和情感状态，写了普村中人在城市中的酸甜苦辣的遭遇。通过《紫青稞》，可以了解西藏普通人的日常生活，可以了解一个世俗的西藏。

先锋文学强调西藏的传统、历史、宗教等神秘性一面，但由于作者大都缺乏对西藏历史、传统、宗教等的深入研究和整体把握，所以这一路逐渐日薄西山。现实主义的西藏叙事正在崛起，尼玛潘多是重要的代表人物，《紫青稞》是这一路的力作。这一路正在取得重要的成绩，但我也有所担心，现实主义西藏叙事不应该抹掉西藏的传统、神圣和宗教等方面，只是过分强调世俗和日常，若如此，也不能真正了解西藏。西藏的传统与宗教，之所以显得神秘，是因为缺乏真正的理解，从低处向高处看，从外向里看，故朦朦胧胧，神神鬼鬼，但若对教义、教理有真正的理解，那么其实也很清澈。书写西藏的作家，应该同时在西藏的历史和现实、西藏的神圣和世俗这两个方面同时用力，如此，是另外一条路。

2013年3月14日于中国艺术研究院

以小说为传记

——读朱庆和小说《鹿燕平》

朱庆和是诗人，也是小说家。南京的这一代作家大多写诗，也写小说，这似乎与韩东开启的文学传统有关。乍看到这篇小说，不免吃了一惊，就是一个孤零零的人名：鹿燕平，然后正文就一、二、三、四理直气壮地写了起来。

纪传始于《史记》，能入《史记》者须是王侯将相、英雄贤达，本纪须是高祖般的人，世家须是孔子般的人，列传亦须将相。底层人物、草莽似乎与历史毫不相关，他们没有留下丝毫踪迹，只是一代一代地生生死死，好在有了小说，他们可以偶然露一下面。可是《三言二拍》之类亦不完全写平民，谈的都是庄子、司马相如、王安石、苏东坡等人，类似野史或名人八卦。因此鲁迅写《阿Q正传》时颇费了一番周折，名不正则言不顺，鲁迅讨论了阿Q应该入什么传，最后终于说："但从我的文章着想，因为文体卑下，是'引车卖浆者流'所用的话，所以不敢僭称，便从不入三教九流的小说家所谓'闲话休提言归正传'这一句套话里，取出'正传'两个字来，作为名目。"世易时移，小说大行于20世纪，底层人物亦纷纷登台；时至今日，朱庆和不再有丝毫犹豫，大大方方地写下了《鹿燕平》，至于用什么名目，都不须再讨论。

《鹿燕平》写得非常朴实，就是一点一点地写鹿燕平这个人，随着故事的展开，鹿燕平逐渐丰富、圆满起来，因此这篇小说可以理解为一篇传记。此前，历史上没有鹿燕平们，他们悄无声息，没有痕迹，没有褒贬，没有人为之喝彩，也没有人辱骂。小说不关乎大道，与民间和底层有着天然的联系，它写街谈巷语，写小男小女们的悲欢离合。有了小说，于是也就有了鹿燕平们；20世纪小说陡然大红大紫，于是鹿燕平们堂而皇之地也有了传记，"浮出了历史地表"。

《鹿燕平》故事简单，小说平铺直叙鹿燕平其人。鹿燕平一生简单，可以归结为几个关键词：读书、辍学、恋爱、成家、创业、挫折。人生就是这些基本问题，大家不得不经历，都须遍尝酸甜苦辣，只是每个人、每个群体会有所不同而已。作者先从鹿燕平读书的问题写起，引出了人物的基本信息和时代大背景：其时鹿燕平16岁，时代是处于生产队时期，后文又交代，鹿燕平进入镇中学不久，生产队就解散了。由此可以推断：鹿燕平生在1960年代。这个年代的人在目前正叱咤风云，是各行各业的主力和中坚，他们改天换地，频频在媒体和书中亮相，可是农村中的鹿燕平们却处在时代之外，悄无声息，时代没有他们的舞台。朱庆和为鹿燕平们写了一个传记，告诉我们鹿燕平们这些年怎么一步一步走了过来以及他们现在的处境。朱庆和展现了鹿燕平们的悲欢离合，他把读者的眼光拉低，打开历史阴暗的角落，于是这些正在被时代遗忘的人鲜活地呈现了出来。

作者先从鹿燕平读书写起。读书对于农村的鹿燕平们而言是出路，如果鹿燕平没有辍学，那么他的人生将会改写，就是另外一番悲欢。因为家庭负担较重，鹿燕平又是长子，故不得不辍学，帮助父母承担起家庭的担子。作者接着写鹿燕平的恋爱，那是朦朦胧胧的少男少女的爱情，非常纯洁，无非是鹿燕平送给尤莲一个橘子，尤莲准备为其纳一双鞋垫。但是孰料风波顿起，尤莲被人强奸，远嫁他乡，之后俩人失去联系。鹿燕平娶亲成家，作者浓墨重彩地大写特写。从双方见面、定亲酒、盖新房，双方摩擦、波折，终于结婚，巨细无遗。作者写出了鹿燕平的无奈、屈辱与忍耐。婚后，鹿燕平亦不顺利，儿子手术破伤风死去，妻子小产，自己被抢劫过。期间穿插了鹿燕平的工作和挫折，鹿燕平孵过小鸡，种过蘑菇，烧过锅炉，卖过酱油，拉过人力三轮。三百六十行几乎都试过，可是鹿燕平依然贫困。

鹿燕平成长的过程中隐含了一个关键时刻，用小说中的话是，"他上初中不久，生产队刚好解散，土地分到了各家各户"，其实就是改革开放。

20 世纪中国总体是革命的世纪，1980 年代初，中国转变了方向，以经济建设为中心，农村实行包产到户、包干到户。鹿燕平所走过的路与此息息相关，他经历了这个转变过程，他在生产队干过农活，包干到户后给自己家做过农活，做过小买卖，当过工人，下过岗，再就业。农村中的鹿燕平们大概有几个流向：有的人，比如他的二弟弟“鹿和平年前上高三时去参军入伍了”，走出了农村；有的人，比如他的三弟弟，通过高考，走出了农村；有的人下海成功，成为第一批暴发户。但毕竟是少数，多数就如同鹿燕平一样，留在农村，劳作，挣扎，挫折，贫困，就这样终其一生。

小说之后，朱庆和附了一篇创作谈《忧伤，轻轻吹拂着内心》。这篇创作谈写得晦涩，但中心是“忧伤”二字。作者忧从何来，伤从何来？结合作者经历推测，或许作者为了鹿燕平们而忧伤，为鹿燕平们正在经历的贫困、无奈而忧伤，为鹿燕平们被正在被时代遗忘而忧伤。作者又写道：“我写的是过去的事，是已经死去的东西，一个念头、一个闪现的灵光让它死而复生。”“一些念头”，或许是记忆，“闪现”出来，何以解忧，于是写下了《鹿燕平》。

《鹿燕平》非常简洁，朱庆和单刀直入，很少枝蔓，整个小说显得干净而有力。难能可贵的是，小说的行文风格能和鹿燕平这个人物相得益彰，因为鹿燕平们就是这么简简单单、清清白白。

肖江虹的世界：乡村与城市

一　关于肖江虹

第一次见到肖江虹是在酒宴上，他向魏微敬酒，一会说祝您老人家福如东海，寿比南山，一会说祝您六畜兴旺，一会说祝您儿孙满堂。大家都笑得前仰后合，当时觉江虹颇有些玩世不恭，可是，后来接触得多了，才发现江虹严肃和勇于担当的一面。

江虹这些年笔耕不辍，非常勤奋，已有多篇作品发表于全国各大期刊，其中不乏力作，比如深受好评的《百鸟朝凤》，据说这篇小说已为吴天明导演看中，不日将拍成电影。这些年，肖江虹的影响也逐渐扩大，《天涯》2009 年第 6 期曾专门为其做了一个“肖江虹小说专辑”，可见一斑。

江虹来自贵州省修文县，这个地方在中国历史上大名鼎鼎。修文县古称龙场，就是阳明先生悟道之处，现在蒋庆因慕阳明先生，亦居于此，并创建“阳明精舍”。江虹出生于 1978 年，恰恰是赶着改革开放的大潮来到了世间。江虹兄与改革开放一同起步，经历着 1980 年代、1990 年代乃至 2010 年代，于城乡问题特别有体会，因此在他的文学世界中，乡村与城市是一对重要的意象。在江虹的小说中，直接出场的往往是乡村，他直接写农村的凋敝和破败；即使写城市，也是写乡下人在城市中的悲惨生活。在江虹的小说中，城市的压力与影响无处不在，乡村处于弱势和守势，城市处于强势和攻势，乡村在城市的挤压中逐渐趋于颓败和荒芜。江虹也表达过这样的意思：“我从小在乡村长大，熟悉乡村生活，我是在乡村完成了自己心灵的原始构建。所以，当构思创作乡村题材的小说时，我的视角不自觉又回到了那片土地。我们这一代人，处在乡村和城市最活跃的融汇时期，对乡村文明和城市文明都有自己的感受。相对而言，乡村给我的烙印更深刻一些，也更具有艺术的阐发冲动。所以，我觉得我只能写乡村。”[①] 这是江虹夫子自道，也是他对这个时代的理解。江虹对自己写作的定位非常清晰，他的创作迄今基本上就是走了这样的道路。

江虹擅于提炼关键词，他的许多小说都提出了高明的意象，比如“当大事”“平行线”“天堂口”“求求你和我说说话”等。这些意象看似漫不经心，却极为关键。一旦小说找准支点，就会事半功倍，轻轻一拨，乃收四两拨千斤之效。能否找到那些支点，并为之准确命名，恰能看出小说家的才能。

二 乡 村

城市与乡村之间的关系自晚清以来一直困扰着中国，因此，民国以来的诸多学者、政治家、文学家都将眼光纷纷投向了乡村，比如毛泽东、梁漱溟、晏阳初、费孝通等等，文学家则比如沈从文（《长河》）、萧红（《生死场》）、贾平凹（《秦腔》）等，他们或展现出农村残酷的现实，或希望能够摆平乡村与城市、农业和工业、富国强兵与民生等之间的关系。

肖江虹亦有志于此，他将眼光放于乡村与城市的关系之上，以小说来表达他的愤慨、无奈和希望。小说本意是“街谈巷语”，它与乡村有着天然的联系，通过故事，小说可以呈现出活生生的乡村世界，让我们知道乡村现在是什么样子，正经历着什么，古老的乡村礼俗在今天的命运是什么，乡村的出路在何方。

肖江虹驾驭小说的能力很强，几部作品都从小处入手，以小见大，以局部见出整体，《百鸟朝凤》《当大事》等就是佳作。

《百鸟朝凤》发表于《当代》2009年第2期，之后好评如潮，被多家杂志转载，也入选多个年度选本。《百鸟朝凤》这篇小说以唢呐为切入点，

---

① 参见肖江虹：《作家要与普通人命运相息》，http://www.guiyang.gov.cn/whys/whmr/20100311/123533.html。

写出了乡村礼俗在今天无可奈何地走向颓败。唢呐虽从波斯传入，然而明朝之后已然逐渐成为中国的重要乐器。在民间，唢呐的地位非常高，广泛应用于婚丧嫁娶，与各种重要的礼仪皆有关系。在小说中，"百鸟朝凤"与丧礼有关，乡村礼俗中极其重要的一笔是以唢呐送终。"百鸟朝凤"一曲更是事关重大，只能由一派唢呐传人吹给德高望重的死者。在乡村中，吹唢呐者地位极高，因此年轻人皆趋之若鹜；在城市中，能吹真正"百鸟朝凤"者却沦为了乞丐。小说从少年游天鸣拜师学吹唢呐写起，写了一个少年如何学艺，如何千辛万苦地成为唢呐掌门人。可是，事情却悄悄地起了变化，游家班遭遇到城里的乐队，显得力不从心。之后，每况愈下，游家班走到了解散的局面，班中诸位成员纷纷放弃吹唢呐而进城打工，小说写道："我的师兄师弟们，此刻正在繁华而遥远的城市挥汗如雨，他们就像商量好了一般，整整齐齐地离开了生养他们的土地。"其后，唢呐成了民俗保护的重点，于是游天鸣奔赴城里，希望由此契机重建唢呐班，可是大师兄残疾，二师兄手指已被电锯切断，四师兄已吹不响唢呐。一旦唢呐成为民俗保护的对象，则意味着它所赖以生存的基础已经丧失，唢呐只能放在博物馆之中展出。《百鸟朝凤》的结尾写出了《论语》此句——"大师挚适齐，亚饭干适楚，三饭缭适蔡，四饭缺适秦，鼓方叔入于河，播鼗武入于汉，少师阳、击磬襄入于海。"让人唏嘘感慨，伤心不已。

"百鸟朝凤"是此文中心意象，或可视为礼乐之象。城市的悄然入侵，使得乡村的礼乐走向了衰败，可是新的礼乐尚未完全建立起来。"百鸟朝凤"在游天鸣这一代哑然失声，成为遥远的绝响。江虹兄从一只具体的曲子"百鸟朝凤"入手，却传达出了如此重要的信息。

《当大事》是一部伤心之作。小说写出了乡村面临着大事之时的反应：脆弱、迟缓、无力、无奈、潦草。乡村成了老弱病残的乡村，它已经不再具备迅速作出有效反应的能力。丧礼在乡村社会之中是"大事"，可以牵一发而动全身，由一个人的死亡可以见出一个村的状况。由于年轻人都进城务工了，留守者皆是老弱病残，因此不得不诸事草草。儿子由于怕丢失职位，不能回来奔丧；年轻的道士"不干了，扛着蛇皮口袋进城去了"，因此道场也敷衍了事；最后因为无人可以造坟抬棺，松柏爹只好就近葬于枯井。小说写出了“当大事”之时乡村不得不草草收场，大事成了小事，严肃之事不得不马马虎虎了结，本来应该隆重的丧礼结果成了“和埋条狗差不多了”！

三 城 市

城市在江虹兄的小说中或显或隐，或直接出场，或间接出场。其大体有两类：第一类是直接写农民入城之后的生活，如《求求你和我说说话》《平行线》等，写出了农民进城之后的艰辛和孤独；第二类是以不写为写，不直接写城市，只写农村，可是城市对农村的影响却历历可见，比如《百鸟朝凤》《当大事》《我们》等，这类小说写出了乡村在城市阴影中逐渐走向破败的情况。

江虹兄的小说极其写实，通过写一个人在城市中的遭遇、境况以小见大。在江虹的小说中，农民离开了土地，走进城市，过着一种物质贫瘠而精神孤独的生活，结果是或死或伤。

《求求你和我说说话》发表于《山花》2008 年第 8 期。“求求你和我说说话”简简单单的一句话就道出了农民工在城市中的孤独感和无力感。“和我说说话”为什么要“求求”？这是小说的关键之处。“说说话”意味着彼此之间可以交流，双方或境况相差无几，可以平等互待；“不说话”意味着彼此之间老死不相往来，意味着彼此差别太大，不能对等。小说写道：“在别人眼里，王甲乙和那些嘤嘤嗡嗡的苍蝇没什么区别，谁愿意和一个成天守在垃圾池边淘食物的邋遢货说话呢？”《求求你和我说说话》中描写王甲乙：“不说话的两瓣嘴唇就容易粘连，再出点血，就跟万能胶粘合上了一般。看见好吃的譬如猪骨头之类的也不敢大开大合。得先用口水把两瓣嘴唇润一润，再小心翼翼地尝试着把它们分开，分开的效果往往不理想，鲜血淋漓是难免的，把手里的猪骨头痛并快乐完后，手里那根硬邦邦的东西就像刚从猪身体里抽出来的，通体血红。”城市熙熙攘攘、摩肩接踵，可是竟然无人和王甲乙说话，王甲乙也无可与说话者，因此，王甲乙不得不与女玩偶交流。最后，王甲乙为了给这个女玩偶弄到一双鞋，在与歹徒的搏斗中负伤，下颚坏了，再也不能说话了。城市让王甲乙变成了彻底的哑巴，让他完全失语。

《平行线》发表于《天涯》2009年第6期，"平行线"本是几何意象，但经过作者的演绎，这个意象有了较深的意义。平行线是两条线，一上一下，一天一地，但是永远不能相交。在小说中，这两条线分别是：一条是保安，一条是警察。平行线不相交，因为它们之间有天壤之别，保安来自乡村，是农民工，警察来自城市。保安是对警察的模仿，保安与警察之间的关系一如乡村与城市。两条平行线本来永远也不能相交，但是在小说中它们却意外地相交了，结果却是保安（乡村）代替警察（城市）受害。作者却让每一条线都以第一人称去叙述同一件事，尽管是同一件事，可是由于不同的人去叙述，就出现"平行线"般的叙事效果。江虹偏爱电影《罗生门》的叙事方式，除了《平行线》之外，《我们》亦然，每个人轮流登台，纷纷上场展现一番。若说，《平行线》是两条线平行，《我们》则是多条平行线，纷纷扰扰，因此名之为"我们"。在保安与警察的较量中，保安处于弱势，警察随便一句气话，就让保安寝食难安，想尽各种办法试图缓解。这个小说的结尾具有隐喻性，保安希望变成警察，因此他偷了警服，可是却被警察的仇人误认，被意外打死。

在江虹的第二类小说中，城市尽管不直接出场，却如同《蝴蝶梦》中的吕蓓卡一样，如影子一般无处不在。乡村在城市的冲击下，变得日益脆弱，"百鸟朝凤"失声，已成绝响，"当大事"之时已变得迟缓、软弱。在乡村与城市的关系中，江虹毫无疑问地站在了乡村一边，他为正在逝去的乡村深情地唱着一曲又一曲的挽歌。

四　怎么办？

因为外忧内患，近代中国的根本任务就是要实现富国强兵，建立民族国家，并能在列国环伺的局面中立住。何以能致于富国强兵？唯有走工业化之路。因为在其时，工业化是大势所趋，西方率先实现了工业化，故能横行世界，中国若依然以农业为主，则必然落后挨打。工业化使得东方附属于西方，使得农村附属于城市。此一时彼一时，《商君书》一言以蔽之，亦为富国强兵，但其时致此之道则是：耕战。秦国由此而强，因而一统中国。但19、20世纪，世界大势已变，致此之道则已变为：工战。

因此，从近代以来，中国总体上走的是发展工业之路，这条路是成功的，由此中国摆脱了晚清以来的困境，走出低谷，走向了富国强兵，自立于世界民族之林。可是，这样的战略决定了中国各个产业之间的等级次序为：重工业、轻工业与农业，甚至是以农业养工业。此战略虽然取得了效果，但未必是长久之计，各个产业之间不平衡，城乡不平衡等问题日益突出。在这样的状况之下，城市地位必然攀升，乡村必然日益臣服于城市。这是一次巨变，对于长期以农业为立国之本的中国而言意味着社会秩序的根本调整和变革。这个变革的过程从晚清开始，一直持续到今天。

很多作家敏锐地意识到这个问题，江虹即是其中之一，他有着较大的抱负和关怀。江虹以小说大声疾呼，乡村已经步履维艰了，乡村正在走向没落，乡村中的礼俗正在崩坏，应该有所改变，有所调整。

2011年4月20日于中国艺术研究院

童话与化民成俗

——俞愉的童话创作

一　以童话代小学

“童话”一词不见于古籍，晚清始见，“五四”大兴，以迄于今。然而，往而不返，今日或许已忘先驱们倡导、鼓吹童话之苦心与用意。别不具论，请先以周作人言之。

周作人提倡童话，鼓吹最为有力，曾作《童话略论》《童话研究》《古童话释义》《儿童的文学》等，曾译王尔德《安乐王子》。周作人何以殷殷如此？一言以蔽之，周作人倡童话，且身体力行，其意在化民成俗。倡导童话为“救救孩子”，“救救孩子”为“救救民族”。按诸古代学制，教育分为小学、大学。周作人欲以童话取代小学，为中华民族重新制礼作乐。从小学到童话，是礼法制度的变更，而非所谓文学形式之变。周作人言：“中国是个奇怪的国度，主张不定，反覆循环，在提倡儿童本位的文学之后会有读经——把某派经典装进儿童歌谣里去的运动发生，这与私塾读《大学》《中庸》有什么区别。”周作人欲以“儿童本位的文学”取代儿童“读经”。“儿童本位的文学”是新神，“读经”是旧神，以“儿童本位的文学”取代儿童“读经”就是以新神取代旧神，这关系着城邦最为根本的变化。周作人发现了儿童，他说：“此前的人对于儿童多不能正当理解，不是将他当作缩小的成人，拿‘圣经贤传’尽量灌下去，便将他看做不完全的小人，说小孩懂得甚么，一笔抹杀，不去理他。”周作人欲在这两个极端中走中和之道，故倡“儿童的文学”。一为反对“一笔抹杀，不去理他”，一为反对“拿‘圣经贤传’尽量灌下去”。周作人欲将新神引进城邦，以新神的精神重新塑造儿童。周作人又言：“中国向来以为儿童只应该念那经书的，以外并不给预备一点东西，让他们自己去挣扎，止那精神上的饥饿。”周作人倡导童话意在反对儿童读“经书”“圣经贤传”，这是革命。周作人欲为民族和时代的“立法师”，欲重新更定礼制。故周作人一面作文倡导，一面整理家乡童话、歌谣，双管齐下，既述又作。

周作人提倡儿童文学的思路，或为梁启超“欲新民必先新小说”思路之变，只是“欲新儿童必先新小学，欲新小学，必先以童话代之”。若简单言之，晚清以降，童话取代了小学，小说取代了大学，“圣经贤传”弃之不顾，小说大兴于世，如此整个文教制度完全更新。

周作人倡导儿童文学，可比朱熹之编《小学》。朱熹硕学大儒，于大学之外，尚关注小学，作《四书章句集注》、注《诗经》和《周易》之外，又作《童蒙须知》《家礼》，编《小学》。朱熹或述或作，《小学》更是网罗前哲嘉言懿行，至于巨细无遗，以为儿童之榜样、模范。朱熹之述作，为“有补风化”，为化民成俗，可视为行素王之事。朱熹分小学与大学，言：“人生八岁，则自王公以下，至于庶人之子弟，皆入小学，而教之以洒扫、应对、进退之节，礼乐、射御、书数之文；及其十有五年，则自天子之元子、众子，以至公、卿、大夫、元士之适子，与凡民之俊秀，皆入大学，而教之以穷理、正心、修己、治人之道。”小学与大学尽管有分疏，然息息相关。在《小学序》中，朱熹又言小学与大学之关系：“古者小学，教人以洒扫应对进退之节、爱亲敬长隆师亲友之道，皆所以为修身、齐家、治国、平天下之本。而必使其讲而习之于幼稚之时，欲其习与智长、化与心成。”朱熹又详细规定了儿童在几岁时应该做什么，应该如何做：“凡子始生，若为之求乳母，必择良家妇人稍温谨者。子能食，饲之，教以右手。子能言，教之自名及唱喏、万福、安置。稍有知，则教之以恭敬尊长；有不识尊卑长幼者，则严诃禁之。六岁，教之数与方名。男子始习字；女始习女工之小者。七岁，男女不同席，不共食。始诵《孝经》《论语》虽女子宜颂之。自七岁以下，谓之孺子，早寝晏起，食无时。八岁，出入门户，及即席饮食，必后长者。始教之以廉让。男子诵《尚书》，女子不出中门。

九岁，男子诵《春秋》及诸史，始为之讲解，使晓义理；女子亦为之讲解《论语》《孝经》及《列女传》《女戒》之类，略晓大意。十岁，男子出就外传，居宿于外。诵《诗》《礼》《传》，为之讲解，使知仁义礼智信。自是以往，可以读《孟》《荀》《杨子》，博观群书。……女子则教以婉娩听从，及女工之大者。"朱熹真是苦口婆心，从方方面面加以规定，于大处和细节均无遗漏。礼是"软法律"，是法律的法律，礼规定了一个民族的生活方式。《家礼》是朱子立法之作，极深远地影响了中华民族的生活方式。

周作人反朱熹之道行之，以"儿童文学"代"圣经贤传"。周作人与朱熹方式不同，然立意相同。朱子为经，周子为权；朱子立法，周子破法兼立法。因此，不可以文学家视周作人，而宜以"立法师"视周作人，宜从"立法"角度理解五四时期的文学，亦宜从"立法"角度理解童话。

周作人所立之法的影响至今不绝。儿童文学并非仅是文学，而关乎教育。政治的最后在教育里，教育才是最根本的政治。儿童文学为"诗教"之变，一个民族是否可以养成"温柔敦厚"之"国民性"须靠童话。

二　述与作

朱熹编《小学》，可谓述也。《小学》分内外篇：内篇分立教、明伦、敬身、稽古四篇，外篇分嘉言、善行两篇。朱熹采先哲之言行，汇编成册，作为小学之模范，小学生日日浸染其中，先立乎其大，则不易为小者所夺。述即作，因《小学》可以见出朱熹之气魄与关怀。

朱熹述而不作，博采诸经典，编成《小学》，孔子"述而不作，信而好古"，庄子"重言十七"，皆此思路。述述"重言"，述求"好古"；作则不同，作为推倒重来，另起炉灶。故中国传统学问重注疏，"述而不作"，"五四"之后，重新"整理国故"，注疏传统逐渐消退，学者作而不述。古今之别，惊心动魄。

就童话而言，亦有述与作的问题，有述童话者，有作童话者。周作人早就意识到这个问题，他说："天然童话亦称民族童话，其对则有人为童话，亦言艺术童话也。天然童话者，自然而成，具人种特色，人为童话则由文人著作，具其个人之特色，适于年长之儿童，故各国多有之。但著作童话，其事甚难，非熟通儿童心理者不能试，非自具儿童心理者不能善也。”“天然童话”述也，“人为童话”作也。周作人或述或译，曾述越中童话，若《吴洞》《女雀》等，曾译王尔德《安乐王子》。述为中国古已有之的童话，译为外国古已有之的童话。翻译就是述其他文明之“重言”，好其他文明之“古”。翻译可视为新旧神之争，翻译者可视为城邦新神引进者，故五四一代翻译者迭出。周作人所举两条自然成立，然未说中要害。“著作童话”甚难，盖因童话关系重大，不可轻举妄动；“著作童话”亦须先有述之根基，胸有成竹，方敢下笔。

童话或述或作，述是述此前流传之童话，作则是新作童话，重新开辟天地。“五四”大倡童话，之后，有作者起，其中最负盛名者为叶圣陶。1922 年，叶圣陶出版《稻草人》，一时褒贬皆有之。有论者言：叶圣陶“率先示范，从而彻底改变了我国童话界‘言必称丹麦’的历史”。此诚不虚也。然此风气一开，效者无数，但亦泥沙俱下。

今天的儿童文学，作大于述，作者多于述者。述所述者往往经过时间淘洗，历史检验，不健康者、不必要者、怪力乱神者已洗刷殆尽。以此飨之于儿童，应无大碍。新作者未经历史淘洗即发行出版，成为儿童读物，此中风险颇大。儿童关乎民族将来，如何教育儿童关乎城邦生死存亡。因此朱熹如此大哲，却躬亲小学，周作人欲引进新神，但亦不忘倡导“儿童文学”。柏拉图着眼于城邦长治久安，为培养城邦卫士，将诗人驱除出理想国，亦是因此。朱熹之《小学》述而不作，或亦因对儿童教育谨慎，恐其作一旦不妥，贻害无穷。教育、政治事关重大，容不得实验，亦不能纠错，因此审慎、节制应为教育者、从政者之美德，亦应为儿童文学创作者之美德。

但现在是一个作大于述的时代，只写作不阅读的时代，人人皆有表达欲，人人皆写博客，人人皆欲做老师，于是意见蜂起，众声喧哗。时代风气如此，童话亦难免俗。有志之儿童作家，或应以述代作，多倾听少发言，多读书少写作。

三 关于俞愉

绕了一个大圈，现在回到俞愉。俞愉以儿童文学家面貌进入文坛，迄今已有多部作品问世，在1970年代出生的儿童文学作家中，俞愉是活跃者，亦是佼佼者。

俞愉在《牙买加咖啡》《像葵花一样盛开》《几何王国的天外来客》三篇作品之前附了一个创作谈，名为《把小说当童话写，把童话当寓言说》。此文可以见出俞愉对童话和小说的理解，俞愉创作的成就与局限皆可从此看出，其小说、童话之风貌亦能从此得到理解。俞愉的这三篇作品确如其创作谈所言，《牙买加咖啡》《像葵花一样盛开》是小说写得像童话，《几何王国的天外来客》是童话写得像寓言。下文针对俞愉这三篇作品及创作谈，一一分析。

俞愉说："我是从低幼童话开始走进文坛的，但我不喜欢重复自己，当写多了童话以后，我便想写深沉一点的文字。写啊写，虽然深了，沉了，可是仍摆脱不了童话的影子。也许这是肤浅，也许这是我的稚嫩之处。"这是俞愉自道其写作志向与风格，也就是她所说的"把小说当童话写"。俞愉将"小说当童话写"，还原了小说，小说成为"街谈巷语，道听途说者之所造"。俞愉所写的小说变轻了，变小了，童话化了。

《牙买加咖啡》写抽屉和豆豆的死别，纯净而忧伤。豆豆的祖上是林中睡美人公主，她说："王子虽然破解了老巫婆的魔法，但是邪恶的咒语依然留存于公主的血液之中，并一代代地延续下来。现在，我必须每隔两小时喝一杯咖啡，否则就会像老祖宗那样沉沉地睡去。假如我24小时没喝咖啡，那就永远醒不来了。"但在小说中，豆豆最后还是死去了，因为医生不相信抽屉和小P的话，不给豆豆注射咖啡。童话在现实中破碎了，现实终是容不得童话。豆豆是另外一个世界的人物，抽屉是这个世界的人物，这两个世界不能兼容，亦难沟通。另一个世界的人物跌落在这个世界中，摔得粉碎。如同白蛇入了人间，尽管力图好好做人，但终是作为异类，被镇于雷峰塔下。俞愉说："我的很多小说都没有高深的立意，有时只是想讲一个有点忧伤的童话，故事讲完了，文章也就结束了，没有想到过要深刻之类的。”《牙买加咖啡》确实“有点忧伤”，然而未必“没有高深的立意”。小说尽管为小道，但依然有可观者，故《汉书·艺文志》于九家之外，不废小说家。豆豆是童话中的人物，但不见容于现实，豆豆亦不能适应现实，不得不藉外力维持生存（两个小时必须喝咖啡，否则会昏迷）。然而不能容忍童话的现实会是怎么样的现实啊。俞愉对现实的批评于此可见一斑。

《像葵花一样盛开》写中学生的生存状态。故事发生在暑假，若以弗洛伊德术语言之，暑假是潜意识占主导的时期，关乎本我，上课时为压抑时期，关乎超我。故事情节简单，大意如此：程雨露被误认为菲儿，此后程雨露与菲儿的女朋友和男朋友有所交往。其实，程雨露就是菲儿，菲儿就是程雨露，只是程雨露处于非假期状态，关乎超我，菲儿处于暑假状态，关乎本我。故事从剪头发开始，程雨露的“头发已经是N年保持同一式样了，总是乌黑光滑的长发垂在脸颊两边，像乌鸦收拢的两只翅膀，真有些厌倦了。”大而言之，发式是风俗之象，清初、清末，蓄发、剪发关乎政治，关乎移风易俗。头发对时代的感应最为敏感，发式之变就是民族根本变化之象。小而言之，发式是心象。程雨露正值少年，理应意气风发，生活多彩多姿，但其呆板的发式暴露了其呆板而无生气的生活，程雨露的发式“N年保持同一式样”。程雨露被误认为菲儿之后，发式有了翻天覆地的变化，小说写道：“一头细碎的短发根根直竖，活脱脱就是一个‘李宇春’。”不仅如此，程雨露还被染发，“刚染完的几天是青草的颜色，然后慢慢变成浅黄色，再是橘黄色，然后就是火红的向日葵色，接着是棕褐色、灰褐色、黑褐色，最后转变为黑色。”程雨露变发式、染发，是本我的出场，超我的放逐。青春本应该“像葵花一样盛开”，本应该色彩斑斓，阴晴不定。然而实际上，程雨露是活人，菲儿是死人，菲儿只能在暑假重生。暑假一结束，程雨露复为程雨露，菲儿则消隐。小说写道：“开学的前一天晚上，在睡梦中，我心中的那个精灵——菲儿，从我的身体里跳起来，她自言自语：‘看样子她睡得很深，也许她的心里已经没有一丁点儿爱和留恋。看样子她睡得很浅，根本还没有找到梦的门……’”情节并不曲折的一个小说，写尽中学生的生存状态。

《几何王国的天外来客》是童话。俞愉说："写小说的时候，我总是往浅了写，可是写童话的时候，我却不满足写那些浅显的小狗叫小猫跳，总是想要往深了说。于是有了《几何王国的天外来客》，这个故事有点像寓言，我们人类其实就像那些生活在平面上的几何图形，整天在一张白纸上忙忙碌碌，却永远也看不清立体的、多维的世界和宇宙。"这就是俞愉说的"把童话当寓言说"。"把小说当童话写"是感于小说之重，欲轻之；"把童话当寓言说"是感于童话之轻，欲重之。小说、童话轻重到底应如何权衡，这是俞愉不得不面对的问题。俞愉之所以有此问题，是因为她被小说、童话、寓言这些概念障住，一时不得解脱，故有是言。

《几何王国的天外来客》确实写得"像寓言"，盖有寓意在其中也。庄子释，寓言"藉外论之"，俞愉亦"藉外论之"。这篇童话野心勃勃，要写一个王国的总体情况。浅言之，这是政治寓言，类似奥威尔《动物农场》。据说，《动物农场》中的角色可与现实人物一一对应，《几何王国的天外来客》尽管没有那么具体，但阶级对立、压迫严重、矛盾激化的寓意十分明显。小说写道："圆形是几何王国里的贵族，他们整天无所事事地四处遛达，看到不顺眼的事便不问青红皂白地滚过去，将别的图形压在身子底下，直到把他们压得扁扁的，圆形才趾高气昂地离开。"想做圆形的正方形被碾成细细的长条，终于成为贵族的盘中餐，这就是其他图形的命运。深言之，此为人类处境之写照。马尔库塞有本书叫《单向度的人》，其实即写此。工业社会使人逐渐平面化、单面化，如此，自然不能理解立体与多维的世界。单面是现代人的基本处境，扁平是现代人的基本性格。在这个童话中，天外来客忽现，但几何王国不能理解"立体的圆球"，小说写道："生活在平面上的他们是永远也搞不清楚的，那个小黑点，哦，不，小圆圈，不对，大圆圈——其实他的真正身份是一个立体的圆球形。他在广场落脚后，慢慢地穿过了几何王国这张平面的白纸，直到最后渐渐消失。"《几何王国的天外来客》"藉外论之"，以童话的形式，热闹而好玩的场面，说了很深的道理。

俞愉不论写小说还是写童话，其背后均有一个参照系，这就是童话。童话是理解俞愉的关键，童话是俞愉的根蒂和症结，她自己也说"摆脱不了童话的影子”。若单以文学的一种题材或样式来理解童话，未必中其肯綮。若能理解朱熹编《小学》之用心，若能理解周作人提倡儿童文学的苦心，若能理解童话是小学之变，若能理解童话与化民成俗之关系，作者境界自然一变。若能理解且能躬亲于此的儿童文学家，其人能更上一层楼，作品亦会随之两样。因此，朱熹、周作人尽管有儿童文学家的举措与关怀，但不得以儿童文学家视朱熹和周作人，盖因儿童文学这个小庙容不下他们。但俞愉可以儿童文学家视之，因为俞愉未入朱熹、周作人之范围。俞愉说："我将自己定位为一个儿童文学作家，我是一个为儿童而写作的人。"这是俞愉的自我定位与期许，其作品的程度与风貌均与其期许相关。一般来说，人的成就难以超越其志向。对童话的理解，限制了俞愉的提升，亦局限了其作品。

如果俞愉能够打开对童话的理解，如果俞愉能够接通古人，其作品程度与风貌将一变，这未必关乎写作技巧与写作模式。以《庄子》例之，该书多处可以当作童话来读，但是这不仅仅是童话。可视为童话者，皆是《庄子》方便法门，须知其背后的用意。《庄子》打通了童话的下端与上端，因此以童话现身与否无所谓，故其读者可以是儿童，可以是老人。若能读懂《庄子》者，即使老人亦不会失"赤子之心"，故老人亦是儿童。俞愉的童话没有打通下端和上端，因此在她的意识中，童话、小说、寓言都是有分疏的概念，因此才会说"把小说当童话写，把童话当寓言说"。俞愉过于纠缠于名相，未见名相背后之实。如果俞愉能够破掉其"童话"相，能打通童话的上端和下端，那小说、童话、寓言皆无分疏，不必某像某，某似某。若能入此境，随手所写，是童话也不是童话，不是童话也是童话。《庄子》小说乎？童话乎？寓言乎？

若欲破除童话这个名相，应先在述上用力，不必急于作。欲在作上开花，须在述上浇水，作即在述里。童话、小说、寓言皆是现代性的概念，于无意识中我们陷入其圈套。若欲出此圈套，若欲窥破时代洞穴，则须回到古典。有朝一日，若能豁然开朗，作品将更上一层楼。

另外，透过这三篇作品，可以解析出俞愉的精神谱系。俞愉引用或提到的作品除经典童话，如《睡美人》《小王子》等，尚有大量流行的元素，如光良《童话》、"轻舞飞扬"（《第一次亲密接触》）、李宇春等。作者引用的东西就是作者念兹在兹的东西。作品中所涉及的经典童话作品是俞愉上达之范围，流行元素是俞愉下达之范围。上达与下达的范围即是作者的视域，作者总体之象于此可显露无遗。俞愉上达不够高，下达不够深，故其作品较轻。若欲作品更好，须更上达，更下达，如此，视域与境界才能扩大。欲写童话，工夫在童话外。

这个时代，以童话为小学，以小说为大学，而且童话与小说皆往而不返。这样的教化制度培养起来的人不复以仕为志，这个王国即将成为"几何王国"。犹记当年唐德刚插班入小学读书，抱怨道，我已能背诵《项羽本纪》等《史记》诸多篇章，然现在却让我读什么"大狗叫，小狗跳"之类。"五四"的那次转身，是方便法门，是权，然而至今我们民族之身尚未转回，尚未由权走回经，亦未由童话走回小学，也未由小说走回大学。

2009年10月10日于复旦大学

新进城者

——评韩晓英《都市挣扎》

韩晓英成长于陕西彬县，现任职于咸阳日报社，从农村到城市，一路走来，很艰辛，其中也有颇多与人不同的感受与体验。她开过服装店、饺子馆，在报社、媒体等工作过，出版过散文集《襟袖微风》，长篇小说《都市挣扎》2011年由太白文艺出版社出版。与晓英有类似经历者在文学领域不乏其人，譬如王十月、郑小琼等，他们都是“进城者”，因为对文学执着（晓英自己说要“把文学往死里爱”），他们一方面安顿了身心，另一方面也因为文学改善了生活处境，虽不至于大富大贵，但可以从事相关文学或文化工作。这类作家曾长期在社会底层挣扎，看惯了人世间百态，经历了人间辛劳，经历非常丰富，故一旦写作，会传达出与很多作家非常不同的经验和感受。但长此以往，他们可能会遇到瓶颈，因此还面临着如何革新自我的问题。因为经历易写尽，故须向深厚走。

《都市挣扎》是韩晓英第一部长篇小说，皇皇近四十万字，四易其稿，写作历时三年，投入了极多心血。据说该小说曾几易其名，最终确定为《都市挣扎》，此名可以准确传达作者的志向、心思，也可以传达出小说的内涵与寓意。原定之名，譬如“潮”“火蝴蝶”云云则不甚确切，略显抽象，让人不知所云，不若“都市挣扎”四字，简截了当地点出小说主题，且传达出了强烈的情感。

《都市挣扎》有两个关键词：都市与挣扎。都市云云暗含了都市与农村的对立，进城这一主题从1970年代末至今长盛不衰，盖因此社会问题从未得到解决，故在不同的时期总会有小说写这个主题，也总会有佳作涌现。以"挣扎"二字描写进城者的状态，可谓确矣。进城者与天斗，与地斗，与人斗，与老板斗，与同事斗，与房东斗，与自己斗，与家人斗，大都有不同寻常的故事，有千言万语涌上心头的感受。"都市挣扎"四字确实传达出都市新移民的遭遇与心态。

《都市挣扎》较之进城小说提供了新鲜的经验，韩晓英写了文化产业从业者在都市中的经历，此其功也。李星对该书有颇恰当的定位："一代文化打工者的命运和心灵映照。"小说中的林夕、燕子等为小说主人公，他们皆是文化打工者，从事文化、媒体等相关工作。

因为"底层文学"的倡导，2004年之后描写农民工或下岗工人在城市中的挣扎已蔚然成风。进城者在很多小说中表现为底层的农民工，有大量的小说描写这类人在城市的经历、遭遇，且侧重写他们的困难、苦难等。但部分有知识者，从农村进入城市，就是李星所谓的"文化打工者"，他们在都市中的处境如何，心态怎样，这一题材似乎尚未得到开发，亦未得到重视。"文化打工者"与底层农民工不一样，他们受过较好的教育，从事着较为高端的职业，有体面的工作，交际圈子也颇广泛，但是他们有着独特的境遇和压力：生活拮据，情感纠结，工作艰辛，人际关系复杂。这一群体在"进城者"中数量庞大，应该有作品来反映他们的生活、经历与挣扎，表达他们的诉求与愿望。同时，近年文化产业云云呼声颇高，但文化产业公司内部生态如何，如何运作，从业者处境怎样，等等，外人所知甚少。《都市挣扎》除了描写"文化打工者"的经历之外，还见出了文化产业内部的情况，见出了文化产业中老板、中层、员工等人的心态，见出他们的运作模式等。晓英因其经历，对城市文化产业领域颇为熟悉，故一旦写作，自然会写此。《都市挣扎》有晓英自传色彩，但更写出了部分文化产业从业者在都市中的苦苦挣扎。

《都市挣扎》重在写"文化打工者"情感生活挣扎与经济生活挣扎，以此两方面来诠释挣扎之内涵。小说前半部侧重于情感生活，林夕与丈夫之间分分合合，最终离婚；后半部分侧重于经济生活，林夕离婚，单身女子带着一个女儿，其所就职的《中国商潮》破产，故陷入经济窘境。文化打工女性在城市中"挣扎"，面临着各路人马，遭受各种压力，情感与经济首当其冲。《都市挣扎》主要写这两个方面，确实抓住了主要方面，收到了纲举目张之效。

韩晓英是陕西的作家，她或受陕西籍贾平凹等人影响较大。《都市挣扎》若以贾平凹之象而言，可谓《废都》《秦腔》《高兴》之集合。韩晓英写林夕等人情感经历可当《废都》之象，其性爱描写亦颇大胆、热烈；写进城者，可当《高兴》之象；写农村之凋敝，可当《秦腔》之象。晓英目前对时代的理解，对文学的理解，大概不出此局。晓英对贾平凹非常推崇，我看到她博客中贴出与贾平凹合影的照片，情景即是贾平凹在阅读这部小说，颇能说明问题。

一般而言，学习写作，往往会从学习时人始，尤其容易从身边的时人学起。但这一过程不宜太长，积累深厚之际，应从这一局中跳出。可以不断上出，学习时人所学习者，“尚友古人”，如此写作者会不断翻出新的局面。这些话，我愿意与晓英等共勉。

在《都市挣扎》中，作者流露出对理想文学的理解或可商榷。若欲上出，可从此等处入手，所写之女性可以超越对林夕、燕子等人的塑造，对文学之品味与理解亦可再深再广。贾平凹年轻时之作亦显稚嫩，但因坚持不懈，能量日积月累，故气象大变。晓英女士尚年轻，希望她能持之以恒，不断进步，《都市挣扎》是其写作途中的良好开端。

2013 年 1 月 2 日于中国艺术研究院

城市中人的物质与精神状况
——读常芳《一日三餐》

常芳在鲁院学习的时候，我们时常见面。常芳为人厚重，对人的照顾也无微不至，于是大家都叫她常芳姐。记得，毕业前夕，朋友们一起聚餐。离别之际，都颇为难过，但忍住了。饭后，大家告别，常芳终于忍不住地哭了起来。

常芳经历极为丰富[①]，2005年她到山东大学作家班学习，经过老师点化、自己开悟，这些丰富的经历和体验都成了她小说的资源。常芳开始写诗，之后由于觉得诗歌不足以表达世事人心之复杂，于是创作小说。多年的积累喷薄而出，常芳佳作不断，也获得了读者的认可，她获奖颇多，亦引文坛关注。常芳的小说一如其为人，没有花里胡哨的叙事结构，亦无繁花似锦的语言，也没有虚头巴脑的故事，大致是普普通通地写实，记录着她对城市、农村、历史、世事、日常生活、人心等的理解。

迄今，常芳已出版长篇小说《桃花流水》，这是一部有志向之作，常芳写济南，时间跨度极长，从1928年写到2008年，通过城市写民族和国家的变迁。[②]中篇小说集《一日三餐》（山东文艺出版社，2012年）乃常芳近作，这部书写了城市居民（中层、底层和外来者）的物质生活状态和精神状态，大致能够见出这个时代中人的情况，也能见出时代的情况。

---

① 关于常芳的经历，可参见张丽军教授与常芳的对谈《温情书写与诗意建构——七零后作家访谈录之四》，《香草》2012年第6期。

② 关于这部小说，可参见张丽军、房伟、马兵、赵月斌等人的讨论。

《一日三餐》共有7篇小说，这7篇小说可分为三类，皆与城市有关，城市是这些故事发生的背景。第一类写城市平民之日常生活，譬如《一日三餐》；第二类写城市中产阶级的日常生活，以情感状态和精神状态为主，譬如《你在木星上有多重》《纸环》《请让我高兴》《阿根廷牛排》《死去活来》；第三类写外来务工者，写了他们的物质的、精神的状态，譬如《请告诉我哪儿是北》。

《一日三餐》是常芳一个中篇的名字，小说始发于《上海文学》(2009年第4期)，之后被《小说选刊》等转载，流传颇广，可谓是常芳的代表作。常芳将此小说用为整部集子之名，可见此小说之重要。《一日三餐》确有统摄整部小说之功能，全书尽管所写人物所属阶层不同，但皆写他们的日常生活，通过日常生活见出他们的物质与精神上的困境。中篇小说集《一日三餐》见出：家家有本难念的经，人人有特殊的境遇。"一日三餐"乃指日常生活，一日三餐，三餐一日，日子就是这么过去。另外"一日三餐"还指城市居大不易，一日三餐，开门七件事，缺一不可。《一日三餐》写了城市中一对下岗工人夫妇的日常生活和精神状态，让人觉得温暖。唐光荣是下岗工人，昔年曾为公司保卫科长，因为看不惯老板盛大年的行径，遂离职。但是迫于生计，不得不开三轮摩托拉客谋生。唐光荣喜欢养鹰，鹰是高飞之物，这或许是他内心的向往。唐光荣的妻子留香昔年是纺织工厂女工，现在亦是下岗工人，贫贱夫妻百事哀，二人生活之拮据可想而知。留香喜欢跳舞，免费教人跳舞，小说借唐光荣之口说道："留香跳舞不光是跳舞，其实她像是喝药一样的，为了治病。"留香跳舞乃是精神寄托，生活无着，精神苦闷可想而知。常芳《一日三餐》就是描写了城市中底层人民的生活，同时通过写盛大年，也触及国有资产流失等社会问题。

《一日三餐》重心在写三餐之不易，第二类作品则更多地关注精神状态，所写乃是城市中产阶级，他们衣食无忧，有车有房有闲，但精神荒芜，或百无聊赖，或苦闷，往往陷入三角恋之中。这类作品或受张爱玲影响，小说隐隐约约有《红玫瑰白玫瑰》的影子，往往有一个三角恋爱的故事，男主人公在红玫瑰和白玫瑰之间抉择不下。浙江作家哲贵写过一篇小说

《空心人》更让人震惊，他所写的是社会"上流人物"，或大富或大贵，但他们的生活醉生梦死，糜烂不堪，其人皆为"空心人"。常芳这类作品中的人物，很多亦可谓之"空心人"。

《你在木星上有多重》写了周宁、范明明、马国伟、米米、刘明堂等人之间的情感纠葛，较为混乱。周宁是小老板，范明明是其太太，二人陷入冷战，婚姻危在旦夕；刘明堂与周宁之间有业务上的合作，但刘明堂却是范明明的初恋男友，二人再度相见之后，又起涟漪，若即若离；米米曾经是名记者，之后替人管理夜总会，因老板倒台，沦为小区"管家"，马国伟有女友，却对其穷追烂打，但米米却喜欢上了周宁。这些人社会地位较高，经济条件较好，或为小老板，或为银行行长，或为法院副庭长。这群人是社会的精英群体，是社会的中坚力量，但是他们大都精神萎靡不振，各自受到欲望、金钱、不正当感情的控制。常芳通过故事，写出了这类人的状况，让人叹息。

《纸环》之名取自墨比乌斯环，小说写道："她把一张纸条扭转粘贴成一个环状，用剪刀从环状的中间剪开，再剪开，再分别剪开，就剪成了一个一个套在一起的纸环。"《纸环》大概言此，人与人如同墨比乌斯环，环环相套，每人皆处于情感的锁链之中，烦恼痛苦，不得解脱。小说写了朱节、章辉、可可、宋大志等人的故事，他们亦是城市的中产阶级，也都处乎情感矛盾之中，纠结不已。《纸环》对朱节心理状态的描写尤为精彩，她处乎矛盾中心点，她苦闷、嫉妒、猜忌、隐忍，也有着类似"复仇"后的快感。

《请让我高兴》其名极好，可谓神来之笔，写尽这类人的心灵状态，他们丰衣足食，生活悠闲，但是"他们不高兴"，于是拼命追求刺激，"请让我高兴"。《请让我高兴》与《纸环》《你在木星上有多重》情节类似，亦是写三者之间的情感纠葛，于是皆不高兴。

《阿根廷牛排》情节虽与此上小说类似，边明古与太太周乐、同事夏杨之间有三角之间的纠葛，但这篇小说内涵更为丰富。除此之外，还写了校园政治，颇似《围城》《风雅颂》等作品之主旨，也写了将逝者的心态。历史学院几位副院长竞争院长之际，教授们丑态百出，暗中较劲，有人贴大字报，诽谤中伤，人人心怀鬼胎，乱象横生。高校历史系尚且如此，何况其他领域。边明古身罹癌症，妻子不知内情，唯情人知道。在生死之际，边明古才表现出超脱的姿态，息心息念，能够不追名逐利。

《死去活来》与《你在木星上有多重》有类似之处，白小化与前妻和现任妻子之间亦有情感的纠葛。然而情感之纠葛只是《死去活来》的淡淡的背景，小说重心在写"死去"与"活来"，戏剧性极强。白小化处于矛盾的中心点，小说一波三折，高潮迭起。白小化偶遇邻居黄三，得知自己竟已死去多年。乍看之下，以为这是一篇具有先锋色彩的小说，因为这类小说往往喜欢设计这样的情节。细读之后，发现《死去活来》是一部批判现实之作。白小化"被死去"，因为被他人操作，被下了套，他所还的贷款，遂落入他人之手。白小化为此四处奔走，希望通过官司讨回公道。但祸不单行，他千辛万苦，再婚才得的宝贝儿子却因为保姆失言、失误，竟然死去。

《告诉我哪儿是北》写城市外来者，以文成卓寻妻的故事为主体，共写了三个故事。文成卓与妻子 6 年前来北京结婚旅游，在车站走散，妻子不知所终，文成卓遂在北京大街小巷寻找了 6 年。终于某天，他在包子店碰上一位与妻子长得几乎一模一样的人——胡梅子，然而这不是他妻子。胡梅子也有较为悲惨的遭遇，她所嫁非人，遇人不淑，于是离婚。胡梅子颇似白流苏，但比白流苏境况更为悲惨，她离婚后不见容于家人，于是赴北京打工。胡梅子遇上了痴心人文成卓，境况或有好转，但是却遇上同行的打砸抢，为了保护胡梅子，文成卓被刺死。《告诉我哪儿是北》还有一个附属的故事，这个故事与《你在木星上有多重》《纸环》等类似。文成卓的表哥和表嫂，他们较早来北京，事业逐渐有成，已经脱贫致富。但是其表哥一有钱就变坏，包养小三，他与表嫂的婚姻岌岌可危。《告诉我哪儿是北》可谓第一类与第二类之结合，常芳或许要表达这样的判断：卑下者高尚，富贵者卑鄙。但这个故事巧合太多，戏剧性过强，不若《一日三餐》来得自然。

常芳创作势头正健，希望其作品能如同她的名字一样——"常芳"。

2013 年 8 月 4 日于三元桥避风塘

第三辑

李云雷、计文君、梁鸿等可谓“70后”作家中的学院一派，他们大多有着较深厚的文学研究背景，文学创作独具特色。

对南京的怀想

——葛亮、刘涛的对谈

刘涛：葛亮兄你好。张学东兄来信，问我可否与您做一个对谈。我回答说，愿意。近年，你的作品在内地传播较广，具有较大的知名度。我读过《朱雀》《戏年》等，对这些作品都有好感。今年，中国作家协会召开青创会，会下我们曾匆忙一见，但未交谈，兄文质彬彬，我亦有好感。我们先从兄之家学谈起吧，知道你颇有家学渊源，可否谈谈自己如何看待这一问题？自己从家学中获得了什么？

葛亮：谢谢，能与兄一席谈是我的荣幸。家庭影响是潜移默化的，好的方面，是我可能拥有了比一般人较早的阅读经验以及某种感知事物的态度。但这种影响，也让我很早就对文学产生了敬畏之心。因为经典造就了一道门槛，使得我长期只愿安于做一个阅读者。其实直至现在，我都经常在问自己能否胜任一个写作者的角色。祖父是我在学问上的榜样，他多年从事艺术史研究，治学方面的严谨，是我们这个时代所稀见的。我经常翻看他的旧作，对我的为人为学，始终是一个提醒。

刘涛：兄所言“敬畏”“安于做一个阅读者”，我觉得很好，可以针砭当前文坛时弊。诸多作家以为不必读书，这也是许多作家昙花一现的原因，因为只写经历，终有尽时，此非久长之道。葛康俞先生在美术史研究方面成绩卓著，但业外知者相对较少。此次，与兄作对谈，我才翻阅了葛先生的《据几曾看》，同时觉得葛先生其书法亦好。兄可否谈谈自己的经历？成长的经历、求学经历等，如此我们可以对兄的经历与作品有更多的了解。

葛亮：我祖父是民国时国立中央大学艺术系的教授，同时也是一个画家。早年师从林风眠、潘天寿诸君。可惜英年早逝。我在《七声》中有一个短篇《威廉》，其中祖父这个人物的原型便是他。至于我自己，大概和中国第一代独生子女的经历大同小异。计划经济体制内的成长，是不提倡个性的。但是我的家庭教育给了我一些独特的滋养，有关传统。我是大学时候去的香港，写作也是从香港开始。在这个城市里，我更关心的仍然是传统的东西。对传统的界定大概又不完全等同于历史，是一些精神层面的承继感。

刘涛：知道南京乃是兄故乡，可否撇开文学，谈谈对南京的理解？兄可以侧重于近、现、当代谈谈。

葛亮：南京是民国的旧都，又顶着"六朝古都"的名号。但它的意义与其说是昔日政治宰制的实体，不如说是民间意味的传承。至少对我个人而言是这样。这个城市出过不少小朝廷，说帝王之气，其实有些勉强，每每都是"黯然收"。但是吴敬梓说"菜佣酒保都有六朝烟水气"，却是不假。《朱雀》之所以会以南京的近现代历史为题材，也的确因为民国时期是这种精神的集大成者。大时代里有小情绪，我喜欢有关南京的这类掌故。在《朱雀》这本小说里，我曾经写过一个南京的名菜，叫"美人肝"，在民国时曾大盛。这菜出自清真老字号"马祥兴"，做法非常繁琐，因为取自鸭的胰脏，一鸭一胰，做一小盘得至少四五十只鸭子，火候又要恰好，不足软而不酥，过了皮而不嫩。据说这道菜很得汪精卫的喜欢。常在半夜用荣宝斋的小笺，自书"汪公馆点菜，军警一律放行"。这其中是权力与饮食的交媾，十分微妙。

刘涛：我数次到南京，每次都感慨近现代以来，南京多灾多难。清末洪杨之乱、民国南京大屠杀等，何其惨烈。但是今天这座城市，竟然依然如此繁华。兄或因在南京有实在的生活经验，故亦喜欢南京的"民间意味"。兄目前身处香港，为何在香港遥想南京？

葛亮：南京与香港，是气质全然不同的城市。这种距离给予我躬身返照的机会。两座城市的个性有反差，也并非没有交集。而从我个人的审美而言，我会更欣赏香港老旧的一面，比如港岛西环，中环楼梯街。你可以在那里看到时光的印记，这些都是我回望南京的依据。我是一个需要在城市生活中寻找写作感觉的人。南京给了我许多表达感情的理由。香港是个更重地域性的地方，一方面当然是因为它中西交汇的特质，另一方面也是关乎它作为城市的独立性。“中环价值”固然是一个层面，但是，“老香港”的部分，特别是殖民文化的历史遗留也让香港人念兹在兹。香港近年来有个非常热的概念，叫做“集体回忆”（collective memory），一个皇后码头的拆迁，可以一石激起千层浪。这其实是一种历史危机感的寄托。在南京历史元素多得俯拾皆是，太过奢侈。是香港教会我对历史的珍视。

刘涛：香港在清末时逐渐变得重要，“海国时代”香港、广州等重要性日益彰显。1949 年前后，部分对国共均抱有戒心者隐居香港，或通过香港中转，赴国外。我不太熟悉目前香港的情况，兄所言香港同胞们“集体回忆”，所回忆者是什么？是对英国殖民之前的回忆？还是对英国殖民之时的回忆？兄本人所“珍视”者是什么？

葛亮：对香港本地人而言，集体回忆大多是有关英制时期的回忆。所以 1984 中英联合声明签署之后，兴起了许多怀旧之作。比如李碧华的《胭脂扣》，是最为典型的文学文本，里面不断出现两个关键词，一个是“九七”，一个是“五十年”。而在我本人看来，集体回忆要广义得多，香港独特的移民文化，造就了它流徙的特征。清末的王韬，“五四”后的鲁迅，抗战时期的茅盾、萧红、张爱玲，在我看来都是集体回忆的一部分。香港有一个特征是我喜欢的，就是“变动不居”。它的历史也充满了变数。这种变数造就了香港人一种独特的历史敏感。这是我所珍视的部分。

刘涛：当代南京作家群比较有意思，韩东、朱文等似与主流作家群不相得，他们曾发起“断裂问卷”，闹得沸沸扬扬，他们的小说或诗亦预设了敌人，譬如《大雁塔》明显要与某些人一比高下。最初我读《朱雀》颇好奇，因为与目前主流的南京作家们风貌极为不同。不知道最初创作《朱雀》的动机是什么？

葛亮：南京是我的家城，写这篇小说，乡情自然是落笔的初衷与起点。我曾说写《朱雀》是为了偿还一笔对南京的感情债务。与其说是为南京作传，不如说是它对我有一种召唤。不单纯因为是家乡的缘故，我想也是这城市某种潜在的凝聚力所在。三百年间同晓梦。南京的历史更迭之频，好像宿命。这70年，对这城市而言，只是一瞬而已。它不断地被卷入历史，但是，有一种血脉一样的东西，从来没有间断过。各种事件只是背景，城市的精神在人的去留中传递。虽然个人是微薄的，但大风起于青萍之末，汇聚起来，就是闳音。它本身的气韵，有足够的吸引力。并且是不可取代的。我比较感兴趣的是它在后工业时期还可以保留相对完整的古典的姿态。有些"散淡"、非功利的遗留。

刘涛："南京历史更迭之频"确实让人心惊，期间多少故事，多少辛酸，多少悲欢，多少庶黎之叹，理应出现力作，理应从人事而近天道。要理解近现当代的历史，从南京入手是个好的下手处，而理解南京或可从具体的南京人入手，"天视自我民视"。兄可否谈谈对《朱雀》的定位？

葛亮：一个年轻人眼中"纸上南京"。如果说它是当代与历史的链接，意义更多并不在于对传统的复兴，而是对当下的记录与再现。

刘涛：真懂了南京，不在于写在"纸上"或行于"纸下"，而在于是否理解了这座城，是否理解这段历史，甚至是否理解了历史。兄所言"不在于对传统的复兴，而是对当下的记录与再现"，这种抱负我认同。一切历史都是当代史，同时对这句话还可再深入，一切当代史也是历史。《朱雀》的叙事方式比较特别，忽而当下，忽而历史，忽而又当下，忽而当代人，忽而古人，当下与历史交织，由当下见历史，由历史见当下。兄为何选择《朱雀》这样的叙事方式讲述故事？

葛亮：大概这还是涉及历史观的问题，因为它决定了这部小说的叙事格局与格调。《朱雀》涉及的时间跨度很大，这也曾让我提笔踌躇。就历史观念而言，上一辈作家有一种与时代休戚相关的热情。"时势造英雄"，这是与生俱来的写作优势。身为一些重大事件的在场者，体验切肤，冷暖自知。“历史”对我们这一代人，是个具有考验意味的词汇。具体到中国的现代史区间，你必须依赖于间接经验去建构。而这些建构还需要获得历史见证者的检验与认可。我曾经与一位前辈作家谈及这个话题，达成一个共识，历史对于他们，是“重现”（representation），而对我们这代，更近似“想象”（imagination）。与他们相比，我们似乎面临的是一个“小时代”。即便如此，我仍然认为历史这个话题，不应该逃避。我们这代人，在经验和视野上，都需要一些时间，而同时我们也有时代的赋予，在当下拥有了更广阔的写作空间。可以相对自由地发言，也是一件幸运的事。归结到这部小说，我试图通过南京，通过这座气质鲜明的城市的变迁，去建构一种古典与现代的联络。其中有传承，有碰撞和异变，也有宿命。我的历史观念中，有宿命的成分。而家族感似乎与之相关。这种认知的确有个人化的一面。我觉得，对于历史的个性化的认知与态度，是一个作家使内心强大的途径。

刘涛：当然，每个时代有每个时代的具体情境，时代中人有其特殊之处，不必厚古薄今，亦不必厚今薄古。今天的作家因为对时代熟悉，写今天往往得心应手，写民国，或写清代，或写古代，或写未来，往往需要“想象”。但是很多作家写古代，或写未来，往往有寓意。有的人为什么总说“民国范儿”，有的人为什么总说“美国范儿”，都有非常现实的原因。要乎，尽量理解“无古无今”之言，历史从来没有过去，关键在于我们本人是否能够化掉“我相”，是否可以由“个人才能”而进入“传统”。当前，很多青年作家自觉向中国古典取经，譬如甘肃的郭文斌、北京的计文君、浙江的东君、湖南的马笑泉、贵州的肖江虹等。兄如何评价自己的创作？您的小说大致走什么样的路？

葛亮：真的很难评价自身。若从创作偏好的角度上谈，长篇小说的方面多少反映了我对历史与人文掌故的一点迷恋，特别是在现代情境里，不同的文化元素有许多有趣的碰撞。但短篇则更关乎当下，我觉得短篇小说是一种像尘埃一样的东西。你在发现它的时候，要抓住，否则稍纵即逝。而长篇不同，我喜欢一种集腋成裘的感觉。

刘涛：王德威老师对兄作品评价颇高？兄如何看待？另外，香港、台湾等地区如何评价兄之作品？

葛亮：前辈的期许，对我而言，是很荣幸的事。王德威老师在文章中谈到我的写作与三地之间的联系。我想，这是一种人、文、地三者间的机缘，也是努力的方向。其实作为一个作者，将自己的文字尽量写好，是一种本分。如果因此获得不同地区的肯定，大概可以说，近几年来两岸三地在文学审美与文化观念上获得了更多的交集。

刘涛：兄言"集腋成裘"，我觉得很好。积累、积累再积累，然后才能丰厚，才可能取之不尽，才不至于江郎才尽。兄一方面在现实生活中积累，另一方面也在"历史与人文掌故"中积累，双管齐下，值得期待。我知道兄目前一方面写小说，另一方面也在做文学研究。可否谈谈自己现在的工作？学术研究与创作之间，兄如何平衡？

葛亮：在大学教书，做文学研究。身为创作者于学术的积极意义在于，因为写作自知甘苦，于他人的作品会将心比心。

刘涛：可否谈谈现在常读之书？

葛亮：这两天在读陆灏和毛尖的书，还有罗恩·拉什的小说集。平日读的比较多的还是民国历史方面的书籍，如唐德刚《袁氏当国》、祝勇的《辛亥年》读了数次，还有蔡东藩的《民国通俗演义》等。兴趣外也是创作的需要。正在写新的长篇小说，以民国时期一个资本家与士绅家族的联姻为主线，由1920年代写到1940年代末。时间跨度没有《朱雀》这么大，但涉及的人物众多，需要做大量的案头工夫。

刘涛：好的，我们就谈这么多吧。谢谢葛亮兄。

渊默而雷声

——李云雷论

一　云雷其人

2010 年 7 月我结束了学生时代，即将从复旦毕业。行前，复旦中文系恰好开了一个较大的学术研讨会。会上见到许多师友，他们遂问起我毕业后的去向。我一一告知，将去中国艺术研究院工作，几位师友闻后不约而同地说，那你可以和李云雷好好喝酒了，但是你肯定喝不过他，所以要小心一些。7 月中旬，我到了北京，不久即给云雷打电话，之后我们见了一面。云雷请我去蜀南吃饭，为了减轻我的心理压力，他一直两瓶两瓶地点啤酒，一直要到第七八个两瓶，我已经喝多了，他还面不改色。

之后，因为在同一个单位工作，我们时常见面，时常在一起喝酒、聊天。云雷一般说话不多，但往往一句是一句。曹文轩教授曾以小说家之笔描述过云雷，颇为传神，他说："就是这个轰轰然走过来的李云雷，却是一个很腼腆的人。当有人跟他开玩笑，或是当他向别人求助一件事情时，他就显得很局促，不言语地朝你笑着，并且不住地用手去抓挠自己的后脑勺。他就这么笑着，憨憨的，微带羞涩，半天才能说上一句话。"[①]

综览云雷生平（似乎太早了），迄今，他有两件事做得非常好，均能点中要害，切中时弊。

一是积极倡导"底层文学"。云雷既以文学理论与批评的方式去呼吁

① 曹文轩：《李云雷这个人》，《南方文坛》2009 年第 1 期。

"底层文学"，也亲自动手，写过与底层有关的小说。2004年，关于"底层文学"的讨论一时大兴，"底层文学"几乎可以称为文学界年度关键词，云雷就是主要参与者和推动者。也就是从那个时候起，云雷开始登上了文学批评的舞台，确立了其批评家的形象。2011年，云雷出版了《如何讲述中国的故事》，这本书收录了其文学研究与批评的若干文章，是其作为批评家一面的集中体现。但是，云雷的面向较多，除了写文学批评之外，他还写小说，成就斐然，颇得好评，现编有一本小说集《一条路越走越远》。鲁迅当年曾经感慨，觉得教书和写作不能兼得，因为时常体验到撕扯之感。云雷左右开弓，写批评，写小说，但其道一以贯之，总结一下就是：通过底层，理解中国。

二是参与创办左岸文化网。[①] 除了写作之外，云雷还做了一些事情，积极推动文学事业。左岸创办迄今已有8年，这些年其影响日益扩大，也有了数量可观的读者。这个网站立场鲜明，以"左派"思想为主，故名"左岸"；它的边界和范围亦很清楚——故名"文化网"。晚清之时报纸、杂志、出版等逐渐兴起，是其时最新的公共空间，随之而起了一代又一代的知识分子，比如梁启超、章太炎、张元济、胡适、陈独秀、鲁迅等。这些知识分子借助于报纸、杂志等公共空间，走进了公众视野，承担了化民成俗的责任。在当下的生活中，网络的影响日益扩大，逐渐成为了极其重要的公共空间。云雷利用网络这个新的媒介形式，建立了一个新的作家共同体——左岸。通过网络，一大批作家、批评家团结在一起，他们有一个共同的身份"左岸人"；通过网络，左岸推出了一批作家，也推出了一批新的作品。我常开玩笑地对云雷说，左岸就是一个新的作家协会。左岸的有些作家或许尚处于体制的边缘，不为作协认可，但是通过左岸，他们有了自己的阵地和平台。

---

① 2003年，李云雷、徐则臣、盘索一同创办了左岸文化网，网址为http://www.eduww.com/index.asp。

二 “底层文学”

大概在2000年前后，中国有一些事情悄悄起了变化。有两本书比较有代表性，最能见出当时的氛围和转变的端倪，一本是李昌平的《我向总理说实话》，一是曹锦清的《黄河边的中国》。2000年，李昌平曾上书朱镕基总理，言农民问题，对于其信，朱镕基总理有批示，之后李昌平将此事的始末写成《我向总理说实话》一书，2002年由光明日报社出版。李昌平是经济学硕士，做过乡镇委书记，与农民接触密切，故知道农村的情况和农民的状况。1996年，曹锦清两度赴开封做田野，调查农民情况，其书《黄河边的中国》2000年由上海文艺出版社出版。曹锦清通过田野调查，以社会学与人类学著作的方式直接呈现出农村情况，触目惊心。这两本书都揭示了其时农村的一些问题：农民生活艰辛，农村很穷，农业很危险。之后，“三农问题”逐渐成为政府工作重点，“三农问题”也逐渐进入公众视野，引起了广泛的关注。

1992年之后的经济发展模式产生了一些问题，农民、农村和农业首当其冲。率先揭露这些问题并引起疗救的注意的不是文学作品，而是社会学学者或者基层干部（如曹锦清和李昌平），文学显得滞后、无力。李云雷得风气之先，在文学领域内呼应了这次潮流。孟繁华教授也说：“几年来，‘底层文学’的出现和伴随的争论，是这个时代唯一能够进入公共视野的文学现象。这一现象的出现不是空穴来风，不是人为制造的文学骚乱。事实上，社会分层业已成为事实，现代性过程中始料不及的问题日益突出并且尖锐。文学当然不能无视这一存在，‘底层文学’正是在这样的背景下发生发展的。”[①] 云雷大声疾呼，高倡“底层文学”，将目光引向处于底层的农民和下岗工人等，希望大家注意迫在眉睫的问题。如此，一倡百和，于是有关“底层文学”的讨论日益增多，有关“底层文学”的作品不断涌出，“底层文学”引领了新的文学潮流。《如何讲述中国的故事》是云雷的近作，收录了这些年他讨论“底层文学”的一些论文和评论，颇

---

① 孟繁华：《新世纪的新青年——李云雷和他的文学批评》，《南方文坛》2009年第1期。

能见其志向与情怀。

《如何讲述中国的故事》是书共分三编：上编为"如何讲述中国的故事"，中编为"底层文学：理论与批评"，下编为"农村问题与文学叙述"。"如何讲述中国的故事"是其中一篇论文的名称，以之为全书之名，统摄全书，颇见苦心与用意。是书为论文集，论题广泛，或言理论，或综述某作家，或分析具体作品，虽似散乱，但皆指向了"如何讲述中国的故事"主题。云雷有明确的关怀，他知道为了什么写作，为谁写作，因此不管他写评论，或写小说，均有着明确的指向——关心底层，理解中国。于是，尽管《如何讲述中国的故事》论题看似驳杂，论域似乎广泛，但其道一以贯之，每一篇文章用意都在于去理解中国。是书之三编环环相扣，"如何讲述中国的故事"可以理解为"如何理解中国"，尤其是当下的中国，希望知道当下中国处于什么境地，中国的问题出在哪儿，如何去疗治。云雷对时代和当下的中国有自己独特的理解，由此他找到了自己的位置，并肩负起了责任。"底层"就是他理解中国的关键之处，他以文学批评与文学作品去"讲述中国的故事"，他以文学为突破口，希望大家能意识到这些问题，引起疗救的注意。第一编立意颇高，所谓先立乎其大，以之为纲，循此而进。第二编往下走，谈"底层文学"，这是其理解中国的路径，由之或能切中肯綮；第三编讨论"农村问题"，这是"底层文学"的重要组成部分。是书之三编，有下学上达之象。下学为从具体文学作品始，比如从《那儿》《秦腔》等具体文本入手，上达则是"如何讲述中国的故事"。如此，题目虽大，不至于流于空疏，也不会过亢；如此，虽有具体作品解读，也不至于失之于琐屑和无聊。第一编先提出问题"如何讲述"？第二、三编则是回答，这样去讲述。该书之体例——由农村而底层，然后中国，这也是云雷思想与思路的呈现。

晚清之后，中国处于"三千年未有之大变局"，这个变局一直到今天尚未结束。如何理解这个局，最能见志，也能见出一个人的立场、格局甚至命运。云雷对晚清以来的局有自己的看法，他说："中国面临的最大挑战，是西方文化以及其孕育出来的资本主义。"云雷对"中国面临的最大挑战"的认识，以及他对"老左派"所作所为的反思，这些决定了其立场——“新左派”。既然如此，云雷的目光必然是往下走，关注被压迫者——底层。所以，2004年曹征路的《那儿》发表之后，云雷会如此不遗余力地为之鼓掌叫好，为之奔走呐喊。藉这篇小说，云雷也表达了他的想法与感情，他在文坛中的形象由此也树立了起来。因此，在阐释“底层文学”内涵之时，云雷也将其纳入左翼的传统中，他将“底层文学”视为“‘左翼文学’传统失败的产物，但同时也是其复苏的迹象。”①

云雷拈出“底层文学”这个关键词，除了切中时弊之外，还切中了当下文学史的一些问题。其实，时弊与文学之弊往往交织在一起，文学之弊往往由时弊引起，文学之弊也能见出时弊。中国战略模式大体上会影响中国的文学观念、文学发展模式和文学生态，云雷提出“底层文学”也意在调整当下的文学观念、文学发展模式和文学的生态，促成当下文学产生新的转变。云雷对1980年代以来的文学有自己的判断，他说：“1980年度以来的中国文学有一种奇怪的现象，它们是面向精英、面向批评家、面向（海外）市场的，好像与中国的底层民众没有关系，既不关注底层民众关心的事情，也不把底层民众当作预期的读者，那么自然底层民众也不会关心他们。以上这些不仅造成了1980年度‘文学理想’的破灭，对‘文学’本身的存在也造成了极大的危害。”②这个判断是有意义的，1980年度以来中国大体上走了唯西方是尚的发展模式，文学上亦如此，所以现代派一度那么流行，先锋小说一时成为中国文学的主流。因此提倡“底层文学”，在云雷看来就有了重大的意义：“它重建了文学与现实、与世界、与民众的联系，并从底层的视角观察与描述着中国的变化，只有这样的视角，才有可能全面地表述出‘中国经验’的丰富复杂性，也只有这样的视角，才能表现出普通中国人在这一变化中的情感与内心世界。”③在这里，云雷将“底层文学”与“中国”之间的关系说得比较清楚，通过“底层文学”视角，他希望可以通盘理解中国。云雷的博士论文写浩然，他对那一

---

① 李云雷：《如何讲述中国的故事》，作家出版社，2011年，第114页。

② 同上书，第15页。

③ 同上书，第16页。

代作家充满了好感与敬意。时过境迁，文学史模式一旦发生变化，作家在现实和历史中的地位就会随之发生变化。1980 年代之后，浩然每况愈下，成了人人喊打的作家，这与此前的评价几乎有天壤之别。云雷的《如何讲述中国的故事》，藉着一些作家、作品，在具体论述中也对 1980 年代开启的文学史模式作出了反思。

正是由于云雷的"底层"视角，他才会对曹征路、刘继明、陈应松、胡学文、罗伟章等作家如此情深，他才会对贾平凹的《秦腔》、迟子建的《花牤子的春天》、鲁敏的某些小说等如此青睐，这本书的第二、三编对他们有精彩的解读。这些作家和这些作品确实写了底层，写了底层人物的困境、情感等问题，云雷的理论与他们的作品可以相互呼应。一个批评家往往有其喜欢的作家，因为同声相应，同气相求，看一个批评家批评什么样的作家，喜欢作家的哪些作品，这个批评家的形象大体上就能显示出来。由云雷的这个作家谱系，大体上也能见出其趣味、好恶、倾向和抱负。

云雷是如此敏感，他迅速地感知到了时代精神的变化，他从自己熟悉的文学领域入手，希望能促成这次变化。云雷从农村中走出来，他与"底层"有着天然的联系，他对底层经受的苦难有着切身的同情，因此他在文学领域内为"底层文学"摇旗呐喊，为之大声疾呼并积极倡导。"底层文学"由是越来越多地得到了大家的关注，引领了新的文学风尚。

三　小　说

云雷的小说可谓精神自传，其小说风貌经历了一次明显的变化，概而言之就是逐渐扬弃先锋文学，转向现实，由注重形式逐渐注重内容。云雷的这次转身，就是"此前种种譬如昨日死"，于是他逐渐找到了适合于自己的路。当然，云雷小说风貌的变化，也就是云雷总体思想的变化。

云雷的《少年行》（1999 年）、《朝圣之旅——少年行之三》（2000 年）、《葬礼》（2002 年）均带着先锋文学的影子和痕迹。这个阶段，可谓云雷的学徒期，这些作品亦是其习作。《少年行》中有典型的先锋文学的意象和气息，比如梦境、"阴雨天气"、占卜、压抑的气氛、死亡的气息等。小说以电影《罗生门》的方式写了一个少年的死，恍兮惚兮，惚兮恍兮，也不知道少年死了抑或没死。《朝圣之旅》有一个副标题“少年行之三”，这篇小说在精神内涵与格调等方面依旧延续了《少年行》的基本思路。这篇小说较之《少年行》在精神内涵上深化了一步，小说写了父亲所面临的困境，要儿子活下来还是女儿活下来。这个主题为文学所爱，《苏菲的选择》、张翎的《余震》都涉及类似问题。云雷的《朝圣之旅》也处理这个问题，只是以先锋文学的面孔出现而已，小说的首尾结构同余华的《十八岁出门远行》极其类似。《葬礼》亦如是，调子、风格也不脱先锋小说的模式，这篇小说颇有荒诞色彩，写一个梦境，“我”不觉加入丧礼行列，又不觉成为死者，在众人的强行要求下被送进墓穴。[①]

1980年代兴起的先锋文学，反叛了过去时代的意识形态，对于开启1980年代新的局面有积极的意义。但是若定格于此，若文学过于强调形式和技巧，若文学不与现实接触，那么文学的路会越走越窄。有一些先锋作家走了出来，比如余华，有些则定格于1980年代，比如马原。李云雷从先锋文学入手，但是舍弃了先锋文学，先锋文学的程式和套路阻碍接触真实的世界和变化了的中国，而云雷则渴望与大地接触，希望了解当下的现实。《假面告白》（2003年）能看出云雷思想的转折，小说记录了他转折时期的一些想法。《假面告白》在形式上很明显地模仿了鲁迅的《狂人日记》，这篇小说亦有一个文言小序和白话正文。小序言：“吾友某君，为北京某校博士，素为吾所钦敬者，未料日前闻其被海淀区公安局以骚扰女青年罪拘留十五日，毋知其详。殆晤面时问及此事，笑曰已半年前事情矣，因遭遇一精神危机云尔，乃出示狱中所书潦草之字纸数叶，谓可作一笑话看。吾又询及其学业，答曰论文已顺利通过答辩，将赴某高校任教

① 李云雷这个时期的作品，鲁太光曾经这么评价：“现在回想起来，当时我就很是为他小说中洋溢着的纯粹诗意和纯熟技巧而感叹，但我也常常批评他的小说缺乏现实感，缺乏思辨的力量——那时，我正迷恋陀思妥耶夫斯基的作品，就往往拿陀思妥耶夫斯基说事儿，说他的作品缺乏火与冰般互相颉颃而又彼此交融的艺术感觉和能量。”参见鲁太光：《我们的路》，http://blog.sina.com.cn/s/blog_4be5e0cd0100tlbv.html。

云……"正文就是"狱中所书潦草之字纸数叶"。小序提到"精神危机"，正文则全面描述其"精神危机"是什么以及缘何而起。"吾友某君"精神危机起因于这个疑问"我为什么会对书感到厌恶呢？"某君"从七岁我就开始上学，现在我已经二十七岁了，光念书我就念了二十年，可是我念到了什么呢？"某君说："我感觉自己并没有更好地认识社会，反而觉得与它们之间隔了一层厚厚的障壁，这让我真感到悲哀。我们的祖先说，纸上得来终觉浅，绝知此事要躬行，可对我来说就是'宫刑'，我从纸上得来的就是他妈的宫刑。"于是某君开始废书不观，欲直接了解现实，于是"这几天我总在街上徘徊，心中的问题让我不得安宁，每个晚上我都要在街上走来走去，一直走到很晚。"某君在跟踪一个女生时，女生报警，某君于是被扭送公安局。

关于书与真实之间的关系讨论者甚多，比如孟子所谓"尽信书则不如无书"，譬如庄子所谓"然则君之所读者，古人之糟魄已夫"，云雷亦在思考这个问题，也追问读书何为。书当然可以丰富我们的世界，打开我们的视野，但若流入"本本主义"，则让我们失去面对事实本身的能力。云雷在另外一篇文章中也表达过类似的想法："但是不知道从什么时候开始，我越来越远离了这些作品，养成了另一种文学趣味，而当我再看关于农村的作品时，总会觉得它们太土，太落后，而这个过程与我离开农村的时间几乎是同步的，这样一种建立在西方文学阅读之上的'修养'，使我对中国的文学传统天然地有一种偏见或歧视，同时对文学'纯粹性'的专注，也遮蔽了我文学以外的视野，我不知道中国发生了什么，农村发生了什么？也不知道我为什么要读书，也不怎么关心作者为什么要创作，似乎我们的阅读与学习，只是在学院内部的循环，只是为了知识的修养或者跟踪上文学界最新的流行时髦，但是这些究竟有什么意义，却是我没有想到过的——这样的发现让我警醒，也让我深思。"[①]《假面告白》是理解云雷思想转折的重要小说，此前云雷学现代派，写先锋小说，但之后云雷"切问而近思"，一方面思索自己的处境，另一方面往下走，关注底层，发展了

---

① 李云雷：《我们为何而读书》，《天涯》2010年第3期。

《花儿与少年》这一路的作品，找到了自己的路。可以借用《假面告白》中的一个情节来分析云雷思想的这次变化，小说写道：“有一年寒假我回到了家里。一天晚上我正躺在自己屋里的床上看书，看的是托尔斯泰的一本小说，《伊万·伊里奇之死》，我看得津津有味。这时我的母亲走了进来，看她的样子是想跟我聊聊天，可我正在看书，我看得津津有味，我不想聊，可我还是欠起身来，跟她搭讪了几句。母亲在我的床边坐了下来，我们唠了一些家常，很快她就看出了我的冷淡，不久就起身走了，说是让我‘好好看书吧’。说完她就出去了，我继续看书。”此前的云雷是读《伊万·伊里奇之死》的云雷，此后是既读《伊万·伊里奇之死》，也能与母亲聊天，并且懂得母亲。

转变后，云雷的小说涉及城市与农村这两个意象。云雷生于1976年，1980年代读小学，1990年代读中学和大学。1990年代以来，城市与乡村的差距越来越大，农村承担了城市的压力。当云雷回首这一段生活之时，肯定深有体会。

云雷在文学中塑造了一种新人，他们通过升学，一步步从农村走到城市，逐渐脱离了农村，定居于城市。从农村到城市的“新移民”逐渐增多，暂时无以名之，网上有略带贬义的称呼“凤凰男（女）”。云雷以小说写出了这类人的心路历程，让他们直接出场，现身说法，写他们如何一步一步走出了农村，如何从与城市不和谐而逐渐和谐，写他们如何离开并且遗忘了农村。《花儿与少年》（2002年）、《小城之春》（2003年）、《初雪》（2006年），这三篇小说可谓成长三部曲，小说皆以第一人称“我”叙述，写了“我”读小学、中学和大学的心路历程。《花儿与少年》情节很简单，写一个儿童如何向往一朵小红花的故事。《花儿与少年》写小学，是升迁之始，这里尚未涉及农村与城市之间的对立，只写出如何从放羊娃转变为小学生。《小城之春》写“我”在中学里的处境，此时城市与农村的对立已经出现，因为“我”已经进入县城。“我”穿梭于农村和县城之间，不得不承受着二者差别所带来的自卑、自尊、尴尬、烦恼和痛苦。小说有一个情节写得很好，老师让同学写一篇说明文，题目是“我的家”，为此“我”陷入深深的痛苦之中。小说写道：“这个题目让我感到很为难，倒不是因为它难写，而是因为我不想写。当我想到自己家的时候，我只为它的贫穷感到羞愧，而不愿意欢迎别人来做客，那里既没有那篇范文里所写的摆设（沙发、电视等），也没有属于我自己的房间，只有几间土坯房，那已是我出生以前盖的了，房顶上都长了草，屋里的椽子下面又搭了一层板子，防止它往下漏土和雨天漏水；里面的家具只有桌子、椅子和柜子，它们是破旧而黯淡的，也是我们仅有的家当，我们用了多年修修补补还要用下去；院子里是猪圈、羊圈和随地乱跑的鸡，一会儿不收拾就又脏又乱了。这些就是我的家，我自己也不想正视，更不想写下来让别人看到。"所以当"我"的作文被读之后，"我"会反应如此激烈，"感到怨恨和委屈"，仿佛受到了莫大的伤害。《初雪》写"我"进入大学之后的处境，读中学"我"只是进入县城，读大学"我"则进入了北京，可想而知"我"与北京之间的生活方式差距之大。小说通过写"我"与同学之间的交往，写出了"我"与北京的诸多不协调，写了"我"的自卑与自尊，写了"我"的艰辛与欢乐。这篇小说细节处理得很好，对"我"的心理状态的分析也很到位。

云雷没有将成长三部曲写成"我的奋斗史"，"我"历经千辛万苦，终于从农村走出，走进北京，实现了梦。云雷不是志得意满，相反，他一直在反思，为什么"我"会与农村渐行渐远，他的另外一篇小说《一条路越走越远》则集中展现了这方面的思考。"一条路越走越远"甚至可视作云雷小说的关键词，可以见出他思考的方向。云雷说："'一条路越走越远'这个短语确实包含了一种矛盾的态度：它既是对'走远'这一事实的客观描述，同时也包含着离去的眷恋与前途的迷茫。……我想在最根本的意义上，'一条路越走越远'凝聚了我的人生体验，从 18 岁离开乡村，我一直在北京漂泊，到如今，我既无法完全融入城市生活，而回到家乡也像一个陌生人了，仿佛从最初开始，我就走在一条离家的路上，越走越远，我也不知道要走到哪里去，所以总会有一种漂泊不定的无根感。"[1]《花

① 魏冬峰：《为什么一条路越走越远——李云雷访谈录》，参见左岸文化网 http://www.eduww.com/Article/201105/29852.html。

儿与少年》《小城之春》与《初雪》若合为一篇则是《一条路越走越远》，这篇小说总体上写了“我”由小学、中学进入大学所走过的路，并且反思为什么会“越走越远”。小说以去姥姥家为切入点，写“我”从盼望去姥姥家到不太积极、不太愿意去姥姥家的转变过程，写了“我”与姥姥家的世界从完全融合到隔膜的过程，这个过程就是“我”一路小学、中学而进入大学的过程，这个过程也就是“我”由村子进入县城，再进入北京的过程。因此云雷慨叹：“那一条去姥娘家的路，我是越走越远了。”“去姥娘家的路”可实可虚，可以理解为“去姥娘家的路”，也可以理解为回农村的路，甚至可以形而上地理解为回乡或回家之路。

当中国处于农业社会时，农村与城市在传统的耕读生活中并未割裂，乡村中走出来的读书人会对乡村有所反哺。工业化之后，农村与城市的对立越来越严重，城市强势，农村弱势，因此一旦读书人走出了农村，他们就不会再回农村，亦不反哺、报答，只会老死于城市中。因此，农村只会越来越凋敝，陷入恶性循环。云雷以小说写出了这种现象，并有所反思。

云雷是“底层文学”的积极倡导者，他的小说也时时触及底层，比较有代表性的有《巧玲珑夜鬼张横》（2006 年）、《父亲与果园》（2010 年）和《舅舅的花园》（2010 年）。《巧玲珑夜鬼张横》以“说书者”命运的变化，展示了农村社会的变化，说书者张横是关键人物，他以“说书”为农村营造出公共空间，因此通过写他，就可以写出农村的群像，写出“山乡巨变”。《父亲与果园》写父子关系，晚清以来父与子之间一直紧张，这篇小说则写“我”离开农村进入城市之后，离开“父亲”之后，回转过来试图重新理解“父亲”与父亲劳作过的“果园”。“父亲”与“果园”都是颇有象征意义的意象。《舅舅的花园》与《父亲与果园》近似，但是《舅舅的花园》气象更为宏大。《花儿与少年》《小城之春》《初雪》《一条路越走越远》《舅舅的花园》等都是写“我”。都是写“我”的私人体验，写“我”由农村进入城市之后的感受，而《舅舅的花园》除此之外尚写了舅舅一家的命运。云雷写的“我”固然写出了一种新人物，但毕竟只是一种人物，而《舅舅的花园》则写出了几种人物。

由底层去理解中国，这是云雷开出的药方，这个确实能切中时弊，因为1990年代以来，底层一直处于被压抑的状态。但欲全面理解中国，"底层文学"尚不够，还需要有更为全面的视角，整体把握中国。《舅舅的花园》中有了这样的气息。

2011年5月11日于中国艺术研究院

由个人经历而至历史传统

——张锐强论

一 关于锐强

2011年冬天，一日我忽然接到一个陌生人的电话。电话那边自我介绍道，他叫张锐强，是作家，现住在胶州。胶州是我的家乡，可是我对这个小城又亲切又陌生。小时候，我一直生活在农村，从我们的村子到胶州乘公共汽车尚需半个多小时，在儿时，这是颇为遥远的距离了。之后，我初中、高中一直在小镇上读书，无事亦很少到胶州。再之后，我辗于南昌、上海、波士顿、北京，也只是到胶州或青岛下车、上车，如是而已。2008年，父亲退休，住在农村诸事不便，遂在胶州买了房子，父母才搬到胶州。我唯逢年过节回家，所以对这个小城几乎完全陌生，当然也不了解胶州的文学与艺术界。锐强告诉我他住在胶州，我不禁非常惊喜。2012年春节，我回家过年，遂打电话给锐强，两个人方第一次见了面，相谈甚为投机。

锐强是河南信阳人，他一路读书，走出了农村，大学在重庆读军校，学制图的专业，之后转业分配到胶州，在那里娶妻生子，遂认异乡为家乡。期间，锐强几易工作，弃尽其余，最后下定决心要以文学为志业，在文学中寻找安身立命之本。2000年，锐强开始文学创作，十多年来他非常勤奋，笔耕不辍，发表、出版了很多作品，主要有《在丰镇的大街上嚎啕痛哭》（作家出版社，2008年）、《泥土里的阳光》（吉林人民出版社，2010年）、《图上的故乡》（知识出版社，2011年），《名将之死》（红卷与白卷，中国友谊出版社，2011年）等。在文学界，锐强也逐渐得到认可，他的很多作品被《小说选刊》《小说月报》等转载，也曾获得齐鲁文学奖、四小名旦青年文学奖等。锐强的影响也逐渐增大，谈及青岛的文学界，大家总会提到他，尤其2011年他到央视七套"讲武堂"讲"名将之死"后，影响更为扩大。

锐强的文学创作始于胶州，一个雄心壮志的青年，一个眼界已经大开的军人，一个读书期间曾写有两百多万字读书笔记的读书人，流落到一个小城，且又未必顺心如意，自然会有诸多不平，于是不平则鸣。文学就是锐强之鸣，锐强通过文学鸣响于四方。

在胶州之初，锐强并没有进行文学创作，他曾写下大量的邮票评论。现在通过网络搜索，还能找出多篇，譬如《如何判断邮市高潮》之类，有兴趣者不妨一读。邮市评论为锐强带来了大量的稿费，但他未必安心。促动锐强转向小说创作的是一个叫宋方金的文学男青年，其时他也困居于胶州，长发飘飘，不见容于工作环境，也名不见经传。当然，今日方金业已"发达"，已成为京城著名编剧，众人皆知的电视剧版《手机》就是出自他的手笔。我生也晚，锐强、方金等人在胶州城风风火火地从事文学活动之际，恰是我在坐落于乡镇的二中奋力拼搏、准备高考之时。师友是促人上出的关键，朋友之间互相讲习，同声相应，同气相求，可以进步。在胶州或无师，但有友若方金者，可以时时畅谈，彼此呐喊几声，确也是幸事。锐强说：方金"开导我放弃虽然稿费颇丰但无甚意义的邮市评论与副刊随笔，转向写小说"。[①] 宋方金是促使张锐强转变的关键人物，但关键之关键还是锐强本身。在那个时候，方金让锐强真正认识了自己，锐强心里有文学的种子，但这颗种子在深处沉睡，方金东敲敲，西打打，唤醒了这颗种子，促成了它发芽、生长。锐强，在人生30岁之际（2000年）开始了小说创作，一晃十几年已经过去，一个住在胶州的小说家张锐强赫然在中国站了起来。

要理解锐强的文学世界，应先理解他走过的路，循此大概可以理解锐强以及他的文学世界。锐强的文学创作资源，大体有两大块，与其相应创作也分为这两大类：一是自身的经历，读书、从军、工作、返乡等，这

① 张锐强：《方金素描》，收入《纸上的故乡》，知识出版社，2011年，第101页。

些锐强皆写成了精彩的故事；二是已然超越于此，进入历史传统，锐强的《名将之死》即循此而成。一般而言，作家的创作资源仅限于自身经历，所谓屁股决定脑袋。但个人经历毕竟有限，经历会有尽时，若作家仅依靠这两分薄田，将其视为根据地，间或会有一二佳作，但程度与成绩终究不会太高。个人经历属于空间层面，空间有限；历史属于时间层面，时间无限。锐强跳出了第一个层面，进入历史，观今亦观古，如此，他的世界愈大，眼光愈高，作品总体遂一变。惜乎，今天很多作家舍本求末，不从此入手提升创作，唯孜孜求术而已。

农民身份欲实现流动，想体面地进入城市，高考是非常重要的出路，甚至可以说高考重新划分了社会阶层。在这条路上行走者的经历与遭遇千差万别，锐强以小说的形式记下了一路的辛酸与言笑。就第一大类而言，锐强的小说可再分为五类：一、写少年的记忆，譬如《回家》《山上的兰花开》《新棉袄旧棉袄》《坐看牵牛织女星》等；二、写小城男女以及小城生活，譬如《此情可待成追忆》《泥土里的阳光》《唐古拉点地梅》《情满旅途》《小城故事多》《周末愉快》《尽量别开枪》等；三、返乡所见所闻所感，譬如《道具》《好大的雪》《事如春梦了无痕》《路遥归梦难成》等；四、写底层人物和底层故事，譬如《在丰镇的大街上嚎啕痛哭》《挺胸抬头》《猫》《除夕》等；五、与军旅有关的故事，譬如《耐冬》《枪王》《怀念一条短暂的河流》等。这五类大体可以见出锐强的世界，五类就是锐强随物赋形之五变，五类也是锐强精神世界的五个层面。当然，这样的分类只是方便说法而已，只可见大概，不可执之不化。

二　少年的记忆

锐强生、长于信阳的农村，之后一路小学、初中、高中读书，十几年奔走于学校和乡村之间，于家庭负担、情感经历等问题肯定有极为切身的体会。锐强写童年与少年生活有两个主题：一写生活的艰辛以及艰辛生活中的亲情，《回家》《新棉袄旧棉袄》写此；二写少年时朦朦胧胧的情感，譬如《山上的兰花开》与《坐看牵牛织女星》。

少年关于农村的记忆，往往会与贫困联系在一起，因为1949年之后迄今农民的生活均较为艰辛。锐强生于1970年，尽管年少不更事，但于贫穷与困顿还是会感同身受。《回家》写一个少年周末回家的故事，感人至深。农村的中学一般位于镇上，同学们平常吃住在学校，唯周末回家，因学校伙食较差，故周末回家时父母会想方设法为儿女们准备丰盛的饭菜。《回家》通过少年周末回家，展现了这个家庭的全貌，这几乎是一个农村生活的缩影。农民生活艰辛，收入微薄，一个学生的花费几乎影响着整个家庭生活，因此他们节衣缩食，妹妹甚至辍学，只为了少年可以继续读书。小说中有一句话写道："银，你要知道，你是替咱们全家去念书的，包括你爸；你也要替咱们全家吃这块肉。"[①] 文末写妹妹未舍得吃那块肉，只是咬去肉皮，亲情如此，艰辛如斯，让人泪下。《新棉袄旧棉袄》情节与内涵大抵与《回家》相同，唯《回家》主要围绕"食"去写，《新棉袄旧棉袄》则主要围绕"衣"（棉袄）去写。母亲为儿子做了一件手工棉袄，可是儿子却想要一件鸭绒服，小说写母子之间的这个矛盾，通过这个故事写了农村生活的艰辛，写了少年的心事，也写了温馨的亲情。

记忆中的艰辛属于阴面，但也有阳光与美好的一面，譬如初恋，譬如少年时懵懂的情感，今日思之，令人莞尔。《山上的兰花开》与《坐看牵牛织女星》两篇皆写少年朦胧的情感，唯所用意象不同，所叙故事不同而已。《山上的兰花开》中少年的情感全部寄托在兰花之上，小说通过少年一摘一还兰花，写出了少年心理的巨大变化。《坐看牵牛织女星》则是借用了杜牧《七夕》中的"卧看牵牛织女星"一句去写少年懵懂之心，锐强的笔活泼多姿，活画出少年之态，卖老鳖一段将少年的嗔怒、怨恨惟妙惟肖地写出。锐强浸染于古诗词久矣，故很多小说题目直接借自诗词，《坐看牵牛织女星》则将杜牧的"卧"改为"坐"或为笔误，或另有深意，盖"坐"更为庄重，或与少年时郑重其事的氛围更合。

锐强这两类关于少年记忆的作品，一类偏阴，一类偏阳；一类偏苦涩，一类偏美好。一阴一阳，如此方能平衡，也能见出锐强性情之平正。

---

① 张锐强：《回家》，收入《泥土里的阳光》，吉林人民出版社，2010年，第8页。

三 “小城故事”

锐强1992年转业到胶州，迄今生活于斯已20年矣。胶州是青岛下属的县级市，是一个不甚有特色的小城，近代历史上较有名气者大概有：高凤翰、匡源、柯劭忞等。1992年，锐强刚到胶州工作之际，内心充满了感伤。在一篇散文中，锐强写道：“胶州是一个令人窒息的弹丸之地。小到什么程度呢？有个俏皮话叫一条街、两座楼，一个警察看两头。胶州比这话略好些，但程度有限。……报到的前一天可能下过大雨，我去时坑坑洼洼的路上还积着许多泥水，两边都是破旧不堪的平房，我必须在那里安放所有的梦想，如果它们还健在的话。就在那一刻，真恨不得一头扎进泥水坑里死去。”[①] 小城是锐强小说的一个重要主题，小城在锐强的小说中若隐若现，或直接言胶州，或隐约跳动着胶州的影子。1980年代，由于受马尔克斯《百年孤独》等的影响，非常多的艺术家们发誓要从一个巴掌大的地方见出世界万象，于是莫言写高密东北乡，杨刚画锡林郭勒草原，陈平画费洼山庄。但在那些艺术家笔下，其根据地的形象往往以正面为主，或光芒万丈，或神秘莫测，而锐强笔下的小城颇多负面色彩。以佛学言之，高密东北乡之于莫言是顺增上缘，胶州之于张锐强则似乎是逆增上缘。

小城似乎限制了锐强，但他就在小城中安了家，也逐渐在进步。其实，大城与小城一也，环境没有什么区别，自己所能做的就是尽量在烈火中开出金莲来，所谓烦恼即菩提。锐强在小城中修行，他在狭促、枯燥、烦闷、限制、苦恼诸种负面情绪中开出了花，小城之于锐强在负面的意义上起到了正面的作用。

小城介于大城市与乡村之间，它们处于夹缝之中，既有着乡村之土气，也有着大城之洋气，既高傲又自卑，既得意又焦虑。锐强这些有关小城的小说，写了人与小城、小城中人，也写了小城本身。锐强关于小城的作品大体可以再分三类：第一类写外来者在小城中的所见所感，譬如《周

---

① 张锐强：《我的故乡在远方》，收入《纸上的故乡》，知识出版社，2011年，第21页。

末愉快》《尽量别开枪》；第二类写小城男女的情感生活，譬如《泥土里的阳光》《此情可待成追忆》《唐古拉点地梅》《小城故事多》；第三类总体写小城，譬如《情满旅途》等。三分云云，还是方便说法，这皆是外在的象，其实都是锐强自况。

异乡人来到陌生的小城，与此处必有诸多不兼容之处，于是有很多故事。《周末愉快》写一个胸怀大志的异乡青年落在他乡的一个小城，他觉得那里"氧气稀薄"，他要在铁轨中寻找新的可能性，于是趁周末出走，到了另外一个小城，有了一系列遭遇与感受。其中，在咖啡馆与陪酒女互诉衷肠，却又一宿无事，这一段写出了"同是天涯沦落人，相逢何必曾相识"的境界。《周末愉快》这篇小说颇能见出锐强当年在胶州的心境与境遇。《周末愉快》写异乡人在异乡的孤独与苦闷，《尽量别开枪》则是写柳暗花明又一村，异乡人在异乡先是事业与爱情遭遇曲折，但旋即好转，事业与爱情双丰收，这是对异乡人美好的祝愿。

锐强写小城男女情感类小说数量颇多，其笔下的小城男女都循规蹈矩，只是在意念中有犯规的嫌疑，但发乎情止乎礼，最终复归平正。在这类小说中，锐强往往采用女性叙述视角，暧昧、忧伤、柔软、纠结等情绪渲染得十足，锐强的笔也非常细腻，能够由显而隐，写出人心幽微的一面。《泥土里的阳光》从现在往后写，写了许娟与高远之间的情感纠葛，他们几成夫妻，后来走散，各自成家，之后彼此似乎有意，然而也只是止于似乎之际，只是让许娟荡起一阵"甜蜜而又温馨的忧伤"而已。《此情可待成追忆》也是写小城男女之间暧昧的情感，紫菡与伯南（如此文艺腔的两个名字）之间缠缠绕绕，剪不断，理还乱，但最终紫菡还是理顺了，要从这种暧昧中走出来，过清清楚楚的生活。《唐古拉点地梅》也大抵如此，只是"唐古拉点地梅"这个意象颇妙。"唐古拉点地梅"代表了远方与新的可能性，但对于周湄而言可望而不可即，她只能停留在小城之中，按部就班，循规蹈矩。《小城故事多》的情节与立意与上面几篇大体相近，出彩处唯在于叙述方式，颇类似于博尔赫斯的小说。锐强在小说叙述方式和小说形式方面一任朴素，而这篇较为花哨，算是异数了。

这类写男女暧昧的关系小说，锐强可能另有寄托，这些看似风花雪月的作品可能是道志之作。恰如人皆谓仓央嘉措所写乃情诗，我读来却实实在在是言道之诗，情诗乃仓央嘉措的方便说法而已。香草美人的譬喻在中国源远流长，锐强笔下的这些美人们怀想着远方，希冀着新的可能性，可是她们无力打破现有的格局，最后还是不得不与现实妥协，终老于小城之中。因此这类小说，表面在写他人，在写小城男女的暧昧之情，实则还是锐强自况，乃锐强自道心境也。

上面两类，锐强或写一人或写几人，《情满旅途》则试图写全貌与群像。《情满旅途》选择的空间很巧妙——公共汽车。公共汽车是临时性的公共空间，各色人等皆有可能汇聚于此，写公共汽车或能写出小城世相；公共汽车又是一个过渡性空间，它连接着起点与终点，因此这个有限的空间其实又能无限扩大。这篇小说采用全知全能的视角，开口“我们”，唯有如此，方能认识全体，画出群像。乘车者各有心思，各有故事，乘车也各有目的，而老赵和某妓女在车上竟然展开了交易，这悄悄地成了公共空间的焦点。这是一个大舞台，人人皆在其中表演。最后车毁人亡，然而小说用了一个反讽的名字“情满旅途”。

四　回　乡

锐强少小离家，求学于重庆，飘荡于北京，定居于胶州，在外几十年，真可谓“一朝辞此地，四海遂为家”，因此家乡成了锐强作品中一直吟唱的重要主题。锐强的小说《好大的雪》《路遥归梦难成》《道具》《事如春梦了无痕》等小说均写归乡；在很多散文中锐强也一直书写着故乡，譬如《图上的故乡》（锐强也以此篇命名了他的一本散文集）以及《乡音》《我的故乡在远方》《乡间的小路》《送行的父亲》等。

安土重迁的时代已逝，资本强调加速流动，于是在当下凡人必有外出，于是也必有回乡，君不见春运大潮乎。回乡也是文学永恒的主题，亘古如斯，所变化者唯是具体的情景，锐强这一代人的外出与回乡或与此前不同。改革开放之后农村日益附属于城市，城市对农村也敞开了大门，因此我们自幼发誓要离开农村，经过一番拼搏，通过了高考，如愿以偿，离开家乡，进入城市，又经过一番拼杀，遂在城里立足。我们已经脱离家乡，而且会终老城里，与家乡的唯一联系就是偶尔还乡。还乡所见不外乎家人、亲戚与同学，多年不见，一见之下肯定有所感慨，锐强将感慨记下，遂有这类小说和散文。

写父子关系的小说极多，锐强《好大的雪》是极佳之作。父子关系自"五四"以来一直紧张，青年崛起（譬如《少年中国说》《新青年》之类），老年被边缘，之后遂有巴金的《家》一纸风行。1949年之后，农民生活异常艰辛，生活压力也大，如此环境之下父辈一代心情自然不好，"情郁于中，自然要发之于外，家庭琐屑便往往触他之怒"，如此，父子关系难免紧张，甚至会起冲突。《好大的雪》写李明带着妻小回家过年的所见所感，李明已难适应家里的环境，而且与父亲的紧张关系也一直不能消除。在分别的一刹那，在站台上，父亲流泪了，父子之间遂达成和解。小说写道："在萧瑟的风雪中，过去那个凶巴巴暴躁无比的、甚至可以说有点残酷的暴君一般的父亲不见了，取而代之的，是一个平常的以及垂垂老矣的可怜的农村小老头。"[①] 锐强在一篇散文《送行的父亲》中，也写了类似的情节，父子在站台达成了和解。站台乃相聚与离别之所，一瞬间，很多光就透露了出来。锐强的散文《蹬三轮车的哥哥》则写了自己与哥哥之间的和解，及对哥哥的理解。

《好大的雪》写家庭内部，尤其是父子之间，《路遥归梦难成》则范围较大，写了家庭内部，也写村子总体的状况，又写了"我"的遭遇。"家"在这篇小说中是避风的港湾，游子在外难免受伤，家无论如何贫瘠，但总是游子休憩疗伤之地。这篇小说不经意间还写到农村的基督教和佛寺，大体可见农村目前的精神状态与信仰情况。

《事如春梦了无痕》与《道具》则主要写同学们的状况。父母、兄弟是家庭伦理，同学则是朋友伦理，同学们一起读书，一起长大，其时尚无甚差别，之后各自走了不同的路，再相见则物是人非。《事如春梦了无痕》在氛围、格调等方面类似鲁迅的《在酒楼上》，小说写了"我"与吴明亮

---

① 张锐强：《好大的雪》，收入《泥土里的阳光》，吉林人民出版社，2010年，第133页。

之间的友谊，这篇小说能带出锐强中学以及大学的一些信息，也能见出逗留于乡村的知识分子的精神状态。《道具》写“我”与旧情人周湄之间的故事，再遇初恋情人是一个颇为戏剧性的场面，然而几十年过去，已经物是人非事事休。

五 底层人物

锐强少时生活于农村，之后尽管境况好转，但也一直与底层有着千丝万缕的联系，于底层人物的生活和遭遇，他或有切身体会，或耳闻目睹。作为从底层走出来的小说家，锐强也将目光转向了底层故事，其中《在丰镇的大街上嚎啕痛哭》《猫》《挺胸抬头》《除夕》等是代表作。

《在丰镇的大街上嚎啕痛哭》可谓锐强的代表作。2007 年，锐强的小说集入选“21 世纪文学之星丛书”，他就以这篇小说命名了全书，可见锐强对于这篇小说的重视。《在丰镇的大街上嚎啕痛哭》可能确有其事，或为锐强切身经历，情郁于中，不得不发，因此“我”“在丰镇的大街上嚎啕痛哭”，不平则鸣，遂有这部小说。锐强以小说掀起了黑暗一角，让读者得以窥视到一些现实，这篇小说既写出了底层人物的悲惨遭遇，也写出了一个无权无势的小知识分子面对黑暗时的无奈与悲伤，真可谓人为刀俎我为鱼肉。小说开头第一句话：“认识黑暗，你便认识了世界所有的颜色。”[①] 文人无力，除了号啕痛哭，只有事后将黑暗记录下来，记下就是反抗与复仇。这篇小说颇似纪录片，完全实在地去写，巨细无遗地记下了一些黑暗的细节。

《猫》写一个小保姆的遭遇，小说的叙述很巧妙，锐强表面写小保姆和猫之间的斗智斗勇，实则写小保姆与男主人之间的搏斗，最终小保姆被辱。“猫”这个意象在小说中虚虚实实，若存若亡，鬼里鬼气，这个意象将小保姆的心理感受惟妙惟肖地写了出来。

《挺胸抬头》写某妓女从良前后的遭遇。“挺胸抬头”是一个非常好

① 张锐强：《在丰镇的大街上嚎啕痛哭》，作家出版社，2008 年，第 3 页。

的意象，挺起胸，抬起头，意味着堂堂正正做人，但是王春英却总不能挺胸抬头，"她那背驼得奇怪，不是总驮着，怎么都不能直，而是胸挺起来之后，不知不觉又慢慢弯曲下去"。[①] 为了供弟弟读书，王春英走上了出卖身体之路，不能挺胸抬头就是其时留下的创伤，这是一道难以愈合的伤口，之后当这道伤口再度被撕开，真是鲜血淋漓。锐强选择"挺胸抬头"这么一个意象写一个底层女性的遭遇，真是神来之笔了。

《除夕》写一个母亲在除夕的遭遇。除夕本一年的祥和之日，奈何几家欢乐几家愁。《除夕》主要写一个母亲在大年三十为了赚取过年的钱，拼命蹬三轮拉客人，结果发生交通事故。母亲以一己之力，供养两个大学生、一个高中生，其压力与辛苦程度可知。

六　有关军队

锐强不是学文学出身，他大学读军校，他乃军人，之后转业才到了地方。锐强有数年的从军生涯，于此他应该也颇多感受，也应该从中颇为受益，军旅生涯后来也都化为锐强的文学资源，成为其文学创作的重要根据地。锐强与军队有关的小说不太多，有《耐冬》《枪王》《怀念一条短暂的河流》等。

《耐冬》写出了海岛战士们朴素、昂扬、奉献和积极向上的精神状态，"我"是一个时常闹转业的驻军医生，但是海岛战士的精神和情绪却感染了"我"，让"我"感受到了部队的生机，于是重新抉择。"耐冬"是一种植物，锐强总能找到一些奇妙的意象，譬如耐冬，譬如唐古拉点地梅，有了这样的意象，这些小说尽管写实，但又显得轻盈。

《枪王》较为复杂，写了父子两代"枪王"所遭遇到的精神危机。小说有两条叙事线索，当下与历史交织叙述：一条线索是当下，写儿子李卫国，他是狙击手；一条线索是历史，写父亲，他是受过处分的老革命，曾经的神枪手。枪即使做到了王，也永远是工具，指挥到哪儿，枪就应该打

---

① 张锐强：《挺胸抬头》，收入《泥土里的阳光》，吉林人民出版社，2010年，第36页。

到哪儿，枪不应该有自己的情绪，容不得半分犹豫，更不能掺入自己的主见；而且枪者，凶器也，不论是杀敌人（父亲），或者杀罪犯（儿子），枪一开动就要伤人或杀人，不论如何师出有名，如何义正词严，如何理由充分，如何理直气壮，开枪者能未必承受得住来自杀人的压力。太上可以忘情，机器可以无情，老少两代枪王并非太上，也非机器，他们因杀人而动了情。老枪王在抗美援朝之时，在两军对垒之际，因为不能承受这样的压力：机枪所至“敌人前仆后继尸骨如山”，如同“老家割麦子，镰刀一挥倒下一大片”，遂停止了开枪，受到了处分。狙击手儿子在狙击罪犯之后，了解到罪犯也是情不得已，也有其难处，于是陷入了精神危机，噩梦不断。

《怀念一条短暂的河流》较为简单，从现在往回写，追忆似水年华，追忆昔年从军的日子，追忆青春、热血，还追忆了一段一波三折最终非但无果连爱人也逝去了的爱情。几十年过去，老军人故地重游，睹物思人，岂能不感慨万千，至于泪下。

七 “名将之死”

《耐冬》《枪王》《怀念一条短暂的河流》这些军事题材小说基本在空间范围之内，锐强并未就此止步，他尚友古人，研究历史，遂有《名将之死》红白两卷诞生。《名将之死》应是锐强目前创作的高峰，他沉潜反复，厚积薄发，终有此作。

锐强于空间和时间两个方面用力，而一般的作家仅仅止于空间，以为足矣，故往往遭遇创作瓶颈，也会有江郎才尽之感；而一旦进入时间，“我”就会不断变大，思接千载，视通万里，如此“我”才难有尽时。锐强这些年一直读史，这是促他进步的重要原因。在锐强《图上的故乡》这本散文集中，有一辑名为“史记”，收录了：《建安狂人》《潮州与韩愈：谁成就了谁？》《谁害死了岳飞》《帅才辛弃疾》《明朝诗歌的喧嚣与炒作》《戚继光的操守问题》等随笔，已可见锐强格局之大，用功之勤。

《名将之死》涉及两个关键词：名将和死。名将之所以能修成名将肯定有其过人之处，尽管他们各自经历不同，但差不多皆曾苦心戮力，皆功业卓著，引时人与后人瞩目。人固有一死，但若非寿终正寝，则必事出有因，如此"名将之死"就富有意味，值得深究。锐强说："这些将军，绝大多数都死于政治权术，死于官场斗争，死于同僚暗箭。"研究"名将之死"，可以分析名将之死的原因，可以分析政治生态，分析各种明争暗斗，分析名将本身的性格缺陷等，可以为今天之借鉴。斗争无论何时皆存在，只是或许形式已变，或许也更为隐蔽，但是小到人与人之间，大到国家之间，皆是刀光剑影，你死我活。史可以为鉴，所谓大可以"资治"，小可以修身，内圣外王不可不读历史。研究历史，非为故纸堆，而为理解当下；明白"名将"为何不得其死，也能为自己立身处世提供借鉴。

《名将之死》（红卷）讨论了李广、魏延、檀道济、高敖曹、高颎、高仙芝、岳飞、袁崇焕等人；《名将之死》（白卷）讨论了伍子胥、吴起、廉颇、李牧、蒙恬、彭越、周亚夫等人。这份名单，足见锐强格局之大，功力之深。这些名将皆是非正常死亡，各有具体原因，锐强将这些名将成长的经历，建功立业的过程，以及死亡的原因，条分缕析，由显追隐，娓娓道来。这些往事，今日读之还觉惊心动魄。锐强说："所谓历史，就是一群群生命个体的命运集合。虽然事过千年，依然有冤魂在悲惨地呼喊。"锐强就是将这些冤魂起于地下，将死亡之原因和过程还原，希望世人能够在"名将之死"中取得经验，得到教训。

2011年，锐强来到央视七套"讲武堂"栏目，讲授"名将之死"。锐强见识颇高，出口成章，又能深入浅出，且时有幽默，也能轻而易举将古代情景转化到现在，因此他的授课颇得好评。一个时代有一个时代的公共体裁，今天的公共体裁非复小说，小说日薄西山，影视则方兴未艾，成为时代最强的媒体。因此作家竟渐成弱势群体，影视人则集万千宠爱于一身，成为时代的强者。小说、影视云云只是体裁和形式，非关大局与根本，关键还是写作者或媒体人见识如何。影视圈以商人和娱乐为主，故品位一直难以提高，一些品质较高者不断介入，或可以提升影视的品质。

庄子有所谓"终其天年而不中道夭者，可谓知之盛也"。死于非命之名将，固有种种外在原因，但归根结蒂置自己于死地者还是自己，毕竟还是自己留下了缝隙，才给他人可乘之机。死于非命的将与名将不可胜数，但也有善始善终之名将，他们能动静中节，知进退存亡而不失其正，譬如张良，譬如郭子仪。这些人“名将”不足以名之，他们程度更高，只是现身为将而已。

锐强写了《名将之死》，重在言失，要在谈教训；或许锐强可以再写一本《善终之名将》，重在谈得，要在谈经验。

2012年2月12日于中国艺术研究院

以“真正的红楼精神”改造张爱玲

——“红”范儿作家计文君论

这些年，计文君的小说数量虽不太多，但其作品质量颇高，在主题、风格和语言等方面逐渐形成了特点，在当前的文学界别具一格。此前，计文君读银行学校，毕业后在银行工作，乃河南许昌的金领。在以经济建设为中心的时代，计文君却偏偏身在银行心在文学，她心猿意马，离开了令人称羡的银行，进入许昌文联工作。由计文君的这次抉择，大致可知其人的心性和志向。之后，计文君一发不可收拾，先是去河南大学读了研究生，学中国现代文学；又到中国艺术研究院读了博士，专业是红学，论文似乎写《红楼梦》对中国现当代文学影响之类的题目；毕业后任职于中国现代文学馆，做起了专业作家和研究者，影响也越来越大。

计文君是“红”作家，这个“红”不是大红大紫的红（她现在尚小红小紫），也不是“又红又专”的红，而是《红楼梦》的红。计文君在诸多方面与红学有关，她沉迷于《红楼梦》世界有年，后来干脆做了红学博士，也成了红学家的太太，研究着《红楼梦》，写着《红楼梦》范儿的小说。

很多评论者注意到计文君与张爱玲的关系，以为她深受张氏影响，但计文君的小说，或始学于张爱玲，但就目前的作品而言，则已与张爱玲貌合神离。计文君曾写过一篇论文《一树春风有两般——〈传奇〉与〈红楼梦〉继承关系再分析》，此文虽讨论张爱玲和《红楼梦》的关系，但也可谓计文君告别张爱玲的宣言，也是她的言志之作。计文君说：“张爱玲才情富艳，思力敏锐，一生恋恋踯躅依依盘桓于‘红楼’之下，却不无反讽与悲凉地跟真正的‘红楼精神’擦肩而过。张爱玲对《红楼梦》的继承，是一种'弃珠取椟'式的继承。"计文君所云"真正的"红楼精神体现在外的是一种"小说精神",具体而言就是"曹雪芹是在不确定性的原则下通过小说把握世界和存在的,这也正是他所禀赋的小说精神。曹雪芹在小说中实现的全部选择都可以看到这一小说精神的存在:人类事件本质上是相对的,世界是暧昧的,人性是复杂的"。正是本此原则,"《红楼梦》成为一个开放的复杂的动态文本,曹雪芹的选择建构出人性在荒诞和美好之间活色生香地绽放出丰富可能性的'红楼'世界。"而张爱玲笔下的作品则被"单一力量掌控","偏执、封闭、狭窄,是一个带着张爱玲独特主观投射的风格化的世界"。《金锁记》中小叔子季泽来找七巧表白时,张爱玲写道"七巧低着头,沐浴在光辉里,细细的音乐,细细的喜悦",但旋即七巧机警地考察出季泽的真实目的,此后情节急转直下,七巧也暴怒起来。计文君就此细节评价道:"这里隐藏着一个可以拓展小说人性空间的契机,如果张爱玲肯松开'封锁',注入一种异质力量,让季泽骗钱的真实目的成为情节破损处,那么七巧的内心就有了一次面对善和美好情爱的机会。至于这善和美好是真是假并不重要,而七巧的内心在这样力量作用下的景观才是我们关心的。"计文君不会让女主人公成为"黄金枷锁的奴隶",她所关心者乃是七巧沉浸于喜悦中的"内心景观"。

计文君所弃者是张爱玲的路子,所取者乃是她认为的"真正的红楼精神"。近期引人关注的青年作家孙频,倒确是张爱玲的传人,她以张爱玲之眼看世界,以张爱玲之笔写其经历与对世界的理解,故其情节、人物都与张爱玲的小说极为近似;计文君小说的主题与张爱玲小说的主题虽然接近,甚至部分情节也颇类似,但二者气质与精神内核截然不同。计文君以她之所言"真正的红楼精神"改造了张爱玲,她借用张爱玲的故事框架,以男女三角、四角甚至更多角,写出了人与人之间的隔膜,这大概就是计文君的文学风貌和立意。

就小说主题而言,计文君的小说约有两类:一、写男女之间的纠葛,三角、四角甚至更多角,譬如《飞在空中的红鲫鱼》《阳羡鹅笼》《鹿皮靴子》《想给你那座花园》等;二、写女性的成长与长成,譬如《天河》等。如此划分,只是方便说法,计文君多将女性成长与男女纠葛结合起来写，譬如《白头吟》《开片》等。

男女纠葛的故事是计文君小说之表，她要藉男女三角、四角的故事写人与人之间的隔膜。虽然男女或为夫妻，或为男女朋友，亲密无间，但彼此之间总是难以知心，计文君所处理者是一个极为现代的主题。计文君笔下的男女们或为白领，混迹于出版界、影视界、公司，或是研究生、教授，混迹于高校，他们或为剩男剩女，或已为人夫或妇，但他们多是孤独的，他们的心也是飘忽不定的。由计文君的这些小说，大致可以了解城市中产阶级的心态和状况。

《飞在空中的红鲫鱼》是计文君作为小说家的起步之作，体现了其早期作品的风格。小说卷首引卡夫卡写给父亲的信中之言"我认为，你对我们之间的疏离是完全无罪的，但我也同样是无罪的"，文君借卡夫卡父子之间的话转用于男女之间。这是一个三角的故事，于情节而言与《红玫瑰白玫瑰》近似（《飞在空中的红鲫鱼》曾引张爱玲的名言，蚊子血、饭粒子云云），"他"在两个女人之间抉择不下，最终女人跳楼殉情，男人进入精神病院。文君超然，于男于女都未作道德批判，他们之间所造成的疏离，男女似乎皆没有罪，她只是认真地写出了男女各自的心态和事件的复杂。这篇小说在叙事风格上有先锋文学的色彩，略显晦涩，小说间或以第二人称叙事，如此可以直陈女人的心态。《阳羡鹅笼》乃写多角男女，此典出于《太平广记》，原故事带有神话色彩，计文君以现代人对故事进行了演绎。《阳羡鹅笼》中有一楔子，叙述了这个传说中的东晋故事，为小说奠定了基调，之后转入正文，谈了春、高、红、张、雪之间千丝万缕的联系。这些人表面上各在其位，但背后却有不可示人的秘密和秘而不宣的关系，譬如红曾是高的情人，现在她是张的太太，而张则是高的得力下属，张是好男人，却也同雪颇为暧昧。这篇小说以全知全能的视角进行叙事，每个人都登台表演，如此可以展现众人的内心与各自的秘密，读者亦悉知悉见，于人性之复杂或生慨叹。计文君写了一个复杂的多角故事，但其重心却并不在多角故事本身，她要写了人与人之间的隔膜。我曾与批评家张元柯谈及《阳羡鹅笼》，张元柯说，这篇小说归结为一个字，就是"隔"。张元柯的归纳非常到位，谈出了这篇小说的重心。夫妻似乎亲密无间，但彼此还是各有秘密，秘密若不说破，夫妻相安无事，可是一旦说破，肯定会起风浪。计文君让每个人各就各位，安于相安无事，恰是应了“水至清则无鱼，人至察则无徒”的老话。

计文君的另一类作品写女性的成长，这些女子往往经历了波浪与劫难，但却能逆增上缘，由蛹化蝶。《天河》是计文君最优秀的作品之一，小说尽管亦写了男女纠葛，但重心却是写秋小兰这个“非遗”传承人如何真正成为传承人，故可当作成长小说来读。秋依兰是一代名伶，因“一出《白蛇传》，红遍豫鲁晋陕甘，一直唱进北京城”。秋小兰是秋依兰的侄女，一直受到姑妈的教养和保护，但也笼罩在秋依兰的气场之下，如同温室中的花朵。秋小兰从秋依兰学戏，尽管做到了无一句无来历，但她的戏中规中矩，却刻板乏味。秋小兰只是秋依兰的影子，未能自立。秋小兰经历了演戏换角风波，经历了丧失姑妈之痛，又经历了家庭纠纷，历尽波劫，终于从火中炼出了金莲，破茧成蝶。秋小兰放弃了戏角，但却悟道，剧艺由此大进。

计文君的近作，譬如《白头吟》《开片》等较之于此前的作品，在主题和情节等方面虽无大的变化，但语言却更加凝练、华丽，且极富古典韵味，在当前的文学界独树一帜。青年作家往往以读西方现当代小说为主，受中国传统文化熏染较少，故语言显得粗糙；计文君由于浸染《红楼梦》中久之，所以深得其中三昧，故一下笔自然流露出古典的韵味与气质。

《白头吟》与《开片》则是双管齐下，一方面写情感纠葛，另一方面也写了女性的成长与长成。《白头吟》可谓《飞在空中的红鲫鱼》与《天河》之结合，以男女三角纠葛写女性成长与长成，也写了人与人之间的隔膜与难以交通。《白头吟》情节貌似《飞在空中的红鲫鱼》，但精神气质却与《天河》更为接近。谈芳在与丈夫疑神疑鬼的斗争中，在耳闻目睹周老爷子和保姆事件之后，“龙场悟道”。“白头吟”典出卓文君，据说司马相如欲纳妾，卓文君吟此以规劝，相如遂止。计文君确实在实践她“真正的红楼精神”，将事件写得异常丰富，其中存在着多种可能性，“白头吟”事件似有若无，不知是心病抑或实有其事，其中纠纷亦难说清。《开片》既写女性成长历程，也写情感纠葛。这篇小说景象阔大，写三代女子姥姥、母亲和"我"的经历，但以"我"为主，其架构与老舍《月牙儿》近似。《开片》前半部分有底层文学的味道，写了母亲和"我"在北京所经历的诸多困难，但后半部分则回到了男女三角纠葛，甚至这部小说更为大胆，竞争双方竟是母女。《开片》将部分背景放置于高校之中，写了这部分人的精神状态和生活状况，《此岸芦苇》则全写高校，颇似《围城》与《小世界》。

计文君有其理解的"真正的红楼精神"，这是她写作的主要精神资源。《红楼梦》过于深厚，每个人可能都有不同的理解，但是每个人的理解甚至可以从中映照出其人的性格和命运。譬如当年曾有过论争的蔡元培和胡适亦如此，蔡元培从《红楼梦》中看到了排满，这与其辛亥革命前的志向有关；胡适从《红楼梦》中看到了"自传"，则与其强调个人主义精神有关。再如目前当红的《甄嬛传》编剧流潋紫，她亦言深受《红楼梦》的影响，但说《红楼梦》，不过只是日常描写如何精美云云，这恰照出流潋紫的局限。所以《甄嬛传》在日常描写方面确实下了工夫，但是除了权力斗争之外再无他物。

"红楼精神""真正"与否，见仁见智，亦有程度之别。计文君所理解的"真正的红楼精神"强调不确定性的原则，强调本质上是相对的，世界是暧昧的，人性是复杂的，文君的小说确实追求这些。譬如《阳羡鹅笼》《白头吟》等作品确实写出了本质之相对，世界之暧昧，人性之复杂。但这些是否就是"真正的红楼精神"则吾不知，但文君所理解的"真正的红楼精神"或会随着其阅历的再增加，随着学问的再深厚可能产生变化，到时候文君小说的风貌或许依然有变。

2013年4月17日于中国艺术研究院

梁庄的内与外

——论梁鸿

梁鸿始以文学评论名，她读了文学硕士、博士，之后任教于高校，写论文，作文学评论。梁鸿对河南作家的研究，尤其是对阎连科的评论，非常到位；她对1990年代文学的观察等，也都颇得学界认可。梁鸿已经是青年一代批评家的佼佼者与代表人物，可是她对工作与生活状态逐渐持有了批判态度："在很长一段时间内，我对自己的工作充满了怀疑，我怀疑这种虚构的生活，与现实、与大地、与心灵没有任何关系。我甚至充满了羞耻之心，每天在讲台上高谈阔论，夜以继日地写着言不及义的文章，一切似乎都没有意义。在思维的最深处，总有个声音在不断地提醒我自己：这不是真正的生活，不是那种能够体现人的本质意义的生活，这一生活与我的心灵、与我深爱的故乡、与最广阔的现实越来越远。"文学研究与文学批评似乎确实与生活隔了两层，梁鸿要直面生活。她的转折在2008年前后，梁鸿暑假回家探亲，住在梁庄，难免耳闻、目睹了农村的现状，难免忆起人与物的变迁，不免怆然涕下，因此开始调查农村现实，要写一部关于农村的书。因为梁鸿所写者是其生活、长大于斯的村庄，她熟悉那里的居民，知道事情的前因后果，了解村民之间的恩怨纠纷，因此这项工作进展得非常顺利。2010年，梁鸿出版了《中国在梁庄》一书，描写河南穰县农村现状，打动了诸多读者的心，旋即引起了强烈的反响。

《中国在梁庄》有三个关键词：非虚构、三农问题、中国叙事。这三个关键词也切中了当前的几个潮流，碰到了当前中国的重要问题，故反响强烈。

《中国在梁庄》最先发表于《人民文学》"非虚构"栏目，该栏目是《人民文学》近年推出的重要栏目。1980年代以来，文学形成固定的虚构范儿，几乎是不虚构，无文学，因此形成了几种弊端：写实类作品在当前文学序列中地位不高，作家日益成为宅男宅女，只写自己的情感、生活经历等，因此格局与视野日渐狭窄，不利于文学的发展。非虚构可以理解为"非"虚构，如同《非草书》，就是直接针对虚构性文学的问题与弊端，希望倡导新的文学风气，建立新的文学范式。在"非虚构"栏目下，《人民文学》推出的几部优秀作品，引起了广泛的讨论。这些作品写实，尽量客观地呈现现实情况；作者呈现出介入生活的姿态，他们深入农村、工厂等地，深度描写那里存在的现实问题。《中国在梁庄》是"非虚构"类作品的优秀代表，梁鸿以"非虚构"的方式呈现了河南农村状况。

《中国在梁庄》是三农文学视野之下描写农村现状的佳作。梁庄是该书主角，全书记述了河南穰县梁庄近三十年来的变迁，涉及"文革"时期、改革开放时期，虽亦涉及历史，但以现实为主。梁鸿通过这本书试图追问："从什么时候起，乡村成了民族的累赘，成了改革、发展与现代化追求的负担？从什么时候起，乡村成为底层、边缘、病症的代名词？又是从什么时候起，一想起那日渐荒凉、寂寞的乡村，想起那在城市黑暗边缘忙碌、在火车站奋力拼挤的无数农民工，就有悲怆欲哭的感觉？这一切，都是什么时候发生的？又是如何发生的？它包含着多少历史的矛盾与错误？包含着多少生活的痛苦与呼喊？"梁鸿回到梁庄，要探讨这些问题，解答这些问题。

《中国在梁庄》呈现了梁庄在城市化进程中出现的诸多问题：农村留守儿童缺乏家长管教，农民养老、教育、医疗缺失，农村自然环境遭到了破坏，农村家庭的裂变，农民性生活，新农村建设的流于形式等问题。梁鸿"和村里人一起吃饭聊天，对村里的姓氏、宗族关系、家庭成员、房屋状态、个人去向、婚姻生育作类似于社会学和人类学的调查"。梁鸿通过一个一个具体案例，以小见大，描写了梁庄的现状。《中国在梁庄》的很多情节令人震撼，留守小朋友游泳屡屡被淹死；王家少年强奸了82岁老人，并残忍地将其杀害；儿童就学率低，梁庄小学变成了养猪场；秀菊怀着梦想，几度试图挣脱现实，但磕磕绊绊几次摔倒，于是说“世界上最坏的东西就是理想”；春梅因为久久见不到丈夫，恍恍惚惚，终于喝药自杀；光河的儿女被车撞死，家里以赔偿的钱盖了一座大房子……

《中国在梁庄》是一个非常好的题目，体现了梁鸿的关切处，她所讨论的是梁庄，但却有着中国的视野，她要以梁庄见出中国，通过梁庄理解中国。近年，关于中国的叙事较多，譬如《中国不高兴》《中国站起来了》《中国合伙人》《舌尖上的中国》《中国少了一味药》《中国社会各阶层分析》等。这些作品可分为两类：一类有民族主义情绪，呼唤中国崛起，压倒美国，夺取世界领导权，譬如《中国不高兴》《中国站起来了》等；一类是讨论目前中国所面临的问题，中国的现实情况到底如何，中国处于什么阶段，中国人的心态、阶层等。《中国在梁庄》属于第二类，梁鸿藉梁庄讨论了中国的农村、农业和农民问题。三十多年来，中国确实取得了极大的成绩，成为世界第二大经济体，正在崛起，可中国也存在着一些问题，需要正视，并需要努力去解决。目前，中国两分，乡村与城市判若云泥，梁庄可谓中国农村的缩影，它被城市挤压，正在凋敝、萎缩、衰败。了解了梁庄，或可以了解中国的现实。关于中国叙事的两类作品，《中国不高兴》所言为时尚早，目前中国还是应以守谦为主，韬光养晦，不能力小而任大；藉《中国在梁庄》一类可以了解中国目前存在的问题，努力改进，日后时机成熟可再提“中国不高兴”云云。

梁鸿写完《中国在梁庄》之后，欲罢不能，又接着写了一本书，可谓之为《中国在梁庄》的姊妹篇。此书原名为《梁庄在中国》，之后则改成了《出梁庄记》。《梁庄在中国》之名可与《中国在梁庄》呼应，而《出梁庄记》典出《出埃及记》，更显得深厚，且具有宗教意味。《中国在梁庄》写了梁庄的内部生活，写了梁庄的现状、留守者的情况，写了梁庄的变迁；《出梁庄记》则是写了梁庄之外，写了离开梁庄在中国各个城市打工的梁庄人的情况。两书合而观之，方可见出梁庄内与外的全体。

梁鸿写完《中国在梁庄》之后自述：“但是，这并不是完整的梁庄，‘梁庄’生命群体的另外重要一部分——分布在中国各个城市的打工者，‘进城农民’——还没有被书写。他们是梁庄隐形的‘在场者’，梁庄的房屋，梁庄的生存，梁庄的喜怒哀乐，都因他们而起。梁庄的打工者进入了中国哪些城市？做什么样的工作？他们的工作环境、生存状况、身体状况和精神状况如何？如何吃？如何住？如何爱？如何流转？他们与城市以什么样的关系存在？他们怎样思考梁庄，想不想梁庄，是否想回去？怎样思考所在的城市，怎样思考自己的生活？他们的历史形象，是如何被规定，被约束，并最终被塑造出来的？只有把这群出门在外的'梁庄人'的生活状态书写出来，'梁庄'才是完整的'梁庄'。"[①] 梁鸿以调查实录的方式，呈现了"农民工"在城市中的生存状态，真实，亦令人震撼。

梁鸿写作《中国在梁庄》时相对轻松，在梁庄可也；而写作《出梁庄记》时则比较艰辛，她循着梁庄人的足迹，东奔西走，去西安，访南阳，赴内蒙古，下郑州，走青岛，进行探访、调查。《出梁庄记》亦如此结构全书，以空间分篇章，展现了分布于不同城市中梁庄人的情况。梁鸿在序言中列出了她采访的时间表，也列出了采访者的姓名、职业、打工地等，以示实录，亦示对被采访者的尊重。

在西安，梁鸿对梁庄蹬三轮车群体进行了深度描写，展现了他们的现状、工作之艰辛，打架讨生活等，也描写了部分不法城管分子与之争利的故事。这一群体有固定的"被报道的形象"，他们是城市的"不安定因素"，影响了市容市貌，影响了城市的交通，梁鸿则以写实的笔法颠覆了被报道的蹬三轮者形象，展现了他们的日常生活、喜怒哀乐、被压抑的无奈等。在南阳，梁鸿走访了梁贤生一家。梁贤生最早离开梁庄，辛辛苦苦创业，娶了城里媳妇儿，将家人全部接到城里，一度非常风光。但是通过深入交谈，才知道这一家人在南阳异常艰辛，梁贤生几起几落，最终劳累致死。在内蒙古，梁鸿走访了校油泵者，表现了他们的生存现状、子女受教育情况，尤其对外地务工人员相亲情况的描写让人慨叹。在北京，梁鸿描写了几类人，有人虽有体面的工作，但过着艰苦的生活，有人喷漆，吐出来的痰都是绿的，有人发了财，成了腰缠万贯的大老板，但家家有本难念的经，个个都有被侮辱与被损害的经历。在郑州，梁鸿描写了富士康工

---

① 梁鸿：《出梁庄记》，花城出版社，2013年，第1页。

人的内部生活、情感状态、心理状态等。富士康员工因为频频跳楼，一度引发社会广泛关注，世人对其工厂内部生活、工人状况充满了疑虑，梁鸿深入描写了富士康工厂内外，描写了“新生代农民工”的情况，让人知道了富士康工人为何竟至于选择自杀。在深圳，梁鸿描写了小鞋厂老板的创业历程，起起伏伏，也描写了鞋厂一日，展现了工人的工作情况、心理状态与日常生活等。在青岛，梁鸿写了在韩国企业就职者的情况，光亮叔和婶子带着儿子在此打工，工厂缺少安全保障，空气混浊，小柱就是因为在此地打工，中毒而死。梁鸿在很多时候让打工者直接出场说话，把话筒交给他们，让他们自己讲述故事、经历、遭遇、现状以及对所在城市、工厂、梁庄的态度等，不通过转述，如此更能见出打工者的情况与心境。

梁鸿每到一所城市，总是深入梁庄人居住、打工的地带，那里脏乱差，属于城市的边缘；在调查结束之际，梁鸿总有一段对这所城市光鲜一面的描写。譬如在青岛，梁鸿笔下的韩国工厂内部昏暗、充满毒气，韩国老板的情妇极力盘剥工人，劳资关系比较紧张；但青岛第一海滨浴场则“左边远处，灰色天空的背景下是半圆弧形的两栋高楼，金属灰的，凛然、高尚、动感。充满着对未来的渴望和想象。江面雾气滞重，太阳没有放射出灿烂的万道光芒，而是苍茫遥远，在水天一际处弥漫着灰色朦胧的光。这是洁净、温暖、宽阔的海滨浴场，这是干净、雅致、有历史感的青岛”。一所城市存在两种差别巨大的空间，哪个代表了城市，哪个是中国？

《出梁庄记》中尚附有大量照片，形成一个潜文本。摄影可以呈现现实，梁鸿将在城市打工的梁庄人的“面相”呈现出来，他们大都风尘仆仆，脸上写满皱纹与沧桑，穿着土里土气，与城市格格不入，一看即知操劳过度，怨气内积，处境不佳。摄影也叙事，梁鸿所选取的照片中梁庄人大多面带笑容，望之更令人心酸不已。百姓辛辛苦苦，蝼蚁一般生存，可是又有何办法？笑或可以自我解脱吧。

梁鸿以《中国在梁庄》和《出梁庄记》建构了一个“梁庄”形象，梁庄的变迁，梁庄的现实，梁庄留守与外出者的处境都给人留下了深刻的印象。在第一本书中，梁庄还是实写、实指；在第二本书中，梁鸿提及梁庄之际往往加上引号，以示梁庄非复实指，而是所关甚大，或指中国的农村。

梁鸿这两本书往小处说是在讨论梁庄的内与外，往大处说则是在讨论中国的农村与城市，在讨论中国。

《中国在梁庄》《出梁庄记》中有一个重要问题——"我"与梁庄的关系。"我"本是梁庄一员，之后通过升学，逐渐离开了梁庄，在北京做教授。现在"我"通过"田野调查"回到梁庄，欲呈现梁庄的内与外，留守者与外出者，梁庄藉"我"而说话，藉"我"而展现。《中国在梁庄》与《出梁庄记》当然可谓"非虚构"，亦可谓社会学调查之作，但沟通"梁庄"和中国的关键乃是"我"。这个"我"，在文本中非常活跃，"我"在思考、行动、抒情、提问、介入事故与故事，面对梁庄现状与困境，"我"有喜怒哀乐。梁鸿在描写梁庄之际，一个"回乡"知识分子的形象亦随之呈现了出来，她对自己日益脱离现实的生活状态不满，她面对梁庄的困境无奈而忧伤，她要呈现农村现实，她试图理解中国的问题。"我"对这两本书而言，极为关键。"我"对梁庄的理解的广泛程度与深度决定了梁庄如何呈现，决定了梁庄呈现出来的面貌。梁庄是什么？梁庄怎么了？梁庄与中国有什么关系？中国面临什么问题？如何判断这些现实？这都取决于"我"的水准。

2013年7月16日于西长安街

一个自由主义者是如何炼成的？

——读房伟《英雄时代》

房伟以文学研究和文学评论名，他是“70后”著名评论家，是山东师范大学文学院副教授，是中国现代文学馆第一期客座研究员，他写过大量研究中国现当代文学的论文，也出版过好几部专著，成绩卓著。

房伟非常推崇王小波，他写了国内第一部研究王小波的专著《文化悖论与文学创新：世纪末文化转型中的王小波研究》，也陆陆续续写下了几十篇研究王小波的论文。最近房伟正筹备写《王小波传》，奔波于四方，搜集资料，采访当事人，谒王小波墓，席不暇暖。近些年，房伟自觉地担当起推动王小波研究的重任，不遗余力。除此之外，房伟还写了《英雄时代》（吉林出版集团有限责任公司，2012年），这部长篇小说可视为是他向王小波致敬之作。

房伟经历丰富，大学毕业后工作于肉联厂，亲下车间，操刀杀猪宰羊，成了专业屠夫；之后任某企业老总秘书，在文件和酒桌之间奔波。因对文学的热爱，房伟最终回到高校，读文学研究专业，毕业后在高校讲授文学，一不小心，遂成名教授。此前，房伟一直从事文学创作，写小说，也有大量诗歌作品。后来，尽管以文学研究为业，但他于文学创作或许不能忘怀，亦或许又一时技痒，于是写下了《英雄时代》这部长篇，供同行们进行研究。此书甫一出版，即好评如潮，从此之后，房伟就既是著名文学评论家，亦是著名小说家了。

《英雄时代》是以王小波式的笔法写了房伟的经历、感受、见闻和思考，篇名“英雄时代”或呼应了王小波的“黄金时代”“白银时代”等。

英雄是房伟为救治这个时代所开出的药方。《英雄时代》是两个文本的融合：一是"我"的现实经历，肉联厂的爱恨情仇；二是重写了《水浒》潘金莲和武松的故事。若以王小波的作品为譬，《英雄时代》=《黄金时代》+《万寿寺》(或《红拂夜奔》，或《寻找无双》)。

《英雄时代》以大学毕业生刘建民和王梅在肉联厂的经历为主，写"我"大学毕业，成为肉联厂工人，在车间操刀，后因与副厂长情人恋爱，备受打击报复，不得已与王梅一同离开肉联厂，自谋生路，"我"开肉铺，王梅做小学老师。刘建民本来有骑士梦，梦想着城堡、贵妇、骏马等，但他的梦却在现实的肉联厂中被绞得粉碎；"刮猪毛美女"王梅是外语学院学生，为了生存，不得不委曲求全，沦为副厂长的情人；老崔一直想考北大考古系，因怕领导批评，不得不将考古的书换上《肉食深加工理论与实践》的书皮……房伟说，他关心"国企改革背景下大学生的命运"，《英雄时代》确实通过几个典型人物将此写出，这一部分写得相当精彩。

于建嵘写过《安源实录》，由此书可以见出：20世纪五六十年代工人境遇极好，彼时他们确实是当家作主；但1990年代之后，工人境况急转直下，他们的生活非常艰辛，由主人沦为了社会底层。按照常规叙述，中国的国企改革经历了三个阶段，1992年南方讲话之后，国企改革加速，理顺了关系，但后果之一就是工人境遇迅速恶化。汪晖的文章《改制与中国工人阶级的历史命运——江苏通裕集团公司改制的调查报告》即是应此潮流而诞生。2004年，曹征路《那儿》发表，引起轩然大波，遂有"底层文学"讨论。1997年，房伟大学毕业，进入肉联厂工作，恰在国企境况恶化之际。彼时，大学毕业生怀揣着理想进入了日见疲敝的国企，梦想与现实反差之大可想而知，真如《英雄时代》所写：可背诵莎士比亚剧作的、有浓厚小资情调的、喜欢林黛玉的王梅却不得不在车间刮着猪毛。

1956年，王蒙在"双百方针"的鼓舞下，写出了《组织部来了个年轻人》，写了林震在理想和现实之间的诸多不适。《组织部来了个年轻人》写的是官僚主义问题，此是1950年代的重要问题，故这篇小说在当时颇得毛泽东欣赏，因与毛泽东反对官僚主义的想法契合。房伟的《英雄时代》写国企问题，具体则是写大学毕业生进入国企之后的遭遇和境况。

大学毕业生林震在组织部所遭遇的是官僚主义问题，大学毕业生刘建民在肉联厂所遭遇的却是艰苦的工作、恶劣的生活条件与领导的欺辱。在一篇介绍《英雄时代》的文章中，房伟讲述了好几个进入国企的大学生的遭遇："房伟告诉本刊记者，有一对情侣，浙江大学毕业后分到镇上一家机电制修厂。男生学历高，人又灵活，很快当了办公室主任。一次厂长喝醉酒，把他的女朋友强奸了，为息事宁人，许诺提拔他为副厂长，他只好忍气吞声。一年后国企改革，他被买断工龄，下岗了，女朋友却早已成了厂长的情人。'他走的时候把厂长办公室玻璃砸了，哭得一塌糊涂，下岗后在街上卖程控电话机。'还有一个女同学，懂好几国外语，外号'外国人'，毕业后被分到莱州湾养虾，养不出虾就没工资。周围十里地没有人，白毛风整天整夜地刮。冬天刮大风，小屋里断电，女孩买了四个收音机，把门顶上，披着被子，心惊胆战地挨过一个个夜晚。'后来这个女生失踪了，我们同学聚会就少她，有人说去了东莞打工，有人说当了卖淫小姐，有人说死了……'"[①] 读罢此段，真令人叹息。1990 年代工人不再是令人荣耀的职业，小型国企不再是洞天福地。彼时进入国企的部分大学生很多成了伤心之人，发生了很多伤心之事。有人开猪肉铺，有人卖程控电话，有人做了有权势者的情人，有人不知所终。房伟后来通过考研，离开了工厂，走进了高校。但房伟在国企身之所历，耳之所闻，目之所睹，种种情景，诸般感受，或都不会轻易忘记，《英雄时代》以回忆开始叙事，主人公刘建民常常在夜半梦醒时忆起肉联厂往事，可见一斑。《英雄时代》是一部伤心之书，房伟写出了部分 1990 年代进入国企工作的大学生的伤心事，写了他们遭遇和命运。《英雄时代》为这一群体立了像，让他们浮出了历史地表，让国人知道曾经有这么一群人，有那么多的伤心之事。

《英雄时代》通过"我"的经历，也写出了 1990 年代部分国企的处境、工人心态、干群关系、企业与地方关系等，也是精彩迭出。肉联厂这个昔日辉煌的国企最后破产，企业被收购，工人们下岗，凄凄惨惨。昔日主持工作的副厂长，摇身一变成为私营企业主，作威作福，国有企业成了

---

① 参见 http：//www.qlweekly.com/Style/Culture/201208/186619.html。

他的私人财产，国有资产流失触目惊心。譬如小说对企业与地方关系的描写等也非常精彩，副厂长率领职工与村民大战，二妞的哥哥率领村民与职工大战等，以小见大，可由此了解 1990 年代国企和地方的关系，工人和农民的关系。譬如小说写道："老乡们很快向我们发动了新的攻击。他们有的向我们投掷石块，有的向我们丢干牛粪，有的妇女则扯住几个小伙子的手往裆里按，一边杀猪般狂喊：'快来人呀，公家人要流氓了！'还有几个拖着鼻涕的小孩子，在大人的唆使下向副厂长的沃尔沃小汽车尿尿……"

《英雄时代》中还有一个亚文本，且所占篇幅甚多，甚至喧宾夺主。刘建民操刀杀猪之余，写了一部小说《打虎记》，重述潘金莲和武松的故事。房伟"故事新编"的灵感或得诸王小波的《万寿寺》《红拂夜奔》《寻找无双》等。王小波的作品在时间中有三个向度：一、写当下，譬如《黄金时代》《革命时期的爱情》等；二、写未来，譬如《白银时代》《2015》《未来世界》等，这些作品模仿《1984》的痕迹较重；三、写古代的人事，譬如《万寿寺》《红拂夜奔》《寻找无双》等。当然，王小波尽管表面上是写过去和未来，其实都是写当下，因为要避时讳，于是藉古代和未来言之。王小波经历了"文革"，又经历了 1980 年代末的事，或对时事极度悲观，故看过去觉不堪，看未来亦觉渺茫。王小波藉古代言当下，藉古人言今人，房伟亦是如此。

房伟在《英雄时代》后记中说："在施耐庵和兰陵的笔下，潘金莲和武松，是伦理道德意义上的英雄和淫妇。而欧阳予倩和魏明伦，都在潘金莲翻案上做文章，他们笔下的潘金莲，都是启蒙意义上的'繁漪'式的人物，是在封建的黑暗下反抗的绝望妇女形象，到了李冯和阎连科笔下，却从解构主义的态度出发，解构英雄传奇的宏大叙事色彩。而一些网上作品，其消费主义的窥视欲色彩很重，注重发现其作为'淫妇'和'英雄'的消费符号的作用。"现当代以来，重写潘金莲者多矣，房伟对他们的作品一一作了定位，虽寥寥几笔，但极见功力。那么，房伟笔下的潘金莲和武松如何呢？房伟遵循了《水浒传》中的大体情节，武松打了虎，武大死了，潘金莲死了，武松杀了西门庆。但《水浒传》的逻辑在《打虎记》中全部被置换掉了。原来武松和潘金莲早已相恋，只是因缘际会，二人走散，潘金莲嫁于武大，成了武松的嫂子；潘金莲也未与西门庆通奸，通奸云云只是流言而已。潘金莲不再是淫妇，而是“一个风姿绰约的侠女，一个敢说敢做、性格刚毅勇敢的女英雄，一个敢于跨越伦理对妇女束缚的光彩流溢的个性解放的真女人。”自现代以来，随着个性解放、恋爱自由等观念的流行，潘金莲的形象逐渐变化，越来越具有正面的意义，甚至成了个性解放的先驱，《英雄时代》中的潘金莲形象完全颠覆了《水浒传》中潘金莲的形象，正是这一潮流的延续。武松的形象也有变化，房伟说：“武松不是一个以道德杀人的黑社会分子，一个为官方做打手和帮凶的都头和监牢‘大哥’，而是一个浪漫多情的武林高手，一个善良而不走运的民间英雄，一个有利于体制之外的个人主义英雄，一个不甘束缚、不相信谎言的人格高贵的骑士，一个向往自由与冒险的行吟诗人。”房伟赞扬武松的话，听来颇觉熟悉，“个人主义英雄”“人格高贵的骑士”“行吟诗人”云云都是王小波去世后世人表扬他的话，大致出自于李银河、许纪霖、朱学勤等人。看一个人是否表扬别人，如何去表扬别人，以及表扬了什么，被表扬者未必能够见出，但表扬者却可以显出基本轮廓。此处若是房伟有意为之，那可见其用心；若未必有意，那么更能见出房伟的潜意识。

王小波作品在1990年代的崛起，乃因自由主义思潮推波助澜所致，尤其在他去世之后，自由主义思潮借了王小波说事。房伟笔下的武松和潘金莲成了自由主义者，他们身上有王小波的影子，其共同特征是反体制、张扬个性、向往自由等。《英雄时代》之所以会有两个文本，原因即在此。刘建民在肉联厂，杀着猪，白刀子进去红刀子出来，住着老鼠横行的宿舍，忍受着副厂长的欺压，他的骑士梦想及城堡、贵妇的想象等逐渐破灭，但他却在写一部小说，写武松和潘金莲的故事。在现实工作环境中，刘建民备受打击和凌辱，因此他对这个工厂充满了恶感，甚至仇恨。刘建民和王梅离开肉联厂之际，小说如此写道：“我们加快脚步走出了厂门，把厂子丢在了脑后。猛地，我们一起停下来，拉着手冲着食品厂的方向喊着：‘× 你妈！永别了，混蛋们！’”刘建民和王梅对工厂的厌恶可见一斑。刘建民所写的小说相当于他的白日梦，他将其对未来的梦想、对爱情的憧憬、对工厂的怨恨等情绪都投射到武松和潘金莲身上。《英雄时代》中刘建民的故事当然是刘建民的故事，但武松和潘金莲的故事其实也是刘建民的故事。工厂中的刘建民相当于其肉身，武松和潘金莲则相当于其灵魂，唯有将二者合观，方能全面理解刘建民及其处境。两个文本一古一今，看似风马牛不相及，其实息息相关。刘建民毕业后却栖身肉联厂车间，挥刀砍猪，受领导欺辱，其心中的屈辱感肯定甚深，试图反抗的愿望肯定很迫切；又因为刘建民上过大学，经过诸多现代观念的启蒙，因此他们的反抗不仅只是自发地损毁工具，而是有一套理论。然而奈何，刘建民挥起了刀，却不得不放下，他只好在现实中老老实实地杀猪，在白日梦中才能风风光光地打虎。房伟如此，或亦为了避时讳，所以才用心良苦，将一部小说分成了两个部分。因为放下刀子才有利于社会的稳定，所以现实中的刘建民，放下了屠刀，忍气吞声；举起刀子则破坏了社会安定和团结的局面，因此这部分只好交由故人武松去做，打虎，杀西门庆，酣畅淋漓。

大学毕业生刘建民们先是会痛恨具体的工厂和具体的人，这种情绪会逐渐增强，不断扩大，最终会将原因归之于体制。于是，武松和潘金莲被解读为敢于反抗体制的英雄，他们被王小波化了。我生也晚，2000年读大学之后才开始阅读王小波的作品，因此一直困惑于王小波在1990年代末为什么会受到如此众多青年人的青睐和追捧。通过读房伟的长篇小说《英雄时代》，通过他所塑造的主要人物刘建民，对此我终于略懂了一二。“左翼”与“右翼”尽管互相批评，甚至势不两立，但其实他们有共识：就是对当前体制皆持批评态度；只是二者解决方案不同，征引资源不同而已。1990年代，中国社会阶层大分化，大学生们毕业后沦为屌丝，昔日为国家主人的工人们和农民们沦为了社会底层，他们的立场也有所分化，部分站到了“左翼”一边，部分站到了“右翼”一边。所以，《英雄时代》中的刘建民站到了“右翼”一边，反体制，崇尚自由；曹征路的《那儿》同样写国企改革和下岗工人处境，但却被“左翼”解读，成为底层文学的代表作。

2012年11月23日于中国艺术研究院

民间的缝隙

——评陈润华《偶然的南方》

润华这些年四处流浪，居无定所。他读过理科，读过法学，读过文学，读过政治学，写诗，写小说，也写论文。润华就是这么“一年而野，二年而从，三年而通”地不停往上走。

润华的这部小说名为《偶然的南方》，由广西师范大学出版社 2004 年出版。据说，润华写过十几本小说，然而唯有这本《偶然的南方》正式出版过，因此作为小说家的润华，鲜为人道及。2007 年夏天的时候，润华送我这本书。读后，我写下了如下的体会。

书名为“偶然的南方”。“偶然”涉及时间，“南方”涉及空间，“偶然的南方”则时空兼备，其中有未经商量、无可奈何地就被抛入斯世斯时斯地之意。然而奈何，只好既来之则安之，因势利导。既生“偶然”之感，则说明已经思考过来龙去脉。但命中注定如此，只好顺势踩到大地之上，这片土地就是“南方”。

此书分为三部分：一为引子；二为正文，名为《南方列传》，下分 16 位传主；三为尾声，名为《离开》。这是一个回来—离开的故事。引子与尾声聊聊数笔而已，正文则浓墨重彩，16 位传主尽管各个不同，但都来自民间。引子部分引出人物和故事发生的时间与空间，万事俱备。时间在“清明节”前后，清明节是生和死、当下与历史的交界处。这个时节生者忆念死者，祭奠死者，容易引人回忆。老陈来小城是为了寻找朋友的坟。“坟一面是埋葬，一面是留恋”，浪子老陈其时即处于埋葬与留恋的边缘。故事的地点则是“北江边的一个小城”，浪子人在旅途，暂时置身事外，与世隔绝。正文部分则是老陈转述老陈、老赵（名为"隐居者"）、老许（名为"漫游者"）三人在晚上讲的故事；结尾部分，作者意犹未尽，又引出两位房客的故事，好比剧烈地长跑过后，须慢慢小跑方能逐渐停下来，不可遽然而止，最后则是浪子离开。

全书可谓短篇故事集，现实中的故事、讲述中的故事一个接着一个，唯以浪子老陈穿插、连缀全书。浪子老陈是全书的枢纽与核心，老陈是这个时代的经历者，同时也是记录者、评判者。短篇故事集犹如万花筒，五彩缤纷，涉及众多人事，看似纷繁复杂，其实一以贯之，这就是世间万象。世事白云苍狗地变，然而易中有不易者。作者在小说中写道："卡尔维诺写道：'马可在一座城里，看见某人在广场上所过的一生或一个瞬间，这一生或一瞬间也许就是他自己的。'这是很有道理的。在一个地方，看见某一个人就会明白一生的所有瞬间。"一个地方，一个人，一个瞬间，尚且可以让人明白一生的所有瞬间，何况，多个地方，多个人，多个瞬间？《儒林外史》如此结构，可以见出其时儒林万象。《上海春秋》如此结构，可以见出其时上海颓靡万象。《偶然的南方》如此结构，可以见出南方万象，也就是世间万象。因此全书尽管是长篇，若拆开正文部分则是一个一个短篇，也就是鲁迅说的"形同长篇，实同短制"。然而这样的体例，于写纷纭的世界，实在可以胜任。

将《偶然的南方》视作小说未必正确，因为正文明明是"某某列传"的集合。《偶然的南方》之体例前可追《史记》，后可追《儒林外史》，在西方可追《十日谈》。《史记》自然可以当成小说来读，但须知《史记》不仅是小说，《史记》背后有大景象。梁启超《论小说与群治之关系》之后，士人们为了"新民"，为了宣传，史部往往降身为小说。史部尽管可以小说面貌出现，然而史部终不是小说，小说终是稗官野史。梁启超身体力行，《新中国未来记》即是小说面目出现的史部，即是史部降身为小说。《偶然的南方》以"列传"名之，这自然取自《史记》。《史记》的"列传"最接近小说，然而《太史公自序》、书、表、本纪等则与小说相去甚远。沈从文在家书中说，他读《史记》最喜欢列传，觉得太史公将人物写得栩栩如生，觉得是一个有情的世界，沈从文终只是一个小说家，他只亲近列传。当下的文体分类，面对历史时多遭遇尴尬，但是往往将尴尬置之不顾，于是削足适履，将其摆弄得服服帖帖。将《偶然的南方》称为小说，就觉得似是而非，若即若离。因为其本身就四不像，唯其是四不像，可以摆脱因象带来的限制。《偶然的南方》是小说，是家长里短，街谈巷议，是写小人物，然而还须看到《偶然的南方》“史”的一面，这是一部“列传”集，这是为南方作传，为时代作传。润华要在小道中见出大道，在街谈巷议中见出时代之象，在小说中见出史。若如此理解，《偶然的南方》称为小说也可，称为“史记”也可，称为美学也可，称为政治也可。

“五四”以降，小说家们往往向西天取经。鲁迅声称依靠了以前读过的百来篇小说，周作人大倡翻译，胡适亦大倡翻译，巴金亦有类似言辞，流风所及，当代小说家往往开口闭口马尔克斯、博尔赫斯，于中国的古典传统往往置之不理。中国的古典传统或许在文本中起着作用，但往往隐而不彰，甚至小说家本人亦未必意识到而已。《偶然的南方》继承着《史记》的精神，这应是作者有意为之。《史记》可以视为《春秋》之续。同时此书以讲故事的形式结构全文，自然会让人想起《十日谈》，然而又像“三言二拍”，还有着说书的痕迹。如此去追踪《偶然的南方》的源头，肯定吃力不讨好。但或许还有必要，可以说明润华在吸取小说创作养料时并不仅“一边倒”，而是左右开弓，东西俱采，扎根于中西经典之中了。《偶然的南方》显示出来的气象比较宽广、宏大，没有小家子气。小说家唯有扎根于东西古典作品，当代的小说才有可能突破成见——只是虚构的文学样式之一种。小说才可能不仅与美学相关，而是融合了诗与思，或许它才可能称为诗与思本身。如此，小说不是小说，美学不是美学。

正文既称《南方列传》，可知作者想为南方树碑立传。但如何为大地立传？大地的生生不息何以体现？于是需要人。人生于大地之上，必然沾有大地的气息。人参天地，自然可以为大地代言。人是大地之言。《南方列传》下有 16 位传主，作者通过写传主们的言行，传主们一个一个生动起来，于是大地也就生动起来了。鲁迅为阿 Q 立传之时，于选择立传名目之事颇为踌躇，“传的名目很繁多：列传，自传，内传，外传，别传，家传，小传……可惜都不合。”最后不得已只好称为“正传”，因为按照史例，阿Q没有资格进入传之列。《偶然的南方》称为“列传”，自然不会无所用心。列传本于《史记》，太史公将伯夷、老子、韩非子等人归入列传之林，鲁迅讥讽《史记》列传均为“许多阔人”。以《史记》标准则之，《偶然的南方》的传主们肯定名不见经传。然而《偶然的南方》却为名不见经传者立了传，而且堂而皇之称为列传。列传之名冠于“少年酒鬼”“赌徒阿三”“莽汉刘四”“丁疯子”“傻子阿四”“逃犯杜九”“嗑瓜子的姑娘”“忧郁的军官”“傻子阿峰”“北方来的歌女”等人之上，似乎不伦不类。这些人甚至没有名字，然而他们有身份，或为军官，或为傻子，或为逃犯，或为酒鬼，人真正的名字是其身份，身份是人一辈子修成的东西。正是三教九流、五花八门的这些传主们，才算是南方的、大地的承载者。这些人被压在下面，是底层人物，故与大地更为接近。但他们在下面是因为他们只能在下面，并非心甘情愿，因此其实他们也还是远离着大地。润华的小说不可称为所谓的“底层写作”。真正的底层未必与“底层写作”有关，甚至与“底层写作”无关。这个时代上下秩序已经完全被破坏了，古典的上与下、高贵与卑贱，都被经济的标准重新划分过了。然而这些人终是与大地接近，故自觉、不自觉地尚沾染着大地的气息。以列传名之，恰如其分，因为下面大有人在，上面亦不乏其人。《偶然的南方》定位就在这里。

传主们的故事由老陈、老赵和老许三人轮番讲述。正文在一派狂欢的气息中开始：“在南方男女们的血液里，有多少温柔而奇妙的故事啊！还有许多故事，也许我还没来得及知道，故事中的主人公还没有登场，也许应该登场了。——上来吧！喜剧、悲剧的主角们、配角们、小丑们、国王们、打鼓的老汉们，应该登场了，为那美丽的姑娘们鼓掌，把鲜花，把一句句的诗行，把眼泪、把忧郁都献给她们。好吧，化好妆的演员们，上来吧！”作者给予三个讲述者三个名号，分别为浪子、隐居者和漫游者，这就是他们的身份。浪子、隐居者、漫游者，几乎是一物之两面，或者可言这三个人就是一个人，浪子和漫游者就是隐居者，流浪本身就是隐居，隐居本身就是流浪。在小说最后作者故意以老陈的口吻说：“我是不是那个隐居者？”三个人讲述的故事，或有自传，或有他传，或亲身经历，或道听途说。16 位传主构成“南方列传”,“南方列传”加上引子与结尾则构成了浪子 / 隐居者本人的传。为民间的三教九流立传的是浪子 / 隐居者，为他们立传之时，其实也就为浪子本人立了传，这些被记录的南方的传主们像一面面镜子，共同映射出浪子之象。浪子之传建立在他为南方的传主们立传之上，浪子的高明之处和问题也就同时被映照出来。

可是浪子为什么要流浪？为什么要到民间去流浪？

贫乏时代的一个标志就是越来越少的人在流浪。因为每个人都或者以为得其所哉，在斯世斯时斯地如鱼得水者肯定不会流浪；或者没有力量去流浪，因为羁绊的力量是如此之大，如同机械上的一枚螺丝钉，动都不能动一下。浪子通于诗人，但不完全是诗人。对于诗人而言，无论哪个时代总是贫乏的。诗人能在贫乏中见出丰富与美，能在天上见到深渊，在深渊中看到天上。流浪是游离于固定之所，流浪是寻找家园，流浪是为了直面实际。因为他已经隐隐约约地感觉到，他所居住的地方并不是他的家园，他所面对的世界未必是真实。他也感觉到，他没有站在大地之上，而是悬空于一个深渊之中，而不知道这个深渊的底在何处。他已经感觉到时代处境的不妙，这个时代没有根基。诗人是时代的寻根究底者，浪子只是初步具备了这个力量。浪子是诗人 / 哲人的准备，因为真正的诗人 / 哲人不必流浪，所谓“不出户，知天下”，所谓“无入而不自得”，所谓“出入无疾”。

浪子的流浪始于拒绝，始于否定。浪子拒绝束缚，否定成见。这似乎是消极的，因为尽管未必知道要什么，但可以知道不要什么，其实积极也就在其中了。浪子不断地转换自己的处境，每一个环境对他都是束缚，浪子还不能在处境中从心所欲，但浪子或许会在不断的束缚与流浪中慢慢地立起来，为其继续寻根究底储备力量。

浪子的流浪始于城市。“列传第十六：忧伤者之死”开始有一段对广州的描写，“黄昏后，内脏堵塞的广州上了淡雾……”整个城市颓靡而百无聊赖。浪子流浪在城市之中，多少也有些颓靡，但浪子尚有生气，他可以醉酒，为这个“秩序井然”的城市注入一些血性与浪漫，添加一些无序与混乱，为理性增添一些感性。彬彬有礼的城市居民们只是按照资本的逻辑在身不由己地运行着，为了资本更好地增值，他们一个个都彬彬有礼。城市肯定会让浪子失望，他不适合在此生长，在城市中的流浪会让浪子无所得。

于是浪子转到民间。从城市到民间是一个下降的过程，其实下降正是上升，浪子会在下降之路上得到升华。往下走可以避开时代的喧嚣，或可以直面真相。费孝通往下走，于是其《乡土中国》可以看见中国乡土和传统价值的正面因素，在其时难能可贵，然而费孝通终是有一个社会学的障没有破掉。贾樟柯往下走，他的《小武》触动了很多人的记忆，然而贾樟柯似乎止于此，这是因为他停在了往下走的路上，自以为得之。城市，尤其是浪子居住的上海与广州，是贫乏时代的风口浪尖，是贫乏时代的标本。城市日新月异，变动不居，它几乎来不及沉积、消化，时尚一次又一次冲刷着这些城市，传统与积淀肯定荡然无存，因此城市就不具备抵抗这个时代的能力。城市就是贫乏时代的承载者和体现者，城市没有地基，时代也没有地基。城市让人眩晕，让人不踏实。浪子的潜沉是为了寻找时代的地基。在上帝死了、诸神隐退的这个时代，浪子离开高地，不断下沉。他试图倾听来自深处的声音，他试图触摸大地。深处因为远离风口浪尖之上，往往会遗留下一些时代的死角，这里还可以窥见一些神圣的蛛丝马迹，诸神的痕迹在那里还闪着微弱的光芒。民间有其自在生成的法则，因为天高皇帝远，就会有许多缝隙。浪子就要寻找这些缝隙，若积聚起足够的力量，他会沿着这些缝隙不断潜沉，同时在潜沉中成长。身处民间的人，那些酒鬼、军官、赌徒、歌女、疯子们就是缝隙本身。南方列传的 16 位传主就是 16 条缝隙，16 只是虚指，民间尚有缝隙。因为后天之障越来越深，他们自己未必意识到其身上的缝隙，未必意识到自己身上潜藏的光。为浪子立传就是要将来自民间的缝隙呈现在我们面前，将他们身上的遮蔽与光呈现出来。将大地上的人呈现了出来，大地的轮廓同时就被勾画出来了，大地满目疮痍，然而又是生机勃勃。

《偶然的南方》以讲故事的形式结构全文，这是浪子潜沉之后的絮语，是浪子下降的记录，这就是浪子的流浪。我们是否会因为人物的卑琐与无聊而终止倾听？我们是否可以倾听？我们倾听了，但是否可以与之俱化，发现自己身上的裂缝，进而也沿此潜沉？这无论如何对我们是一次考验，对这个时代亦是一次考验。因为这个时代所接受的是小资情调，《偶然的南方》中没有它。若我们置若罔闻，则是我们羁绊太多。若我们可以听进，则说明我们身上亦有了流浪的种子，我们身上的光在隐隐发光。苏格拉底的“回忆说”就是如此。他要以辩证法逗起我们的记忆，让我们意识到自己身上的缝隙，激发出起内心深处的光芒。这本来就有，不必外求，一旦抓住这些缝隙，我们就有可能潜到基点。但贫乏的时代容易让我们看不见自己身上本有的缝隙，我们不断被各种时尚和成见包裹，被障住，难以脱身。浪子脱身了，浪子的流浪是为了倒空自己，原始反终。浪子只能在流浪中完成一次又从一次地倒空。浪子潜到民间，希望在那里看见缝隙，看到被遮蔽了的光。他就记录下流浪犯、乞丐、赌博者、傻子、疯子、小店主的悲欢离合，大事小事。他要让这个贫乏的时代看一看，真正的丰富到底在哪里，他要让这个黑暗的时代看一看，真正的光在哪里。他要为那些让人望而却步的人立传，否则这些传主们就会随风飘去，因为贫乏的时代会弃之如敝屣，丝毫不懂得要珍惜他们。

民间肯定比城市丰富，因为民间与大地更为切近。但是民间也贫乏，因为它毕竟还是在这个贫乏的时代之中，因此可以说民间就是城市。民间尽管有所抵抗和消解，但是时代的力量已经大到无孔不入的程度，因此民间慢慢会被时代规划和修改。民间固然稳定，但并非岿然不动，滴水不进。来自民间的传主们，身上也有着时代风口浪尖所有的种种毛病。因此终有一天，浪子会疲倦于他在民间的流浪。他若想继续潜沉，他必须潜到民间以下，他必须沿着民间继续往下走。《偶然的南方》只写到了浪子潜沉到民间，并且已经疲倦，于是浪子离开。这本书就是浪子对其流浪生涯的旧梦重温，回忆中有美也有丑，有兴奋也有疲倦。他来小城寻找朋友的坟，可是朋友的坟在哪，他不知道。浪子十分彻底，甚至到底那个朋友有过没有都不知道。小说写道：“我对两个陌生的房客说：‘隐居者的女人要我去寻找他的坟，这不我就来到这里了。’‘我劝你回去吧，’剃头匠说，‘你永远找不到的。’‘是啊，我也这样认为。’另一个房客老马说。‘再说，到底有没有这个人，也不知道。’剃头匠又说。”浪子埋葬了过去，比鲁迅更为决绝。《在酒楼上》吕纬甫挖坟时，只是扑空而已。吕纬甫说：“我的心颤动着，自去拨开这些，很小心的，要看一看我的小兄弟。然而出乎意外！被褥，衣服，骨骼，什么也没有。"

浪子离开了。浪子说："我就离开这个地方，过一会儿就离开，这就走，就离开这里。是的，我将离开雨中的这个小城。"小说也就戛然而止。浪子会去干嘛？不知道。好在来日方长。或许浪子会继续潜沉，尽管那里深不可测，甚至极有可能是个无底洞。希望有朝一日浪子可以回来。或许那时浪子将不再称为浪子。浪子本身还带有这个贫乏时代的许多印记。浪子还有他颓靡的一面。在汉语中浪子无论如何并非完全是一个褒义词，它有副作用。或许正是因为浪子本身的力量不够，于是浪子需要酒。酒是这本小说中重要的元素，浪子一边饮酒，一边讲述故事。朋友们见了面如此打招呼："'你看你，浪子啊！上楼吧，'他顿了顿，'先上楼，喝一点酒。'"酒可以壮胆，但酒也可以乱性。酒可以让人通神，但酒亦可以让人颓靡。在正文开始，作者就插入一段"武松打狗"的故事。武松借着酒劲完成了打虎壮举，但是烂醉如泥的武松，打狗尚且不行，东倒西歪，十分狼狈。小说写道："武行者看时，一只大黄狗赶着吠。武行者大醉，正要寻事，恨那只狗赶着他只管吠，便将左手鞘里掣出一口大刀来，大踏步赶。那只黄狗绕着溪岸叫。武行者一刀砍将去，却砍个空，使得力猛，头重脚轻，翻筋斗倒撞下溪里去，却起不来。冬月天道，溪水正涸，虽只有一二尺深浅的水，却寒冷的当不得。爬起来，淋淋的一身水，却见那口戒刀浸在溪里，明晃晃地发亮，武行者便低头去捞那刀时，扑地又落下去了，只在那溪水里滚。"武松何等英雄，醉后却如此不堪。这一段高高地挂在正文开端，像一把达摩克利斯剑高悬在浪子头上。浪子借着酒完成了"南方列传"，但若过分地依靠酒，浪子难免成为打狗的武松。因此我希望浪子能够回来，他离开若是为了可以更好地潜沉到民间以下，则他肯定会回来。若浪子一朝可以绝地通天，那他将无所谓离开或者回来，他也将无所谓有没有酒，没有酒亦可以招来酒神，没有酒亦可以兴致盎然。他本身就会刚健清新，为而不恃。那时他将不再是浪子。是什么，不知道，或许可以称为哲学家或诗人。那时候，浪子的小说，是不是小说都无所谓。

2008年6月1日于复旦大学

困而不失其所亨

——《雪夜梁山》发微

一　润华其人

和润华熟极，可是临到要谈他，却不知道从何处入手，就如同老虎啃天。好在润华几经漂泊、流浪、折腾，终于在2008年得其所哉，进入了复旦大学高等研究院，在那里做专职研究人员。研究院的网站上有一段润华的简介，应该出自润华之手，是言其经历和总体之志。我省事抄在这里，希望读者能对他有一个全面的了解。

> 陈润华（1972—　），贵州乌蒙山人，复旦大学社会科学高等研究院专职研究人员。1990—1994年就读于中山大学地球科学系（广州），1997年入上师大法商学院，2000年获法学硕士。2001年入复旦大学中文系，2004年获文学博士。2006—2008年复旦大学国际关系与公共事务学院政治学博士后流动站工作。发表过多篇政治学－文学论文与评论，出版过小说、诗歌等。
>
> 主要兴趣领域：中国古代学术，当代中国政治哲学、法学、政治学、诗学，中西古代学术比较。
>
> 一个民族生存几千年，绝非偶然的力量，绝非侥幸、骗术或一时一地的伎俩，其间有很多根本的东西、伟大的东西。时代提供了一种梦想和抱负，一个国家和古老民族的复兴，首先是一场精神上的复兴，是《诗经·大雅·文王》里的“周虽旧邦、其命维新”，另一方面需牢记《尚书·多士》“天命靡常，唯德是辅”的教诲。

二　小说与寓言

小说索其本意是："小说家者流，盖出于稗官，街谈巷语，道听途说之所造也。孔子曰：'虽小道，必有可观者焉，致远恐泥，是以君子弗为也。'然亦弗灭也。闾里小知者之所及，亦使缀而不忘。如或一言可采，此亦刍荛狂夫之议也。"(《汉书·艺文志》)然而20世纪中国，被视为小道之小说却成了经。梁启超作《论小说与群治之关系》倡之，并身体力行，作《新中国未来记》。梁启超有了一些哲人气息，小说只是示其方便而已。"五四"时，鲁迅和之，终身写小说不辍，大大提升了小说的品味。"君子弗为"到君子为之的变化，或与其时士人欲宣传其道有关。小说是下降，士人愿意以小说的形式表达，如此可以让更多的人听到他们的呐喊声。故鲁迅为思想家云云，可谓知鲁迅者之言。

庄子有"寓言"的说法，可以借来说润华的这部书。庄子言："寓言十九，重言十七，卮言日出，和以天倪。寓言十九，藉外论之。"(《庄子·寓言》)"寓言十九"者可理解为寓言为十分之九。庄子又言："以卮言为曼衍，以重言为真，以寓言为广。"(《庄子·天下》)鲁迅追溯小说源头时，总会言及庄子："小说之名，昔者见于庄周之云'饰小说以干县令'，然按其实际，乃谓琐屑之言，非道术所在，与后来所谓小说者固不同。……然《庄子》云尧问孔子……当时亦多以为'短书不可用'，则此小说者，仍谓寓言异记，不本经传，背于儒术者矣。"[①]《雪夜梁山》可谓寓言，"藉外论之"，"以寓言为广"。《雪夜梁山》不可落实，这部书本来就写得恍兮惚兮，虚虚实实，润华穿梭于林冲与周冲、宋朝与当下之间。人物之别，古今之界皆被打破。林冲就是周冲，周冲就是你、我、他，你、我、他就是林冲；宋代就是当下，当下就是先秦，也是古希腊。《雪夜梁山》写人的基本处境，人在法律之下，在城邦之中应该何去何从。苏格拉底说"学习就是回忆"，孔子说"述而不作"，庄子说"重言"，管子说"复"，都是往前走。润华没有再虚构一个新的小说，他温故而知新，藉

---

① 鲁迅：《中国小说史略》，收入《鲁迅全集》第9卷，人民文学出版社，1981年，第5页。

林冲的故事说话，其实太阳底下哪有什么新鲜事。20 世纪的中国一直处于“新”的冲动之中，“新民”“新世界”“新世纪”“新纪元”“新天地”“新中国”“新时期”等等，似乎一个崭新的世界可以在 20 世纪展开，似乎过去与现在可以一刀两断。

这是一个宏大的主题。小说之所以小，首先因为在志上小了。“街谈巷语、道听途说”，无论如何变幻，现实主义、超现实、黑色幽默、魔幻现实、先锋等等，说来说去，绕来绕去就是那么点事，几乎一眼就可以看穿。人与法律的关系，人在城邦中何去何从，这个问题至大，但也最切身。润华以此为主题，足见其气魄与志向。

三　雪夜梁山

这部书名为“雪夜梁山”，用林冲的典故。《雪夜梁山》是“戏中戏”，林冲的故事中嵌套着周冲的故事，周冲的故事中嵌套着林冲的故事。雪夜梁山是《水浒传》林冲故事的高潮，对于林冲而言，这是关键时刻，雪夜梁山之后，林冲的命运有了天翻地覆的改变。

林冲的娘子被高太尉调戏，高太尉得寸进尺，设计陷害林冲，林冲误入白虎堂，被判刑发配沧州，一路千辛万苦，九死一生。至沧州后，高俅步步紧逼，又烧了草料场。林冲终于忍无可忍，在枪尖上挑起了正义，杀了陆虞侯等，投奔了梁山。《水浒传》叙述了一个完整的故事，从“豹子头误入白虎堂”到“林教头刺配沧州道”“林冲棒打洪教头”“林教头风雪山神庙”，再到“林冲雪夜上梁山”，交代了前因后果，但《雪夜梁山》只是截取了片段。《水浒传》将林冲在沧州的故事略微一提，就转入了下面的环节，但《雪夜梁山》停在了这里，将细节放大。叙述太快，一些细节容易忽略。《水浒传》少有心理描写，写林冲时只写“闷闷的”。但是林冲在沧州时会想些什么？想当年八十万禁军教头，今天却是阶下囚，自己生死未卜，妻子处境危险艰难。林冲一直忍受，在发配的路上，林冲对看守说：“小人是个好汉，官司已吃了，一世也不走。”林冲是个高贵的人，他忍受着法律的不义，直到忍无可忍，逼上了梁山。毛泽东也喜欢这个故事，鲁迅艺术文学院曾排过京剧《逼上梁山》。苏格拉底被雅典人投票判刑后，其朋友和学生皆劝其逃走，但是苏格拉底不逃，为此他向朋友们作了第二次申辩，言他死得其所。

《雪夜梁山》中的主人公叫周冲，周冲的罪名据说是"谋杀高部长未遂"。周冲却因为监狱管理部门改革，"让犯人过正常人的生活"，被派往草料场公寓当看门人。若对应于《水浒传》，就是林冲被派往草料场守门，《雪夜梁山》将细节放大，展现了周冲其时的心理。周冲虽在狱外，却如同在狱里。监狱的范围并不仅仅在那个围墙之内，监狱可以无限扩大。小说有一节为《孪生的厌世者》，兄弟二人，弟弟是警察，哥哥是囚犯。哥哥虽已出狱，但依旧感觉被监视，终于惶惶而死。奥威尔《1984》言，整个世界就是一个监狱，你无处可逃，无处可躲，甚至想成为思想犯都不可能。周冲左冲右突，想找一个突破口。但是周冲所有想到的路都被堵死了，想逃走，不可能，小说中有一节为《走错房间的来访者》，来访者告诉周冲那只逃亡的猫终于自杀了。想上梁山，也不再可能，梁山泊的水已经干涸。小说中有一节《再遇高先生》，高先生背诵完林冲"风雪山神庙"的故事之后，说："喜剧时代的戏剧开始了。"对于周冲而言，唯有最后一条路，那就是当喜剧演员。既然无处可逃，周冲只好登台，在喜剧时代当一个喜剧演员。喜剧演员或许能做到以不逃为逃。《1984》中的主人公温斯顿太弱小，充其量是个知识分子，因此尽管他费尽心机地逃避、突围，但是依旧在掌控之中。若是哲人，或可以顺着这个时代，以不逃为逃，就在这个时代中突围。小说中的柴院长说："不要把愤怒表现出来。接受现在的一切，把它隐藏在喜剧的深处，终有一天，它会给你带来安慰的。"

喜剧可以是哲人从天上下降的一种方式，在喜剧中哲人可以突围，可以终其天年而不中道夭。小说中高先生说道："你应该清楚，喜剧必须为了生活，你是颓废时代唯一拥有力量和行动的人，你因为成为喜剧演员而成为积极的人，也许是唯一积极的人。你在进行一场战斗。"

四 《雪夜梁山》开头的诗

润华尽管没有写序或后记，但是他在《雪夜梁山》之前附了一首诗，如下：

梳子可以把虱子从头发里赶出来，
快乐可以挡住混乱的世界，
爱过这人世，人世也会爱你；
不用赞美，也不用厌恶，
打在墙上的那缕阳光，就是希望。
我只是盲目而软弱的囚徒，
狱中最平常的那一位。
我尊重看守，选择沉默，
享受犯人纯洁的快乐；
我是个幼稚的人，
不寻求别人的尊敬，
——真难以置信。

——《行吟集》“囚徒之歌”

这首诗可谓《雪夜梁山》序言，最能言志。序者绪也，就是头绪。这首诗极有分量，《雪夜梁山》近四百页的正文就是演绎了这首诗。

每个人都处于囚徒状态，都处于困境之中，但在困境中如何解脱，如何做到困卦所谓“困而不失其所亨”？困卦所谓“困而不失其所亨，其惟君子乎？”若要在困境中解脱，须先修成君子。这里的“囚徒”是下降到囚中的“君子”，因此尽管是“囚徒之歌”，诗依然显得阳光明媚，丝毫没有阴气。“快乐可以挡住混乱的世界”，“不用赞美，也不用厌恶”，“打在墙上的那缕阳光，就是希望”，困卦所谓“险以说（悦）”。“我只是盲目而软弱的囚徒，狱中最平常的那一位”，因为君子不得不回到洞穴，他懂得了“靡哲不愚”，懂得了如何与这个世界和看守相处。“我尊重看守，选择沉默”，困卦所谓“有言不信，尚口乃穷也”。“不寻求别人的尊敬”，则是圣人无名之象，人不知而不愠，完全内敛，不显露，也就是藏身处无踪迹。

困卦亦无阴气，关键在于被困者如何自处。王夫之言："故君子终不困人，而自困亦免焉。其不得已而困于人也，积精诚以保其所不及知，如二、五之享祀以承庆而受福，又孰得而困之？"[1]

在险中找出悦，在困境中找出积极的进路，君子终不困，这也就是《雪夜梁山》的用意所在。

2010年11月14日于太阳宫

① 王夫之：《周易外传》，中华书局，1977年，第112页。

寓言耶？现实耶？

——读黄惊涛《花与舌头》、黄孝阳《人间世》《旅人书》

寓言云云出乎《庄子·寓言》，讲庄子有三种说话的方式：重言、寓言、卮言。王夫之以为《寓言》篇可作《庄子》序言观，极有见地。寓言是“藉外论之”，《庄子》汪洋恣肆，明明讲甲，偏要说乙。《庄子》有话不好好说，因有苦衷。故《庄子》寓言不可只看乙，而应由乙看到甲。当然，《庄子》所言之甲到底是什么，或不知道，每个人都可以对一下自己的答案，答案没有正确错误，只有高下之分。程度低些，答案低些；程度高些，答案会两样一些。

除此之外，尚应知人论世，譬如通过《韩非子》的《解老》《喻老》篇可以看到《老子》不动声色的、抽象的语言背后所关联的现实与历史。藉外论之，都是象，看懂一个又一个的象，自己会进步，在世间也能做到出入无疾。所以，没有纯粹的寓言，支撑寓言者是鲜血淋漓的、实实在在的、生生不息的、亦庄亦谐的现实。亦有所谓纯粹寓言，往往是浮词虚语，外表唬人，高大上，其实装神弄鬼而已。

1949年之后的文学，鲜有采用寓言写作者，往往直接描写现实。当然，寓言式写作或写实式写作并无高下分别，要乎能量之有无、强弱。近读黄惊涛、黄孝阳书，发现二人有志于此，颇觉欣喜。屡读直接描写现实的作品难免会审美疲劳，忽然读到另一种风貌的作品眼前忽地一亮。

黄惊涛，新近崛起的小说家，文学硕士，某刊主编。他所喜欢的书乃是《神曲》与《吕氏春秋》，由此可知其志不小，他所主编的刊物品位亦颇高。《花与舌头》发表、出版以来，颇受好评。

"花与舌头"是一个极好的名字，此书名与李敬泽有些关系。[1]黄惊涛舌底生风，舌战群儒，"不服管理"。将舌头与"花"并列，可以收到三个方面的效用：一、花腔之花，天花乱坠，虽不完全切题，但多少与此书主旨有联系；二、拈花微笑，此乃禅宗极高境界，此书有其形，未必有其实；三、鲜花之花，舌头吐出莲花，鲜花代表正能量，但如此或只是为了掩饰。

其实，此书最要者是那只搅动四面八方的舌头，花不花尚在其次。李敬泽为此书作序，名为《不服管理的舌头》，确实一语中的。舌头关乎养生大要，要么关乎食饮，要么关乎语默。食饮不节、不时，身体易出问题，所谓病从口入；应默而语，身危，应语而默，亦身危，语应多而少，语应少而多，皆失言，久而害生。所以，养生之要乃是"管理"好自己的舌头，食饮有节，语默中庸。可观中外历史，因舌头致病、身殆者不可胜数，可不慎乎？

《花与舌头》是什么？小说？散文？政论？都是，亦都不是。写作者往往容易本末倒置，预先想好了要写成小说、诗歌或散文，于是按照他们所理解的、接受的范式与模型写将出来，如此固然是标准的小说、诗歌或散文，但未必出彩。写作者关键在于有要表达的实，沉潜，反复，精之又精，最后一旦成熟，于是可以形诸文字，行于所当行，止于所当止。如此写出来的作品，或许不是小说、诗歌或散文，但只要其中有实实在在的能量即可。写作者应该致力于处实，而不是处名与形。《花与舌头》不能定位，无从命名，但亦不必为此烦恼，因为其中有真实的能量，有黄惊涛对世界与人生的理解。

《花与舌头》写了光荣镇的各色人等。光荣镇是故事发生地，不知是国内的抑或国外的，不知是古代的还是今天的，不知是虚构的或是现实的，小说没有交代，一切都已虚化。但是，光荣镇似乎就是北京、上海、广州、西安、铁岭……光荣镇中有各种各样的人：变成虫子的人、有替身帮他活着的人、没有舌头的人、搭热气球出行的人、遭窃听的人、夜游城

---

① 参见黄惊涛：《花与舌头》一书后记，生活·读书·新知三联书店，2011年，第221页。

市的人、制造慢刀子的人……这些人虽大都有一个外国名字，但望之面熟，似乎就是当代的各路明星和身边的亲朋好友、领导、同事、老师、学生、子侄。他们各具不同的性格、缺陷，各有不同的命运，将他们的故事通过寓言化的形式写出来，似真似幻，真真假假。

《花与舌头》尽管虚化了故事背景，虚化了各种人物，但是非常明显，黄惊涛所写乃是现实，光荣镇就是我们所居的城市与乡村，光荣镇中的人物就是身边的你我他。光荣镇未必是花一般的世界，光荣镇人未必花一样可人，亦未必都口吐莲花，《花与舌头》所呈现出来的景象与“鲜花”未必有关。

《花与舌头》藉外论之，大都显得平静，但不乏激愤之语。譬如《夜游城市的人》中即写道：“仁爱大道原先叫刽子手大道，真理路原来叫婊子大街，民主大道最初的名字是帝王之路。”再譬如《在大街上垂钓的人》中写道：“有用谎言钓鱼的。他首先撒一个谎，如同撒一个网，很多笨拙的鱼就会自动上钩。有用眼泪钓鱼的，那样的垂钓者根本不需要绳子，她的眼泪连缀起来就是钓鱼的绳线，那些善良淳朴的鱼就会咬她的线。有用香水做诱饵的，香水是世界上最好的饵子，红鲱鱼就会围着它团团转。”其中之意，可观而知。

但是《花与舌头》有些饶舌了，尽管其中有实在话，但要花腔者亦不少。庄子“寓言十九”，但皆有所本，亦有实在的能量，几乎没有花腔，原因是庄子“于学无所不窥”，且看懂了时势，甚至看懂了人本身，看懂了人群总体谱系，所以其言结结实实。黄惊涛看懂了一些东西，但是写出来者大于他所看懂者，所以《花与舌头》总体上不够结实。

黄孝阳，早年颇受王小波影响，王小波去世之后，其“门下走狗”一度活跃，出书、搞活动进行纪念，孝阳或即其一。黄孝阳一度活跃在网络中，现居南京，为某出版社编辑，出版过多部长短篇小说。

黄孝阳的写作亦呈现寓言化方式，其较有代表性的作品有《人间世》（青岛出版社，2010 年）和《旅人书》（长江文艺出版社，2012 年）。

“人间世”典出《庄子》，人在世界中有千难万险，或稍不慎，或行不正，即遭不测。黄孝阳将其书名为《人间世》或取此意。然而，人只能在世界中解脱，修为高些，才有可能人"间"世，游刃有余。

《人间世》有《楔子》叙此书来源，这部书并非出自"我"手，而是偶然得之："我是在公园的躺椅上见到这份被丢弃的手稿的。……开头有一行隶书：多想拥你入怀，坐于月下，看那汹涌人潮。隶书扁平、工整、精巧，蚕头燕尾，一波三折，是一种很需要书写耐心的已从日常生活中消失的字体。"《人间世》的楔子颇似鲁迅《狂人日记》的小序，日记得自"已赴某地候补"的好友，冯唐《不二》亦如此，他说偶得敦煌卷子。黄孝阳此举收到两种效果：一、《人间世》变得跌宕多姿，情节扑朔迷离，内涵似乎加深；二、妥善处理了作者、叙述者、人物之间的关系，也使得几者之间的关系变得更为复杂。黄孝阳由此变得不再是作者，他成了抄写者，"亲爱的读者，我用了一个月的时间抄写它"，作者另有其人，作者是叙事者，他通篇叙述，作者也是故事人物，《人间世》就是他的故事。

《人间世》虽然夹叙夹议，但毕竟看似小说，这是某人的回忆录，从1954年讲起，一直说到当前。黄孝阳在小说中说道："我喜欢小说，那种不确定的小说。它们像马铃薯，在土里匍匐生长，向着四面八方而去，随时为人提供意想不到的饱含营养成分的惊喜。它多元，突现，没有明确的中心点，是一个奇妙的系统，又好像诸神在土壤深处自然地生成。"[①] 此为黄孝阳的小说观，由此可知其写小说的志趣，也可以了解他写小说追求的美学风格。小说没有秩序，而是"向着四面八方而去"，多元，但是又有神秘的力量支撑。《人间世》大致如此，小说花开两朵，事理二分，事有多端，理亦千头万绪，整篇小说"天花乱坠"。莫言说"《人间世》是犹如万花筒般丰富多彩的江南才子书"，诚不虚也。

《人间世》最大特点是事理二分，作者一边说理，一边讲故事，一半是寓言，一半是历史。说理时作者上下四方，古今中外，无所不谈，且口气极大，总是如此开始："活着的人，请听我说"。这一部分是作者的重心所在，展现了黄孝阳的世界观、人生观、价值观，展现了他的思想境界、现实关切。故事部分，黄孝阳大致如此结构：以年为单位，开篇摆出这

① 黄孝阳：《人间世》，青岛出版社，2010年，第1页。

一年的国内外大事，然后讲述“我”的故事，但毕竟黄孝阳缺少经历，故“我”之经历与年度国内外大事显得有些脱节。譬如“我出生在一九五四年。这一年的中国相对平静。朝鲜战争已经结束；斯大林于九个月前病逝；胡风还没有下狱；旧中国的通俗小说、古典文学名著仍被读者垂青；人们在使用以万元为单位的旧币，同时不无疑惑地琢磨着刚领到手的布票、线票、棉絮票，谨慎地谈论着新颁布实施的宪法。”之后，黄孝阳逐渐落实到具体故事当中，讲述了一个“50后”人的传奇经历，“50后”乃是中国当下各行各业领军人物，“我”经历了千辛万苦从一个苦孩子变成大领导，又因为私生活而败落，之后隐居，炒股暴发。《人间世》写了一位“当代英雄”，“我”挖空心思，与魔鬼定下契约，之后竟然顺风顺水，逢凶化吉，虽一度遭受不测，竟亦能东山再起。

《人间世》尚有事，《旅人书》则唯有理。《人间世》说理部分扩展成了《旅人书》，《旅人书》好比是黄孝阳的“逍遥游”。《旅人书》题词“世界在变，而我始终如一”，好或不好，不知道，应看作者具体行为。“我”变或不变，未可限定，也不可预设。黄孝阳题词又说：“要么旅行，要么读书，身体和灵魂，必须有一个在路上”，人若不读书、不旅行，不知其可。《旅人书》就是黄孝阳这个“旅人”旅行时的经历，他看到了各种各样的景象，看到各种城，看到了各色人等，于是写了下来，成为“旅人书”。这些城非是北京、上海、南京、天津、兰州，而是各有其名：高城、醉城、花城、总城、让城、少城、年城、湿城……黄孝阳的这些城好比黄惊涛笔下各色人，也好比蒲松龄笔下的各种狐仙鬼怪，只是黄孝阳说城，黄惊涛谈人，蒲松龄谈狐说鬼。这些城市恍兮惚兮，不是现实，但也是现实，不在今天，但也在今天，不关你我他事，但亦关你我他事。黄孝阳写出各种城，然后说：“每个人心中都有一座城，每座城都有一个不可言说的故事，哪一座是你生活的城呢？”读者可根据黄孝阳的描写，对号入座，找出自己所在的城。

然而这不是目的，找出自己所居的城之后，应该努力“百尺竿头，更进一步”，从一座城城走到另外一座城。《庄子·逍遥游》“天之苍苍，其正色耶”描写修为途中所见的城市景象，但《庄子》所写乃是立体的城市，有上有下，有高有低，路漫漫其修远兮，上下而求索。黄孝阳《旅人书》则是平面地写各种城市，他或读书，在时间中穿梭，或旅行，在空间中游历，必然见到各色人等，见到各色人等所居住的城市，于是以寓言的方式写了下来，展现了他读书和游历的心得。

2014 年 2 月 6 日于胶州中云

由作家到电影研究的学者
——沙蕙论

沙蕙迄今修成了两个形象：一是作家，一是影视研究领域的学者，目前其能量主要分布在小说写作与影视研究这两个领域。沙蕙出版过两部长篇小说：《好校长　坏校长》（作家出版社，2003 年）、《米粒儿老师》（中国画报出版社，2005 年），一部散文集《七十年代生人成长史——北大虫子们的少年往事》（中国青年出版社，2008 年）。自 2003 年始，沙蕙在《文艺研究》《天涯》《南方文坛》《文艺理论与批评》等杂志发表过多篇电影研究方面的论文，后来结集出版了两本电影批评论著，一为《电影在场——和沙蕙看世界》（湖南文艺出版社，2005 年），二为《熄灯十一课——和沙蕙看电影》（湖南文艺出版社，2006 年）。

沙蕙经历简单，读书，然后工作。她小学就读于北大附小，中学就读于北大附中，之后读大学，毕业后从事过一段中学教育工作，之后辞职，然后办过很长一段时间的杂志。目前在沙蕙的著作中有四个核心意象：一是成长经历，二是北大往事，三是反思中学教育，四是电影。前三个意象和她的成长经验与工作经历息息相关，三者往往交织在一起，化入其小说和散文之中；电影则是与其之后的定位有关，沙蕙一转身，由作家变为学者，电影是目前沙蕙找到的可以安身立命的事业。

沙蕙的两个长篇，一部名为“好校长　坏校长”，一部名为“米粒儿老师”，“校长”“老师”云云直指中学教育，将中学的教育现状推到了前台。两部小说可谓姊妹篇，《好校长　坏校长》以反思中学教育为主，穿插着米粒儿的成长经历，树立了一个怀着理想却四面碰壁、备受打击的年轻老师形象；《米粒儿老师》则以米粒儿的成长经历为主，写了米粒儿如何从一个自由散漫的学生成长为一名老师，之后又如何决然离开教师岗位的经历，其中穿插了对中学教育的反思。好校长与坏校长代表了学校的两极：好校长真心热爱教育，能够体察老师与学生，坏校长则只为名利，他们压抑了教师的创造力和热情。沙蕙长于北大，接触过诸多北大的教师（北大诸多老先生可谓教授之教授、老师之老师），浸染于北大的氛围之中，她知道什么是学校，什么是真正的老师，而且她对老师这个职业也怀着崇敬。校园、老师本是神圣的名词，可是一旦沙蕙进入中学这个圈子，接触到真实的学校，接触到现实中的一些校长和老师，看到他们的丑态，感受到钩心斗角的战争，理想与现实有了差距，自然会产生矛盾，因此她难以接受。于是不平则鸣，沙蕙写了两部小说来表达自己的不平与困惑，她将在中学所看到的阴暗一面笔之于书，揭露出来，因此曹文轩教授将《米粒儿老师》称为"校园隐情小说"①，也颇有道理。

1990年代，中国日益以市场经济为主导，社会生活发生了巨大变化，学校在社会中的定位亦随之而变。中学作为大学的准备阶段，在这样的背景下生存状态如何？生态如何？张颐武在评论《好校长　坏校长》时言及中学在这个时期所面临的压力："中学生已经成为一个必要的'成功'的准备阶段，而受到家长的高度的重视，家长不得不严格控制孩子的生活，孩子为了在未来的竞争中成为强者的努力往往是一个家庭的巨大的期望。这构成了新的对于中学教育的压力。看起来高考的价值依旧，其实其内涵已经由计划经济时代的'望子成龙'变成了市场经济和全球化时代的新的劳动力竞争的早期部分。"②《好校长　坏校长》与《米粒儿老师》则以小说的形式向我们展现出1990年代中学的生态，展现出中学面临新的压力所作出的反应，写出了校长怎么样，老师怎么样，家长怎么样，学生怎么样，老师们之间的关系怎样，老师和学生和家长的关系怎样。鲁迅有一个譬喻"为热带人语冰"，以概念、逻辑为热带人描述了半天冰，

① 参见曹文轩为《米粒儿老师》写的序，中国画报出版社，2005年。

② 张颐武：《矛盾的青春期：读沙蕙〈忧伤的米粒儿〉》，参见 http://book.sina.com.cn/review/f/2003-08-28/3/16164.shtml。

不如直接拿一块冰往他们身上一放。沙蕙写出了1990年代中学的真相与现实状况，她将活生生的中学现实写下来，然后直接放到了读者面前。

沙蕙的成长经验比较独特，她的童年、少年均与北大有着千丝万缕的联系，北大甚至成了她的胎记。北大以文科著称，文科的才子佳人们往往喜欢舞文弄墨，记下各种事情，经他们如花妙笔一写，于是关于北大的传说越来越多，轶事也越来越有趣，这些反过来为北大增添了光辉，加上了砝码。清华则不同，那里的学生灰头土脸，只知道埋头干活，只能写干干巴巴实验报告似的情书，当然关于清华故事的书与文章就会非常稀少。这些年与北大相关的各种书籍迭出，或论或叙，或褒或贬，不一而足。北大是全国仰望的焦点，更是中小学生和家长们津津乐道之地，小孩子们在童年和少年时期谁没有一个北大梦呢？比如我的女友，因为数学成绩不够好，报考北大中文系有风险，于是不得不报考了北师大中文系。填志愿前夕，阿姨带着她去北大，她静静地坐在车里，看着北大的花草，顿时泪流满面。因此与北大沾边的书籍自然也会得道升天，往往热卖。我们于电视上看到教授们的身影，于书上读到教授们和学生们的风采，但是我们不知道北大在日常生活中的样子，教授们是不是要买菜、做饭，我们也不知道他们的子弟们如何成长，是不是也如此调皮，也有各式各样的悲欢。沙蕙现身说法，讲述了其成长的经历，展现出日常生活中的北大，这个北大不俨然，不那么严肃，充满着人间的气息和人情味。

沙蕙在《米粒儿老师》与《七十年代生人成长史——北大虫子们的少年往事》两本书中集中谈及其成长经历。《米粒儿老师》虽是小说，然而小说中到处闪耀着真实，作者谈及自己的成长经历，也谈及小伙伴的成长经历，写了她们如何调皮，写了她们的情感经历等。北大生活和成长经历成为米粒儿的底色，米粒儿在大学中和工作之后的表现，尽管有时候失之散漫，但她的理想主义或与北大气质有关。沙蕙虽称《七十年代生人成长史——北大虫子们的少年往事》是"'70后'的小合唱"，但确切地说却是"70后""北大虫子们的少年往事"，是"70后"北大虫子们的小合唱。作者说："70后我们这拨儿北大院里长大的孩子是特殊的一代。我们的父母大都是五六十年代的北大学生，他们一起读书，一起留校，一起结婚生子，一起经历各种运动，再一起老去。"[①]小孩子的境况与父母密切相关，父母如此，小孩子也差不多就如此。若说《好校长　坏校长》与《米粒儿老师》只是间或一提北大的成长经验，那么《七十年代生人成长史——北大虫子们的少年往事》则是以此为主题。这本书分为：男生科、女生科、成长科、教授科、后期科、老师科和校外科，这些分科调皮而有趣，展现出北大小孩子们生活世界的全部。《七十年代生人成长史——北大虫子们的少年往事》以逸闻趣事为主，胡同妞为叙事者和见证人，写了屎壳郎夫斯基、大蚂蚱、贵族小姐七星瓢虫子、蚕宝宝、小粉蝶等人的过去与现在。儿童时代的纯真、欢乐、难过等，现在读来还是感觉到温暖。顺便说一句，这些外号取得真好啊，北大的小同学们果然聪明，我们小时候取外号不过叫三毛啊萝卜头啊之类。沙蕙在追忆她们童年时光之时，也写了她的同学们的现状，物是人非，几十年过去，以前亲密无间的小伙伴，现在境况大殊，真是让人感慨。沙蕙也谈及北大的教授，在教授科中提及一位喜欢养蛐蛐的"国学大师"。我曾千猜万想，也未猜出这位"国学大师"是谁，后来不得不去问沙蕙。她告诉我，那是朱光潜。我大吃一惊，因为读硕士时，我的专业是西方美学史，朱先生的全集是认真读过的，他的《西方美学史》与其各种译本更是常读常用之书。我也知道朱先生因脑血栓去世，但不知道朱先生晚年的情景与境况。孰料，这次在沙蕙的书中竟然意外得之，真是又惊喜又感慨。

《七十年代生人成长史——北大虫子们的少年往事》已经显示出较大的气象，若说《好校长　坏校长》和《米粒儿老师》还只是写作者的经历（少年经历与工作经历），那么《七十年代生人成长史》则更上层楼，逐渐摆脱了"我相"，试图理解1970年代出生这一代人的处境，理解他们所面临的生活问题以及他们应当担负的社会责任。沙蕙追溯了"70后"的成长底色、他们的读物和爱情观念等，将"70后"界定为"80年代的好孩子"，并对"60后""70后"和"80后"作了总体判断。她说："经过大时代的60后是理想主义者，经过动荡和过渡时期的70后是拥有理

---

① 沙蕙：《七十年代生人成长史——北大虫子们的少年往事》，中国青年出版社，2008年，第12页。

想主义情怀的现实主义者，在今天和新经济同步成长的80后是彻头彻尾的现实主义者。”沙蕙的这些判断与见解都比较精彩。

沙蕙写罢两部长篇之后，将注意力转向了影视研究。前几年，她陆续写下很多中外电影研究的文章，见解不俗，文笔也活泼多姿，不同于一般学报体论文。影视研究或许是近期沙蕙找到的可以安身立命的事业。一个时代有一个时代的公共体裁，现在小说已然过气，影视已是时代的公共体裁，因此很多人纷纷转行，介入影视编剧或影视研究，沙蕙亦是其中之一。

沙蕙至今出版过两本电影研究的书，《电影在场——和沙蕙看世界》和《熄灯十一课——和沙蕙看电影》。《电影在场——和沙蕙看世界》所谈者是8部来自不同国度的电影，譬如《大象》（美国）、《小偷》（俄罗斯）、《不良教育》（西班牙）、《上帝之城》（巴西）、《下午五点》（伊朗）等，可见沙蕙视野之宽。《熄灯十一课——和沙蕙看电影》做得趣味盎然，目录就是一个“课程表”，分为早自习、战争课、时政课、课间操、成长课和电影课。《熄灯十一课——和沙蕙看电影》则以谈中国电影为主，于中国电影中，沙蕙似乎对第六代导演关注颇多。沙蕙说：“这本小书，我们的电影课，尝试分享这种喜悦并竭尽所能地记录下我们进入内部的那个瞬间，追忆当初天真状态下的心领神会，以及寻找也许在远方，也许就在身边美和我们气质相近，气味相投的，亲切的你。”[①] 因此这些文章更似朋友之间亲切地交谈和自由地交流。

沙蕙用了两部小说和一部散文集对其过去的部分经历作了梳理和反思。作家若想出佳作，须取决于两个条件：一是经历，或可将经历加以梳理和总结，然后技术上能跟进，可以将这些恰切地表达出来；二须读书，通过读书可以打开另外的景象，沟通更上面的世界，若能如此，小说的风貌必然会随之一变。在这两条路上，沙蕙都在前进，期待未来她有更多和更好的作品问世。

2011年9月15日于中国艺术研究院

---

① 沙蕙：《熄灯十一课——和沙蕙看电影》，湖南文艺出版社，2006年，第2页。

朱家雄和他的北大故事

——读朱家雄《毕业前后》与《未名湖畔的青春》

一　北大故事

北大因其历史传统、现实地位等原因在国人心目中位列第一，与北大有关者名人、奇人、牛人辈出，他们将气息加入，水涨船高，人与学校交相养，校以人名，人亦以校名。其实每个学校均有故事（热血青年们、男女青年们聚集在一起，怎么可能没有各种各样的故事呢？），但一些学校未必有“传奇”，理科学校尤甚，因为他们往往只知道埋头于实验室，杀杀白鼠，倒腾一下仪器，情感相对粗糙，笔头亦涩，不能笔之于书，所以那里的故事往往只是口头流传，故行之不远，外人不知。北大以文科见长，舞文弄墨者多矣，想当作家者众矣，学生们、老师们喜欢将身边的人、事、纠葛、丑恶与美好写下来，形成故事，而且难免会有所夸张、虚构，于是学校有了源源不断的传说，落成了文字，同代的、后来的读者皆可看到，这些反过来又为北大增添了传奇性。

就我所见，有6种写北大的作品颇有特色。一、陈平原《老北大的故事》，陈乃文学史家，此其学术性随笔，有考据、论证，亦有抒情、感慨，既有学术，又清新可读，故喜欢者甚众。二、孔庆东《47楼207》，此人原亦是学术出身，之后流变且不论，这本书以学生视角描写北大的人与事，曾经轰动一时，激起中学生对北大的无限向往。三、张者《桃李》，此虽是小说家言，但故事乃有原型，老北大多知此事。四、阎连科《风雅颂》所描写的大学虽名为“清燕大学”，但明显影射北大，因作者对于大学并不了解，又有预设的批判主题，给人隔靴搔痒之感，故引起北大部分师生不满，曾焚其书以示不满。五、沙蕙《七十年代生人成长史——北大虫子们的少年往事》。沙蕙是北大子弟，从小在北大附幼、附小、附中读书，这本书描写了北大子弟的成长经历，长大后的去向，老年朱光潜先生在其中竟然一现。六、朱家雄，他主编了较多与北大相关的书，也通过小说与随笔描写北大的学生生活、情感经历、毕业前后状态、北大老师等。朱家雄曾在人大、北大读书，对校园尤其是北大充满了感情，故这些年他一直持续地以各种方式关注北大。

就目前的成绩来看，朱家雄有两个方面较为突出。一、作家。他出版过小说《校花们》《毕业前后》，随笔集《未名湖畔的青春》，均有较好的反响。二、出版。朱家雄虽不在出版社工作，但一直积极介入出版业，他主编过很多丛书，诸如《北大情诗》《北大情书》，“70后作品集”“品尚书系”等。

二　《毕业前后》

《毕业前后》是朱家雄的中短篇小说集。由书名“毕业前后”可知，小说主题乃写大学生毕业前后的情况。毕业前是学生，毕业后是工作者。“毕业前后”是特殊时期，大学生们一脚在大学里，一脚在大学外，大学旧生活即将结束，社会新生活即将开始；“毕业前后”亦是特殊状态，辞旧迎新，旧事彷徨，对未来充满期待，几家欢乐几家愁，有多少悲欢离合的故事啊。朱家雄抓住这个“特殊时刻”，写了学生们的心态、状况、情感等。笔者本科、硕士、博士一路读完，经历了多次“毕业前后”，目睹了诸多欢乐的、忧愁的、感人的甚至惨痛的故事。读朱家雄《毕业前后》，各种往事涌上心头，忆起了很多同学往事。

朱家雄的小说走写实一路，记述大学生们的故事、情感、心理、经历，很少有先锋文学的笔法，亦少装神弄鬼，其中或较多个人自传成分；他的语言简练，文白夹杂。

《彷徨青春》写江流的恋爱往事。青春多彷徨，因为青春时往往只有热情而缺乏如何度过青春的知识，故易彷徨；回首往事，虽然已经具备了如何度过青春的知识，但是青春却已逝去，亦易彷徨。由此小说一方面可以见出北漂江流的生活处境，"长安米贵，居大不易"，也能见出他们的情感状况；另一方面，也可以见出1990年代大学生的生活、情感、精神状态，见出校园生活。

《花开》既写校园生活，偏向情感、学生会工作等，亦写毕业之后经历，工作不易，情感无着落。"我"与席春蓓之间联系上之后又失去了联系，似有若无，似无还若有。小说写出了青春之际的情感，小说洋溢着淡淡的忧伤。

《身体越近心越远》亦写校园情感，小说主要写老乡之间的友谊与情感。大学生们甫入大学，离开家乡，老乡是非常重要的关系，毕竟"君从故乡来，应知故乡事"。孙小杰与梁欣欣偶遇，之后羞羞答答，欲说还休，终于走在一起，但"身体越近心越远"，二人渐行渐远，最后分手。

《不能没有你》亦写大学生活，"我"三心二意，情感、工作上忽东忽西，"脚踏两条船"，抉择不下，最终却落了一个竹篮打水一场空。这篇小说与《花开》类似，也能见出大学学生会的情况。

《房客纪事》非常有趣。"我"是二房东，是小说的枢纽，"房客"乃公共空间，其中南来北往的、各行各业的、考研的、读书的、无业的、临时投宿的以及房客的男友、女友们皆聚集其中，这些人住在一起，难免有各种故事，甚至事故。这篇小说可见人间百态，情感纠葛等。

大学生一度曾是天之骄子，万众瞩目，被人羡慕；之后因大学扩招、就业压力大等原因，大学生处境日益艰辛，工作难求，工作之后在城市中处境艰苦，几成社会底层，2013年方方的《涂自强一个人的悲伤》就是写此。朱家雄1990年代读大学，彼时大学生虽已不是天子骄子，但亦不是城市底层，他们骄傲，有追求，但处境越来越难。通过朱家雄对"毕业前后"的描写，可以了解到那个年代大学生的情况，甚至了解那个时代。

三 《未名湖畔的青春》

《未名湖畔的青春》(安徽教育出版社，2013年)依然与北大有关。“未名湖畔”所指明确；“青春”乃是回首往事，这部文集所收录者关乎作者的青春年华及其记忆。作者在社会上摸爬滚打一番之后，似乎颇为感慨，他在自序中说：“无可奈何地转了一大圈后，我疲顿的青春竟然有意无意地又转回到起点来了！我拍着在别处被击伤的翅膀，穿过阴霾蔽天、雨幕淋漓的低空，一路滑翔着，然后就吧嗒一声，无力地跌落下来。还好，不幸中之万幸，我竟然正好就被未名湖畔的一蓬荒草给接着了。于是我就在这老地方休养疗伤，并长久地反思自己。很希望有一天，我还能振作起来，我还能再次飞起来，飞到这世界上可为无比渺小的我提供大约一平方厘米立锥之地的某个角落去。”由其自述可知，未名湖畔是朱家雄的精神圣地、故乡，他在这里栖息，在这里集聚能量，在这里获取精神上的安慰，在这里准备再次上路。在小说《彷徨青春》中，朱家雄藉小说人物之口说道：“未名湖真美啊，我常常坐在湖边看风景。有时候，我看的风景是水波里的斜阳夕照、湖光里的晨曦朝霞，或是垂柳间的塔影、楼堂上空的流云；有时候，我看的风景却是湖边那些洋溢着青春光辉的美丽脸庞和张扬着生命朝气的生动倩影；有时候的看风景却只是一种心情——未名湖飘袅的诗意总是让我心醉不已，未名湖轻荡的涟漪总让我思绪翻飞。”十几年过去了，朱家雄出版随笔集，依然以“未名湖”“青春”为题，足见他对北大、未名湖的感情，但同时也说明，十几年朱家雄所关心的视域变化不是很大。

《未名湖畔的青春》论题甚广，共分6辑：“北大校园的风景”“成长路上的感悟”“以梦为马的旅程”“诗歌与青春同在”“漫卷书香的光阴”和“两代新锐的崛起”。

第一辑“北大校园的风景”主要写与北大有关的人、事。我比较喜欢这一部分，因为在其中不期然地看到了很多老人及前辈学者、作家的信息。北大有很多名家宿儒，他们的著述可得而观也，但其行状未必知道。另外，北大是学术重镇，讲座极多，各路人马均在此亮相。朱家雄提到魏巍，他作国际形势的报告，说："不管国际风云如何变幻，我们坚持社会主义方向的决心绝不动摇，只有社会主义才能救中国，只有中国才能救社会主义。"也提到姚雪垠、刘白羽等，他们谈到《讲话》对他们的影响。又提到谢冕、莫言、汪国真、西川、汪曾祺、陈建功、刘震云、王朔、季羡林、张岱年、曹文轩、牛群等人，其中有些"八卦"，藉之可以了解这些作家们的为人与文学或学术格局。尼采曾说，三件小事可以了解一个哲学家。看作家、学者们的为人处世，或亦可以见其总体。《北大寻梦族》《生存在北大流域的流浪部落》等则能见出部分游荡在北大附近的北漂们，了解他们的生活状态、精神状态等。北大有较大格局，朱家雄所喜欢者、所记录者多是作家，由此可知其兴趣与志向。

第二辑"成长路上的感悟"记录了作者多年来的体会，主题涉及"境界""理想和现实""故乡""距离""诗意""青春"等。了解朱家雄如何谈论、如何理解这些抽象的、宏大的主题，可以了解其个人的精神成长历程、现在的状态与境界等。

第三辑"以梦为马的旅程"讨论文学问题，譬如文学坚守与否、年轻作家浮躁问题、美男作家、为谁写、怎么写、网络与文学的关系、小说与传统文化等问题。其中一篇谈"大师的境界"，但大师的境界是什么，作者后面可能还会有所变化。自己进步一些，答案就会两样一些。

第四辑"诗歌与青春同在"主要讨论诗歌问题。作者是诗人，曾深受海子影响，对诗歌情有独钟，亦试图讨论较宏大的诗歌理论与诗歌历史等。作者讨论了诗人的道路、北大与中国新诗等问题。

第五辑"漫卷书香的光阴"所论较杂，是作者读书的感受。看一个人阅读什么书，对这些书理解如何，大致能知作者的境界。

第六辑"两代新锐的崛起"主要讨论"70后"作家和"80后"作家的问题，讨论了韩寒、张悦然等人作品，也谈及这一代人的情况。近年，"70后"作家、"80后"作家他们正在成为文坛的主流力量，他们在崛起，同时论者、研究者亦蜂起。朱家雄较早关注这些问题，并主编过"70后"的丛书，推动了"70后"作家的崛起。

北大确有较强的能量，但或应努力"原始反终"，了解北大成立初衷、变化历程及现状，理解北大之为北大的原因与根本，如此对北大将会有更深的理解，碰触到更强的能量。对于此点，我愿与朱家雄共勉。另外，朱家雄十几年如一日地关注北大，倾注了非常多的情感与心血，真可谓“北大杰出校友”，但写同一个题材多了，难免会显得单调，自己也未必会由此进步。朱家雄毕业之后，在社会上摸爬滚打，读书做事，应该有更多校园之外的体验与故事，应该对人生世界有更为广泛的理解，希望日后他所关注的题材能够有所变化和更新。

2013 年 11 月 25 日于西坝河

后　记

2011年，在吴玄老师的支持下，我在《西湖》开设了“瞧，这些人——70后作家论”专栏。当时专栏的导语这样写道：

> 2010年一过，70后就进入或者即将进入40岁了。40岁是人生的重要时刻，在古希腊被称为“鼎盛年”，《礼记》中也有“四十而仕”的说法。40岁时，心智相对成熟，人生的历练有了，读书开始有所体会了，这是一个可以承担大的社会责任的时刻。对于文学家而言，40岁也是一个重要的时刻，因为各方面的积累比较丰厚了，人世百态也认识得差不多了，这个时刻很多重要的作品可以出来了，比如鲁迅写出《狂人日记》是在37岁。
>
> 70后作家处于一个承上启下的枢纽状态，真是上有老下有小。长时间以来，70后作家似乎一直处于老和小的夹缝之中，处于被压抑的状态。50后和60后作家赚足了名气，80后作家赚足了钱财，70后似乎一无所有。50后的作家，比如王安忆、莫言等从80年代写到现在，一直屹立在文坛核心圈；60后的作家，比如苏童、毕飞宇等也都出道甚早，一直盖过70后作家。80后“作家们”，借着商业化的大旗，一下子甩开文学期刊，不走寻常作家应走之路，直奔市场。韩寒、郭敬明等忽然大热，以至于郭敬明抄袭了，还是有人为之叫好、癫狂。今天，90后，或许也都呼啸而来了。唯在2000年前后，70后作家忽然大大热闹了一下，“美女作家”云云吸引了大家好一阵子，让人浮想联翩，卫慧、绵绵趁机登上舞台，可是他们又不都是70后作家的典型。

十多年又过去了，70后作家一直在默默耕耘，埋头写作，他们日益成为文坛的中坚力量，其中的佼佼者，若鲁敏、戴来、魏微、金仁顺、朱文颖、张楚等日益显出了他们的实力。打开当下的文学期刊，当下笔耕不辍者、成绩尚有可观者，多是70后作家。40岁是人生的重要时刻，70后作家可以登上历史舞台了，而且事实上他们也正在崛起。孔子说："四十五十而无闻焉，斯亦不足畏也已。"已经40岁或者即将40岁的70后作家们，现在可以"有闻"了。但是，如果出名太早反而不好，比如70后的贾樟柯，一开始还好，《小武》确实不错，后来成名太早，就每况愈下。贾樟柯就是有那么一点成长的经验，炒来炒去，所以就无足观了。80后还太小了，力小而任重，容易折掉，更容易闹出事情，林立果就是血的教训。可是，80后、90后甚至00后，君不见五道杠少年都这么急吼吼地要出场，很多人就是不懂这个道理，不懂得实至名归，因此总是不停地在折腾，生命就浪费在上面，于人于己皆无益。

但是，40岁也是一个极其危险的年龄，如何能够不断上出，化险为夷，厉而无咎，这非常重要。若栽了一个跟头，就会功亏一篑，前功尽弃。关键的是要从内心中生出力量，放出光明，如此才能照耀自己，也可以惠及别人。

在70后作家进入或即将进入40岁的时候，我开设一个"70后研究"的专栏，试图总体研究一下70后作家，探讨一下他们的优势与劣势，研究一下他们的成就、处境和问题等。每期，我会集中讨论一个作家，如此可以积少成多。这个专栏可以总结为一句话——"瞧，这些人！"我们可以一起去看看这些人。

一代人有一代人特殊的成长经历，这或许对其有影响。有的人力量小，受到时代的影响大，一直处于时代的洞穴之中；有的人力量大，可能受到的牵制也少一些，所谓"圣人不带风土"。70后这一代人，成长在改革开放的时代，生活在80、90和2010年代，但还赶上了一个70年代的尾巴。70年代中国基本延续

1949年之后的精神，十一届三中全会之后时代精神逐渐发生了变化，80年代就是处于这个变化期，阴晴不定，有争论，有讨论，似乎有些无所适从，90年代之后，尤其是1992年邓小平南方讲话之后，从晚清以降以革命为主题的中华民族，全面去政治化，一心一意地走发展经济之路。这条路一直走到现在，至今依然如此。70后作家就是处于70年代向80年代大变革时，他们身上矛盾重重，既有70年代的时代精神，又有80年代的文学理想和文学观念，又有90年代以来的资本逻辑。于革命、改革和资本，他们爱恨交织，矛盾重重，这与40后、50后与60后委实不同。

除了时代因素之外，具体的个人经历也会对其创作产生影响。70后这一概念只是方便说法而已，因为具体到每个人，其经历和处境极其不同，他们尽管是70后，但他们每个人都带着自己地方、阶层、处境、经历等特殊的印记。"不知命无以为君子"，就是要理解所处的时代，理解自己，然后知道在这个时代中的进退出处，知道自己所应担负的责任。另外，尽管时代相同，但是每个人对时代的理解也不同，对自己写作的定位或许也不同，这些都会反映到他们的作品之中，因此会呈现出极为不同的风貌。70后的作家其实非常不同，各有其风貌、特点、关注点。

因此70后这个概念，又不能太当真。大的作家，开始可以有年龄，可是慢慢地年龄就不再重要了。70后作家的时代处境和自身的具体处境固然是其写作的重要资源，但是这些或许也是其局限。这些资源固然可以成就他们，他们可以藉此写出这一代人的困惑或问题，但是这些或许也会是洞穴。唯有从洞穴里走出来，一些光明才可以显现，那个时候"我相"会减少一些，年龄问题也不会再是问题。因此，尼采会说，三十岁是一些哲学家的婴儿时期。大的作家，或许五十的时候可以到一千岁，甚至更大。就是《古诗十九首》里面一句诗所说的"生年不满百，常怀千岁忧”。更厉害的人就完全突破了时间象，比如孔子，他死了，可是他还活着，他的能量和生命与这个民族同存亡，与日月同寿。

因此，这个专栏希望以肯定70后为始，但以破70后这个时间象为目的。

这个导语颇能见出我2011年的心境，也能见出当时对“70后”作家的理解。之后我一边写具体的作家论或作品论，一边发表，一度曾厌倦了这项工作。以至于，吴玄老师不得不屡屡催稿。2013年底，因为要出版此书，所以又抓紧写了几篇，然而难免挂一漏万，不够完整，依然可能会遗漏掉“70后”的重要作家。可是，一是因为我精力有限，二是因为兴趣逐渐产生了变化，也就只好交出这部不算完满的书稿。

是书分三辑。第一辑主要研究成名较早、反响较大的“70后”作家。第二辑主要研究那些虽未大红大紫，但已表现出较大创作潜力的作家。第三辑主要研究与学院有关的一些作家。

我写这部书有两方面意图。一、了解这一代作家的总体风貌。因此此书所收基本是作家论，希望写出这一代作家的复杂性，他们虽然年龄近似，但生活经历、知识结构、创作趣味、美学风格都极为不同。因此写作家论时，我没有进行理论预设，而是根据作家、作品，尽量呈现出具体作家的独特风貌。二、通过他们了解时代的丰富性，了解作家们、普通人的境况和思想状态，了解1980年代以来中国社会的变迁。这些文章发表之后，陆续收到一些反馈。有作家写来长信与我真诚地探讨，有作家则对我恶言相向。不论如何，这些文字代表了我对他们的理解，我只是如实写出而已。

从2011年到2014年，我个人的处境也有了较大的变化。2010年，甫一来京，四顾茫然，现在已经适应了北京的工作和生活。2013年9月，我与相恋8年的女友杨肖成婚，人生逐渐稳定下来。爱人杨肖对我各个方面均有极大的鼓励、支持与帮助，在此向她表示感谢。岳父杨刚、岳母董正贺待我如子，在我工作、生活各方面都给予了重要的帮助，在此向他们表示感谢。

2012年，我有幸成为中国现代文学馆第二批客座研究员。一年当中，李敬泽老师、吴义勤老师、李洱老师尽心尽力，给予我们极大的帮助，在此向他们表示衷心的感谢。文学馆研究部的计文君、张元柯、郭瑾、王清辉、崔琦等诸位老师也为我们付出了极多的精力和时间，在此亦表示感谢。中国现代文学馆组织了多次会议，我与其他客座研究员相处愉快，大家互相砥砺，互相帮助，留下很多美好的记忆，愿我们的友谊长存。

孟繁华先生赐序，鼓励有加，并指出了此书的一些问题，在此向他表示感谢。

2014年2月13日于西长安街，时正小雪